U0936474

珍藏本
纪念版

汉译世界学术名著丛书

潘恩选集

马清槐 等译

商务印书馆
The Commercial Press

2017年·北京

Thomas Paine

COMMON SENSE

THE FORESTER'S LETTERS

G. P. Putnan's Sons, New York and London, 1894

RIGHT OF MAN

Richard Clay and Company, Ltd.

Bungay, Suffolk, 1954

AGE OF REASON:

BEING

AN INVESTIGATION OF TRUE AND FABULOUS THEOLOGY

Liberal and Scientific Publishing House

New York, 1877

根据自由与科学等出版社 1877 年等版本译出

汉译世界学术名著丛书
（120年纪念版·珍藏本）
出版说明

2017年2月11日，商务印书馆迎来120岁的生日。120年前，商务印书馆前贤怀揣文化救国的理想，抱持“昌明教育，开启民智”的使命，立足本土，放眼寰宇，以出版为津梁，沟通中西，为中国、为世界提供最富智慧的思想文化成果。无论世事白云苍狗，潮流左右激荡，甚至战火硝烟弥漫，始终践行学术报国之志，无改初心。

迻译世界各国学术名著，即其一端。早在20世纪初年便出版《原富》《天演论》等影响至今的代表性著作，1950年代后更致力于外国哲学和社会科学经典的译介，及至1980年代，辑为“汉译世界学术名著丛书”，汇涓为流，蔚为大观。丛书自1981年开始出版，历时三十余年，迄今已推出七百种，是我国现代出版史上规模最大、最为重要的学术翻译工程。

丛书所选之书，立场观点不囿于一派，学科领域不限于一门，皆为文明开启以来，各时代、各国家、各民族的思想与文化精粹，代表着人类已经到达过的精神境界。丛书系统译介世界学术经典，引领时代思想，为本土原创学术的发展提供丰富的文化滋养，为推动中国现代学术和现代化进程做出了突出的贡献。

为纪念商务印书馆成立120周年，我们整体推出“汉译世界学术名著丛书”120年纪念版的珍藏本，寄望既利于文化积累，又便于研读查考，同时向长期支持丛书出版的译者、编者和读者致以敬意。

两甲子后的今天，商务印书馆又站在了一个新的历史时间节点上。我们不仅要铭记先辈的身影和足迹，更须让我们的步伐充满新的时代精神。这是商务人代代相传的事业，更是与国家和民族的命运始终紧密相连的事业。我们责无旁贷，必须做好我们这代人的传承与创造，让我们的努力和成果不仅凝聚成民族文化的记忆，还能成为后来人可以接续的事业。唯此，才能不负前贤，无愧来者。

商务印书馆编辑部

2017年10月

出 版 说 明

本书作者托马斯·潘恩(Thomas Paine)(1737—1809)生于英国诺福克郡塞特福德一个基督教教友会信徒的家庭。十三岁辍学后,做过裁缝、教师和税务官。1774 年到北美后投入独立革命运动,历时十三年。在此期间,他担任过报刊编辑、格林将军的副官、大陆会议外交委员会秘书、宾夕法尼亚议会秘书等职务。他的主要贡献,是他当时发表的政论对革命运动所起的推进作用。

美国独立后,潘恩于 1787 年回到欧洲,往返英法两国,积极参加反对封建专制的革命斗争。1802 年以前,主要在法国,曾参加法国大革命,获得法国公民资格,做过国民议会议员。在法国议会,潘恩站在吉伦特派一边,反对处死国王路易十六。雅各宾党专政时,取缔外籍议员,将他囚禁于巴黎卢森堡监狱(1793 年 12 月);在当时美国驻法大使门罗的营救下,于 1794 年获释,出狱后仍居住法国。1802 年,再度去美国。这时他对美国国内政策的观点遭到联邦党人的攻击。1809 年,病死于纽约。

本书收录了潘恩的《常识》、《林中居民的信札》、《人权论》和《理性时代》四种主要著作。其中《常识》是他到达北美投入独立革命运动后于 1776 年 1 月发表的第一篇政论。在这篇政论中,他猛烈抨击英国政府的暴政,严厉地批判了英国的封建专制政体,坚决主张北美殖民地独立，建立共和政体。他这种资产阶级民主主义思想，在杰斐逊起草的《独立宣言》中有明显反映。所以《常识》是北美殖民地摆脱英国统治、争取独立自由的重要思想武器。该书出版后，在居民中不胫而走，在军队中广为传阅。

但是，《常识》在受到北美人民的热烈赞扬的同时，也遭到了维护殖民统治的反动分子的仇视。有个在费城任神学院院长的苏格兰传教士威廉·史密斯，借用古罗马爱国者“克图”（cato）的名字为笔名在《费城报》上用信札形式发表文章，攻击潘恩在《常识》中宣传的思想。本书第二部分《林中居民的信札》就是潘恩以“林中居民”为笔名，于1776年3至5月间为还击“克图”而写的几篇政论；当时是逐篇在报上发表的。在这场论战中，潘恩集中驳斥了“克图”把殖民地和宗主国的矛盾性质比作情侣或夫妇之间不和的这一谬论，明确表示殖民地和宗主国的矛盾是不可调和的，妥协也是不可能的。如果说，《常识》中的思想当时还有一部分公众未予注意的话，那么通过这次论战它就成为众所周知的了。因而它更加启发了北美人民的觉醒，更加鼓舞了他们的斗志。

本书第三部分《人权论》，是潘恩自美国返回欧洲后，于1791至1792年间为驳斥埃德蒙·柏克对法国大革命的攻击和诬蔑、阐明法国大革命的原则而写的一本论著。他着重论述了《人权宣言》中的天赋人权思想：人人生而平等，每一代人同前一代人在权利上也是平等的；自由是不可让与的权利；个人喜欢持有的见解，是天赋的权利，国家无权对他进行迫害或处罚；任何国家都无权约束子孙后代，或规定世界如何统治，当代人只能处理当代的事情；任何人不能以他人为私产，任何世代不能以后代为私产；人一旦去

世，他的权利与需求也随着消失。

从这些原则出发，潘恩严厉谴责封建专制的等级制度和体现这个制度的君主政体。他指出，君主制王国是匪帮头子取得权利之后，互相瓜分领地或抢夺别人领地而建立的。任何宫廷或廷臣的贪婪本性是一样的，都执行违背国民利益的政策。这种体制是世袭继承制，往往靠战争来支撑，欧洲历史上曾因此发生过多次因争夺王位而引起的战争。由于君主制违反理性，被压迫者就有权用暴力革命来反对暴力统治。正因为潘恩在《人权论》中号召英国人民仿效法国大革命、彻底扫除封建势力，而被英政府以“叛逆罪”为名宣布对他通缉，他的书也因此一度成为禁书。

《人权论》在批判封建君主政体的同时，热情赞扬代议制和共和政体。作者认为，代议制能充分发现人才，它集中了社会各部分和整体利益所必需的知识，它使政府处于成熟状态。共和制是为个人和集体的公共利益而建立和工作的政府，自然会同代议制形式结合起来，它的目的是谋求普遍幸福。但是，一旦特殊权利与报酬给予政府中的任何一个人，他就会变成各种腐败现象的中心。

《理性时代》是潘恩阐述自己宗教思想的著作，第一部分 1794 年出版，第二部分 1796 年出版。他主张宗教信仰自由，废除国教；认为一切国家的教会机关都是用来恐吓和奴役人民的。他从《圣经》内容的自相矛盾和荒诞，其中关于创世的故事与天文学的科学材料的矛盾，以及所谓神秘、奇迹和预言的骗人实质等方面，论证了基督教神学体系不过是捏造出来的骗人东西，其目的是为了获得权力和金钱。他进而指出，《圣经》是一本谎言和亵渎上帝的书，它把人类罪恶归于上帝的命令，所以它无权作为上帝之道。潘恩在无情揭露教会的虚伪、贪婪和黑暗之后，宣布他不相信犹太教会、罗马教会、希腊教会和伊斯兰教会的任何信条。但是他并不是一个无神论者。他相信只有一个上帝，没有其他。一般认为，他是一个“自然神论者”。

综上所述，潘恩是资产阶级革命时期的一个启蒙思想家，一个反对封建制度和宗教迷信的坚定斗士。他对美国独立革命有着不可磨灭的贡献，他的思想同样是人类精神宝库中不可缺少的一份财富。他的这些著作对于我们了解、研究资产阶级革命时期的思想和历史，有重要参考价值。

本选集中的《常识》和《林中居民的信札》，本馆曾于 1959 年分别出版过中译单行本。《常识》的译者为马清槐；《林中居民的信札》的译者为蒋恩钿、吴以铭。《人权论》系新译，译者为吴运楠、武友任，由朱曾汶校订。《理性时代》第一部分原已由上海人民出版社于 1959 年出版过中译单行本，译者为张师竹；第二部分系张师竹新译。承上海人民出版社同意我们将《理性时代》第一部分收入本选集出版，我们特此表示感谢。

1980 年 8 月

目　录

常　识

林中居民的信札

人　权　论

理性时代——对于真假神学的探讨

常　　识

马清槐　译

常　　识

泛论政权的起源和目的，并简评英国政体

有些作者把社会和政府混为一谈，弄得它们彼此没有多少区别，甚或完全没有区别；而实际上它们不但不是一回事，而且有不同的起源。社会是由我们的欲望所产生的，政府是由我们的邪恶所产生的；前者使我们一体同心，从而积极地增进我们的幸福，后者制止我们的恶行，从而消极地增进我们的幸福。一个是鼓励交往，另一个是制造差别。前面的一个是奖励者，后面的一个是惩罚者。

社会在各种情况下都是受人欢迎的，可是政府呢，即使在其最好的情况下，也不过是一件免不了的祸害；在其最坏的情况下，就成了不可容忍的祸害；因为，当我们受苦的时候，当我们从一个政府方面遭受那些只有在无政府的国家中才可能遭受的不幸时，我们由于想到自己亲手提供了受苦的根源而格外感到痛心。政府好比衣服，是天真纯朴受到残害的表征；帝王的宫殿是建筑在乐园的亭榭的废墟上的。如果良心的激发是天日可鉴的、始终如一的和信守不渝的，一个人就毋需其他的立法者；但事实并非如此，他觉得有必要放弃一部分的财产，出钱换取其余的人的保护；谨慎小心

的原则在其他任何场合都劝他两害相权取其轻，现在这个原则也促使他这样做。因此，既然安全是政府的真正的意图和目的，那就毫无疑义地可以推断，任何看起来最有可能保证我们安全的形式，只要是花费最少而得益最大，都是其他一切人所愿意接受的。

为了清楚而正确地了解政府的意图和目的，我们假定有少数人在地球的某一个隐僻的部分住下来，同其余的人不发生联系；他们就将代表任何一块地方或世界上的第一批移民。在这种自然的自由状态下，他们将首先想到社会。千百种的动机都将鼓励他们趋向这一目标。单单一个人的力量应付不了他的各种需要，他的心境又不堪永远寂寞，因此他不久就被迫寻求另一个人的帮助和安慰，而对方也有同样的要求。四五个人通力合作，就能够在旷野当中兴建一个还算过得去的住所，但单独一个人的力量就可能劳碌终生而一无所成。当他砍了木头之后他搬不动它，就是搬动了也竖不起来；同时饥饿会逼他离开工作，每一种不同的需要会以不同的方式来支使他。疾病，哪怕是一件不幸，也意味着死亡；因为它们纵然并不置人于死命，也会使他不能维持生活，落到死不死活不活的境地。

这样，客观的需要像一种吸引力似的，马上会把我们这些刚到的移民组成社会，而彼此从社会生活中所得的幸福就会确立起来，并且只要人们始终互以真诚相待，就不必有法律和政府的约束；然而，由于唯独上帝才不为邪恶所侵染，结果就必然发生这样的情况：他们刚刚克服了那些在共同的事业中把他们团结起来的迁居之初所遇到的种种困难之后，立刻便开始忽视彼此应尽的责任和应有的情谊。这种怠懈表明有必要建立某种形式的统治，来弥补

德行方面的缺陷。

某一棵地点适中的大树将供给他们一座大礼堂，全体移民区的人可以在树荫下聚会，讨论公共的问题。很可能，他们第一批的法律只是称为条例，在推行的时候至多以公众的鄙视作为违犯条例的惩罚。在这第一次的会议中，人人自然都有权利占据一个席位。

可是，随着移民区的发展，公众所关心的事情也增加了，同时成员间彼此可能离得很远，不便像从前那样大家每次都聚在一起，而当初他们的人数不多，住处很近，公众所关心的事情是寥寥无几的和琐碎的。这种情况表明，他们同意从全体成员中选出一些优秀的人来专门管理立法工作，是有其方便的地方的；这些人应该关心那些选派他们的人所关心的事情，一切做法同全体成员亲自出席时所采取的一样。如果移民区继续发展，就有必要扩大代表的名额，使移民区的各部分的利益都可以受到照顾，同时最好是把整个区域分成若干适当的部分，每一部分派出相应的人数，这样一来，当选人就永远不会独自关心一种与选举人毫不相干的利益，并且为了审慎起见，时常举行选举是适当的：通过这种方式，当选人有可能在几个月以后回去再同群众混杂在一起，他们就不敢自找苦吃，从而他们对于公众的忠实也就会有所保证。因为这种不时的互换会同社会的每一部分建立共同的利害关系，各部分就会自然地互相支援，正是基于这一点（不是基于帝王的无意义的名号），才产生政府的力量和被统治者的幸福。

这便是政府的起源和兴起；也就是说，这是由于人们德行的软弱无力而有必要采用的治理世界的方式；由此也可看出政府的意

图和目的，即自由与安全。不管我们的眼睛在纷然杂陈的事物面前如何眼花缭乱，或者我们的耳朵如何受音响的欺骗，也不管偏颇的见解如何把我们的意志引入歧途，或者个人的利害关系如何迷了我们的心窍，自然和理性的坦率的呼声也毕竟会说这是对的。

我对于政体的这种想法，是从一项无法推翻的自然原理推论出来的，也就是说，任何事物愈是简单，它愈不容易发生紊乱，即使发生紊乱也比较容易纠正；根据这项原理，我现在想对大肆吹嘘的英国政体说几句话。在制定英国政体的黑暗的奴隶时代，它是光荣的，这一点我并不否认。在宇内暴政肆虐的时候，尽量不脱离这种政体，那也是一种光荣的出路。可是，要论证现在这个政体是不完备的、不稳固的、不能产生它应有的效果的，那倒是容易的。

专制政体（虽然这是人类本性的耻辱）有这样的好处，就是它们来得简单；如果人民受苦遭难，他们知道他们的苦难是从谁的头脑里产生出来的；也知道补救的办法；没有五花八门的原因和救苦消灾的方法使他们茫然失措。可是英国的政体十分复杂，全国人民可能受苦多年而根本发现不出这是哪一方面的过错；有些人会这样说，有些人会那样说，每一个政治医生开的药方也各不相同。

我知道，要克服地区的或由来已久的偏见是困难的，可是如果我们耐心考察一下英国政体的组成部分，我们就会看出它们是羼杂着一些新的共和政体因素的两种古代暴政的肮脏残余。

第一，由国王所体现的君主政体暴政的残余。

第二，由上议院所体现的贵族政治暴政的残余。

第三，由下议院所体现的新的共和政体的成分；而英国的自由便是以下议院的效能为基础的。

前两种是世袭的，与人民无关；因此，从法治上讲，它们对于国家的自由是毫无贡献的。

要说英国的政体是三种势力的合一，互相牵制，那是可笑的；这句话不是毫无意义，便是不折不扣的自相矛盾。

所谓下议院是对国王的一种牵制，这话包含两层意思。

第一，如果没有人监督，对国王是不能信任的；或者换句话说，渴望保持专制政权的欲念是君主政体的固有的弊病。

第二，为此而被任命的下议院议员不是比国王贤明，便是更值得信任。

可是，这同样的政体先是授权下议院，使它可以用不同意国家预算的办法来牵制国王，以后却又授权国王，使他有权否决下议院的其他议案，借此来牵制下议院；于是它又含有这样的意思：国王比它已经认为较国王贤明的那些人来得贤明。真是荒唐透顶！

在君主政治的体制里有一些极端可笑的东西；这个体制首先使一个人无从获得广博的见闻，然而又授权他去解决那些需要十分明智地加以判断的问题。国王的身份使他昧于世事，然而国王的职务却要求他洞悉一切；因此这两种不同的方面，由于它们出乎常理地相互敌对和破坏，证明那整个的人物是荒唐的和无用的。

有些作家曾经这样地解释英国的政体：他们说国王是一方面，人民是另一方面；上议院是代表国王的议院，下议院是代表人民的议院；可是这种解释把议会的一切特征割裂开来，不能自圆其说；纵然文章做得很漂亮，但一经推敲，它们却显得毫无根据和意义含混了；而且总会发生这样的情况：哪怕是绝顶讲究的文字，如果所描述的是一种绝不可能存在的事情，或者是一种颇为费解而无法描述的事情，也只能是一堆响亮的字眼，它们固然好听，却缺乏思想内容。其原因是，这种解释包含一个先决问题，那就是说，既然国王所凭借的权力是人民不敢信任的，并且常常不得不加以牵制，那么这个国王怎么会产生的呢？这样一种权力绝不会是贤明的人民所赋予的，任何需要牵制的权力也不会是从上帝那里得来的；然而宪法的条文却规定这样的权力要存在的。

宪法条文不能起到它应起的作用；这个手段不能也不会达到目的，而全盘的事情等于是一种“自杀”：因为，既然较重的秤砣总会称起分量较小的东西，既然一架机器的各个轮子都由一个轮子推动，我们还需要知道的，就是在这个政体中哪一种权力最为重要，因为那种权力将起着支配作用：虽然其他的权力，或其中的一部分，可以阻碍或所谓牵制它的运转的速度，但是只要它们无法使它停止，它们的努力总是白费的：第一个动力终将为所欲为，而它在速度上感到不足的，在时间上可以得到弥补。

国王是英国政体中这个压倒一切的部分，这一点是不必明说的，而他仅仅因为给人以地位和津贴，才获得他那全部的势力，这一点也是不言而喻的；因此，虽然我们十分聪明，曾经对专制君主政体关门下锁，但同时我们也十分愚蠢，曾让国王掌握了钥匙。

英国人支持他们自己的由国王、上议院和下议院统治的政府，这种偏见一半来自理智，一半来自民族自傲，甚或以后者的成分居多。在英国，个人无疑地要比在其他国家安全一些：但是国王的意志无论在英国或法国都同样是国家的法律，所不同的是，英国国王的意志不是直接从他的口里表达出来，而是通过议会法令的可怕的形式交给人民的。因为查理一世的命运只是使得国王们更为狡猾,不是更为正直。

因此,撇开所有那些赞成形式和结构的民族自傲与偏见不谈,昭然若揭的真理是:英国国王所以不像土耳其国王那样暴虐,这完全是由于人民的素质,而不是由于政府的体制。

对于英国政权形式的体制方面的错误作一番探讨,在目前是非常必要的;当我们还受到某种突出的偏爱的影响的时候,我们就绝不能予人以公正的评价,同样地,当我们还受到任何顽固的偏见的束缚的时候,我们也就不能对自己作出公平的论断。一个眷恋娼妓的男子是不配选择或品评妻子的,同样地,任何赞成一个腐朽政体的成见也将使我们不能识别一个好的政体。

论君主政体和世袭

在宇宙万物的体系中,人类本来是平等的,这种平等只能为以后的某一桩事故所破坏:贫富的差别是很可以加以说明的,而且在说明的时候不必采用压迫和贪婪之类刺耳的、难听的字眼。压迫往往是财富的后果,而很少是或绝不是致富的手段;虽然贪婪会使一个人不致陷入赤贫的境地,但一般说来它却使他变得懦怯,发不了大财。

可是,还有一种不能用真正自然的或宗教的理由来解释的更大的差别,那就是把人们分成"国王"和"臣民"的差别。阳性与阴性是自然作出的差别,善与恶是上苍作出的差别;但是有一类人降生世间,怎么会高出于其余的人之上,俨然像一个新的人种那样与众不同,倒是值得加以探究,了解他们究竟是促进人类幸福的手段还是招致人类苦难的手段。

在世界的古代社会,根据《圣经》上的记载来看,并没有帝王;这种情况所产生的结果是,当时没有什么战争;而现在使人类陷入混乱的,乃是帝王的傲慢。荷兰没有国王,近百年来已经比欧洲任何君主政体的国家安享了更多的和平①。古代的历史也可以证实这种说法;因为最初一批宗族首领所过的恬静的田园生活本身自有一种乐趣,这种乐趣当我们读到犹太王族史的时候便消失了。

由国王掌握的政权形式最初是异教徒开始采用的,后来犹太人向他们模仿了这种惯例。这是魔鬼为了鼓励偶像崇拜而进行的最得意的杰作。异教徒把他们去世的国王视为神圣,向他们表示敬意,而基督教世界则进了一步,以同样的态度对待活着的国王。把神圣的"陛下"这一称号施诸耀武扬威而转瞬变为白骨的小人,该是多么亵渎!

把一个人的地位捧得高出其余的人很多,这种做法从自然的平等权利的原则来说是毫无根据的,也不能引经据典地加以辩护;因为基甸②和先知撒母耳③所宣布的耶和华的意志分明不赞成由国王掌握的政权。在君主国家里,《圣经》上一切反对君主政体的部分已被很巧妙地掩饰过去了,但它们无疑地值得引起那些尚待组织政府的国家的注意。该撒的物当归给该撒④,是宫廷所引述的《圣经》上的教义,但它并非君主政体的根据,因为当时的犹太

① 1815 年以前,荷兰加入了联邦共和国,并在其中占据了统治地位。——译者

② 见《旧约全书·士师记》。——译者

③ 见《旧约全书·撒母耳记》。——译者

④ 见《新约全书·马可福音》。——译者

人还没有国王，还处在隶属于罗马人的地位。

从摩西记载创世的时候起，到犹太人全体受骗而要求立一个国王的时候止，差不多过了三千年。在立国王以前，他们的政权形式（耶和华偶然插手干涉的特殊情况除外）是一种共和政体，由一位士师和各宗族的首领执掌。他们没有国王，他们认为，除万人之主的耶和华以外，要承认有谁享有君王的称号，乃是一种罪恶。当一个人严厉地谴责人们对君王之类的盲目崇拜时，他毋庸怀疑，耶和华既然永远要人相信他的光荣，是不会赞成那种悍然地侵犯上天特权的政体形式的。

君主政体在《圣经》中列为犹太人的罪恶之一，并预言这种罪恶将产生怎样的灾祸。那个事件的历史是值得注意的。

因为以色列人受到米甸人的压迫，基甸便带领一小支军队向他们进攻，终于在神的参与下获得了胜利。犹太人得胜以后十分高兴，认为这是基甸的雄才大略的结果，因此提议推他为王，说：愿你和你的儿孙管理我们。这确实是个最能打动人心的诱惑；不单纯是个王位，而且是个世袭的王位；可是基甸内心虔诚地回答说，我不管理你们，我的儿子也不管理你们。唯有耶和华管理你们。话不能说得再清楚了；基甸并非拒绝这种荣誉，而是否定他们有给他这种荣誉的权利；他也并不是用自己想出来的一番客套话向他们表示感谢，而是用先知的肯定语气责怪他们不应叛离他们自己的君主，即上帝。

在这件事情之后大约过了一百三十年，他们又犯了同样的错误。犹太人想要模仿异教徒偶像崇拜的风俗的渴望是简直难以形容的；结果，他们抓住了撒母耳的负责管理世俗事务的两个儿子的不端行为，便吵吵闹闹地匆匆来到撒母耳的跟前说，你年纪老迈了，你儿子不行你的道，现在求你为我们立一个王治理我们，像列国一样。在这里，我们不能不说他们的动机是坏的，就是说，他们希望像其他的国家、即异教徒一样，而他们真正的光荣却在于尽可能不像他们。撒母耳不喜悦他们说，立一个王治理我们；他就祷告耶和华。耶和华对撒母耳说，百姓向你说的一切话，你只管依从，因为他们不是厌弃你，乃是厌弃我，不要我做他们的王。自从我领他们出埃及到如今，他们常常离开我，事奉别神，现在他们向你所行的，是照他们素来所行的。故此你要依从他们的话，只是当警戒他们，告诉他们将来那王怎样管辖他们。也就是说，不是任何个别国王的统治办法，而是以色列人急于想模仿的世间一切国王的惯用的手段。现在，虽然年代已经隔得很远，做法也大不相同，可是性质仍旧没有改变。撒母耳将耶和华的话，都传给求他立王的百姓说，管辖你们的王必这样行。他必派你们的儿子为他赶车，跟马，奔走在车前（这个描写同现今强人服役的人的行径相符合）。又派他们作千夫长、五十夫长，为他耕种田地，收割庄稼，打造兵器和车上的器械。必取你们的女儿为他制造香膏，作饭烤饼（这段话形容国王的奢侈、浪费和压制手段）。也必取你们最好的田地、葡萄园、橄榄园，赐给他的臣仆。你们的粮食和葡萄园所出的，也必取十分之一，给他的太监和臣仆（从这里我们可以看出，受贿、贪污和徇私乃是国王们的一贯的恶劣作风）。又必取你们的仆人婢女、健壮的少年人和你们的驴，供他的差役。你们的羊群他必取十分之一，你们也必作他的仆人。那时你们必因所选的王哀求耶和华，耶和华却不应允你们。这说明了君主政体继续存在的原因；

自古以来寥寥无几的善良国王的品德，既不能使这一名号成为正当的东西，又不能抹掉最初产生国王的罪孽；《圣经》上对大卫颇多好评，并不在于他在职务上是个国王，而只在于他是一个迎合上帝心意的人。然而百姓竟不肯听撒母耳的话，说：不然，我们定要一个王治理我们，使我们像列国一样，有王治理我们，统领我们，为我们争战。撒母耳继续开导他们，可是没有效果；他指出他们忘恩负义，可是也都枉然；当他看出他们一意孤行的时候，他喊道：我求告耶和华，他必打雷降雨（因为当时正是麦收季节，这是一种惩罚），使你们又知道又看出，你们求立王的事，是在耶和华面前犯大罪了。于是撒母耳求告耶和华，耶和华就在这日打雷降雨，众民便甚惧怕耶和华和撒母耳。众民对撒母耳说，求你为仆人们祷告耶和华你的神，免得我们死亡，因为我们求立王的事，正是罪上加罪了。圣经的这些部分都是清楚而肯定的。它们不容有任何模棱两可的解释。要么是上帝确曾在这里对君主政体提出抗议，要么是《圣经》是伪造的。我们有充分的理由可以相信，在信奉天主教的国家里，国王和神甫是费尽心机，竭力不让人民了解这些经文的。因为君主政体毫无例外地是政治上的天主教会制度。

除君主政体的弊害以外，另外还有世袭的弊害；君主政体意味着我们自身的堕落和失势，同样地，被人当作权利来争夺的世袭，则是对我们子孙的侮辱和欺骗。因为，既然一切人生来是平等的，那么谁也不能由于出身而有权创立一个永远比其他家庭占优越地位的家庭，并且，虽然他本人也许值得同时代人的相当程度的尊敬，他的后辈却可能绝对不配承袭这种荣誉。有一个十分有力的明显的证据，足以证明国王享有世袭权是荒谬的，那就是，天道并不赞成这种办法,否则它就不会常常把笨驴而不把雄狮给予人类,从而使得这项制度成为笑柄了。

其次,任何人起初只能保持人家所授予他的社会荣誉,同样地,那些荣誉的授予者也没有权力来牺牲子孙的权利;虽然他们可以说"我们推你做我们的王",他们却不能说"你们的子孙和你们子孙的子孙可以永远统治我们的子孙和我们子孙的子孙",而不侵犯自己后辈的权利。其原因是,这样一种愚蠢的、不公正的、不合人情的约许,很可能在下一个朝代就使他们受到恶棍或者傻瓜的统治。大多数贤明的人士在个人情绪上向来总是以轻蔑的态度对待世袭权的;不过这是那种一经确立就不容易扫除的弊害之一:许多人因恐惧而服从,另一些人因迷信而服从,一部分比较有权有势的人则帮同国王对其余的人进行掠夺。

人们一般认为现今世界上的那一群国王都有光荣的来历:而最可能的实际情况是,如果我们能够扯掉古代隐蔽的掩盖,追溯到他们发迹的根源,我们就会发现,他们的始祖只不过是某一伙不逞之徒中的作恶多端的魁首罢了,他那残忍的行径或出名的阴险手段为他赢得了盗匪头领的称号:由于势力的增加和掠夺范围的扩大,他吓倒了手无寸铁的善良人民,逼得他们时常贡献财物来换取他们的安全。可是那些推选他的人绝不会想到要把世袭权给他的后裔,因为他们这样的永远放弃自己的权利,是与他们声言在生活上所要遵循的不受拘束的自由原则相抵触的。因此,君主政体初期的世袭,只能作为临时的或补充的办法,而不能作为理所当然的制度来推行;可是,由于那个时代几乎没有留下或根本没有留下记录,口头相传的历史充满着虚构的故事,因此隔了几代之后,就很容易捏造一套当时可以顺利地散布的、像关于异教始祖的传说般的、迷信的鬼话，三番四复地向民众宣传世袭权的概念。也许，在首领逝世而要推选一个新的首领时，骚乱的局面(因为歹徒中间的选举是不会很有秩序的)使许多人感到惊恐或似乎感到惊恐，诱导他们最初赞成世袭的主张；因此，正如此后所发生的那样，最初认为是一时的变通办法，在以后却硬说是一种权利了。

自从诺曼底公爵征服英国以来，英国出了几个好的君主，但它曾在人数远为众多的暴君的统治下发出痛苦的呻吟：凡是有理智的人，绝不会说他们在威廉一世的统治下所能享受的权利是很光荣的。一个法国的野杂种带了一队武装的土匪登陆，违反当地人民的意志而自立为英格兰国王，我们可以毫不客气地说这个人的出身是卑贱不堪的[①]。这当然没有神力的意味在内。然而我们也不必花费很多时间来揭露世袭权的荒唐可笑；如果有谁脑子很笨，竟然相信这个，那就让他们不分青红皂白地崇拜笨驴和雄狮，并表示欢迎吧。我既不会模仿他们的卑顺，也不会妨碍他们的信仰。

可是我倒高兴问一下，他们认为最初国王是怎么产生的？这问题只能有三个答案，那就是，或者凭抽签，或者靠选举，或者通过篡夺。如果第一个国王是由抽签决定的，这就为下一任国王作出先例，不能世袭。扫罗[②]由抽签立为国王，但是王位的继承不是世袭的，并且从这一件事的前后经过来看，我们也看不出有打算世袭的任何形迹。如果一个国家的第一任国王是由选举产生的，那也

① 英国威廉一世(在位年代 1066—1087)生于诺曼底。他在哈斯丁斯的战役中残酷地镇压了当地居民的反抗，于 1066 年侵入了大不列颠的疆界。——译者

② 以色列人的第一任国王，见《旧约全书·撒母耳记上》。——译者

同样给下一任作出先例；要是第一批的选民不仅选举一个国王，而且选举一个世袭的王族，从而抛弃一切后代的权利，那么除了关于人类的自由意志都断送在亚当之手这一原罪的教义而外，查遍《圣经》也找不出同样的例子来；根据这种对照，而且也不可能根据别种对照，世袭制度是得不出光荣的结论来的。体现在亚当方面的是人人都犯了罪，体现在第一批选民方面的是人人都唯命是听；体现在前者的是人类都受撒旦的摆布，体现在后者的是人类都受统治权的支配；由于前者我们丧失了纯洁，由于后者我们丧失了主权；既然双方都使我们不能恢复先前的某种状态和特权，我们无疑地可以由此推断，原罪和世袭是相类的。多么丢脸的并列！多么不光彩的联系！然而最机敏的雄辩家也想不出比这更恰当的譬喻。

说到篡夺，那是谁也不会敢于替这种行为辩护的；威廉一世是个篡夺者，这是不容否认的事实。明摆着的实际情况是，英国君主政体的起源将经不起仔细的考察。

但是，与人类有关的世袭制的荒谬，还远不如它所造成的祸害来得严重。如果这种制度能保证提供一群善良而贤明的人士，那倒还可以算是获得神权的特许，但事实上它只是为愚人、恶人和下流人大开方便之门，因此它就带有苦难的性质。那些自视为天生的统治者和视人为天生奴才的人，不久便横行霸道起来。由于他们是从其余的人类中挑选出来的，他们的心理早就为妄自尊大所毒害；他们在其中活动的世界，与一般的世界有显著的区别，因此他们简直没有机会了解一般世界的真正的利益，当他们继承政权的时候，往往对于整个疆土以内的事情茫无所知，不配加以处理。

伴随着世袭制的另一种祸害是，王位动辄为一个不拘年龄的未成年的人所占有；在那个时期，以国王作掩护而摄政的人，就有一切的机会和动机来叛弃人们对他的信任。当一个国王年老体衰，步入人类衰弱的末期的时候，也会发生与全国有关的同样的不幸。在这两种情况下，民众成为形形色色的恶棍手中的牺牲品，因为这些人可以顺利地玩弄由老年或幼年所造成的种种愚蠢行为。

赞成世袭制的人曾经提出的似乎最言之成理的辩解是，它保全国家，不致发生内战；假如这一点是正确的话，那倒很有分量；但实际上它却是曾对人类进行欺骗的最无耻的谎言。英国的全部历史也否认有这样的事实。从1066年以来，有三十个国王和两个幼王统治了这个混乱的王国，在这段时期中，至少发生过八次内战和十九次叛乱（包括革命在内）。所以它不是对和平有贡献，而是不利于和平，并破坏了它所依赖的基础。

约克王室和兰卡斯特王室间争夺君权和继承权的斗争，使英国有好多年沦为流血的战场①。亨利和爱德华打了十二次激烈的战役，遭遇战和围攻不计在内。亨利两次做了爱德华的阶下囚，爱德华也给亨利俘获过。当争吵只是起因于个人的问题时，战争的命运和全国人民的好恶很难捉摸，因此亨利被人从监狱送回王宫，而爱德华则被迫从王宫逃往外国；但是，因为好恶的突然转变难以持久，人们又把亨利逐下王位，召回爱德华来继任。议会总是倒向力量最强大的一边的。

① 指持续达三十年之久（1455—1485）的两个王朝——约克王朝和兰卡斯特王朝的争夺王位的斗争。——译者

这个斗争从亨利六世当政时开始，到了统一王室的亨利七世手里还没有完全停止。这一时期包括六十七年，即从 1422 年起至 1489 年止[①]。

总之，君主政体和世袭制度不仅使某个王室而且使整个世界陷于血泊和瓦砾之中。这是《圣经》所反对的政权形式，所以免不了要发生流血。

假如我们考察一下国王所做的工作，我们就会发现，在有些国家中他们可以说是没有干什么工作的；在混过了对自己没有乐趣、对国家没有好处的一生以后，他们退出了舞台，让后继的人去走同样虚度光阴的道路。在君主专制国家，民政和军事的全副重担置于国王一身；以色列人在要求立一个国王的时候曾经提出申请，希望“有王治理我们，统领我们，为我们争战”。但像在英国这样的国家中，国王既非士师，又非元帅，委实叫人很难了解他究竟干什么工作。

任何政体愈接近共和，需要国王做的工作就愈少。要给英国的政体想一个适当的名称，多少有些困难。威廉·梅雷迪思爵士称它为共和国；可是在它目前的状态，它是不配得到这种名称的，因为，国王由于有权任意安排一切官职而产生的贪污势力，实际上已经独占了政权，侵蚀了下议院（政体中的共和部分）的效能，以致英国的政体差不多像法国或西班牙的一样，纯粹是君主政体了。人们如果不了解名称的真实含义，绝不会轻易表示赞同。英国人

① 亨利七世于 1485 年即位时，娶约克王室伊丽莎白为后，两个家族的联婚结束了蔷薇战争。——译者

引以自豪的，不是英国政体的君主的部分，而是共和的部分，也便是从他们自己的团体中选出下议院议员的那种自由——并且我们很容易看出，当共和失效时，奴役便接踵而来。英国政体之所以有毛病，只是因为君权已经毒害了共和；国王已经垄断了下议院。

在英国，一个国王所能做的事情，往往不外乎是挑起战争和卖官鬻爵；直率地说，这是使国家陷于贫穷和制造纷争。一个人每年伸手拿八十万镑，而且还受人崇拜，真是一桩好买卖！对于社会，同时在上帝的眼中，一个普通的诚实人要比从古到今所有加冕的坏蛋更有价值。

对北美目前形势的意见

在以下几页，我将仅仅提供一些简单的事实、明显的论据和常识。我要求读者作好准备的，只是摆脱偏见和成见，让理智和感情独自作出判断，持真守朴，不受现时代的拘束而尽量扩大自己的见解。

关于英美之间的斗争这个题目，已经出版过好多卷书籍。各阶级的人们出于不同的动机和抱着各种目的，参加了这场争论；但是一切都毫无效果，现在论战已经结束了。作为最后手段的武力决定着这场争执；诉诸武力的办法是由英王选择的，北美大陆已经接受了这个挑战。

据说，已故的贝尔哈姆先生（他虽然是个干练的大臣，却并不是没有过错）因为他的策略只是临时的性质而在下院受到攻击时，他回答说，“它们在我活着的时候总还可以推行。”如果殖民地人民在目前的斗争中都抱有这种要不得的胆怯思想,后代子孙是会以厌恶的心情来想起他们祖先的名字的。

太阳从来没有照耀过一个更足称道的事业。这不是牵涉到一城、一州、一省或一个王国;而是牵涉到一个大陆——至少占地球上可以居住的地方的八分之一。这不是一日、一年或一个时代的事情;实际上子子孙孙都牵入这场斗争,并且甚至永久地或多或少受目前行动的影响。现在是北美大陆的团结一致、信义和荣誉的播种时期。今天的一点小小裂痕,将如用针尖在一棵小栎树的嫩皮上刻出的一个名字一样;这个伤痕将随着树木扩大,在后代子孙看到的时候它已经变成几个十分醒目的大字。

由于问题从争论转到用武力对付,一个政治的新纪元开始了,一种新的思想方法已经产生了。4 月 19 日以前,即战争爆发[①]以前的一切计划、建议等等,都成了明日黄花;这些东西虽然当时是合适的,现在却一无用处,可以束之高阁了。当时对问题各执一词的人的意见,终于归结到同样的一点,即同英国联合;双方唯一的差别在于实施这一主张的方法;一方建议采用武力,一方建议利用友谊;但到目前为止的实际情况是,前者已经失败,后者已经不再发生影响。

既然对于和解的利益已经谈论很多,而它像美梦一样已经消

---

① 1775 年 4 月 18 日夜间,英国军队从波士顿出动,企图夺取北美爱国者存放在康科德的军需品,并逮捕当时确知其待在莱克星顿附近的萨姆·亚当和约翰·汉考克。在保罗·勒维耳和威廉·戴维斯的号召下,武装起来的公民出来迎击英军,于 4 月 19 日在莱克星顿和康科德一带发生了战斗。北美民兵队的战士彻底粉碎了英国军队。敌方原有的兵力只有三分之二左右活着回到波士顿。到处可以听到回声的射击,使托马斯·潘恩相信不可能再同大不列颠和解了。——译者

逝，并未使我们有何收获，那么我们就当然应该考察一下论证的相反一面，稍稍探究一下这些殖民地在同大不列颠保持联系并处于从属地位的条件下，现在和以后将永远蒙受的许多物质损失。要根据自然原理与常识来考察那种联系和从属地位，看看我们如果分离的话必须依靠什么，如果处于从属地位的话可以有什么指望。

我听见有人硬是这样说：既然北美在以前同大不列颠发生联系时曾经繁荣过，那么为了它将来的幸福，同样的联系是必要的，并且总会产生同样的效果。没有任何论证比这更错误的了。你还不如说，因为一个孩子是吃奶长大的，所以他永远不该吃肉，或者说，我们一生的开头二十年应该成为第二个二十年的先例。可是这也是强词夺理的说法；因为我可以断然地说，假如当初没有一个欧洲强国照顾它的话，北美照样能够繁荣，或许还更兴旺。它赖以致富的贸易，属于生活必需品一类，只要欧洲人还有饮食的习惯，它总不会没有市场。

可是有人说，这个欧洲国家曾经保护过我们。不错，它曾把我们放在它的垄断操纵之下，而它花我们的钱和它自己的钱来保卫北美大陆，这也是事实；不过，出于同样的动机，也就是说为了贸易和统治权，它也会保卫土耳其的。

唉！我们长期以来受到历史久远的偏见的迷惑，为迷信作了很大的牺牲。我们曾经自夸受大不列颠的保护，不去注意它的动机是利益而不是情谊；它并没有为了我们的缘故保护我们免受我们敌人的侵犯，而是为了它自己的缘故防御它的敌人，为了任何其他缘故防御那些与我们并无争执的人，并且为了同样的缘故防御那些将会经常与我们作对的人。如果英国不放弃它对北美的自作主张的要求，北美就得摆脱这种从属地位；万一法国和西班牙同英国发生战争，我们可以同它们保持和好关系。上次汉诺威王朝的战争所造成的苦难，应该提醒我们来反对我们同英国的种种联系。

最近国会里有人硬说，各殖民地除通过亲国以外，彼此没有直接关系，也就是说，宾夕法尼亚、新泽西等等是通过英国才产生的姊妹殖民地；这当然是证明彼此有关系存在的一个转弯抹角的说法，但这也是证明敌意（或者敌对状态，如果我可以这么说）的最简捷且唯一真实的说法。法国和西班牙从来不是、也许将永远不是我们身为美洲人的敌人，而只是作为大不列颠臣民的敌人。

可是有人说英国是亲国。那么它的所作所为就格外丢脸了。豺狼尚不食其子，野蛮人也不同亲属作战；因此，那种说法如果正确的话，倒是对它的谴责；可是那种说法恰巧是不正确的，或者只是部分地正确，而英王和他的一伙帮闲阴险地采用的亲国或母国这个词儿，含有卑鄙的天主教的意图，想要偷偷地影响我们心地老实的弱点。欧洲，而不是英国，是北美的亲国。这个新世界曾经成为欧洲各地受迫害的酷爱公民自由与宗教自由的人士的避难所。他们逃到这里来，并不是要避开母亲的抚慰，而是要避开吃人怪物的虐待；把最初的移民逐出乡里的那种暴政，还在追逐着他们的后代，这话对英国来说至今仍然是适用的。

在世界的这个广大地区，我们忘记了三百六十英里的狭窄范围（英国的长度），更大规模地传播我们的友谊；我们主张同欧洲每一个基督教徒保持兄弟般的关系，并以这种豁达的胸襟而感到自豪。

来观察一下我们在扩大自己对全世界人士的友谊时怎样始终不懈地逐步克服地方偏见的势力，那是很有趣的。一个生在英国划分为教区的任何城市的人，自然只会和他同一教区的人保持最密切的联系（因为他们的利益在很多方面是共同的），并用街坊的名称来加以识别；如果他在离家不过几英里之外遇到这位街坊，他就丢掉一条街道的狭窄观念，称他为同乡；如果他走出郡的范围，在别的郡里碰见他，他便忘掉街道和城市的较小的划分，管他叫大同乡，即同郡人；但如果他们在国外旅行，偶然在法国或欧洲任何其他部分见面，他们脑子里的地方观念就会扩大到同是英国人这一想法。依此类推，在北美或在世界其他任何地区相遇的一切欧洲人，都是大同乡；因为英国、荷兰、德国、瑞典等等，同整个世界比起来，在较大规模上所处的地位，正和在较小规模上划分的街道、城市与郡的地位一样；那些区分范围太窄，不合北美大陆上的人们的心理。甚至在本州（宾夕法尼亚）的居民中，英国人的后代不到三分之一。因此，我指斥这种仅用之于英国的所谓亲国或母国的措辞是错误的、自私的、狭隘的和小气的。

可是，即使我们承认自己都是英国人的后裔，这有没有意义呢？没有。英国现在既然是一个公开的敌人，那它就取消了其他一切的名义和头衔：说什么和解是我们的责任，那是滑稽透顶的说法。现在这个王室的第一任国王（威廉一世）是法国人，英国目前的贵族半数是法国人的后裔；因此，根据同样的推论方法，英国应该受法国的统治。

关于英国和殖民地之间的同心协力问题，人们已经谈得很多了，说什么联合起来它们就可以同世界各国相抗争。但这仅是一种推测；战争的命运是捉摸不定的，那些话本身也毫无价值；因为这个大陆绝不愿意让人把它的居民抽光，去支援英国在亚洲、非洲或欧洲的军队的。

其次,同世界各国抗争与我们又有什么关系?我们的目的是通商,如果妥善从事,它将为我们赢得整个欧洲的和平与友谊;因为整个欧洲所关心的,是使北美成为一个自由港。它的贸易将永远是一种屏障,而它在金银方面出产不丰,可以保证它不受外人侵略。

我要求最热心倡议和解的人指出北美大陆由于同大不列颠联合而能获得的一件好处。我重复这个要求;照我看来是一件好处也得不到的。我们的谷物将在欧洲任何的市场上顺利出售,我们的进口货物一定要在我们愿意购买的地方成交。

但是,我们由于同英国联合而遭受的危害和损失是不胜枚举的;我们对全体人类以及对我们自己的责任教导我们要拒绝这种同盟:因为,对大不列颠的任何屈从或依附,都会立刻把这个大陆卷入欧洲的各种战争和争执,使我们同一些国家发生冲突,而那些国家本来是愿意争取我们的友谊的,我们对它们也是没有愤怒或不满的理由的。既然欧洲是我们的贸易市场,我们就应当同欧洲的任何部分保持不偏不倚的关系。北美的真正利益在于避开欧洲的各种纷争,如果它由于对英国处于从属地位,变成英国政治天平上的一个小小的砝码,它就永远不能置身于纷争之外。

欧洲王国林立,不可能长期保持和平状态,一旦英国和任何外国之间爆发战争,北美由于它同英国的关系,在贸易上一定会遭到毁灭。下一次的战争也许结果不会像上一次一样,而如果有所不同的话,现在鼓吹和解的人那时就会希望分离了,因为在那种情况下中立将是比兵舰更安全的护航舰。所有正确的或合理的事情都为分离作辩护。被杀死的人的鲜血和造化的啜泣声在喊着:现在是分手的时候了。甚至上帝把英国放在远离北美的位置上，也顺理成章地和有力地证明出，英国对美国享有权能这一点，绝不是上苍的意图。从发现北美大陆的时期上说，也能增加这个论据的力量，而当时各国移民的分布情况则使这一论据更具有说服力。宗教改革先于美洲的发现，仿佛是上帝慈悲为怀，有意为以后几年受迫害的人们开辟一个避难所似的，那时本国既不会给他们友谊，也不会给他们安全。

大不列颠对这个大陆的权能，是一个迟早必然要结束的政权形式：一个认真考虑问题的人会痛苦地坚决相信，他称之为“现在的政体”的这种体制只是临时性的，在这种心情的支配下，他瞻望前途，绝不会得到真正的快乐。我们身为父母，既然知道这个政权不会有很长的寿命，足以保障我们可能传给后代的任何东西，心里也绝不会高兴：用一种简单的论证方法来说，既然我们会使下一辈人负债，我们就应该自己担当起来，否则我们对待他们的态度就显得卑鄙而可怜了。为了正确地发现我们的责任范围，我们应当照顾我们的子孙，把我们的职责地位在人生中更推进几年；那样高的位置将使我们看到一种被目前一些恐惧和偏见所掩蔽的形势。

虽然我愿意当心地避免作不必要的攻讦，可是我倒认为，凡是拥护和解论调的人都可以归入下列几类。

私心很重的不可靠的人，脑子糊涂的愚钝的人，不愿了解事物的抱有偏见的人，还有一批过分重视欧洲世界的稳健的人；而这最后的一类，由于考虑欠妥，将比其他三类对北美大陆造成更多的灾难。

许多人住的地点，离目前发生不幸事件的现场很远，这是他们的运气;祸害并没有十足地降临到他们的门口,使他们感到北美的全部财产岌岌可危。可是让我们的想象力把我们带到波士顿去一会儿吧;那个充满着灾难的地点会教我们学得聪明一些,并叮嘱我们永远同一种我们不能加以信任的政权断绝关系。不过在几个月以前,那个不幸城市的居民们还过着安乐和富裕的生活,可是他们现在除呆在那里挨饿或出外求乞以外①,没有别的办法。他们如果继续留在城里,就有遭受朋友们的炮火轰击的危险,他们如果离开,就要被军队洗劫;在目前的情况下,他们是一些没有超度希望的囚徒,在实行总攻击来救助他们的时候,他们将暴露在双方军队的猛烈炮火之下。

秉性迟钝的人多少有些忽视大不列颠对我们的攻击,仍旧非常乐观,动辄喊道:来吧,来吧,纵然发生这一切事情,我们还是可以和好的。可是请你们考察考察人类的感情和感觉:把和解的主张根据自然的标准来衡量一下,然后告诉我,你们以后是否还能热爱、尊敬并忠心耿耿地替那种已经在你们的土地上杀人放火的政权服务?假如这一切事情你们不能做到,那么你们不过是掩耳盗铃,由于你们的延误而使后代子孙遭到毁灭。你们既不敬爱英国,

① 波士顿的居民曾将价值一千八百英镑的三百四十二箱茶叶投入海中,英国议会为了镇压这些居民,采取了一系列的措施,即所谓关于停止宪法保障的一些法案:从1774年6月1日起生效的波士顿港法,在东印度公司的损失得到赔偿以前,禁止一切船只驶入该城的港口。第二个法案规定,凡被控在履行职责时犯有不法罪行的皇家官吏,得在其他殖民地和英国审讯。第三个法案规定英国军队驻在波士顿,而第四个法案则授予总督以任命地方会议代表、限制各城举行会议、照顾陪审员的任命等权力。

潘恩所引证的波士顿公良的情况并没有夸大。根据当时的统计,到1775年5月底,波士顿约有十五万人濒于饿死。——译者

那你们将来和英国的联系一定是被迫的和不自然的，并且因为它是仅仅根据目前的权宜之计而形成的，它不久就会回复到比当初更不幸的老路上去。如果你们说，你们还能容忍那些侵犯，那么我要请教，你们的房屋有没有被烧掉？你们的财产是否曾在你们的面前被破坏？你们的妻儿还有床铺睡觉、有面包充饥吗？你们的父母儿女曾否遭他们的毒手，而你们自己是不是在颠沛流离中死里逃生的呢？如果你们没有这些遭遇，你们就不能很好地体会那些有过这种遭遇的人的心情。但如果你们遭了殃，还能同凶手握手言欢，那么你们便不配称为丈夫、父亲、朋友或爱人，并且不管你们这一辈子的地位或头衔如何，你们有着胆小鬼的心肠和马屁鬼的精神。

这不是火上加油或夸大其词，而是用自然所认为正当的情感和感情来检验这些问题，如果缺少那种情感和感情，我们就不能恪尽人生的社会职责，也不能享受人生的种种幸福。我的意思并不是要揭露恐怖的景象来挑起复仇的情绪，而是要唤醒我们，不再优柔寡断，醉生梦死，这样才能毅然决然地追求某种确定的目标。如果北美不是由于延误和胆怯而自陷于被征服者的地位，英国或欧洲是征服不了北美的。目前这个冬季如果利用得当，可以抵得上一个时代，但如果蹉跎和玩忽，整个的大陆将同遭不幸；只要如此可贵和有用的季节在一个人的手里白白浪费掉，那么不论他是谁、他担任什么职务或他住在什么地方，任何处分他都是罪有应得。

认为这个大陆可以长期受任何外来势力的支配，这种想法是悖理的，违反事物常规的，也是不合历代先例的。甚至英国最有自信的人也不这样想。在这个时候，人们即使竭尽智慧，要不谈独立而保证这个大陆苟安一年，也是办不到的。和解在现今是个荒谬的梦想。造化既已抛弃这种联系，人力又不能有所补益。因为，正如密尔顿很精辟地表达的，“在不共戴天之仇的伤口已经裂得这样深的地方，永远产生不出真正的和解。”

每一种争取和平的温和的方法都已经失效。我们的历次恳求已经被鄙夷地一口拒绝；这使我们相信，要算反复的请愿最能鼓励国王们的自负和证实他们的顽固——而且只有那种做法最能助长欧洲国王们的专制。丹麦和瑞典就是很好的例子。因此，既然抵抗才有效力，那么为了上帝，就让我们达到最后的独立，不让下一代人在遭受侮辱的毫无意义的父子关系的名义下趋于灭亡吧。

要说他们不会再想那样干了，这是单凭想象而没有根据的；我们对于取消印花税法[①]曾经抱有这样的想法，然而一两年的工夫就打破了我们的迷梦；否则我们也可以认为那些已经打败的国家永远不会再寻衅了。

至于说到统治的问题，英国是无法以公平合理的态度来对待这个大陆的：它的事务不久就会十分纷繁，不是一个离我们这样远、对我们这样无知的国家用种种权宜之计所能经管的；因为如果他们不能征服我们，他们便无法统治我们。为了一件事情或一项申请，要经常奔波三四千英里，为了批复要等待四五个月，而得到批复以后又需要五六个月来加以解释，这种情况不出几年工夫就会被看作是荒唐和幼稚的行径。如果过去有一段时间它是适当

① 指英国政府在1765年颁布的“印花税法”，目的在于弥补英国由于征服加拿大（1758—1760）而带来的支出。——译者

的，那么现在便是它不再存在的适当时机了。

几个不能自卫的小小的岛屿，是政府[1]把它们置于保护之下的适当的对象；但是认为一个大陆可以永远受一个岛屿的统治，那就不免有些荒谬。在自然界从来没有使卫星大于它的主星的先例；既然英国和北美在彼此的关系上违反自然的一般规律，那么显而易见它们是属于不同的体系的。英国属于欧洲，北美属于它本身。

我并不是出于骄傲、党派或愤懑的动机来拥护分离和独立的主张的；我在良心上清楚地和绝对的相信，这样做是符合这个大陆的真正利益的；任何缺少*真正利益*的事情只是一种杂凑，不能提供悠久的幸福，——这是让我们的子孙遭受杀戮，并在多出一点力量、多跨进一步就可使这个大陆成为全世界的荣耀的关头退缩不前。

既然英国丝毫没有表现出要求和解的意思，我们可以确信，所能获取的条件是不值得北美大陆接受的，或者所能达到的目的是抵不上我们已经付出的生命和财产的损失的。

所争取的目的应该总是同所花费的代价具有某种正确的比例才好。诺斯的撤职[2]或整个可恶的私党的解散，是抵不上我们所付出的这样大的牺牲的。如果我们所反对的一切议会的法案真能废除的话，那么贸易的暂时中断给我们带来的损失，就足以抵消这些法案的废除；但是，如果整个大陆必须拿起武器来，如果人人都

① 在后来的某些版本中作“一些王国”。——原编者

② 指大臣诺斯由于对北美各殖民政策的失败而在 1782 年被撤职。——译者

必须成为军人,那我们就不值得光是去反对一个卑鄙的内阁了。假如我们所争取的只是一些法案的废除,那么我们花费的代价就未免太大;因为,按照公正的估计,为了法律也像为了土地一样的付出一次班克山[①]的代价,是天大的傻事。我一向认为这个大陆的独立,是迟早一定会实现的一件大事,同样地,根据最近大陆向成熟阶段迅速发展的情况来看,这件大事绝不会离得很远。因此,在战争已经爆发的时候,我们不值得为了这样一个问题发生争论,这个问题如果我们不认真争辩的话,最后也定然会由时间来加以补救的:否则这就等于是向法院控诉一个租赁期刚满的佃户,要求制止他侵犯产权,因而在讼案中倾家荡产一样。在不祥的 1775 年 4 月 19 日以前,我本人要算是最渴望和解的了,但是一听到那天所发生的事件,我便永远否定了那个冷酷的、乖戾的英国法老[②],并且鄙视那个坏蛋,因为他虽然僭称为"人民之父",却能够冷酷地听取他们遭到屠杀的消息,灵魂上沾满他们的鲜血而酣然入梦。

可是,如果承认问题已经解决,那将产生怎样的结果呢?我可以回答说,结果是北美大陆的毁灭。有几层理由可以说明。

第一,各种统治的权柄还掌握在英王的手里,他会否决这个大陆的全部立法。既然他已经暴露自己是自由的势不两立的敌人,显示出对于专制政权的无限渴望,那么他是不是当然要对这些殖民地的人民说,除非经我同意,不准你们制定任何法律!?北美是否还有哪一位居民这样无知,竟不知道按照所谓现行的政体规定,

① 波士顿的山名,1775 年 6 月 17 日曾作战于此。——译者

② 古埃及国王的称呼,这里借喻英国的专制国王。——译者

除经国王批准外，这个大陆不能制定任何法律呢？是否有谁这样愚笨，竟看不出（根据所发生的情况来判断）他除去那种能够迎合他的意图的法律以外，不会让我们在这里制定任何法律呢？北美没有法律，或顺从英国为我们制定的法律，实际上都可以奴役我们。在问题已经解决（有人这样说）以后，难道还会怀疑国王不一定运用全部权力来尽量镇压和抑低这个大陆吗？如果不前进，我们就会后退，或者永远发生争论，或者永远可笑地提出请求。我们所已经达到的强大程度，不是英王希望我们达到的，他此后不会力图削弱我们吗？总括一句话，一个嫉妒我们繁荣昌盛的政权是否宜于来统治我们呢？凡是对这个问题表示否定意见的人是个独立党员，因为独立自主的问题不外乎意味着：究竟是我们将自己制定我们的法律，还是让这个大陆的目前和将来最大的敌人——英王来吩咐我们，除我所喜欢的法律以外不准有任何法律。

你会说，可是英王在英国是有否决权的；那里的人民不经他的同意不能制定任何法律。按正当的和正常的道理来讲，一个二十一岁的青年（往往有过这种事情）居然可以对几百万比他年长和聪明的人说，“我禁止你们的某一决议变成法律”，这是十分可笑的。但是在目前情况下我不愿意作这种答复，虽然我还要继续揭露那种说法的荒唐，而只是回答说：英国是英王的权利所在地而北美并非如此这一点，形成截然不同的情况。英王在这里拥有否决权的危害性，要比在英国大十倍；因为在那里，对于一个尽力充实英国国防的议案，他是不会不予同意的，但在北美，他就绝不会让这样的议案通过。

北美在英国的政治体系中不过居于次要的地位。这个国家的利益只有在适合英国本身的目标时它才会加以顾及。因此,它本身的利害关系引导它在任何不能增进它利益的场合尽力遏制我们利益的增长,或者至少要进行阻挠。从已经发生的情况来看,在这样一个间接的政府之下,不久我们的处境就一定够好的啦!人们并不会由于换了一个名字便从敌人转变为朋友。为了指出那种和解的主张现在是危险的,我敢断言,英王由于想恢复他在各个领地的统治地位,现在所采取的政策将是废除那些法令;其目的在于利用阴谋诡计,最后完成他在短期内通过武力和暴力所无法完成的事情。和解与毁灭是密切相关的。

第二,我们能够希望得到的哪怕是最好的条件,也不外乎是一种临时的办法,或者一种受保护的政权,这种政权在殖民地达到成人年龄时就不能再存在了,因此,总的形势和局面同时也将是不安定的、没有前途的。有产的移民绝不愿意到这样一个国家里来,这个国家的政体是朝不保夕的,它每天都有发生骚动和混乱的危险;现有的这些居民将抓住机会来处置他们的产业,离开这个大陆。

但一切论据中最有力的是,除了独立(即联合殖民地的政权形式)以外,再没有别的方式能维持大陆的治安,使它不受内战的侵害。我恐怕万一现在同英国和解,很可能接踵而来的是某处发生暴动,其后果也许远比英国的一切恶意来得可怕。

成千上万的人在英国人的野蛮行动下遭到毁灭;(还有成千上万的人也许会碰到同样的命运。)那些人的感情同我们这些没有受难的人是不一样的。他们现在仅有的财产是自由;他们以前享有的东西已在争取自由的斗争中牺牲了,现在他们既然不再有什么东西可以丧失,也就十分鄙视屈服。其次,殖民地对英国政府的一般情绪将类似一个接近成人年龄的青年的情绪，他们不会对它有何顾虑。而一个不能维持治安的政府根本就不是政府，在那种情况下我们拿出钱来是冤枉的。请问，万一在和解以后的第二天国内发生暴动，那么力量只表现在纸面上的英国，能够有什么作为呢？我听见有些人说（我相信其中很多人是没有经过思考的），他们害怕独立，唯恐独立以后会发生内战。没有经过考虑的想法总很少是真正正确的，这里也不例外；因为一个暂时弥补的关系比起独立来能够产生多至十倍的值得担心的事。我站在受害者的地位断然声明，如果我被人从房子里和家里赶出来，我的财产遭到破坏，我的环境受到损害，那么作为一个不甘受辱的男子汉，我绝不能同意和解的主张，也不能认为我自己因此就必须赞同这个主张。

各殖民地已经表现了良好秩序和服从大陆政府的精神，这种精神是足以使得每一个明白事理的人对那领导机构感到放心和满意的。如果有谁害怕一个殖民地会力求比另一殖民地占据更优越的地位，那么他只有根据真正幼稚和可笑的理由，才能为他的恐惧找到口实。

既然彼此没有差别，就不会产生地位优劣的问题；完全的平等不是诱人走入歧途的导因。欧洲各共和国现在都是（而且我们可以说经常是）和睦的。荷兰和瑞士无论对内或是对外都没有战争。的确，君主国家是绝不会长期平安无事的：王座本身便是对国内不逞之徒的诱惑力量；经常伴随着王权的那种极度的骄傲和横暴，在有些事情上容易同外国闹成决裂，而在同样的情况下，一个共和政府由于以比较自然的原则为组织基础，却能克服那种错误。

如果真正有理由来担心独立的话，那是因为还没有定下计划的缘故。人们看不清他们的出路。因此,作为研讨这件事情的开端,我提出下列几点意见;同时我毫不自夸地承认,我本人只认为这些意见可以成为引起一些更好的建议的手段罢了。如果许多个人的凌乱思想能够被收集起来,它们就往往会构成一种材料,由聪明干练的人来把它变成有用的东西。

各殖民地的会议应每年召开,只应该有一个议长。代表应更求平均,他们所处理的应该完全是国内问题,并受大陆会议的节制。

每一殖民地应分成六个、八个或十个大小适当的区,每区都推出若干代表参加大陆会议,因此每一殖民地将至少派出代表三十人。大陆会议的全体代表将至少为三百九十人。每届会议应举行代表大会,用下列方法选举一人为议长。当代表开会时,由全部十三个殖民地抽签抽出一个殖民地,然后由会议从该州代表中票选一人为议长。在下届大陆会议,仅从十二个殖民地中抽出一个,上届已产生议长的那个殖民地不在抽签之列,以后依此程序进行,直至十三个殖民地统统抽到为止。为了保证所通过的法律都十分正当,不少于五分之三的人数才能称为多数。在这样一个公正地组成的政权之下,谁要是想挑唆不和,那一定是投到魔鬼的怀抱里去了。

但是,既然这件事情最初必须由谁做起,或者怎样做法,乃是很伤脑筋的事,既然看来似乎由某种介于统治者和被统治者之间、即大陆会议和人民之间的团体来着手是最合情理的,那就让一个联合殖民地会议以下列方式和按照下列宗旨召开吧。

委员会包括由大陆会议推出的委员二十六人,即每一殖民地二人。每一州议会下院或州的制宪会议产生委员二人;每州由全体人民中产生代表五人，代表全州并对全州负责，这些代表由州内各地宜于参加选举的尽量多的有资格的选民在各州首府或首邑选出；或者，如果比较方便，代表也可在其中两三处人口最多的部分产生。在这样召开的会议中，将结合起经办事务的两个最重大的要素，即知识和力量。大陆会议、各州议会下院或制宪会议的成员们，由于对国家事务已积有经验，将成为干练而能发挥作用的议员，而整个会议既经人民授权，就具有真正法定的权力。

在议员集议的时候，应该让他们拟草大陆宪章或联合殖民地宪章（以回答所谓英国大宪章）；确定选举大陆会议议员、州议会下院议员的人数和方式，以及它们开会的日期；划定它们之间的行政和司法的界线：经常要记牢，我们的力量是大陆的而不是州的。要按照良心的指示，为所有的人获致自由与财产，主要是信教的自由，以及宪章所必需规定的其他事项。此后，上述会议应随即解散，并应依据上述宪章选出一些人来，暂时做这个大陆的立法者和地方长官：愿上帝保佑他们的平安和幸福。阿门。

如果此后为了这个或某种相类的目的委任一些人的话，我要把贤明的政治学家德拉戈内蒂的下面一段语录奉送给他们。“政治家的科学”，他说，“在于确定幸福与自由的精义。凡是能够发现一种使国家花费最小代价为个人谋取最大幸福的政体的人，是值得永世感恩的。”（德拉戈内蒂：《论德行与报酬》①。）

有人说，可是北美的国王在哪儿呢？朋友，我要告诉你，他在

① 指意大利法学家德拉戈内蒂·季亚青托（1789—1871）的著作：Le vertu edipremi。——译者

天上统治着，不像大不列颠皇家畜生那样的残害人类。但是，如果庄严地规定有一天要宣布宪章，希望我们甚至在世俗的德行方面也不要露出缺点来；让发表的宪章以神法和《圣经》为根据；让我们为宪章加冕，从而使世人知道我们是否赞成君主政体，知道北美的法律就是国王。因为，在专制政府中国王便是法律，同样地，在自由国家中法律便应该成为国王，而且不应该有其他的情况。但为了预防以后发生滥用至高权威的流弊，那就不妨在典礼结束时推翻国王这一称号，把它分散给有权享受这种称号的人民。

组织我们自己的政府，乃是我们自然的权利。当一个人认真考虑到人事动荡时，他就会深深地相信，我们尽力以冷静审慎的态度来组织我们自己的政权形式，要比把这样一个重大的问题交给时间和机会去支配，来得无限地聪明和安全。如果我们现在不走这一步，也许以后会出现一个马萨涅洛[①]，他在掌握了民众的动荡情绪以后，可以纠集亡命和不满之徒，自己攫取政权，最后像洪水一样把北美大陆的各种自由权利一扫而空。万一北美的政权又落到英国的手里，动摇的局势也会引诱某一个不顾一切的冒险家来碰碰运气；在这种情况下，英国能够给我们什么帮助呢？不等它听到消息，那个十分不幸的事件已经完成；而我们自己就会像处于征服者压迫下的可怜的不列颠人一样地受苦了。你们这些现在反对独立的人，你们不知道自己在干什么：你们让政权的位置空着，从而为无穷的虐政敞开门户。千千万万人认为光荣的，是把煽动印

① 托马斯·阿涅洛，又名马萨涅洛，是那不勒斯的渔夫，他在公共市场上鼓动同胞，以反对当时占有该地的西班牙人的压迫，并怂恿他们起义，结果他在一天中间便成了国王。——作者

第安人和黑人起来消灭我们的那种野蛮凶恶的势力逐出大陆；那种残酷的行为有双重罪恶，它残忍地对待我们，奸诈地对待他们。

对于有些人，我们的理智禁止我们加以信任，我们备受损伤的感情叮嘱我们加以憎恶，如果同这些人侈谈什么友谊，那是糊涂和愚蠢的。我们和他们之间残留的一点因缘每天都在损耗着；难道有什么理由可以希望，在关系消灭的同时，感情反会增加，或者当我们有十倍于过去的更大更多的事情要争论的时候，我们倒反会更加表示同意吗？

你们这些劝告我们要重视融洽与和解的人，你们能不能把已经消逝的时间重新交还给我们呢？你们能不能把过去的纯洁还给娼妓呢？你们要使英国与北美和解，也是办不到的。现在最后的一根纽带已经断了，英国人正在用各种言论反对我们。存在着天理所不容的侵害和侮辱；如果天理会宽恕的话，它就不成其为天理了。既然一个丈夫不能宽恕别人强奸他的妻子，北美大陆也就不能宽恕英国的那些杀人凶手。上帝已经赋予我们以决心做有益而聪明的事情的不可遏制的心情。这种心情是我们心中的上帝形象的守护神。它们使我们不同于一群普通的动物。假如我们不能爱憎分明，社会契约就会解体，公道就会在世上绝迹，或者不过偶然存在。假如我们所感受的侮辱不能激怒我们起来要求伸张正义，盗贼和杀人凶手将多半逍遥法外。

啊！你们这些热爱人类的人！你们这些不但敢反对暴政而且敢反对暴君的人，请站到前面来！旧世界遍地盛行着压迫。自由到处遭到追逐。亚洲和非洲早就已经把她逐出。欧洲把她当作异己分子，而英国已经对她下了逐客令。啊！接待这个逃亡者，及时地为人类准备一个避难所吧！

论北美目前的能力：附带谈一些杂感

无论在英国或北美，凡是我所碰到的人没有不坦白认为这两个国家是迟早要分立的。可是，在力图叙述我们所说的大陆已经具备独立条件或宜于宣布独立时，我们却比其他任何时候更少发表经过周密考虑的意见。

既然大家都同意这个方案，不过是对于实行的时间问题意见有所不同，那么，为了免除错误，就让我们概括地考察一下情况，在可能的条件下努力找出合适的时间。可是我的话毋需多讲，探究的手续立刻就告一段落了，因为时间已经找到了我们。各种形势的全面的凑合，也就是各种形势的令人鼓舞的一致性，证明了这个事实。

我们伟大的力量在于团结一致，而不在于人数的多寡。然而我们现在的人数是足以抵抗全世界的武力的。北美大陆目前拥有的武装齐备而训练有素的队伍，比世界上其他任何国家为大，而且恰巧在力量上达到这样的地步，那就是，单独一个殖民地无法独立自存，但联合起来的整体却什么都能办到。我们的陆上兵力是绰绰有余的，至于海军方面，只要这个大陆仍旧抓在英国手里，我们就不能不敏锐地感觉到，它是永远不会允许北美建造一艘军舰的。因此，即使在百年以后，我们的这一部门也不会比现在更有进展；可是实际的情况也许还不如今天，因为我国的木材每天都在减少，而最后剩下的一些不是在很远的地方，便是不容易获得。

如果大陆人口拥挤，它在目前情况下所受的痛苦将是不可忍受的。我们的海港城市愈多，我们需要防守和放弃的城市也愈多。我们现今的人数幸而在比例上合于我们的要求，因此谁也不会闲着没有事干。商业的减少能产生一支大军，而一支大军的必需品又产生一项新的商业。

我们没有债务，我们由于这个缘故而欠下的债款，将成为我们德行的光荣纪念。只要我们能够把一个固定的政权形式、一个与众不同的独立的政体留给后代，花任何代价来换取都是便宜的。但是，如果只是为了求得废除几项可恶的法令和打垮现在的内阁，那么花费几百万镑就划算不来了，而且这种对待后代的方式，是十分残酷的；因为这意味着，我们留给他们的是一件需要加以完成的艰巨工作和一项他们从中得不到好处的债务。有自尊心的人不应该存这样的念头，这十足代表气量狭小的人和无聊政客的想法。

只要事业成功，哪怕负一点债也是不值得我们顾虑的。任何一个国家都不应该没有债务。国债就是国家的证券；即使它不付利息，也绝不是一件了不起的事。英国负债在一亿四千万镑以上，所付的利息超过四百万镑。它有一支强大的海军，作为它负债的补偿；北美没有债务，也没有海军；然而我们只要花费英国国债的二十分之一，就能拥有同样强大的一支海军。英国的海军在目前值不到三百五十万镑。

这本小册子的第一、第二两段没有下列的计算数字，现在把它们列出来，用以证明上面的估计是有充分根据的。参看恩蒂克著《海军史》，绪论，第56页。

每种等级的一艘船舰的造价，连同桅杆、帆桁、帆和索具的装备费，以及按比例存储的水手和船匠的八个月的食粮，据海军大臣波彻特先生的计算为：

一艘装有 100 尊炮的船舰的代价	35,553 镑
一艘装有 90 尊炮的船舰的代价	29,886 镑
一艘装有 80 尊炮的船舰的代价	23,638 镑
一艘装有 70 尊炮的船舰的代价	17,785 镑
一艘装有 60 尊炮的船舰的代价	14,197 镑
一艘装有 50 尊炮的船舰的代价	10,606 镑
一艘装有 40 尊炮的船舰的代价	7,558 镑
一艘装有 30 尊炮的船舰的代价	5,846 镑
一艘装有 20 尊炮的船舰的代价	3,710 镑

这样，我们倒很容易总计英国全部海军的价值或代价，因为它在 1757 年的极盛时代拥有下列的船舰数和火炮数：

船舰数	火炮数	每艘代价	全部代价
6	100	35,553 镑	213,318 镑
12	90	29,886 镑	358,632 镑
12	80	23,638 镑	283,656 镑
43	70	17,785 镑	764,755 镑
35	60	14,197 镑	496,895 镑
40	50	10,606 镑	424,240 镑
45	40	7,558 镑	340,110 镑
58	20	3,710 镑	215,180 镑
85	单桅帆船、爆破船、放火船彼此联在一起	2,000 镑	170,000 镑
		代价	3,266,786 镑
		供添置火炮的余额	233,214 镑
		共计	3,500,000 镑

世界上没有一个国家处于这样适当的位置，也没有一个国家

能像北美这样从内部筹建一支舰队的。柏油、木材、铁和绳索都是它的天然产品。我们用不着向国外购买什么。荷兰人把他们的军舰租给西班牙人和葡萄牙人,从而获得巨大的利润,但他们所用的原料却大部分不得不从国外输入。既然兴建舰队在我国具有优越的自然条件,我们就应当把这件事情看作一项商业。这是我们所能办到的最有利的投资。一支建成的海军舰队,价值比它的代价为高;而国家政策的颇有意义的地方就在于把商业和国防统一起来。让我们建造吧;如果我们不需要它们,我们可以出售,借此用现金和现银来代替我们的纸币。

关于在舰队里配置人员的问题,一般人的想法都有很大的错误;用不着要有四分之一的人是水兵。那艘“可怖的”武装民船,“死神”船长,在上次战争中同任何船只作了最激烈的战斗,但是船上的水兵不到二十人,虽然编制中的人数在二百以上。只要有几个干练的、善于交际的水兵,就可以使许许多多积极的新水兵马上学会船上的普通工作。所以,现在既然我们的木材供应充沛,我们的渔场遭到封锁,我们的水手和船匠陷于失业,那么在这个时候来开创我们的海上事业,可以说是千载难逢的良机。四十年以前曾经在新英格兰造过几艘装有七八十尊火炮的战舰,为什么现在不采取同样的行动呢?造船是北美最值得骄傲的事业,总有一天它将在这方面超过世界各国。东方的老大帝国多半位居内陆,因此就不可能同北美匹敌。非洲现在还处于野蛮状态;而欧洲的任何国家既没有这样逶迤的海岸,又没有这样国内的原料供应。自然界对于人类的赐予,往往一方面慷慨,另一方面吝啬;只有对北美它是两方面都很大方的。幅员广大的俄罗斯帝国几乎没有出海

的道路，所以它的取之不尽的森林，它的柏油、铁和绳索不过是商品罢了。

从安全方面说，难道我们应该没有舰队吗？我们现在不是六十年前的微不足道的人了；那时我们也许曾把财产放在街头，或者宁可说是放在田野，门户不必关锁也能睡得很安稳。现在情况不同了，我们自卫的方式应当随着我们财产的增加而有所改进。十二个月以前，一个普通的海盗很可能上溯特拉华河，向费城的居民任意勒索巨款；其他的地方也可能发生同样的意外。不但如此，任何剽悍的家伙利用一艘装有十四或十六门火炮的双桅船，也许就可以洗劫整个大陆，抢走五六十万镑钱财。这些情况是值得我们注意的，并且也指出海防的必要性。

有些人也许会说，我们同英国讲和以后，它就会保护我们了。难道他们这样懵懂，竟认为它会为了保护我们而在我们的海港里常驻一支海军吗？常识告诉我们，一向企图对我们实施镇压的国家是所有国家中最不配来保卫我们的。它可以假借友谊的名义实行征服；而我们自己，在长期的英勇抵抗之后，终于会受骗而处于奴隶状态。如果我们不应该容许它的军舰开进我们的港口，请问它怎么来保护我们呢？远在三四千英里之外的海军是没有什么用处的，在突然的紧急关头就根本毫无用处。因此，假如我们以后必须实行自卫，为什么不自己动手呢？为什么要仰仗别人呢？

英国军舰的名单又长又多，但其中可以使用的船只在任何时候不到十分之一，有很多现在已不存在了；然而只要船舰还剩下一条木板，它们的名字总是继续保留在名单里。在可以使用的船只中，能同时停泊在任何军港里备用的，不到五分之一。东印度群岛、西印度群岛、地中海、非洲以及英国势力所扩展到的其他地区，都对它的海军提出很大的要求。由于我们在心理上混杂着偏见和疏忽，我们对于英国的海军存有一种错误的想法，谈起来好像认为我们要同时和它全部的海军对抗似的，因而便认定我们必须有一支同样庞大的海军才好；这种不能立刻加以实行的想法，曾被一伙隐藏的托利党人利用，企图来打消我们的兴建海军的初步计划。这种想法要算是最错误的了；因为，只要北美拥有英国海军的二十分之一的船舰，它就绝对可以成为英国的一个劲敌；因为，既然我们没有并且也不主张有国外的统治权，我们全部的海军就可以用在自己的海岸上，在这里我们将比对方占加倍的优势，而对方却在能够向我们进攻以前，必须航行三四千英里的路程，并须经过同样的距离回去修理船只和补充给养。虽然英国靠它的舰队可以截断我们对欧洲的贸易，但我们也同样可以截断英国对西印度群岛的贸易，因为西印度群岛位于北美大陆附近，是完全处在它的控制之下的。

如果我们竟认为不必维持常备的海军，那倒也可以想出一种在承平时期保持海军兵力的办法。假如奖励商人们建造一些装有二十、三十、四十或五十尊火炮的船只（奖金的多寡以商人在载货容积方面损失的大小为比例），那么，只要有这样的船只五六十艘，再加上几艘经常值勤的警备舰，就可以保持一支力量充足的海军，这样的办法可以使我们自己不致遭受英国深感头痛的那种厄运，在承平时期让舰队停在船坞里腐烂掉。把商业同国防的力量结合起来，是正确的政策；因为当我们的兵力和财富互相发生有利的作用时，我们就毋需害怕外来的敌人了。

差不多任何一种国防用品我们都很丰富。到处生产苎麻，所以我们并不缺少索具。我们铁的质量比其他各国都好。我们的轻武器不比世界上任何同样的武器差。大炮是我们能够随意铸造的。硝石和火药我们每天都在生产。我们的知识无时无刻不在增进。意志坚定是我们固有的品质，而勇气也从来没有离开过我们。因此，我们还需要什么呢？我们为什么犹豫不决呢？除了毁灭以外，我们不能指望从英国得到任何东西。如果它再度被承认对北美享有统治权，这个大陆就不值得再住下去了。猜忌纷起，暴动不绝，谁愿意挺身出来弥平它们呢？谁愿意冒生命的危险来迫使他的同胞服从外国的统治呢？宾夕法尼亚和康涅狄格关于一些疆界未定的地区的争执，表明英国的政权是不重要的，并且充分证明只有北美大陆的政权才能管理北美大陆的事务。

足以说明现在正是大好时机的另一个理由是：我们的人数愈少，还没被人占有的地方就愈多，这些地方如果不被国王胡乱送给他的鄙陋的仆从，今后就可以用来不仅偿还目前的债款，而且经常维持政府的开支。天下没有一个国家具备这样有利的条件。

我们所说的各殖民地的幼稚状态，是一个有利于独立而绝不是不利于独立的论据。我们的人数已经相当众多，如果人数再有增加，可能在团结上就要差些。这是一个值得注意的问题，即一个国家人口愈多，他们的军队愈少。在军队的人数方面，古人远远地超过今人：这里面的道理是很明显的，因为，既然贸易是人口众多的结果，人们便专心致志于商业，不去注意其他任何事情了。商业减低了爱国和军事防御的精神。历史充分地告诉我们，最勇敢的业绩总是在一个国家的未成年的时期完成的。随着商业的发达，英国已经丧失了它的精神。伦敦城固然人口众多,却用一种胆小鬼的涵养功夫忍受着接二连三的侮辱。人们所拥有的可能会丧失的东西愈多,他们愈是不愿冒险。有钱的人一般说来都是恐惧的奴隶,像摇尾乞怜的小人似的装出一副战战兢兢的神气屈从于宫廷的势力。

青年时代是良好习惯的播种季节,在个人如此,在国家也是如此。要在五十年之后把北美大陆组成单一的政府,这即使不是不可能的,也或许是困难的。由贸易和人口的增加所引起的多种多样的利害关系,会制造出混乱来。一个殖民地将反对另一个殖民地。各个殖民地由于羽毛丰满,将蔑视彼此的帮助:在傲慢愚蠢的人们以其有限的一点成就而自鸣得意的时候,有识之士将浩然长叹,懊悔没有及早组织联盟。所以,现在正是建立联盟的大好良机。在幼年时期缔结的友谊和在患难中形成的亲密感情,是一切情谊中最为经久而不可动摇的。我们目前的联盟标志着这两种特性:我们还未成年,并且我们曾经遭受不幸;但是我们的团结一致已经抗拒了灾难,正在开创一个足以为后世引以为豪的难忘的世纪。

而且,目前这个时期是一个国家只能一度遇到的特殊时期,即把自身组成一个政府的时期。大多数的国家错过了这个机会,因而不得不接受征服者的法律,而不是为自身制定法律。首先,它们有一个国王,其次是有一个政体;所以会先制定统治的条款或宪章,后来才委托一些人出来加以执行:但我们不妨从别的国家错误中吸取经验教训,抓住现在的机会,从开头便正确地处理政权问题。

当威廉一世征服英国的时候,他曾强迫他们接受法律;同样地,在我们同意北美中央政府应该占有合法的和实权的地位以前,我们将发生实权地位为某一个幸运的坏蛋所窃据的危险,他可能会以同样的态度来对待我们,到那时候我们的自由何在?我们的财产何在?

至于宗教,我认为保护一切真诚地宣布自己的宗教信仰的人,乃是政府的必不可少的责任,并且我不知道政府在这方面还有其他的必要措施。如果你抛开各行各业的小气鬼所不愿舍弃的那种狭窄的心理和自私的原则,你在这个问题上就会立刻摆脱各种恐惧。猜疑是小心眼儿的伙伴,是一切幸福的社会生活的毒物。就我自己来说,我充分地、真诚地相信,在我们中间要存在多种多样的宗教信仰,那是上帝的意志。这给我们基督教徒一个发扬仁爱精神的更广阔的园地:如果我们的思想方法完全相同,我们的宗教倾向就缺少检验的根据;根据这个没有偏见的原则,我把我们中间的各种宗派看作一家的孩子一般,只是他们的所谓教名互有不同罢了。

在本文第34—35页上,我曾对大陆宪章的特点约略透露了一些看法(因为我只认为是提供线索而不是计划),这里不揣冒昧,再度提起这个问题,我觉得一个宪章可以被理解为人人必须参加的履行神圣义务的盟约,借以维护各个个别的部分在宗教、职业自由或财产方面的权利。牢固可靠的契约和公正合理的对待可以使友谊经久不变。

以前我也曾提到过有建立广泛和平等的代表制的必要性;没有其他的政治问题比这更值得我们注意了。选民人数少和代表人数少,同样是危险的。但如果代表的人数不但是少,而且不平均,危险就更大。我举出下面一件事作为例证;当参加联合运动的人们的请愿书提交宾夕法尼亚州议会的众议院时,到会的只有二十八个议员;八名勃克斯县的议员一致投票反对,有七名契斯特县的议员也步了他们的后尘,这整个一州就由区区两个县所操纵;而这种危险是经常容易引起的。那个众议院在上次开会时扬言要竭力压制该州的代表,这样的大言不惭应当促使全体人民注意,他们是怎样亲手把权力交托出去的。预备给他们各个代表的一套指示被凑拢起来,这些指示从常识和业务方面来说是连小学生都会感到耻辱的,而它们经过少数人,甚至极少数人在外面赞成以后,就带到议会里来,在那里议员们代表全州加以通过;在另一方面,如果全州人民知道这个议会在着手拟定一些必要的公共措施时存有什么恶意,他们就会毫不犹豫地认为那些议员是辜负了这样的托付的。

迫切的需要使许多事情带有权宜的性质,这些权宜之计如果继续采用的话,就会变成苦难。权宜手段和正当行为是两回事。当北美的灾难需要会商解决的时候,由几个州议会的众议院为此目的而指派一些人出来,乃是最简便的或者可以说在当时是最适当的办法;他们在进行工作时所表现的智慧曾使这个大陆免于毁灭。可是,既然我们不可能永远没有一个“议会”,每一个对良好秩序抱有热烈愿望的人必须承认,选举议会议员的方式是值得考虑的。我要对研究人类的人们提出这样一个问题:同一群人具有代议和选举的权力,这种权力是不是太大了?当我们为后代作打算时,我们应该记住,德行并不是遗传的。

我们往往从敌人方面获得颇有益处的箴言,时常被他们的错误所惊觉，开始用理智来作合理的判断。康沃尔先生（财政委员之一）以轻蔑的态度对待纽约州议会众议院的请愿书，因为他说那个州议会的众议院只有二十六位议员，他强调这样一点人数不能很适当地用来代表全体。我们感谢他的这种违反本意的诚实。①

总起来说，不管有些人觉得多么奇怪，不管他们是否愿意作这样的想法，这都没有什么关系，但我们可以举出许多有力的和显著的理由来表明，只有公开地和断然地宣布独立，才能很快地解决我们的问题。其中的几点理由是：

第一，按照国际惯例，当任何两国交战时，由不参加争端的其他一些国家出面调解，提出缔结和约的预备条款。但只要北美大陆的人民还自称为大不列颠的臣民，任何国家不论它对我们怀着多大的好感，都不能以调停人自居。因此，在目前情况下，我们可能会永远争执下去。

第二，有人认为法国或西班牙会帮助我们，如果我们只打算利用这种帮助来弥补裂痕，巩固英国与北美大陆的关系；这种想法是不合理的，因为所产生的后果会使那些国家蒙受损失。

第三，只要我们还自称为英国的臣民，我们在外国的心目中就必然被认为是“反叛者”。许多人在臣民的名义下揭竿而起，这种先例对外国的治安多少有点危险。我们可以立刻解决这个矛盾；但是要把抵抗和臣服连在一起，却需要运用精妙得多的思想，不是

① 读者如愿充分理解广泛和平等的代议制对于一个州来说是何等重要，应阅读波格著《政治研究》一书。——作者

普通人所能理解的。

第四，如果我们发表一个宣言，把它分送给各外国宫廷，陈述我们所受的痛苦，以及我们行之无效的和平的补救办法；同时宣布，由于我们不能再在英廷的残酷统治下过幸福的或安全的生活，我们已经被迫而不得不同它割断一切联系；同时向所有那些宫廷保证，我们对它们抱有和平的意愿，希望同它们进行贸易：这样一个备忘录，对于这个大陆来说，比运载一船请愿书到英国去，能产生更好的效果。

我们目前带有英国臣民的名称，在国外既不能被人接纳，也不能被人承认：各国朝廷的惯例是对我们不利的，并将永远这样，直到我们通过独立而与其他国家并列为止。

这些行动乍看起来也许是生疏的和困难的，但像我们已经经历的其他一切步骤一样，不久就会变得很合适，没有什么稀奇了。在宣布独立以前，北美大陆会觉得自己好像这样一个人，他老是把某种不愉快的事情一天天地拖延下去，然而他知道这件事情非办不可，只是不愿动手，希望它已经得到解决，同时又念念不忘它的必要性。

附　　记

自从这本小册子的初版问世以后，或者可以说就在出版的那一天，英王在议会的演词在这个城市（费城）出现了。如果预言的神灵曾经掌握了这个作品的产生，那它也绝不会把它在一个更适当的关头或更必要的时机发表。一方面的嗜血心理证明另一方面是有采取确切方针的必要的。人们从报复行动中看透一切。英王的演词吓不倒人，反而为独立的果断原则铺平了道路。

遵循礼法，甚或保持缄默，姑不论其动机如何，如果稍稍默许卑鄙和恶毒的行为，就会带有有害的倾向；因此，如果这个格言可以承认的话，自然就能得出这样的结论：英王的演词既然十分毒辣，便应该受到而且越发应该受到议会和人民的普遍诅咒。然而，由于一个国家国内的太平主要依靠那种完全可以称之为“国民风度”的纯朴，所以往往最好是怀着鄙弃的心理把一些事情轻轻放过，而不去使用那种可能会对我们那个和平与安全的监护人产生变革作用的表示憎恶的新方法。也许，主要是由于这种谨小慎微的态度，英王的演词才至今没有受到公众的谴责。那篇演词，如果可以称为演词的话，也至多只是对真理、公共幸福和人类生存的肆无忌惮的蓄意诽谤；是牺牲人类奉献于狂妄暴君的正式的、庄严的方法。但是，这种集体屠杀人类的暴行是君王们的一项特权和某种必然的结果；因为既然造化不知道他们，他们也就不知道造化，虽然他们是由我们自己创造出来的人，他们却不知道我们，并成为他们的创造者的上帝。那篇演词有一个好处，那就是，英王并不打算拿它来欺骗我们，而我们即使愿意的话，也不能受它的欺骗。蛮横与暴虐赫然现于纸上。它不容我们感到迷惘：甚至在阅读的时候，每一行都使我们相信，在树林里狩猎的赤身露体的粗野的印第安人，也不如英国国王那样野蛮。

虚伪地称为《英国人民致北美居民书》这篇充满哀鸣的阴险作品的假定的作者约翰·达尔林普尔，也许曾经想当然地认为这里的人民可以被他对于一个国王的吹嘘和描述所吓倒，因而谈到

了(虽然在他这方面是很不聪明的)现在这位国王的真实的性格。“可是”,这个作者说,“如果你想赞扬一个我们对它并无不满的政府(指撤销印花税法案的罗金哈姆侯爵[①]的内阁),你不去歌颂那位君王,那是不公正的,因为只有经过他的同意,他们才被准许做任何事情。”这是十足的保王主义!这里有着甚至毫不掩饰的盲目崇拜。谁要是能够无动于衷地听取和容忍这样的主张,他就是已经丧失了辨别道理的权利——背弃人格的叛徒——并且应当被认为是不仅抛弃了人类的应有的尊严,而且已经自陷于动物的地位之下,像一条毛虫似的在世间卑鄙地爬行着。

然而,现在英王的所作所为是无关紧要了:他已经打破了人类的每一种道德的义务,践踏了天性和天良,并且由于一贯的傲慢与残酷的固有精神,已经为自己招来了普遍的憎恨。现在北美大陆的当务之急是为自身寻找出路。它已经拥有一个年轻的大家庭,它的责任是照顾这个家庭,而不是慷慨地拿出财产来,去支持一个辱没了人类和基督教徒的名誉的政权——你们的职责是遵守一个国家的道德原则,遵守你们所属的宗派或教派的道德原则,同时,你们更加直接地是公共自由的保护人,如果你们想要保全自己这片土地不受欧洲腐败现象的沾染,你们一定暗中希望独立。但是,抛开道德部分让各人去思索外,我将主要地就下列问题再作几点说明:

第一,脱离英国独立,是符合北美大陆的利益的。

第二,和解或者独立,究竟哪一种方案是最简便、最切合实际

① 罗金哈姆侯爵是辉格党自由派的领袖。——译者

呢？这里附加一些必要的说明。

在拥护和解方面，如果我没有判断错误的话，我可以说出这个大陆上一些最能干最有经验的人的意见。他们对于这个问题的主张还没有公开宣布过。实际上这个见解是不言而喻的，因为任何一个国家，如果处于从属外国的地位，商业受到限制，立法权力受到束缚，它是永远不能跻于重要的地位的。北美大陆还并不知道什么叫做富裕；虽然它已有的发展在其他各国的历史上是无可比拟的，但它同它所能达到的成就比起来，还不过是幼年时代，而如果它像应有的那样掌握了立法权力，那种成就是完全可以达到的。英国现今正在洋洋得意地垂涎于那种一旦如愿以偿时对它并无好处的东西；而北美大陆则正在对这样一个问题犹豫不决，这个问题如果加以忽视，便将使它最后趋于灭亡。英国能够从中得到利益的，是北美的商业，而不是征服北美，假使两个国家像法国和西班牙一样的互不隶属，这种商业关系多半是会继续下去的；因为就许多物品来说，任何一方都找不到更好的市场。这个国家脱离英国或其他任何国家而独立，乃是目前值得争辩的主要的和唯一的问题，它像其他一切必然要被发现的真理一样，将日益显得清楚而有力。

第一，因为它迟早会产生这样的结果。

第二，因为迁延的时间愈长，完成起来将愈感困难。

我常常喜欢参加公共集会和私人聚会，悄悄地注意那些不经思考便高谈阔论的人们仿佛言之成理的谬误。在我所听到的许多谬论中间，下面的意见似乎是最普遍的，即：假如这种决裂发生在四五十年以后而不是现在，北美大陆将更能摆脱所处的从属地位。对于这个意见我可以回答说，我们目前的军事技能是从上次战争[①]获得的经验中产生的,再过四五十年就要完全失败了。到那时候这个大陆将不会留下一个将军甚或一个军官;而我们,或者我们的继承人,在军事方面将像古代印第安人一样无知。单是这一论点,如果加以密切注意的话,将无可争辩地证明,现在这个时候是比其他一切时候更为有利的。于是论证就变成这样:在上次战争结束时,我们有了经验,但人数不够;过了四五十年,我们将有足够的人数而没有经验;因此,适当的时机应该是在两端之间的某一点,在这一点上,既保留充分的经验,又有相当增加的人数。而这一时点就是现在。

请读者原谅我说这些离题话,因为这并不是直接从我最初开始讨论的问题申述下来的,现在我又以下列的主张回到本题,即:

万一我们同英国的裂痕暂时弥补一下,它仍旧保留对北美的统治权和主权(随着现在形势的发展,北美正在完全放弃这个论点),我们就会使自己丧失那种偿还我们所欠的债款或再行举债的手段。边远地区(由于加拿大疆域的无理扩展[②],有些省份的边远地区已暗中有所损失)的价值每一百英亩仅以五镑计,达宾夕法尼亚币二千五百万以上;免役税以每英亩一便士计,年达二百万。

出卖这些土地,就可以料理债务,而不致使任何人受累;对土地所保留的免役税将经常减轻并迟早完全供给政府每年的开支。

① 指1754—1760年英国殖民者由于俄亥俄流域对法国人和印第安人的斗争。——译者

② 1774年英国议会通过了魁北克法案,将北美阿勒肯山以西的整个西北部领地都归并于魁北克(属加拿大),其目的在于保证美国获得地主及天主教僧侣的支持。——译者

在什么期间偿还债款,是没有多大意义的,只要所出卖的土地能用以还债就行,所有这一切事情暂时将由大陆委托议会办理。

现在我开始谈第二个问题,即:和解或者独立,究竟哪一种方案是最简便、最切合实际;并顺便作一些说明。

凡是以事物的自然进程作为行动指南的人,是不容易被驳倒的,根据这个理由,我总括地回答说:独立实在是一个唯一的简单的路线,其权在我;而和解则是一个十分错综复杂的问题,一个背信弃义的、反复无常的宫廷一定要插手进来,那时就只可能有一种解决的办法。

北美的现状在每一个善于思考的人看来是的确严重的。没有法律,没有政府,除以盛情为基础并由盛情所授予的权力以外没有其他任何形式的权力。它是由空前的感情的一致所团结起来的,但是这种感情容易改变,每一个隐蔽的敌人正在力图加以瓦解。我们现在的情况,是有立法而无法律,有智慧而无方案,有政体而无名称,而特别叫人吃惊的,是拼命想要处于从属地位的完全独立自主。这个情形是史无前例的,以前从来没有存在过,谁能说出它的结果将怎样呢?在目前这种毫无约束的状况下,任何人的财产都没有保障。人民大众的心理听其自然,不加理会,他们由于看不到前面的确定的目标,正在追求幻想或流言所指出的方向。没有什么事情算是犯罪的,没有叛逆这回事;因此每一个人都自认为可以随心所欲,为所欲为。托利党人是不敢气势汹汹地啸聚起来的,如果他们知道这种行动会使他们在国法面前丢掉性命的话。在战斗中俘获的英国士兵和所捉到的手执武器的北美居民之间,应该划清界限。前者是俘虏,而后者是叛徒。一个要剥夺他的自由,另一个要砍掉他的脑袋。

尽管我们很聪明，在我们的一些行动上却显然存在着优柔寡断的毛病，助长意见的分歧。“大陆的皮带”扣得太松；如果不及时采取办法，势必来不及做任何事情，那时我们将陷入一种既不能实行和解又不能实行独立的狼狈处境。国王和他的微不足道的信徒们忙着重施分裂大陆的故技，我们中间也不乏愿意为散布似乎真实的谎言而奔忙的印刷商。几个月以前在纽约两家报纸上以及其他两家报纸上发表的那封诡谲的假仁假义的信札，证明有些人是既无见识又不诚实的。

躲在角落里和洞里侈谈什么和解是容易的。可是这样一些人是否认真考虑过这项工作多么困难，如果大陆因而分裂的话有多么危险？他们是否注意过各种各类的人，这些人的情况和处境以及他们自己的情况和处境是应当在这方面考虑到的？他们是否曾设身处地想到那些已经丧失了一切的受难者，想到那些为了保卫自己的国家而放弃一切的士兵？如果他们的糊涂的稳健只顾适合于他们自己的个人的情况而不管别人的情况，到头来就会使他们相信，“他们是擅自决定的”。

有些人说，把我们放回到我们在1763年[①]的地位上去吧。对于这句话我回答说，这个要求现在不是英国所能够同意的，它也不会提出这个要求来；但是，如果这样的可能是存在的，如果这种要求能够得到满足，那我就自然要问：用什么方法可以使这样一个腐败的、毫无信义的宫廷履行义务呢？另一个议会，不，甚至现在这

① 即1763年巴黎条约以前，根据这一条约，法国丧失了它的殖民地，而英国人则获得了北美广大地区的全部占有权。——译者

个议会，会在将来借口说这种义务是强迫加在身上的，或者说当初同意是愚蠢的，因而决定加以取消；在那种情况下，我们有什么办法求得是非曲直呢？不能控诉各国；大炮是国王们的律师；判决讼案的不是司法权，而是武力。要回到1763年的关系，只是把法律放在同样的状态是不够的，而是要把我们的环境也放在同样的状态才好；我们被烧毁和破坏的城市应当重新修建起来，我们私人的损失应该得到补偿，我们为防御而举借的公债应该偿还；否则我们的处境将比那个值得羡慕的时期坏上百万倍。这样一个要求，如果是在一年以前实现的话，也许还能投合大陆人民的心意，但是现在太晚了。“事情已经发展到不能挽回的地步了。”

此外，只是为了坚持取消一条财政上的法令而采用武力，正如像用武力来强迫推行这样的一条法令一样，似乎是为神法所不容的，并且也是违背人情的。在这两者的任何一方面，都不应当为了达到目的而不择手段；因为人命可贵，不能在这样微末的事情上浪掷掉。对我们人身所施的并威胁着我们的，就是暴力；是武装力量对我们财产的破坏；是用烧杀手段对我们国家的侵略。这种情况使我们从良心上觉得需要拿起武器来。在这样的自卫方式一旦成为必要时，我们对英国的一切顺从就该停止；北美独立的时代应该被认为是在对它发射第一发子弹时便开始了，并且由这发子弹所宣布了。这条线是前后一贯的；它既不是任意划出的，也不是为野心所延长的，而是由一连串绝非起因于各殖民地的事件所产生的。

我将用下面这些适时的和善意的意见来结束我的评论。我们应当了解，今年实行独立可以采取三种不同的方法，而三者中的任何一种迟早将决定北美的命运；它们是：依靠人民在议会中的合法呼声，依靠军事力量，或者依靠平民的起义。可是我们的兵士不一定总是公民，而人群也不一定总是有理智的人的集合体；像我已经说明的那样，德性不是遗传的，也不是永远不变的。假如国家的独立是由上述三种方法中的第一种实现的话，我们就会有各种机会和各方面的鼓励来建立世界上最高尚、最纯洁的政体。我们有能力开始重新建设世界。自从洪荒以来还没有发生过像目前这样的情况。一个新世界的诞生为期不远了，也许像全欧洲人口那样众多的一代新人将从几个月的事件中获取他们应得的一份自由。这种想法是严肃的，从这个观点看来，少数怯懦的或偏私的人的不足挂齿的无端指摘，同这具有世界意义的事业相比，该是多么微不足道、多么可笑啊。

假使我们忽视目前有利的美好的时期，以后用其他任何的方法来实行独立，那么必须对后果负责的，就将是我们自己，或者宁可说是那些常常不加研究或思考便贸然反对这个措施的褊狭之辈。可以举出很多理由来支持独立，这些理由是人们应该私下想到而不是公开地讨论的。我们现在不应该来辩论我们是否会独立的问题，而是应该千方百计地力求在稳固的、可靠的和正当的基础上来实现独立，并且因为还没有着手进行而感到不安。每天都使我们相信独立的必要性。甚至托利党（如果我们中间还有这样一些人的话）都应该比别人更热心地加以提倡；因为，最初委员会[①]的设立保护他们不致为民众所愤恨，同样地，一个合理的和妥善地

① 指1772—1774年成立的通讯委员会，由北美十三个英国殖民地的革命地方政权组成。——译者

成立的政体，将是进一步保护他们安全的唯一的可靠方法。因此，如果他们的德行还不够使他们成为独立党人，他们就应该通情达理，希望独立。

总之，独立是维系和团结我们的唯一纽带。那时我们就会看见我们的目标，我们的耳朵也就不会轻信一个诡计多端的和残暴的敌人的各种阴谋了。并且，我们那时将站在正当的立场来对待英国；因为我们有理由可以断言，英国宫廷同北美联邦谈判和平条款，比它同它称为“叛民”的那些人谈判和解条件，在自尊心方面要少受一些损伤。我们在独立问题上迁延时日，助长着它希望征服我们的欲念，而我们迟疑不决，只会起延长战争的作用。既然我们曾经毫无成效地停止我们的贸易来发泄我们的不满，现在我们就不妨试行另一种独立的办法来减轻我们的不满情绪，然后自动开放贸易。英国的商人和明达人士是还会和我们在一起的，因为，有生意可做的和平环境，比没有贸易的战争来得好。假如这个建议不被接受的话，我们可以向其他的宫廷提出。

我把问题的解决放在这些基础上。既然还没有人提出意见来反驳这本小册子的以前几版中所包含的主张，那么可以作为反证的是：这个主张是驳不倒的，或者是赞成这个主张的人为数太多，无法加以反对。因此，让我们不要怀着猜疑的或疑惑的心理互相观望，而是每人要把真挚的友谊之手伸给街坊，来共同划一条界线，这条界线像特赦令一样，将不去追究以前的各种纷争。让独立党和托利党的名称消灭了吧；让人们在我们中间听到的名字，只是属于良好的公民、坦率和坚强的朋友、人权与自由和独立的北美联邦的勇敢的拥护者吧。

林中居民的信札

蒋恩钿　吴以铭　译

林中居民的信札[①]

I　致克图[②]

错得光明磊落要比**卑鄙下流的**对有骨气得多。只要不是为了个人利益——不是**挂羊头卖狗肉**，而是原则的标志，那么即使错了，也情有可原。我们正是根据这样一个既宽容，又公正的立场来

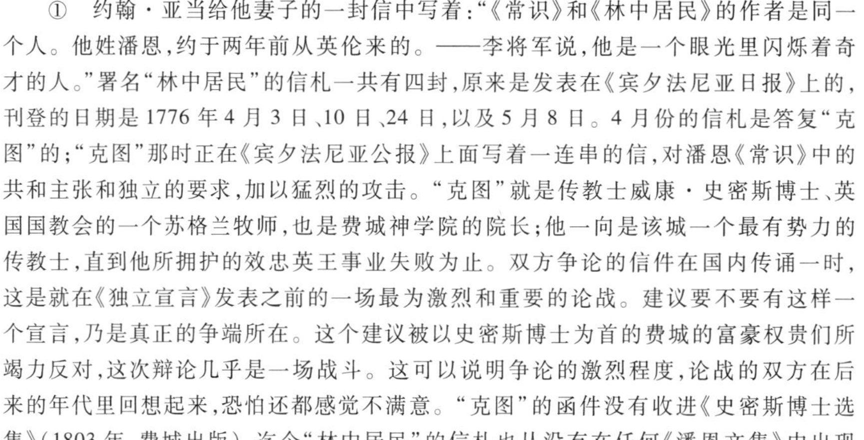

① 约翰·亚当给他妻子的一封信中写着："《常识》和《林中居民》的作者是同一个人。他姓潘恩，约于两年前从英伦来的。——李将军说，他是一个眼光里闪烁着奇才的人。"署名"林中居民"的信札一共有四封，原来是发表在《宾夕法尼亚日报》上的，刊登的日期是1776年4月3日、10日、24日，以及5月8日。4月份的信札是答复"克图"的；"克图"那时正在《宾夕法尼亚公报》上面写着一连串的信，对潘恩《常识》中的共和主张和独立的要求，加以猛烈的攻击。"克图"就是传教士威康·史密斯博士、英国国教会的一个苏格兰牧师，也是费城神学院的院长；他一向是该城一个最有势力的传教士，直到他所拥护的效忠英王事业失败为止。双方争论的信件在国内传诵一时，这是就在《独立宣言》发表之前的一场最为激烈和重要的论战。建议要不要有这样一个宣言，乃是真正的争端所在。这个建议被以史密斯博士为首的费城的富豪权贵们所竭力反对，这次辩论几乎是一场战斗。这可以说明争论的激烈程度，论战的双方在后来的年代里回想起来，恐怕还都感觉不满意。"克图"的函件没有收进《史密斯博士选集》(1803年，费城出版)，迄今"林中居民"的信札也从没有在任何《潘恩文集》中出现过。可是这些信件是有历史价值的。"林中居民"的第四封信则未涉及克图。——原编者

② 克图(Cato)原系古罗马爱国者。他拥护西塞罗，反对恺撒，后来又支持他以前所反对的庞培，结果失败，自杀身死。这里被威廉·史密斯用作笔名。——译者

把人和他们的主义分别对待的；我们对于人，是宽宏大量地保持着友谊，而对于主义的一切偏见，则要展开斗争。可是不要让克图以为这番好意对他也适用；他是被剥夺了受到这种分别对待的权利的；他不配接受这种待遇。而假使真心的藐视能够在我的情绪上增添几分力量的话，那么这种藐视倒是并不少的。

署名克图的信件是谁写的，我不去管它，而我知道这些信件是充满了荒谬、杂乱、自相矛盾以及最最不堪的和有意捏造的谎言，就已足够了。让克图和他的同党去反对独立好了，听随他们尊便吧；他们的影响现在已不能扭转形势；可是让他们认识一下正义，并且对理性的简单原则加以一些注意吧。假使他们连这点都做不到，真理的神圣事业就会赞成我们的愤怒，并且称我们的愤怒为美德而使它更理直气壮了。

已经有四封信在若有其人的克图名义之下发表了。写那些信的人署上这样一个名字用心何在，公众自会下一最好的定论；至于在我这方面，我想着这些信件的出路相同，是预先感到满意的。那些信中的第一封引出了第二封，第二封又引出了第三封，因第三封又有了第四封；第四封信已经问世，而作者却仍然没有接触到问题本身。他为什么要在争论之外兜圈子徒耗时间呢？为什么他不向我们指出（同大不列颠）和解的许多好处究竟是什么，也不去证明这些好处是现实的呢？可是他很狡猾地躲避了这一点。他不能不发现自己是要触礁了。罗马的克图的命运就在他的眼前；为了使公众为他的葬礼和悼词得以有所准备，我敢于预测他告终的时日和情况。就在他说明和解的条款的那一时刻，书面上的克图就会寿终正寝了。如果和解的条款是打算讨好（不列颠）内阁的，各殖民地就不能采纳它；如果它是适合于殖民地的，又会遭到内阁的拒绝；不变的路线还没有发现；再说，那正如点金石一样，是并不存在的。克图说："我敢于宣告，并且希望对每一个公正人士指出，美利坚的真正利益在于同大不列颠达成一个根据宪法原则的和解。"

这样笼统其辞的提法真是莫名其妙！克图假使希望用这种不加以说明的泛泛之词来蛊惑公众，倒正像企图用一只捕鼠机去逮住狮子一样。现在还讲什么根据宪法原则的和解，简直是吓唬人，除非他把和解的条款摊出来，并把宪法原则的意义讲明白；否则，他就等于什么也没有做。

要想在一封信[①]里彻底戳穿克图所有的荒谬的主张和捏造的谎言是不可能的；现在也没有这种必要。卡桑特拉（我要谢谢他）为我省去了许多麻烦；在他的评语当中，有一种唯独真诚才能鼓舞起来的精神，而他的许多信件的写法也是完全一致的，假使缺乏原则，便绝不可能做到这一点[②]。注意这一点吧，克图。

在克图的信件中有一点是我不得不注意的，就是这些信是单单写着致"宾夕法尼亚的人民"的。几乎任何其他的人这样写都不至于引起注意，可是我们知道，他这样称呼是不怀好意的。这样的一次代表会议的重点毫无疑问是地方性的，可是当前的重大问题却是包括了整个联合殖民地的。谁敢企图把本州从全体人民赖以立足的光荣联盟中撤出，他就应该受到全体人民的斥责。全体

① 笔者原想把对他的评论都写在一封信里。——作者

② "派遣委员参与大陆会议"一信，署名者"卡桑特拉"；克图的第二封信是特别针对着这一封信而发的。——原编者

团结在一起，才是真正对大家有好处的；无论哪个殖民区要从其他各州的保护之下退出，那么它就会遭到毫无例外的厄运。

克图的第一封信在风格、文字和内容等方面都是枯燥无味的；里面满是人身攻击和讽刺，而且是直接针对了“宾夕法尼亚人民陛下”来说的。委员会只能召集、建议或是举荐一次代表会议①；可是正像所有其他公共措施一样，他们究竟赞成不赞成召开会议，还要由广大人民来决定；而克图关于这一选择的得当与否的论辩是非常无聊的；因为，如果人民群众从前曾经认为、现在仍然认为：州议会的下院(或大陆会议中的任何一个他们的代表)，由于处在效忠宣誓的窘境之下，又与政府和总督们有着瓜葛，因而他们不像应有的那样充分自由，那么他们(人民)无疑地曾经有、现在也依然有权利和力量，甚至于把州议会下院的整个职权，放在他们所信赖的任何其他团体手中。而凡是胆敢发表相反意见的人，就是人类的公敌。宾夕法尼亚的宪法已经被从前的占有者狡猾地篡改了两次；肯定地说，人民大众的权利、力量和财产，要比任何一个个人的权利、力量和财产重大得多，在时代和事物要求有所变更的时候，他们可以按照自己的要求改变政体。克图非常喜欢以我们的“特许的宪法”的重要性来打动我们。唉，先生，我们现在不会被那么半句幼稚的好听话骗走了。假使我们依照现行宪章的规定来计划我们的行动，那我们早就陷入不可救药的困境中了。就是你所提到的那届议会，已经在几乎每次议程里都粉碎了这个宪章，而

① 这个委员会由宾夕法尼亚的州议会下院指定，来执行大陆会议的一个指示，即各殖民地区须命令地方文武官员，进行一次新的效忠宣誓。形势的发展使得委员会召开了一次全州代表会议，全盘改组了宾夕法尼亚州。——原编者

且不得不粉碎它。把它举起来给公众看看吧；它是千疮百孔的；正像麦洛特[①]的尸体一样，刺满了致命的伤孔。克图，不必再去惊扰死者遗骸了，也不必再拿一篇悼辞去屈辱它了。

在克图的第一封信里，除了下面这一段暗藏奸诈的谎言以外，没有什么值得注意的东西："对于有自由权利的人民说来，报纸哪怕有了极小的一点限制，也必然是一件痛心的事。如果这种限制不仅没有得到受权保护他们自由的那些人的保障，而且不能受到与自由本身相一致的他们的保障，那么就必然更加令人痛心了。"上面这段话里的人称代词，是杂乱无章的，使得语义含糊，不过马脚却依然露出来了。先生，是谁对于报纸的自由加上过任何限制？我就不知道在本州之内有哪一份报纸曾经成为人们注意的目标，除了从肯德州寄来的那封王权党人的信件——去年春天第一次在《宾夕法尼亚商情报》上发表——曾引起注意而外；而揭发这封信，乃是每一个善良人民的责任，因为对于社会来说，报纸的公正和报纸的自由是同样重要的。如果这就是你所埋怨的限制，我们便立刻明白你的真相了；而从紧接着上面一段引文的语句中，看得很清楚，也的确是如此的：你是这样写的，"不管怎么样，在要求这样一种服从时，只要提得出起码过得去的一点借口，我们很快就向它服从了。"谁服从了，克图？我们民权党人，还是我们王权党人？在你把这一点交代清楚以前，先生，你必须以被列于会写文章的王权党人的前茅而自满了；因为还没有另外一个团体有任何借口来

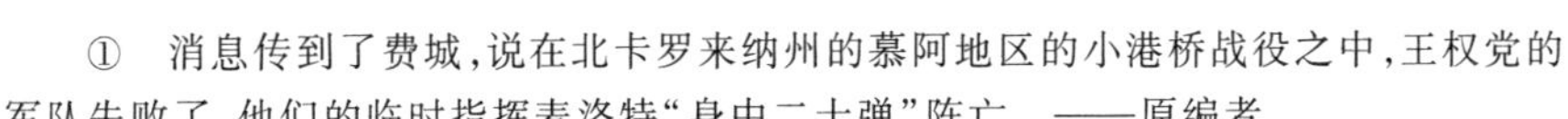

① 消息传到了费城，说在北卡罗来纳州的慕阿地区的小港桥战役之中，王权党的军队失败了，他们的临时指挥麦洛特"身中二十弹"阵亡。——原编者

抱怨报纸没有自由。你不时发出的一些花言巧语，并不能够使你不受猜疑；那些词句只不过是毒素外面镀的金，如果不镀一层金，你也是不敢再来觊觎人民的正义的。

克图的第二封信，或者应该说信中的绝大部分，是同意我们对于代表们的人选和职权的看法的；克图无聊而又可笑地尊称代表们为前来协商和平的大使。克图怎么会没有多知道一点实情呢？规定这些人的权限的议会的法令发到本城已有一个多月了，而且还是掌握在克图的朋友们手中的。不是的，先生，他们不是和平大使，而是来散布赦免、祸害和侮辱的人。认为这些人能够被授予大使的权力，这足以暴露克图对于英国宪法的完全无知。为了防止他将来再犯错误，我愿意在这里纠正他。目前的战争与其他所有的战争在这一点上不同，即，这次战争不像其他战争那样总是在帝王的权令之下发动的，而是在全体联合立法机构的权力之下发动的；至于在谈判中的那些障碍，不是宣言，而是议会的法令；这就显然意味着，即使英王本人来到这里，他也不能批准一个和议的条款或是条件；因为，他不可能用英王的单独身份来要求撤销国会的任何法令，而英国国会也不能这样向英王要求。没有一个团体比下院的议员们更加善于保护自己的特权了，因为他们是出卖这些特权的。克图，注意那一点吧。

我毫不怀疑地认为：他们干的事彻头彻尾就是贪污和受贿（给我们的赦免除外）。他们假借着这部机器来实现他们一切的企图。我们应当把他们看做一帮最危险的仇敌，凡是不愿意被他们腐蚀的人，就该及时提出他的抗议。难道他们不就是那些被收买来在各项措施上投票反对我们的人吗？难道我们不应该怀疑他们的阴谋吗？我们能够认贼作父吗？相信隐藏在我们自己胸怀里的毒蛇，难道是明智的吗？或是当像克图那样可疑的人物在大陆上到处存在着的时候，容许他们在我们之间自由活动，难道这也是明智的吗？然而，让他们的人身不受伤害，不受凌辱吧——只是不要信任他们。我们与他们的交涉是简单明了的，即：我们是渴望和平的，绅士们；我们随时可以承认条款，并且会合乎道义地履行其中的条件；可是假使在受尽了这样一次又一次的野蛮暴政之后，我们还再回到你们的统治之下，我们就活该忍受暴政所能加于我们头上的一切愁苦了。

克图为了骗取信任，说道："我们所进行的斗争是建立在能够鼓舞人心的最高贵、最有德行的原则上面的。我们现在正为了英国人民的权利与一个专横的内阁进行斗争。"不是的，克图，我们现在正在与一个专横的国王作斗争，为的是摆脱他的暴政。当争执还停留在口头的阶段时，可以把它说成为"与内阁斗争"；可是既然它已经暴发成公开的战争，就该是抛开这些愚蠢的、站不住脚的定义的时候了。可是说真话是不合克图的脾胃的。他的兴趣在于把拥有王权的野人用色彩最柔和的花衣服打扮起来。克图的大片土地的专利权[①]还没有签发呢。真惨，可怜的克图！

克图还煞有介事地告诉我们，"整个欧洲的眼睛都在看着我们。"这种陈词滥调早已有了一个一贯的血统了，上自英王的许多演辞，下至英国议会的一些演说，而由这里转了一个方向，又到了

① 统治阶级在英领各殖民地圈下了大片土地，领有英王所颁的土地执照，就成为业主。——译者

圣詹姆士宫[①]附近的一撮小贤士和小牧师的口里,直到后来受尽那种无聊反复的折磨,沦落到漂泊的境地,才终于被克图慈悲为怀地捡了起来,文饰了他的第二封信。它完全是一个唬人的玩意儿,一点意义也没有,把它套用一番,无非暴露了创造力的贫乏。对我们说"整个欧洲的眼睛都在看着我们",是一点意义也没有的,除非他还能告诉我们,他们为什么正在看着我们:这一点,既然他没有讲出来,那就让我来讲吧。他们正在看着我们,克图,为的是希望看到在英国和殖民地之间发生最后的分裂,那么他们——那些旁观者们,就可以与整个美洲大陆进行一种不受阻碍的自由贸易了。克图,你理解错了。

暂时再会吧,先生。我已经看到你的独白了,我很看不起它。记住你已经向我挑战了,克图,你我总有一方要疲倦的。我不怕公正辩论的战场,可是你却躲向一边,并且进行了人身攻击。你已经指名嘲骂过我了;假使我不把你从各个有害的小巷和潜伏的洞穴里搜寻出来,不把你这个发抖的罪犯带上公众法庭,那么就把我也纳入你的党羽的名单里去,来侮辱我吧。

林中居民

1776年3月28日于费城

Ⅱ　致克图

在谈到这封信的主要目的以前,为了一劳永逸起见,我感到有

① 圣詹姆士宫,伦敦的王室,该宫附近为高等住宅区,也指英国宫廷。——译者

必要尽量清楚地解决以下一个问题，即：人的个性与任何政治辩论有多么大的关系。一般的格言都说，讨论的对象应该是措施，而不是人；在正确的理解之下，这个格言是合理的，无可非议的。克图引用了《常识》的作者在序言中的一句话作为托词："注意的目标是主张本身，而不是人，"也就是说，不是人的地位或条件。因为一个人不论他是和已经发财致富的人相处也好，或是和行将发财致富的人相处也好，或是和根本不打算也不在乎发什么财的人相处也好，是丝毫不成问题，而且事情是完全属于他个人范围之内的。但是人们的政治面目、政治背景和政治关系，因为是有关公众的事情，就大大不同于私人生活的境况了。而且这往往与他们所建议的措施有着很密切的关系，因此，为了防止受到措施的蒙骗，我们就必须对上述各种情况有所了解。若是对于人们完全不了解，我们就有把花言巧语误认为原则的危险。假使豺狼能够像绵羊那样咩咩地叫，羊群很快地就会被诱入死地；因此为了免于受害，除了听见它的声音以外，也应该看见它的面貌。在进行任何重要政治辩论时，把人与措施全面而彻底地分隔开来，是不够妥善的，过去如此，将来永远如此，也永远应该如此。等到将来伪善行为从世界上消灭以后，认识人们的面貌就没有必要了，因为那时他们将不会提出欺诈性的措施了。但是在那时到来以前（那是永远不会到来的），人和措施是应该在适当的限度之下相提并论的。我们在某些事情当中，已经有太多的秘密了；而在另外一些事情当中，又嫌太少。假使人能够多被了解一些，而措施多隐匿一些，伪君子当会减少一些，我们也就会安全得多了。

这些信札的主要意图既然是要检查和揭露克图的谎言和错误

的论断(当被查出之后),他就不应该期待别人像对待一个曾经进行过公正辩论的人那样对待他。我要大胆地说,大胆地证实:在一个作家的笔下,对于真理,对于理性,简直从未有过一次比这更大的亵渎;而他在他从《常识》中引用的一些段落上所企图强加的解释,则是原作者心中根本不曾想到过的,也是不能够从字句本身推论出来的。由于克图的措辞轻率,由于他明显地欠缺同情和感情,因而使人在道德和哲学方面对他发生意见时,他也就不应当期望别人会饶过他。在这些前提之下,我现在将对克图第二封信的后半部进行评论。

在这里,克图开始了他对于《常识》的第一次攻击。但是,由于他只显露了他的恶意,既不曾提出相反的论点,又没有从中引用任何词句,假使没有底下这样一段奇怪的话,我在这里本想放他过去就算了。克图说:“假使有关独立问题的出版物所引起的注意(**他的意思是反对**)尚且不多,其原因并不是如同作者自负地设想的那样:由于主张的符合众望,或是由于论点的无法争辩,或是由于害怕反抗它们。”克图既然列举了许多**反面的**理由,他就应该把**真正的**理由告诉我们,因为既然他**正面地**说出了**不是**由于什么什么,无疑地他一定知道那**是**由于什么原因**他**才把**他**的答复拖延了那么久;可是他非但没有告诉我们这一点(也许他不便说出),反而借着下面的一句假话,逃避了论辩。他说:“在宾夕法尼亚,十分之九的人民都还在厌恶这个主张。”站住,克图!慢一点逃走,朋友!如果这话是真的,他们怎么会在刚刚过去的 3 月(即上月)2 日,选了一位著名的**主张独立**的人士作为本市的议员;同时,当《常识》还是手稿的时候,该稿作者给极其少数的人看了其中的一部分,而这位人士就是这少数人中的一个呢[①]!

在以下的一段话里,克图还是同样地不幸。他说:“发出呼吁的(即,发表了小册子的)那些人,对于它的成功没有什么可以骄傲的理由。他们好像也明白这一点:他们现在正像真正的江湖医生一样,不断地一服一服的药折磨我们,使得所有的病人一看见药就要恶心。”永远要被戳穿,这简直是克图命中注定的了:因为自从有文字历史以来,恐怕还从来未曾有过一本小册子,费了这样少的心力,而在这样短促的一段时间里面又发行了这么多的份数;我敢断定,十二万这个数字说得绝不过分。这本小册子,像一个孤儿似的,被抛弃到世界上去,让它自行谋生。从那时开始,直到克图的第四封信出现以后为止,没有拟过一个支持它的计划,作者也从来没有在这个题目上发表过一言半语。因此克图所说作者灌的一服一服的药,是一个彻头彻尾的谎言;不但如此,这话从他口里说出来是十分厚颜无耻的,因为只是他自己才经常每星期发表两封信,而且往往把两封信投在同一报纸上——这里是克图,那里也是克图,随便你向哪里去找好了。

在离开上面一段引语不过几行的地方,克图让我们回顾了一下我们过去的情况;他说那时“我们把我们与大不列颠的联合关系看作是自己最大的幸福——我们所达到的繁荣、富强、人口稠密的程度,将是历史上无法比拟的”。这句话可真是诡辩了,又像是对,又像是错。站在克图一边的所有的作者,都唱过这种论调,而

① 这里所指,即大卫·里顿豪斯,他被选出来代替已经前往法国的富兰克林。——原编者

且以为自己是无法驳倒的。但是,只要用一句击中要害的话,就能够把这个魔术戳穿,因为他们的骗术就在于把时间充当原因。因为他们的骗术是在于把后果来充当原因,因为假使我们没有繁荣起来,这个联合关系就根本不会存在,或者说,就根本不会受到注意;第一批移民所受到的忽视就足以证实这话,他们必须与各种各样的艰难困苦作斗争,但是却没有得到英国宫廷的丝毫注意和协助。

接下去,克图就不厌其烦地总起来叙述大陆会议和其他公共团体过去发出的宣言(有些已经发表了一年多了),为的是证明独立的主张是没有得到它们的核准的。关于这一点,我要给克图一个总的答复,就是:假使他再拿出一千件这样的凭据来,现在也起不了任何作用,因为它们都已经过时了。时代与事物都已经改变了。在一年以前,美利坚人民之中知道国王的真实面目的还很少;那时大家还愿意相信他是好的,也亲切地说他是好的,可是嗣后他们发见了,原来克图的皇室君主,乃是一个皇室野人。

克图在上述一长列反对独立的文件引文的前面,加上了这样一个稀奇的序言。他说:“独立的倡议第一次向外公开发表,还不过几个星期。是什么有势力的人在支持这个计划,或是有没有任何人在支持它,这一点可能成为将来调查的题目。肯定地说,它并没有得到我们所尊敬的大陆会议的支持。恰巧相反,它与这个可尊敬的团体的每个宣言都是直接矛盾的。”克图,你分明把自己给抓住了!与这个可尊敬的团体的每个宣言直接矛盾!记住这句话,克图,再往下看吧。在史密斯博士为纪念勇敢的蒙哥摩瑞将军的演说册子的前面,印着从大陆会议的决议中节录的一段,上面说，他这位博士受到该光荣团体的指定，拟写讲稿并发表演说：在演说进行之际，演说者激烈地攻击了独立的主张；可是当嗣后大陆会议作了一个动议，要（按照过去的惯例）向演说者致谢，并且为报馆索取一份讲稿的时候，这个动议是遭到了整个大陆会议的拒绝的[①]，会议毫无分歧地把它否决了。

我现在来看看克图的第三封信。在这封信的开端，他放弃了独立这个题目，恢复了他对于委员会[②]的攻击。克图的写作风格中的条理，可与一只松鼠的动作相比拟。他写作的时候，往往好像不知道下一句话应当写点什么，正如一只松鼠只是为了站立不住而蹦跳不停一样。虽然我有时为了他的写作和论辩中的无原则的方式方法而感到愤怒，在另一些时候，我却又忍不住为了他的缺乏才智而失笑：例如，他曾善意地告诫我们提防"那些有利害关系的作者的粗鄙文字，以及那些干涉我们的事务的局外人"。假使我一本正经地回答他，我就要这样说：那么，克图，对于那个古老的、包含许多人在内的、与地球上每个部分都互相关联着的制度，你好像真是一无所知；在那个制度之下，同族的关系是根据原则与感情

① "为纪念蒙哥摩瑞将军以及和他一同于1775年12月31日在魁北克阵亡的军官而作的演辞；按照光荣的大陆会议的意旨拟稿（并于1776年2月19日发表）。作者为费城学院及研究院院长、神学博士威廉·史密斯。费城发行，伦敦J.亚尔门重印，匹卡迪利，柏林顿大楼对面，1776年。"在第24页上面，史密斯博士引用了大陆会议"要求'恢复大不列颠与这些殖民地之间原有的和睦'等等"的请愿文。在一个附注里面，史密斯博士提到了这段话所受到的谴责，又补上一句说，自从该请愿提出以后，情况已经改变了。史密斯博士即"克图"，这事早已众所周知；而潘恩所谈到的大陆会议的愤怒，则是特别有力的一击，因为"克图"在第二封信里（3月11日发）又把他的侮辱重复了一遍，把早期大陆会议所有的调停努力又摘要地重复了一遍。——原编者

② 见第64页注①。——译者

而建立的,而不是由于地点或出于偶然而建立的。一个自由民,随便到哪里也不是局外人,克图;——一个奴隶却不管在哪里都是局外人。但是假使我愿意开玩笑地回答他,我就会这样说了:由于他对于友谊的理解是这样地狭窄和片面,他使我不得不这样想,就是:当他以“我亲爱的同胞们”这个亲切的称号——这是常在他的信札里出现的——称呼人民的时候,他所特指的,只不过是唐纳·麦唐纳的军事任命书上所发表的那一长列麦姓人物[①]。

在这封信里克图推荐了一本叫做《明显的真理》的小册子,这本著作早已像一株有病的、没人注意的小草似的枯萎凋零了;甚至它的赞助者已经对它不满,它的作者也不好意思说它是自己的作品了[②]。在第三封信的中间,克图宣告他准备上阵了。他说:“我现在开始说明我的理由。”我们现在就要查看,克图是怎样发动攻势的;而我要加于他的行动的第一句评语就是,他非常不幸地投到错的一方去效劳了,并且在王权党人之间放了他的第一炮。

为了证实这一点,我现在把全段抄录下来:克图说,“农业和商业迄今一直是使这些中部殖民地达到富强和重要地位的幸运行业。由于它们,这个国家的面貌得以从一片荒野变成和平富足的

① 麦唐纳是苏格兰高地军队的陆军准将,该军队于1776年2月27日在慕阿地区的小港桥战役中被北卡罗来纳人打败。那一天麦唐纳适巧患病,指挥之责因而移在麦洛特肩上,后者中弹身死,如上一封信中所述及。史密斯博士——一个肯定的苏格兰人——在把潘恩称作一个“局外人”来谈的时候,大概还不知道众人都已熟知他即“克图”。——原编者

② “《明显的真理:致美利坚居民》内有对于最近出版的名为《常识》的一本小册子的评语,等等。甘弟达著。您愿意离弃阿谀,参加到这方面来吗?”这本在费城和伦敦出版的三十七页的小册子,乃是对《常识》的许多答复中最为复杂冗长的一个。不过它很无聊乏味,几乎刚一问世,即过时了。——原编者

安乐乡。如果没有它们,我们就或则根本没有做过美洲人,或则只做过野人了。橡树就还会占据着它们天然生长的土地,而绝没有以巨舟大厦的形式出现。现今谷物累累的田野,现今繁华茂盛的城市,还仍然只会是野兽或是野人出没的荒原。”读者必然会发见,通过这整段文章,可见我们与英国的联合关系是完全不足道的,也可见我们目前的伟大成就多亏了客观的原因——农业和商业了。要想推翻《常识》,这真是一个奇怪的做法呢,克图;《常识》表面说的是,“我向最热烈地提倡和解的人士挑战,要求他们举出一项这个大陆与大不列颠合在一起而能获得好处。”我再重复一遍,《常识》的作者说,“我的挑战是:一项好处也得不到。我们的五谷在欧洲的任何市场上都能卖出价钱,而我们的进口商品也都得花钱去买,不论在哪里我们都可以购买”。克图接下去的一段话是这样开始的:“不容否认,我们过去的许多幸福是靠了英国的保护而得来的。”不,克图,我可以完完全全的否认这一点,由于以下这些简单明了的理由,即我们与它的联合,和我们屈服于它的保护,已经使得它所有的敌人都成了我们的敌人,而且将来还会如此;照《常识》的话说来,就是:“使我们与各国之间产生了矛盾,否则这些国家是会要求与我们建立友好关系的,我们对它们本来也没有怨仇的。”

以下的一段话简直荒谬绝伦,我只想简短地评论几句。克图说,“假使今后,到了成熟的时候,有必要从抚育了我们(有些人的)祖先的国土分离开来,那将是当我们已经羽毛丰满的时候,当我们已经有充分的能力使用自己的武器,并且能够使用自己的舰队来保护我们的商业和海岸线的时候了。”但是,克图,当不列颠统治着大陆的时候,我们又怎样去获得自己的舰队呢?除非我们可以这样来料想,像你在前一段话里所暗示的:我们的橡树自己会长成一只只大船,而且能在自行制造之后,离开它们“天然生长的土地”下水。克图作为一个作者,竟未曾把魔术与想象正确地分辨开来,这是他的不幸;而在另一方面,在他的信札里竟有许多话是那么严重的撒谎和故意的捏造,简直只有最顽固的厚颜无耻之徒,和一个头脑近乎邪恶的人,才会说得出口。为了给他一个公正的评判,他常常迫使我超出一般文明语言的正轨;要充分揭露他,温和和沉着实在是不能胜任了。

除非克图有意搬石头砸自己的脚,他真不应该让人家看见以下的这一段话。他说:“假使我们目前的纠纷能够得到调停的话,不列颠是几乎没有可能重新实行它近来的一系列致命政策,或是再次企图对我们使用武力的。”克图怎么居然承认我们有可能再度陷入过去那种血淋淋的、耗费金钱的境地呢?而有一点的确值得注意:从没有原则的作者的嘴里,有时免不了无意中说出真话来的。这样说来,克图,在你的这个根据宪法原则的和解当中,并没有真正的安全啊?那么它还是等于白费;而经过了这一切生命和钱财的消耗之后,我们最后还只得倚靠希望、运气和机会了。唉,那么,我敢当着一切神圣的事物面前起誓说,“是分开的时候了。”

但是,克图在承认了我们有再次陷入同样境地的可能之后,又开始告诉我们,在第二次的争执之中,我们应该怎样行事;那就是,和我们在当前这次争执里一样:抛出数百万财富,数千个头颅,以便缝成第二次的愈合,而为第三次的争执打开道路;于是美洲大陆的命运,就被克图安排在这样一套没有止境的、错综复杂的流血斗争和没有保障的和平里面了。为了免得有人说我冤屈克图,我得把他的全段文字录在下面;他说:“但是,万一在将来任何时期,不列颠竟糊涂到想靠贿赂的诡计,或是靠权力的高压,来使我们屈服,我们相信我们将再度抱着与目前同等的勇毅(必要时),手中持着防御武器,使它信服,我们是愿意通过建立一个根据宪法的联合关系,与它交换互惠利益的;但是,我们虽然是同一个国君的臣民,却绝不能同意做它的奴隶。”——来吧,孩子们,克图的毒手正在扶植你们走向毁灭呢,记住那个警告你们末日来临的篇页吧。

克图在许多词句中,显露出他对于热情与激动的冷静控制,这样的控制永远是那种没有了心肝的人的特征。前面谈到过的句子,“我们目前的纠纷”就属于这种满不在乎的一类;下面的一句话,也表达了这种无可宽恕的冷漠无情;他说:“虽然我认为,它在近来对待我们的举动之中,是扮演了一个凶恶的后母的角色。”多么了不起的感觉呵!违背人道的战争所造成的一切破坏和悲怆;千万人的头颅落地;城市与乡镇的焚毁和灭绝;亲友和家庭的毁灭与离散;这一切,只不过刚刚能从克图的口中挖出这样一句无情的口供来。但是,克图的冷酷的僵尸般的灵魂,是不懂得悲天悯人的伟大胸襟的。他不在、也不能在那样一个纯洁的境界中生存。他的灵魂舐惯了那只使他崭露头角的手,并且呼吸惯了那谄媚肮脏的奴性的恶俗空气;他的灵魂现在可要在德行面前饿死,在大公无私的友谊的净土上闷死了。

当克图执笔的时候,他一定没有想到会受到质问,或者是完全不在乎自己的名声,否则他不会企图叫群众相信,独立的主张是在他所谓的“和解的曙光已经开始在我们眼前出现”的时候,以一种

煽动性的方式来倡议的。走向前来，克图，来证实证实你这番话吧！这和解的曙光是从哪里出现？是在国王的谈话里面呢，是在议会上下两院的演讲里面呢，还是在那条法令里面呢？那条法令放出了一大窝海盗来掠夺我们的财产，又任命了另外一窝海盗用赦免来侮辱那些早就被他们用各种措施想加以毁灭的人。克图，出来证实你的话，要不然就领取它的报应吧，因为这一套煽动性的话的作用，正是企图用似是而非的谎言，来迷惑警惕性不高的读者的听闻。克图又说，只要我们保持合并的关系，而且放弃一切独立的念头，“我们就有获得充分纠正我们所不满意的事情的最大保证，以及防止我们的正当权利在将来受到任何侵犯的充分保证”。如果克图想要暗示说我们已经得到了这样一个保证，就让他再看看上一段话的结论吧。同一个答复对于两段都有用。

也许当我们回忆到英国宫廷对待我们的一长列毫不减弱的残酷行为时，当我们记起我们对他们和为他们所曾经做过的许多祈祷时，克图以下的这一段雄辩，简直是再荒谬和狂乱不过了；他说：“假使我们现在实现独立，我们在全人类的眼光里就一定要成为毫无信义的人民，就不能期望世界上任何国家的信赖，也不能仰望上天，求得它的赞许的宣判了。”你是疯了吗，克图，是你愚蠢——还是你两样都是——还是你比这两样更坏？在这段话里，你跟我的距离太远了。我没有语言能把你拖回来。你为自己筑好防御工事了！那你就在你的堡垒里面呆着吧，等待为你设防的上帝来把你领走吧。

克图好像具有那种永远要对他所不能反驳的事物加以侮辱的狡猾。他有时是这样做的：把我们的字眼歪曲了放进他的辩论里去,从而造出一个怪物,送到全国巡回展览,并且告诉善良的人民说,它就叫做独立。他的第四和第五封信里有几段话都是属于这一类的,尤其在他引用"外国协助"这一个词的时候,他把这几个字卑鄙地解释成为大陆向法兰西和西班牙的屈服。这样一个歪曲的、强词夺理的诡辩者,是不配受到礼遇的。他又时常以和平一词代替合并,从而造成同样的混乱;他又把我们描写成为决心"拒绝一切和平倡议"的人来诬告我们。其实,我们要求的是和平,而不是再合并;我们虽然很愿意倾听和平的声音,却有决心抗拒一切合并的倡议,不论那种创议是从何处来的;因为我们充分相信,在目前形势之下,各自为政乃是大不列颠和美利坚所能找到的唯一和最好的办法。

下面一段话是歪曲的。克图说:"即使在生来就是敌手和仇敌的国邦之间,或是在野蛮民族之间,也从来不曾有过一次战争是如此地不可和解,以至于不愿意以和平作为它的目标和目的。"但是,克图,历史上有过以合并为目标的战争么?没有。我不去追究克图所说的"生来就是敌手和仇敌的国邦"是什么含义;但是这一点我知道(至少我自己知道),不论法兰西或西班牙,或欧洲所有其他的强国,都不能像不列颠那样给我们造成这样的一个创伤,或使我们心上燃起这样一种不共戴天的仇恨。我们对它的行为所感到的无法形容的愤怒,正和我们看见一个动物食其幼子时的感觉一样;这一种特殊的愤怒,并不是由于感情的一时冲动,而是从天性的纯净洁白的内部产生的。

克图在其第三封信将近结束的地方(我的评论就暂时到此为止),把英国和美利坚的情况比作情人之间的口角,并且从这里推论出一个可能，说因此我们之间的感情也是会恢复的。这个比喻我不得不认为是极尽牵强曲解之能事。凡是正在谈恋爱的或是有过恋爱经验的人，请到这里来判定我们的是非吧！在一个默默哀伤着的心灵的喃喃轻语与战争的喧嚣的恐怖之间——在伤心地悄然流下的眼泪与流成河泊的糟蹋掉的鲜血之间——在爱情的甜蜜争吵与生死的惨厉搏斗之间——在爱闹别扭的情人的可望弥补的苦恼与成千上万受难者的悲惨景象之间，有什么可以相比的！“别再在我眼前现世吧”，克图，因为你没有人的感情。

林中居民

1776 年 4 月 8 日于费城

Ⅲ　致克图

克图的党羽也许要说我是发了狂怒；我认为不是这样。也有些人，他们没有足够的正义感能使他们发怒；这恐怕就是克图的罪恶了。不敢得罪人的人，必然不是诚实人。这样回敬了之后，我就要转向克图的第四、第五、第六和第七封信了。这几封信所包含的内容不多，我打算不多费唇舌、不拘形式地解决它们。

他的第四封信是以一个俏皮的独白开始的——克图对于独白的所有权是无可争辩的；因为没有人愿意与他搭伙①。不过，他却否认该独白是他自己写的，并且向他的读者保证，那“确实是人家

① 因为这篇文章很可能落入一些不懂“独白”意义的读者的手中，现在特将该词意义附注于此。即“对自己说话”，以供他们参考。——作者

放到他手里去的”。我总认为这种想要证实某一点的手法，是泄露了一种对于自己的怀疑；在这里，以上的话就等于好像克图说了“你们知道我的缺点，先生们，可是我现在对你们讲的确实是真话”一样。好，就算如此，克图；你可以得到你所要求的全部信任；至于你在什么时候、什么地方、以什么方式得到了那段话，谁是原作者，谁把它给了你，我一概不去追究；因为根据所演出的戏的诗歌方面的价值来判断，我深信这位作者尽管可以是阿伦之流的人物①，却绝不会是兰赛一类的诗人②。关于独白就谈到这里为止；假使这段温和的谴责能够防止克图或是他的同僚把他们的俏皮胡说同严肃的题材混杂在一起——目前的题目就属于这样严肃的性质——，那么它也就达到笔者原意中的目的之一了。

克图的第四封信和第五封信的绝大部分，是根据一个捏造的意思写出来的，这个捏造的意思是他无礼地强加于从《常识》里引证的一节文字上面的。关于这一点，那本小册子的作者有权向克图要求照例的让步。我将把全节文字连同克图额外加上的意思，以及他从那里所做出的推论，一概引录下来。他在一开始是这样说的，“在我对面前这本小册子所做的评论当中，我将首先考虑那些他（作者）显然最加以强调的论点；这些论点在他的结论里面汇总在四个题目之下，其中之一是，‘国际间有这样一个惯例，就是当任何两国在作战的时候，与争执无关的另外一些国家就以调解人的身份去调停，并且导致和平的准备；可是当美利坚自称是大不

① 阿伦是费城一个著名的独立运动的反对者。——原编者

② 艾兰·兰赛是一个富有真正的才智和幽默感的苏格兰的著名诗人。——作者

列颠的从属的时候，任何国家，不管它是怎样地乐于调停，它也不能这样做。’”这节文字里包含的意思是非常清楚，又是用极平易常见的词句来表达的，简直不可能使它更加清楚了。我相信任何人都只能这样理解：在我们继续自称为英国臣民的时候，在我们之间的争执就只能称作一个家庭争执，在这个争执里，任何其他的国家要来进行劝告，或在任何方面加以过问，即使他们是带着调停的建议，也正如一个第三者去干涉一对夫妇之间的争执那样，极不相宜。反之，假使我们像所有其他的国家在我们以前所做的一样，去使用那天赋的权利，建立一个自己的政府，巍然独立，那时，这种争执就不再能叫做家庭争执，而叫做英国和美国两个政权之间的正式战争，和英法两国之间所进行的战争没有两样了。在这种政权分立的情况下，中立诸国就可以好意地提出调停的建议（和一向的做法一样），并且导致和平的准备了——不是合并的准备，克图，那完全是另外一回事。但是克图并不根据这个显而易见的意义去理解；相反地，他跑到了一条错误的路线上去，以建议招请外国协助之名责怪作者。他借着这个故意的谎言，无的放矢，大声叫喊。他的狂妄的、莫名其妙的评语是这样开始的：“这到底是”他说（指上面引录的一节文字而言），“常识呢还是胡说？确实地，与大不列颠之间的和平[①]不会是这个作者的目标，因为他已经把该国人民描述成为可怕的人了，而且对我们说过，与他们和解就是毁灭自己。这一段话的后半部，虽与前半部互相矛盾，却似乎使得前半部比较明了了，因为据说这些调解人不是要为了调解争端来进

① 克图不能学会明辨和平与合并，确是一件怪事。——作者

行干涉，而是要在一个宣言——我们不是大不列颠的臣民的宣言——上面支持我们，而使争端扩大。这，对于调解人说来，可真是一件新的工作了。但是这一点”克图继续说道，“把我们直接引向主要的质问上去了：——哪个外国政权能够给我们这种支持？”什么支持，克图？在你所引用的一节文字里，关于支持一层，既没有说过一个字，也没有下过一个暗示：——它只谈到中立国家在交战国之间起着调解人的邻人般的作用；并说，这样做乃是欧洲宫廷的习惯。克图已经把代表们尊为大使了；可是他怎么能把调解人变成武士，又怎么能把调停变成军事联盟，则是一个绝顶奇怪的问题了。再重新看看那一段话吧，克图；假使你发见我错怪了你，并且能够指出来，我保证《常识》的作者一定在报纸上公开地向你署名道歉；但是如果错误在你那一边，那么接下来的让步将是你的义务。

虽然我充分相信，克图连他自己所写的一半都并不相信，他却费了大力，去吓唬他的读者，要使他们全部相信。他对他们描写了在我们的土地上面抢劫蹂躏的外国军队（设想我们要招请他们进来）；描写了他们的“血腥屠杀，残酷迫害，（他说）这些能够把新教徒和公民的灵魂摧残净尽”。即使他们真的来了，克图，可是对于这事除了你自己之外就根本没有人梦想过（因为谢天谢地，我们不要他们），他们也不可能超越甚或赶上英国军队在东印度群岛的那种暴行：把人缚在炮口上“轰掉他们”，这种事除了一个英国将军以外再没有别人做过，除了英国宫廷[1]以外再也没有人批准

[1] 东方掠夺者的首脑克莱夫勋爵，曾经因为“他在东印度群岛的光荣举动”而受到议会的致谢。——作者

过。去看看印度事务特别委员会的记录吧。

克图从世俗的恐惧又转入到宗教的恐惧，充满了假惺惺的恐慌问道，“宾夕法尼亚将要落到谁的手里呢——是它最虔诚的旧教国王，还是它最虔诚的新教国王呢？我承认”，他接下去说道，“这些问题使我头昏目眩。”我听了并不奇怪，克图。——我很高兴地知道，某种悔恨已经袭上你的心头，你已经开始感到“压得很重”了。你已经跑了很多路，即使是最强的心脏最后也得罢工了。

克图发觉他第四封信里的谎言没有遭到谴责，就大胆地开始了第五封信，在信上继续扩大着他手边那同一个唬人的玩意儿。他说：“在我上一封信里，对于《常识》的作者所提出的依赖外国协助的危险倡议，曾加以注意。”克图到什么时候才会知道要说实话呢！我们希望从法国得到的协助不是军队（我们不要军队），而是武器和弹药。我们只在本州就已经收到了将近二百吨的硝和火药，另外还有步枪。如果没有克图这样恶毒的人对这事情横加污蔑的话，我们倒确实可以继续同人家作有益的来往的。在这种时候，对于根据保卫条款供应了我们急迫需要的东西的唯一国家，像这样连珠炮一般地滥骂——如他第四和第五封信里所做的那样，是不但粗鲁，而且失策，并且恐怕还是危险的。

克图在用了几乎两封信来打倒一个只是他自己供奉起来的偶像之后，竟为了自己的失败暗自庆幸，在留下下面这样一节声明之后，就转到别的方向去了。克图说：“在如此迅速地处理了他的（《常识》的作者）维护独立的主要论点——他的这些论点是以邀请外国协助的必要性为基础的——之后，我将开始检查他的著作的某些其他部分了。”该小册子的任何一部分，只字没有提过对于邀请外国协助甚或形成军事联盟的问题。克图，这个梦想完全是你自己的，也是与这份作品里面每一页上的文字和精神直接抵触的。《常识》一贯支持的主张，就是绝不参与欧洲的政治。小册子上面说，“既然欧洲是我们的贸易市场，我们就不应该与它的任何一部分建立政治关系。避开欧洲的一切争论，是符合美利坚的真正利益的。”至于它建议向外国宫廷发送一份宣言（现在正该是这样做的时候了），也只是为了要向他们宣布，我们已再没有可能在英国政府的统治之下继续过下去了，而且是为了“向这些宫廷保证，可以对他们抱有和平的意向，也怀有与他们进行贸易的愿望。”如果你学着做个诚实的人，克图，你的勾当就不会这样败露了。——我在这里格外要揭穿克图，因为他是把他反抗独立的空气制的炮台装在这个水泡上面的——好一个糟糕的基础呀！只要用一根针尖，或是，假使你愿意，用一个笔尖戳一下，就能使它破灭，并把魁梧奇伟的克图埋葬在水泡的废墟之下了。

从他第五封信的这一部分直到他第七封信的结尾，他完全丢开了独立的话题，而把君主的堂堂王旗竖立起来，放在共和政体之前。我对于这一部分的评语将是笼统和简明的。

在辩论的这一部分，克图主要是藏身在其他作者的引语之中，他本人对问题并不多加论辩[①]；我现在送给他一长列的格言和感

① 以下是克图进行辩论的方法之一例：“《常识》上面说，假使世袭的继承（指君王政府的继承）的确能保证一个善良智慧的种族的话，它就会得到神圣权柄的图章了；”克图说，“我们这就发现他，在他从前告诉我们是魔鬼发明的、全能上帝提出了抗议的事物之上，亲手加盖了上天的图章。”克图的第七封信。——这真是一个奇怪的论点，克图，或者说得更恰当一点，它根本就不成为论点，因为世袭的继承并不能保证一个善良智慧的种族，因此也就没有神圣权柄的图章了。——作者

想，作为答复；我的这些话都是从事物的本质里推引出来的，而不是从任何人那里借用来的。克图也许注意到了，我差不多从不套用别人的话；理由就是，我总动用自己的脑筋。不过还是言归正传吧。

政体应当永远被视为服务的问题，而不是权利的问题。《圣经》上没有制定任何一种特别的政体，可是却对君主政体提出了抗议；当只有两种东西供选择，而我们必须选择一种时，否定一种东西就等于是肯定另一种东西。君主政体最初是由异教徒建立的，全能上帝为了惩罚犹太人，让他们采用这个政体。“我在怒气中将王赐你。”——《何西阿书》第13章，第11节。共和政体体现自然状态，而君主政体则体现不平等的权力。在共和政体之下，人民的领袖假使不称职，可以通过投票撤换，而国王只能通过武力撤换；在前一个情况之中，即使投票失败，投票者的安全是不受影响的；但在后一个情况之中，如果尝试失败，那就是死亡。说来奇怪，在一种情况中成为我们权利的东西，在另一种情况中竟会是我们的毁灭。从这一点感想，我得出了以下的结论：把我们的权利变成我们的毁灭的那种政体，必然不可能是一个正确的政体。即使一切人性都是败坏的，也不需要建立一系列世袭的君王来加强这份败坏性——他们无论怎样下流，人民却依然必须服从他们。因为宫廷的一举一动，永远是影响着人民的品德的。一个共和政府比一个君王政府要有更多真正的威严。对人民大众说来，选任他们的统治者要比接受一个天生的统治者更符合于他们的自由，而从统辖者这方面说来，作一个公众选出来的统治者要比作一个偶然出生于王室的君王尊贵得多。每一个忠实的人民代表，都比君王

更富于尊严。在所有的国家里都不可避免地会发生骚乱，但是在君主政体之下，因为欠缺平衡，是最易发生的。“自从征服[1]以来，英国曾经发生十九次叛乱、八次内战”。在共和国家之中，不论发生怎样的骚乱，都不是共和精神的产品，而是由企图消灭这种精神的人们所造成的。一个共和国家不会去制造自己的毁灭，它只能被毁灭。没有一个国家的人民，在神志清醒的时候，当他们认真地考虑上帝授予他们的地位以及他们所赋有的理解力的时候，会自愿地给予任何一个人以反对全体的权力；自从人类堕落[2]以来，还从未有过一个人是配受这份信任的；因此我们如果把这份权力托付给他们，就等于失去了理性；而在这个意义之上，所有曾经得到过它的人都因滥施职权而使我们清醒了过来，结果对我们大有好处。大自然有时好像在嘲笑人类，给他们那么许多愚人做君王；在另外一些时候，它又责罚他们的愚行，给他们以暴君；而英国一定是大大地得罪它了，因而同时受了这两种惩罚。卢梭曾经建议过一个计划，要建立永久的欧洲和平；这就是，要欧洲的每个国家遣送大使，组成总理事会，等到任何两国之间发生争端的时候，就把问题付与公断，而不必诉诸武力。这就等于建立一种欧洲共和国了；但是国王们的骄横和掠夺的精神，是不以和平为目标的。他们不考虑人类的利益。他们不去实行那个计划。而假使把造物的历史和君王的历史并列比较一下，结果就是这样了——上帝制造了一个世界，而君王们从他手里把它抢了去。

① 即1066年诺曼底公爵威廉征服英国。——译者

② 即《圣经》上所载的因亚当之罪而导致的人类的堕落。——译者

但是即使把其他一切论据都撇开不谈，下面这一简单的真理就足够肯定共和政体比君主政体优越了：所有的人生来都是共和主义者，只因随着风气才成为保王党人。可以充分证明这一点的事实是：所有的人都热情地颂扬陪审制度——人权的伟大的而又几乎是唯一留存的堡垒；它是建立在一个纯粹的共和基础之上的。在这里，君王的权利是被关在门外了。任何皇室的否决绝对到达不了这个法庭。在这里居于至高地位的陪审委员团就是一个共和国，一个从人民当中选举出来的法官团体。

在英国保证了这种自由的宪章，不是在朝而是在野制定的；是由人民坚持要求的，而不是由君王赐予的，在这一方面，君王什么也没有赐予，只不过放弃了他过去的暴政，发誓将来要改过自新罢了。这是一个妥协方案，通过这个方案，君王与人民讲了和；这又是一个条件，凭这个条件他被容许继续统治。

对于目前已经发表的以克图署名的全部信札（到现在一共是七封），我的答复就到此为止了。对于他最后两封专谈政体问题的信，我只泛泛地作了一些答复，未加什么特殊的评语。我注意到在一个地方他责备了《常识》的作者，说他说了一句“在1775年4月19日这个不祥的日子①以前，没有比他自己更热切愿望和解的人了”而自相矛盾；“那即是（克图说），与君王政府的和解。”对于这番话，我的回答是，战争不应该是任何人的愿望，也没有任何人应该以他个人的意见去使一个业已建成的政府为难；只有“对于

① 通常称作“列克星敦的屠杀”*。——原编者

* 列克星敦战斗是美国独立的第一次战火。——译者

尚待组织政府的国家，政体才是一个适当的考虑对象”（《常识》）。

回顾我在克图的信件中所接触过的论点时（除去我所省略的地方），我要对他加上以下几条具体罪名：

一、他只笼统地把罪名加到委员会头上，什么也没有陈述，既不证实，也不企图作任何证实。

注意：把对一个团体的行动的指责说成是对个人的指责，这种借口太没有道理了，不能宽恕①。

二、他捏造了限制报纸自由的话，向公众控诉。

三、他曾恶意地断言，“和解的一些曙光最近已经在我们眼前出现”，从而大大地欺骗了人民。

四、他曾经暗示过，仿佛他希望公众相信，我们已经得到了“能使我们全部损伤受到赔偿的最大保证，以及防止我们正当权利将来再受侵犯的充分担保”。

五、他散布了招来外国军队的假恐慌。

六、他把《圣经》变成了笑柄。《以西结书》第35章。

这些谎言，假使不加以驳斥，就可能会被认为是事实，而那些消息不很灵通的人们，心中便可能会因此深深感到不安。我们的意见可以不必管它，但是以事实为依据的真理却必须严格坚持。

① 在对于委员会的看法上，克图和我有着实质上的区别：我认为他们是本州目前唯一的立宪团体，而且根据以下的理由认为：他们是由人民正式选出的，而且乐意尽他们因被选而应承担的义务。州议会的下院也是由人民选举的，但是却做着不是选民要他们做的事。他们的职权绝不是立宪的，而是擅自建立的。我的责备是针对一个团体，而不是针对个人而言的。——作者

上述的委员会即本书第64页注①中所提到的。——译者

正是这个使人不能忘怀的考虑，吸引了林中居民（完全是出于自动）承担起写三封长信的费力工作，并麻烦公众来阅读它们。

既已暂时结束了我与克图的通信，我将以一个善意的、充满感情的致辞作为这封信的结尾。

致　人　民

这不是一个说无聊话的时候。那些人知道了他们从自己的国家什么也得不到，就把他们的希望寄托在曾经拼命奴役你们的那个政权身上，他们可能像克图所做过的那样，对你们提出有关和解的错误见解。没有这样的事情。早已无望了！过去了！坟墓已经把我们分开了——代表被杀者的死亡，已经把英国和美利坚之间的命脉切断了。

英国的策略是征服，而非和解。但是，即使承认王权党人的最后一个希望可能实现，那也只会是，我们的敌人在经过了一长列的损失之后，心力交疲，绝望地抛下武器，建议重新合并，在那种情况之下，又应该怎么办呢？难道战败的、失望的暴君应该被看作是犯了过失的、转变过来了的朋友吗？难道把那些万一当了征服者就会把我们当作叛徒来吊死的人奉为总督是对的吗？当然不对。那么就回绝这个提议，另外建议一条吧：这就是，我们可以同你们像同敌人那样地讲和，但是我们永远不会与你们以朋友的身份再度合并。这点实行之后，你们就可以获得一个永久和平的可喜的前途了。美国如果远远离开整个争执不休的世界，就可以自由自在地生活下去了。海洋环绕着它，荒野支持着它，除了它的上帝以外，美国还怕谁呢？

不要受骗吧。有关的不是一件小事。即使和解被提了出来,现在也不会行得通的。这是一个危险的问题;因为所有人的眼睛都已睁开了。现在在这个问题里面已经没有秘密了;当然也不应当有秘密。这是一个与人人有关的问题,人人都应该把它放在心上。在这里的人,和生在这里的人,都同样与此有关。同时也不需要像署名平民的一个作者那样,把这件事情分裂成为千万个部分,又拿无穷无尽的、毫无结果的调查来把它弄复杂了。这是一个国家与国家之间的空前的斗争,不能够像小学生的作业那样,几镑、几先令、几分又几分之几地来解决。那位作者,尽管他的意图可能是好的,却很不够标准:因为他所说的第一个大问题就包括了其他许多问题,而从其他许多问题里又会引出其他一切问题;这所谓大问题就是快乐。这个大陆在大不列颠的统治之下能不能够快乐?其次,它在我们自己的一个政府之下,能不能够快乐?生活在我们所无法喜爱的人们的权威之下,就只有苦痛、奴役等等。在那种情况之下,永远也不会有和平。安全将是一件不可能有的事情,因为一个执政的奸猾朋友,正是一个最危险的敌人。对于第二个问题,即美利坚在它自己的政府之下能不能快乐的问题,回答就很简明了,它愿意多么快乐,就有多么快乐,它是一张白纸,可以在上面随便写字。不要把它推迟太久吧。[①]

有时候说真实话是很费劲的,然而我不能不作下面的暗示,因为许多事情,不,几乎所有的事情都是依靠着它的;那就是,要彻底地了解我们所信任的人。在这种时候,公众有责任去仔细考察他

① 不要忘记了不幸的非洲人。——作者

们的委员会的委员、州议会下院的议员和大陆会议的代表们的行动；要知道他们做些什么，还要知道他们那样做的动机何在。假使不做到这点，我们就永远不知道该信赖谁了；就会经常把朋友误认为敌人，把敌人误认为朋友，结果在人事的混淆中我们把事业也牺牲了。我的这点感想是从以下的情况产生的。据说有位绅士建议给本州代表们的那些愚蠢专横的指示，又竭尽全力地支持那些指示，而他本人就在目前造船缺乏木料的时候，囤着木料拒绝出卖，因而使我们不能抱怨物资不足。——但是他已声名狼藉——他正匆忙地在退出他的政治舞台了。

林中居民

Ⅳ

不论是谁，只要是愿意不辞辛劳地去注意时代和事物的进展和变迁，以及人类当时的行动的，都会发见，异常的情况有时的确在我们眼前出现，这种情况是纯属自然的或完全崭新的性质，唯有纯洁的人才能够了解它们。在许多先例不能启发我们的时候，我们就必须就教于事物的本义；并且好像我们是第一批思索的人那样去思索。这就是为什么在目前形势之下，智者变成了愚人，愚人又变成了智者的真正原因了。我产生这点感想，是由于我无法以其他任何说法来说明教友会派的行动：因为虽然他们自己好像还未觉察到，然而我们听到那个团体的许多人在谈论其他题目时表现得很精明，而谈论目前这个题目时却显露出如此骇人听闻的无知，实在感到吃惊。假使他们在英王手下担任过一官半职，假使他们是各州总督，或者假使他们所代表的利益显然与我们不同，这事就不足为奇了；但是既然他们并没有那些情况，他们的愚行就只好归咎于那过多的世俗知识，它在崭新的事物中太嫌狡猾，也就不够聪明了。朋友们，回到最初的平坦的自然道路上去，重新开始吧：因为在这件事情里你们的头几脚走错了。你们现在已经到达了前后矛盾的最高峰，而且速度如此之快，竟使你们在5月1日就已经可以进行秋收了。现在你们休息的时辰到来了。你们已经尽了最大的努力，现在必须静候结果了。但是谁能够不怀着关切的心情来回顾这种举止呢！谁能够无动于衷地看着一群有头脑的人轻率地在一小时内把前人七十年的工作一笔勾销呢！或者，还能怎样为他们辩解——除了说他们已经进入了老耄期，进入了七十高龄的摇篮时代[1]。

但是我这封信的主要意图是要说明从属派别[2]的自相矛盾和偏袒不公的作风，而且要像一个不求讨好的正直人那样，让他们看清楚，他们的立场是危险的；为了这样做，我必须提到最近那次选举的工作、事件和可能的后果。

那一天的工作是要做些什么？就是要选出四位州议员来协助已经选出的州议员们，指导本州的军事行动去对抗英王的权

① 在1704年，当时构成整个〔宾夕法尼亚的〕州议会的下院的教友会会员，热忱地保卫他们自己和人民的权利，以反对占有者的侵略性的势力；不过占有者却想法废除了原有的宪章，代之以另一宪章，而逼使他们顺服。他们用以下这些话表示了对于新的宪章的愤恨："于是，通过'您的'巧妙的诡计和手段，一个抛弃第一个宪章而代之以另一宪章的办法被找到了；这个办法十分隐蔽，一些人根本没有能力看穿，许多人又完全没有时间来考虑。"——试问，这些人会选举你们所选举的那些占有者么？——作者

② 美国独立运动的反对者。——原编者

力——他们假装是靠了他的权力才占据议席的。那些议员当选之后，应按照州议会下院的条例，(像其余的人曾经做过的那样)宣誓为国王效忠，可是那个国王就正是以他们自己为首的本州正在对之作战的。而许多选民所必须具备的资格，乃是他们也必须向英王宣誓效忠，而这国王也就是同一个州议会下院不久前刚刚要求他们出钱或拿起武器来对抗他的权力的那个国王。国邦的伪善可曾达到过这样高的程度！披着中庸的外衣，我们却正在堕入最最可怕的罪恶的深渊。现在人人都有责任，不论从讲坛上、从报上、在家里或在街上，都起来大声疾呼，加以反对。天哪！难道我们把对上帝的责任忘得一干二净了！难道没有良心的畏惧来阻止我们这样去牺牲神圣的事物吗？难道这是我们的特权吗？难道犯了罪恶不感到歉疚是我们值得夸耀的品质吗？英国国教的教士们——我自己也是其中之一——在埋怨他们的处境，希望获得解脱；一句话，每个有头脑的人都一定感到苦闷。但是，不管在口头上如何把它诿诸人民，罪恶的责任却并不在他们身上。我们可以追究一下发生在本州的罪恶的根源，看看它是以怎样的手段欺骗了别人的。罪行集中在少数人的身上，它的源头也就是在几年以前曾经贪婪地让本州的边境浸洗在血泊之中的那个源头；上天的复仇虽然从那时起一直沉睡未醒，它也会很快地就醒过来，使他们不能安息的。

在不久以前有过一个动议，想要选出一个代表会议，来考虑本州的情况。这个倡议真是再贤明不过了。我们目前的情况是惊人的。我们比其他各州还要糟糕，这样一个调查是极为必要的。目前形式的州议会下院没有资格做这件工作，因为它是我们正在与之交战的权力的一个分支。此外，他们还与国王的代表有来往，而且组成州议会下院的成员都以议员的身份宣誓过，要向英王透露这次调查中不可避免地会呈现在他们面前的事情。由于他们专横非法地发布了州的指示，他们的头脑就带有偏颇和成见。我们很不适宜做这件工作，还因为这个调查必然要求他们以一个团体的身份来考虑一下，把这样无限制的权力托付给人们，像他们最近所承担的那样，是否合适。在这样的时候，我们必须追溯事情的根源；当我们是完完全全走错了的时候，追溯根源是唯一纠正的办法。选举代表会议的动议，吓倒了国王和亲英的占有者[①]；而对于每个深思熟虑的人说来，这个动议具有一种安慰心神、恢复元气的力量。问题是，第一，我们走错了——第二，我们怎样来纠正？州议会的下院不能帮助我们；因为他们是不能作为审判法官的，在这种诉讼中，他们自己处在目前这种状态和职权之下，正应当是被审判的对象。不过，反对者努力想通过一个扩大下院代表名额的法案，自以为由此找到了一条办法来抹杀组成代表会议的必要性；同时他们却没有觉察到，这样一种扩大名额，只会增加组成代表会议的必要性。因为，从我们敌人那里取得职权的权力越是增大，对我们说来就是越不安全、越加危险。笔者绝不打算谴责组成州议会下院的个别成员；笔者的目的只是反对它所受到的特权。不过，那纸法案变成了一条法律（这就说明了，在宾夕法尼亚，也像在英国一样，并没有宪法，只有一个临时的政体[②]）。同时，为了给大家看

① 美国独立运动的反对者。——原编者

② 这个区别在将来的信札里再详细说明。——作者

看州议会的下院在目前情况下的前后矛盾，代表会议的动议是推迟了，四位主张独立的诚实的先生被提名在扩大代表名额的时候作为候选人；而这四位先生假使当选了的话，是不会像州议会下院的议员所必须做的那样去宣誓的。在那种情况下，州议会的下院就会落得一种职权也没有了；因为这时旧的一部分依然守着向国王泄露秘密的誓约，要把新的一部分认为有责任反对国王的事项暗中告诉他。这就是选举之前的情况。

在我们这方面，我们不得不失去目前在魁北克围墙前面和大陆其他部分的那些好公民；而王权党人却安居家中，坐享各次选举的利益。而上自大陆会议，下至委员会，到处都或多或少流行着这种弊病。一个人数众多的、热衷于自由事业的德国有产者的团体，也因为不忠顺的缘故而被排斥了。尽管如此，王权党的非英国国教徒，也就是被宣称为他们国家的敌人的那些人，却被容许在对方投票。实在是矛盾得出奇！此外还加上歌功颂德的教友会派，他们在甘受最浅薄无聊的情感和宗教性的郁闷的欺骗之后，还想用一种暧昧的无情的方式，使罗马天主教徒也染上同一毛病。这些派别，以及他们所能影响的某些其他派别，是以亲英的占有者为首，去反对公众，支持大不列颠和占有者的权力的。他们大吹其牛，说十分之九的人民都在他们一边。可真是好一个绝大多数啊！然而情况是这样的：虽然我们有许多不利条件，例如，我们的许多选票遭到了拒绝，另外一些人为了不忠顺而失去了投票资格，还蒙受到许多人正好外出的巨大损失，还有人受到他们策略的欺骗，他们在七八点钟就关上大门，并散布流言说要休会了，第二天早晨就要结束了——我说，情况是这样的，在统计选票的时候，亲英派方

面得票最多的人和独立派方面得票最多的人，就是克莱默和阿伦二人，他们竟得到同样票数，各得 923 票①。

除上文已经描述了反对我们的人的情况以外，我还可以补充说明，他们既没有联合起来，也没有互相协助，或者只有极少数的人这样做过；他们只是由不同的团体偶然凑合起来的集体，彼此之间没有本质联系；他们达成协议，只是为了泄恨，而不是出于公理；还有，既然他们是偶然聚合的，他们也就会由于缺少凝结的因素而又成为一盘散沙。

在我们一方面，我们的目标只有一个，我们的事业是共同的；因此，我们不会分开，我们也不愿分开。为了认识认识反对我们的人们，我们已经经受了这次选举的考验。唉，他们是些什么东西？其中的一半，现在正应该为了他们以前的罪恶向公众请罪；另外的一半，则大可因为别人没有拿他们怎样而感到十分幸运了。等到敌人进入这个国家来的时候，他们能够自卫么？或者，他们愿意自卫么？假使不的话，他们会愚蠢绝顶，竟认为在这种时候，当我们有责任连根挖掉那腐烂了的伤口的时候，拥有十倍于他们的力量和人数（假使让人民大众都知道这个问题的话）是我们，还甘愿受一群懦夫和王权党人的统治吗？

聪明的人会觉悟到，尤其是在当前形势全面波动而没有固定的政体的时候，最安全的避难所就是人民的爱戴。在他们的保护之下，所有的财产都是安全的。即使在有些国家里，他们之中某些

① 萨缪尔·霍威尔先生虽然是在他们候选人的名单中，我们却从未把他看作一个亲英的占有者。——作者

最下层的和最放肆的人曾经有过暴举,他们却从没有离开过出于本性的道义的道路。为了保卫那些曾经给他们出过力的或保护过他们的人的生命财产,他们是奋不顾身的,而瓜分财产的念头却从没有进入过人民大众的头脑。这与促使他们起来作战的那种精神是不相容的。谁也没有听说过有贪婪的人民群众;不但如此,甚至一个守财奴到了他们中间去,感染了他们的精神,也会当时就打消了贪念呢。

在结束此信以前,我还要说明一点,即,英国海陆军最近开始执行了一种不同于起初实行的作战计划;因为他们不再去进攻那些独立精神最为旺盛的殖民地区,而只进攻那些他们以为独立精神最为低落的殖民地区了。他们离开了马萨诸塞湾,跑到北卡罗来纳去了,因为他们认为在那里有许多朋友。为什么有人料想他们要到纽约去呢?只是因为他们猜想那里的居民大体上不是独立派(然而该州是有许多长处的,尽管它的州议会下院的名誉扫地)。由此我作出这样的论断:把国王的代理人选作本市的议员,无异就是邀请他们前来的一张漂亮的请帖;在那种情况下,邀请他们来的人还会出动去击退他们吗?我想是不会的,因为在他们的923张投票者当中,武装起来的人绝不在六十人以上,也许还不到六十人。因此,假使果然发生这种事情的话(大概是要发生的),那我一定在这里投出第一票,希望把邀请他们来的那些人的产业扣留起来,充作抵抗他们的军费。

林中居民

人 权 论

吴运楠 武友任 译
朱曾汶 校

导　　言

G. D. H. 柯尔

1792 年，英国政府以托马斯·潘恩名著《人权论》含有“诽谤之辞”为由，对他提出起诉。事实上，那次起诉是法国革命之后对英国激进主张实行大镇压的开始，而且一度扑灭了激进主义这一有组织的运动。其实，潘恩本人并没有出庭受审，对强加于他的判决也从未服过刑。这是因为，1792 年潘恩身在法国，担任国民议会议员，并且是那个新兴的革命国家的荣誉公民，虽然不久他就因反对处决路易[①]而失宠，正如当年被逐出英国那样，又被逐出法国，前往美利坚合众国寻找新的栖身之所，在这个国家为独立而斗争的日子里，他曾经非常英勇地贡献了力量。

潘恩早在他就柏克[②]攻击法国大革命发表其经典答复之前就享有盛名。他所以出名是由于他在美国独立战争中所持的立场；并且，他在美洲发表的著作，特别是《常识》和《危机》，在声援殖民地居民起义反对乔治三世及其大臣取得最终胜利方面起了显著的

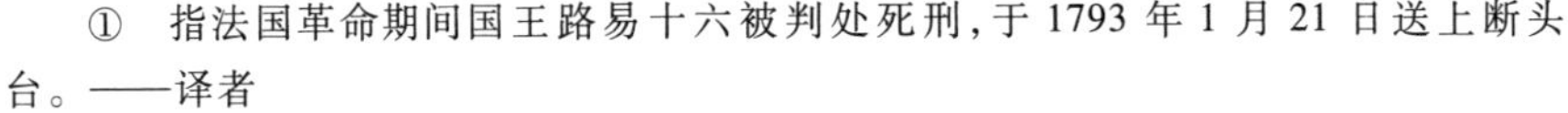

① 指法国革命期间国王路易十六被判处死刑，于 1793 年 1 月 21 日送上断头台。——译者

② 柏克（1729—1797），英国资产阶级政治家，曾同情美国独立战争，但激烈反对法国革命，所著《法国革命感想录》（1790 年）代表了当时欧洲复辟主义的思潮。——译者

作用。但是,这些早期作品在英国并非遐迩闻名,直到《人权论》出版,才使其作者成为在大不列颠读者最广、最受爱戴而又最遭痛恨的政论家。

《人权论》第一部分发表于1791年,是对柏克所著《法国革命感想录》一书的答复,而后此书本身又是对理查德·普赖斯博士就《公民自由》所作名噪一时的讲演的答复。普赖斯是英国非国教牧师中的首要人物,也曾为美洲殖民地的居民做过辩护,并于1788年参加过由革命会主办的1688年“光荣革命”[①]纪念会。柏克身为辉格党[②]人,曾支持美洲殖民地人民,虽然他因英国对其与殖民地居民的争执处理不当而造成的分离表示遗憾,他却认为这种分离是不可避免的。然而,法国大革命是另一回事。1688年的英国革命曾使地主贵族牢固地掌握政权,而一个世纪之后的法国大革命却威胁着要把贵族及其特权一扫而光。在柏克这个辉格党人看来,任何社会如果没有居于统治地位的贵族和基础牢固的教会,似乎就是一片混乱,因为他认为教会和贵族是使社会团结起来的美德和社会传统的不可缺少的支柱。他坚决主张社会制度要建立在伟大的习俗和传统之上,而贵族则是这种习俗和传统的必要监护人。社会制度并不以理性为基础,如果人们认为可以依靠理性去建立一个国家,这种设想是灾难性的。国家和社会是逐渐发

① 指1688年英国议会驱逐国王詹姆士二世,迎接其信奉新教的女儿玛丽及其丈夫执政者威廉继位。这一事件在英国历史上称为“光荣革命”,实际上是当时英国资产阶级和新贵族发动的一次政变。——译者

② 辉格党系英国自由党的前身,在17世纪英国资产阶级革命期间,英国议会中形成辉格党和托利党两个集团,辉格党代表工商业资产阶级和新贵族的利益,托利党代表地主贵族的利益。——译者

展起来而不是生造出来的;哪一代人都没有权伸出邪恶之手去占有它们,或者借微弱的理性之光去改造它们。每一代人的神圣职责是把承袭下来的这份珍贵社会遗产交给下一代;只有贵族才能保证这份遗产保存得完整无缺。

针对这种反对那些力求建立新法兰西的无套裤汉①和理性主义者的激烈言论,潘恩作了驳斥;他的驳斥一发表,就成为平民所珍爱的熠熠杰作。葛德文的《政治正义论》不过是对极少数受教育人讲的,而托马斯·潘恩的《人权论》则是用手艺人和小店主易懂的语言直截了当地对穷苦人讲的。他的书在发行后几个月内一再重版。在这本书被查禁后,还不断有人因加以翻印或出售而获罪入狱。1815 年后,当这种镇压终于一度放松时,就立即涌现出大量新的重版本,到 1817 年和 1819 年新的镇压法令再次使得发行潘恩的"煽动性的"和"亵渎神明的"著作成为应予惩处的罪行后,以上情况就又重演。

托马斯·潘恩的书深受欢迎是理所当然的。它被看作穷人的圣经,因为它是英国政治著作中第一本根据普通人观点阐明普通人情况的书。潘恩这个制作过船桅支索和当过收税员的人,是属于人民的:他知道怎样作为他们的一员向他们讲话。基于同一原因,他的书理所当然地在统治阶级手里遭到查禁。这是因为对统治阶级来说,这本书确实是危险的,而葛德文的《政治正义论》和当时其他许多激进的作品却不是这样。这本书是危险的,因为他

① 无套裤汉系法国大革命时期贵族对平民的蔑称。18 世纪后期,法国贵族都穿紧身丝绒短套裤,广大革命群众则穿粗布长裤,故名。——译者

不但用明白无误的语言系统地阐明了穷人的权利,而且还破天荒第一次提出了一项激进的社会改革方案,这个方案既给穷人提出了抽象的权利,又给他们提出了应为之斗争的实际利益。

这个在英国还是第一次出现的激进方案,收在《人权论》的第二部分,于1792年发表,当时由柏克的《感想录》和《人权论》第一部分所引起的大规模的小册子论战已经充分展开。在第一部分中,潘恩主要想做两件事——驳斥柏克的诽谤以捍卫法国大革命,以及把他捍卫法国大革命之举同代表英国人民率直陈述基本政治权利联系起来。在第二部分,他先是进一步肯定那些权利以反驳对他的非议,然后转而宣布有关社会改革的一些积极措施,他的这些措施到今天仍有其现实性,使它们同当时任何其他著述截然不同。这是因为潘恩在一个半世纪以前就呼吁需要实行普及公费教育,呼吁设儿童津贴和养老金(应当指出,养老金从五十岁开始领取,到六十岁略为增加),呼吁采取公共措施为失业者安排有工资的工作,以及通过征收累进所得税(对最大量的收入提高到每镑征收二十先令)为这些措施筹集资金。

此外,潘恩又用流畅的英语制定了他的正确改革社会制度的标准。“世界上哪一个国家能够这样说:我国的穷人都是幸福的;他们中间既无愚昧也无贫困;监狱里没有囚犯;街道上没有乞丐;老年人不愁衣食;捐税并不繁重;理性世界和我亲昵,因为我和幸福亲昵。一个国家能够说出这些话,就可以为它的宪法和政府自负了。”

潘恩用诸如此类的话将自己置于伟大的激进主义先驱者行列。诚然,他并不是社会主义者;因为,在他写书的时候,社会主义还没有诞生，还只不过是像莫尔和马布利等乌托邦建立者的空想。但是他相信可以利用国家来作为增进其公民福利的有效工具；他还确信，除非以完全的民主平等为基础，这个目的是达不到的，并且确信，只要以民主平等作为社会的基础，就可以达到这一目的。他绝对相信民主的代议制。“把代议制同民主制结合起来，就可以获得一种能够容纳和联合一切不同利益和不同大小的领土与不同数量的人口的政府体制。”他确信民主制会促进和平与幸福，并将导致“普遍安全，而普遍安全则是导致普遍贸易的一种手段”。

他还深信人类自由。对他来说，仅仅容忍不同的意见是不够的。“不容忍乃是用火与柴捆武装起来的教皇，而容忍则是教皇出售或授予免罪证。”他要求不仅要容忍，而且要确认意见的分歧是有益而又具有创造性的，并且要求给所有的人以平等的权利而不论他们的意见如何分歧。国家可有权对某些行为加以惩罚，但任何情况下都绝对无权迫害或处罚不同意见。一个人欢喜持有什么见解，这是他的天赋权利；而公民权或国家授予的权绝不能废除这些天赋的权利，因为公民权或国家授予的权只能从天赋的权利中产生。

这就是18世纪启蒙运动所用的语言。但潘恩给予它新的用途。伏尔泰和卢梭从未提倡充分民主，也从未对普通人的创造力抱有信念。实际上，当时在普通人中间还没有开展运动，也没有能使他们瞩目的活跃的创造力。当潘恩执笔时，这种运动还刚处于萌芽状态，但他却具有慧眼和胆略看出它，他的著作比其他任何人的著作都更有助于这一运动在其早期斗争中的形成和趋向。难怪托马斯·哈代的伦敦通讯会——英国第一个工人的政治团体——

要对潘恩发表的《人权论》致以热烈的谢意和祝贺，当时涌现的其他许多社会团体也同样表达了这种情意。每一运动都需要一种福音，而潘恩的《人权论》成为英国工人阶级激进分子的福音至少有两个世代。

今天，当世界再次面临各种基本力量之间的斗争时，《人权论》所提出的挑战和呼吁并没有过时。潘恩的著作不再能作为我们的福音了，因为许多问题已经大大变了样。每一个时代都必须找到它自己的社会福音，并且用它自己的语言、根据他自己最迫切的问题来表达。可是过去的福音并未消逝，潘恩对法国大革命的力量何在所作的说明对今天大有教益。事实上，法国革命并没有实现它宣布作为其目标以及作为任何社会制度的唯一合法基础的那种民主。经过艰巨的斗争，它仅有助于为播下民主的种子扫清道路。今天，哪里的民主的作物开始生长，哪里就仍然有反动派和压迫者锐意把它斫倒。18 世纪潘恩在美国、法国和英国为之战斗的东西，我们今天仍必须为之战斗，而且也要像他一样地英勇，如果我们不想遭受失败的话。在这个斗争中，我们不能没有以往历史给我们的鼓舞，不能没有思想家、实干家和战士给我们的鼓舞，因为他们使普通人赢得巨大进步成为可能。为了人类幸福而进行的长征中所获得的那些成果，现在仍处于危险之中。我们需要一个新潘恩来激励我们，使我们在体面和理智的事业中团结起来。然而，老潘恩也能助长我们的勇气，增强我们对普通人事业的信念。

1937 年 5 月 31 日

1949 年 7 月修订

编 者[①]前 言

托马斯·潘恩的著作问世已有一百多年，只要人们始终热爱自由和诚挚坦率的语言，托马斯·潘恩的言论就将一直为人们所传诵。

本版《人权论》的编纂工作并非轻而易举，因为将近代各种版本同1791年的版本对照时，我发现前者错误百出。漏掉了许多字，对的变成错的，整段整段（总共达好几页）地略去，有时甚至莫名其妙插进一句话。插入的文句显然原来是用作脚注的，可是在付印时却载入了正文。这样，1791年讲的话，摆的地方就显得非常不合适了。将一些早期的版本相对照时，我发现它们之间也有所出入，这些出入在某些情况下是由潘恩本人的修改造成的。为了尽可能提供一部最佳读物，我曾经参阅了这个著作的初版（1791年约翰逊公司版），再版，三版，六版，七版和八版（1791年和1792年乔丹公司版），西蒙兹公司的普及版（1792年）——据M. D. 康维相告，此版经过潘恩本人仔细修订——在都柏林出版（1791年P. 伯恩公司版），法文版第二版（1793年比松公司版），卡莱尔版（1819年），纽约版（1830年），格拉斯版（1833年），库新版（1837年），爱德华·特罗勒夫版，詹姆士·华生版（由华生本人

① 系原书编者。——译者

编,霍利奥克—弗雷德里克·法勒公司出版),自由思想出版公司版(1883 年),J. M. 韦勒公司版(1891 年)和 M. D. 康维公司版(1894 年)。我曾逐字逐句校对了这些版本中的十四种,还非常仔细地通读了其余的版本。我发现词句有改动的最早版本是华生版(多半是由于校对粗心所致);其后出版的版本(不包括未注明出版日期的特罗勒夫先生和康维先生的版本),不但具有华生版的错误,而且还有它们本身所特有的一些变动,其中最显著的就是略去了极大部分的脚注和正文的若干段落。我已经注意到那些版本中更为重要的变动,但又发现"此段〔或'此注'〕已从新版中略去"等字样非常刺眼,因此在一百零二页以后所有这些删节都只用一个星号标明。

本版是以约翰生、乔丹和西蒙兹三种版本为依据的。我还适当注意了潘恩本人的订正,但是对那些经过改动看来反而失去而不是增加文章气势的地方,我还是按作者的灵感而不是按他的见解沿用了原文。为了尽可能使《人权论》以它在 1791 年出版时的面貌呈现在今天的读者面前,恢复了原来的拼法、独具一格的标点以及字母有时大写有时不大写的做法。句子的结构是不可使之现代化的,否则就会破坏原著的力量,而把 18 世纪的遣字造句同 19 世纪的拼法相结合则不能使全书协调一致。恢复原来的拼法和原来的语法,就彻底加强了总的效果,并使读者同本书的写作时代更加接近。

我在"第二部分"指出了 1792 年潘恩据以受审的首席检察官起诉书中的所有段落。据我所知,这是以前任何版本都不曾有过的。

我要感谢约翰·M.罗伯逊和其他各位，他们借给我《人权论》的一些珍本。

海帕提亚·布雷德洛·邦纳

献给美利坚合众国总统
乔治·华盛顿

阁下：

我谨把这篇捍卫自由原则的短论奉献给您，您的可资模范的美德已为树立这些原则作出了卓越的贡献。愿人权将如您的慈爱所希望的那样得到普及，愿您将享有目睹新世界使旧世界获得新生的快乐。

阁下，这就是我的衷心祝愿。

您的万分感激和

忠顺卑微的仆人，

托马斯·潘恩

英 国 版 序

从柏克先生在美国革命中扮演的角色来看,我自然应当把他看作人类的朋友;而且,既然我们的结识是在那个基础上开始的,我如果有理由保持这一评价而不改变它,这对我来说是更为快意的。

柏克先生去冬在英国议会发表了猛烈攻击法国革命和国民议会的演说,当时我在巴黎,并且前不久还写信给他,告诉他那里的事情是进行得多么顺遂。以后不久,我就看到了他打算出版他的小册子的广告。由于这种攻击所用的语言在法国很少有人学习过,懂得的人更少,外加任何东西一经翻译就会变样,因此我答应法国的一些革命朋友说,柏克先生的小册子一出版我就给予答复。当我看到柏克先生的小册子极尽颠倒黑白之能事,我就更觉得非这样做不可了;小册子把法国革命和自由的原则骂得狗血喷头,也是对世界其他各国人民的欺骗。

我对柏克先生的这种行径感到格外惊讶和失望,因为,基于我即将述及的事实,我曾经别有期望。

我看到战争带来的灾难已经够多的了,但愿世界上永远不会再发生战争,并且希望另外找到一种方法来解决邻国之间不时发生的纷争。这是一定可以办到的,只要各国宫廷愿意真心诚意地着手去做,或者各个国家卓有远见,不上宫廷的当。美国人曾经受过反对法国的同样偏见的熏陶,这在当时也是英国人的特性;可是经验以及同法国的交往最有力地向美国人表明了那些偏见是错误的;我并不认为,目前任何两个国家之间存在着比美法之间更为真诚和亲密的关系。

当我于1787年春来到法国时,图鲁兹大主教担任首相,当时声望很高。我同首相的私人秘书——一位胸襟宽阔善良的人——过从甚密,发现他对战争的疯狂性和对英法两国的严重失策的看法同我完全一致,而认为两国不断相互猜疑除了使双方加重负担和捐税之外,不会有别的结果。为了确保我没有误解他,他也没有误解我,我把我们看法的实质写成书信送交给他,并向他询问:如果我在英国人民当中发现任何要想取得比迄今存在于两国之间的更进一步的和解的意向,我会被授予多大权力,说法国方面也有同样的意向?他极其坦率地回了我一封信,这封信不仅代表他本人,也代表首相,据称这封信是在首相认可下写成的。

差不多三年以前,我就把这封信交给柏克先生,并留给了他,信至今还在他手里。当时,我是从以往对他抱有的看法出发,希望他,同时自然也期待他会找机会好好利用这封信,以便消除两个邻国由于彼此缺乏了解而产生的错误与偏见,这些错误和偏见徒然使双方都受到损害。

当法国革命爆发时,它肯定给柏克先生提供了做些好事的机会,如果他有意于此的话。他非但没有这样做,反而一看到旧的成见正在消失,就迫不及待地开始播撒新的仇恨种子,好像他唯恐英法两国不再是仇敌。世界各国有些人专靠战争和保持各国不睦为生,这虽令人吃惊却是事实;但是,假使一国政府里的有关人物致力于散布不和并在国与国之间扶植偏见,那就更加不可饶恕了。

本书中有一段话提及柏克先生领取津贴,这个消息已经传布一些时候,至少有两个月了。一件事对某人关系重大,他非知道不可,但却往往最后一个才听到,正因为如此,我才特意提出,如柏克先生认为必要,就可借此机会辟谣。

托马斯·潘恩

人 权 论

——回答柏克先生对法国革命的攻击

在国家或个人据以相互挑衅和激怒的种种粗暴无礼行为中，柏克先生论法国革命的小册子是一个突出的例子。法国人民也好，国民议会也好，都没有过问英国或英国议会的事，而柏克先生竟同时在议会和公共场合无端对它们大肆攻击，这种行为不能借作风来宽恕，也不能用政策来辩护。

凡属英语中能找到的骂人下流话，几乎都被柏克先生用来奉敬法国国民和国民议会了。凡属怨恨、偏见、愚昧或知识所能提示的一切，都在近四百页篇幅中滚滚而出，凶猛无比。按照柏克先生写作的劲头和计划，他本来可以一口气写上好几千页。盛怒之下，舌头或笔失去控制，搞得精疲力竭的就是人，而不是主题了。

柏克先生对法国各种事态的见解一向是错误的，他自己也感到失望，但是，他的希望是那么与众不同，或者他的失望是那么满怀恶意，以致他有新的种种借口蛮干下去。曾经有一个时期，柏克先生不相信法国会发生任何革命。那时他的看法是，法国人既没有胆略干革命，也没有毅力支持革命；现在革命爆发了，他就想借谴责革命来作为脱身之计。

辱骂国民议会犹嫌不足，书中还用很大部分篇幅辱骂普赖斯博士（当今心地最仁慈的人之一）以及通称革命会与宪政资料研究会的英国的两个社会团体。

普赖斯博士曾于1789年11月4日布道,那天是1688年发生在英国的被称为"革命"的纪念日。柏克先生在谈到这次布道时说:"这位爱谈政治的牧师接着一口咬定,根据革命的原则,英国人民已经获得了三项基本权利:

1. 选举自己的地方长官。

2. 罢免违法乱纪的地方长官。

3. 组织自己的政府。"

普赖斯博士并没有说,做这些事的权利属于这个人或那个人,或者属于这一类人或那一类人;而是说它属于全体人民,是国民固有的权利。相反,柏克先生却否认国民有这种权利,全体人民没有,部分人民没有,哪儿都没有;而且更加不可思议的是,他竟然说:"英国人民绝对不要这样一种权利,谁要是偏偏主张这种权利,他们将不惜牺牲生命财产来抵制。"人们拿起武器和牺牲自己的生命财产不是为了维护他们的权利,而是为了维护他们没有权利,这真是前所未有的新发明,和柏克先生好作奇谈怪论的禀赋倒是十分相称的。

柏克先生要证明英国人民没有这种权利,全体人民没有,部分人民没有,哪儿都设有,他所有的证明方法,就同他说过的话一样地荒谬绝伦,妙不可言。因为他的论据是,享有这种权利的人或一代人已经死去了,这种权利也同他们一道消失了。为了证明这一点,他引用了英国议会约在一百年前向威廉和玛丽所作的声明:"上下两院议员们谨以上述人民(指当时在世的英国人民)的名义,最谦卑忠诚地表达他们自己和他们子孙后代永远顺从之意"。

他还引用了议会在同一王朝统治期间所通过的另一项法案中的条文，他说这一条文“使我们（指当时在世的人）和我们的子孙后代对他们和他们的子孙后代永远负有义务。”

柏克先生以为捧出这些条文，他的论点就可以充分成立了，他通过宣称它们永远取消了国民的权利来实施这些条文。然而，他不满足于这样再三声明，还进一步说什么“即使英国人民在革命前享有这种权利（他承认早期不但在英国，而且在整个欧洲，情况都是如此），但英国国民在革命时期就为他们自己和他们的子孙后代极其严肃地永远否定和放弃了”。

鉴于柏克先生不时从这些可恶的原理中（如果称它为原理不算亵渎的话）吸取毒素来非但加害英国人民，而且加害法国革命和国民议会，并用“篡夺者”一词来指控那些可敬的、过去和现在都光彩夺目的人，因此我将毫不客气地用另一套原理来回敬他。

1688年的英国议会做了一件事，对他们本身及其选民来说，他们有权这样做，而且看来也应该做；但是除了这项因受委托而拥有的权之外，他们却擅自建立了另一项权，即永远约束和控制子孙后代的权。这样，事情本身就分成了两部分：他们受委托而拥有的权以及他们擅自建立的权。第一项权是认可了的；对第二项权我却要作如下答复：

在任何国家里，从来不曾有，从来不会有，也从来不能有一个议会，或任何一类人，或任何一代人，拥有权利或权力来永远约束和控制子孙后代，或永远规定世界应如何统治，或由谁来统治；因此所有这种条款、法案或声明——它们的制定者企图用它们去做他们既无权利又无权力去做，也无力量去执行的事情——本身都是无效的。每一个时代和世代的人在任何情况下都必须像它以前所有的时代和世代的人那样为自己自由地采取行动。死后统治的狂妄设想是一切暴政中最荒谬而又蛮横的。人不能以他人为私产,任何世代也不能以后代为私产。1688 年或任何别的时期的人民议会无权处置今天的人民,或者以任何形式约束和控制他们,正如今天的议会或人民无权处置、约束或控制百年或千年后的人民一样。每一代人都符合而且必须符合那个时代所要求的一切目的。要适应的是生者,而不是死者。人一旦去世,他的权力与需求也随之而消失;既然不再参与世事,他也就不再有权指挥由谁来统治世界或如何组织和管理政府了。

我并不是在为赞成或反对此地或别地的任何形式的政府或任何政党而争辩。全体国民愿意怎样做,他们就有权去做。柏克先生却说,不行。那么,权利究竟存在于何处呢?我是为生者的权利辩护,反对这些权利被死者一纸空文规定的权威所断送、控制和缩小;柏克先生却为死者的权威压倒生者的权利和自由辩护。曾经有个时期,国王在临终前用遗嘱转让他们的王位,把人民像荒野里的野兽一样移交给他们指定的任何一个继承人。这种做法现在已被彻底破除,几乎想不起来了,而且过于荒唐,使人难以置信;但是柏克先生用来建立他的政治教派的议会条文却是属于同一性质的东西。

每一个国家的法律必须同一些共同的原则相似。在英国,无论父母或家长,或自称全能的所有议会权威人物,甚至都无权约束或控制一个年过二十一岁的人的人身自由。那么,1688 年的议会或任何一届议会凭什么权利可以永远约束子孙后代呢?

那些已经去世和那些尚未出世的人，他们彼此相距之远，非竭尽人的想象力不能设想。那么，他们之间还可能存在什么义务；在一方已死和另一方未生而且双方在这个世界上永远不能见面的两个非实体之间，又能订立什么由一方永远控制另一方的规章或原则呢？

在英国，据说未经本人同意，是不能拿他们钱包里的钱的。但是，谁授权或谁能授权给 1688 年的议会去控制并剥夺子孙后代（这些人还未出生，无法表示同意或不同意）的自由，并永远限定和限制他们在某些情况下采取行动的权利呢？

对于人的理解力来说，再没有比柏克先生向读者提供的东西更加荒谬的了。他对他们并对未来的世界说，有一帮一百年前在世的人制定了一项法律，现在国内没有，也永远不会有，永远不能有一种权力来改变它。神权是要了多少狡猾或背理的手段才终于统治了轻信的人类的呀！现在柏克先生又发现了一种新的神权，他借助这个昔日一贯正确的议会的权力缩短了他通往罗马的路程；他还提出议会过去所做的一切都属于神权范围，因为那种权力必然是超人的，人力永远不能改变。

但是通过把那些条文公布于众，柏克先生却不是对他的事业而是对他的国家做了一件好事。这些条文证实，随时提防企图侵占权力，防止其趋于极端，是多么必要。令人惊奇的是，詹姆士二世因擅自建立权力获罪而被逐，但是这个罪过竟然为逐放他的议会以另一种形式和规模重演。这就表明人们在革命时期对人权的了解很不全面。那届议会擅自建立的永远支配人们及其后代自由的权力（因系受委托，它没有也不能拥有这种权力，因为没有人能授予它这种权力),同詹姆士二世企图建立来控制议会和国民因而获罪被逐的权力,在专制无理方面,性质肯定是一样的。唯一不同之处是(因为在原则上并没有什么不同),一个是对在世的人僭权,另一个则是对未出世的人僭权,既然一个的立脚点不比另一个靠得住,二者必然同样都是无效而又不起作用的。

柏克先生凭什么或从何来证明人可以有权永远约束子孙后代呢?他已经提出了他的条文,但他还必须证明这种权力的存在以及如何存在。如果它一直是存在的,那么它现在也一定存在着,因为凡是属于人的特性的东西,人是消灭不掉的。死亡是人的特性,人不断生下来,也不断死去。可是柏克先生却塑造了一个政治上的亚当[①],子孙万代都得永远受其约束;因此,他必须证明他那个亚当拥有这种权力,或这种权利。

绳索愈细,拉力就愈差,除非有意把它拉断,就不该去拉它。如果有人打算推翻柏克先生的主张,他就会照柏克先生所做的去做。他将大大抬高权威,以便对权威的正当性表示异议,而这种异议一开始,权威就站不住脚了。

只要稍稍动一下脑筋就会明白,在某一世代制定的法律,尽管往往经历好几代还继续生效,可是这些法律继续生效是因为得到活着的人的同意。一项未被废除的法律之所以继续有效,并不是因为*不能*将它废除,而是因为它*未被*废除,而未废除就可被认为是得到了同意。

但是柏克先生的条文甚至连这种对其有利的条件也不具备。

① 亚当,《圣经》中所谓的“人类的始祖”。——译者

它们想要永存,反而化为乌有。它们的本质就排除了同意。由于把权力建立在它们所不能有的那一种权利的基础上,结果就断送了这些条文本来可以有的权利。永存的权力不是人类的权利,因而也不能成为议会的权利。1688 年的议会还不如通过一项法案准许他们自己永世长存,以使他们的权力永世长存。因此,对这些条文只能说,它们是一种表面文章,其意义好比那些利用这些条文的人向自己致贺词,以古老的东方方式说:“噢,议会万岁!”

世界形势在不断改变,人们的看法也在改变;政府是为活人而不是为死人服务的,所以,只有活人才对它有权。在一个时代被认为正当和合宜的,在另一个时代可能被认为不正当和不适宜。在这种情况下由谁来做主呢?由活人还是由死人呢?

由于柏克先生的书几乎有一百页涉及这些条文,其结果必然是:如果这些条文由于擅自建立权力来永远统治子孙后代,它们本身毫无权威可言,而且实质上也无效;那么,柏克先生从中引用或以此作为根据的连篇累牍的推理以及滔滔雄辩就也都是无效的;我对事情的看法就建立在这一基础之上。

现在我们要特别谈到法国的情况。柏克先生的书看来是为了教训法国国民而写的;但如果我可以打一个过分的比喻,一个适合这个过分事件的比喻,那就是黑暗企图照亮光明。

当我写到这里时,恰巧我面前摆着拉法叶特侯爵[①](请他原谅我用他原先的称呼,这不过是为了尊敬而已)1789 年 7 月 11

① 拉法叶特(1757—1834),法国资产阶级革命活动家,贵族出身,大资产阶级的政治代表。早年参加过北美独立战争,有所贡献。——译者

日——攻占巴士底狱前三天——向国民议会提出的有关《人权宣言》的几点建议;我不禁十分惊讶地发觉这位先生和柏克先生据以得出他们的原则的第一手材料是多么截然相反。拉法叶特侯爵不像柏克先生那样,借助于陈旧的案卷和发霉的文件去证明活人的权利已经丧失,被那些已经弃世的人"永远否定和放弃了",而是适应现存的世界,并强调指出,"要想到大自然铭刻在每个公民心中的感情,这些感情一旦被庄严地公认,就会产生新的力量:一个国家要热爱自由,只要它懂得自由就行,一个国家要获得解放,只要它要求解放就行"。柏克先生据以论述的资料是多么枯燥、贫乏和晦涩呀!他所有的议论和辩辞尽管说得天花乱坠,和那些清晰、简洁与激动人心的肺腑之谈相比,又是多么软弱无力呀!那些话语尽管简短,却引向一个豁达豪迈的广阔思想领域,而不像柏克先生的文章那样,听来声调悦耳,内心却一无所得。

既然我已经提到了拉法叶特侯爵,我还想不揣冒昧地补充一件他于 1783 年在美国国会发表告别演说的逸事,当我看到柏克先生对法国革命所作的猛烈攻击时,此事不禁又在我的脑际涌现。拉法叶特侯爵在独立战争初期前往美国,并作为志愿兵一直为它服务到战争结束。他在那次冒险事业的全过程中的表现,对一个还不满二十岁的青年来说,是最了不起的。生活在一个声色犬马的国度里,而且拥有恣意享乐的资财,能有多少人愿意将这种良辰美景去换取美洲的丛林旷野,把大好的青春消磨在毫无好处的危难艰苦之中呢!而事实确是如此。当战争结束,行将离开美国之际,他亲临国会,回顾他目睹过的革命,在他那满怀深情的告别词中,用这些话抒发自己的感受:"但愿这个为自由而高高竖起的伟大纪念碑成为压迫者的教训和被压迫者的典范!”当时在法国的富兰克林博士收到这份告别词时,曾请求维尔热纳伯爵把它登在《法兰西公报》上,但始终没有获得同意。实际情况是,维尔热纳伯爵在本国是一个专制的贵族老爷,他害怕在法国发生美国式的革命,正像眼下有些人害怕在英国发生法国式革命一样;而柏克先生的恐惧心理(他的著作必须从这个角度考虑)同维尔热纳伯爵的拒绝如出一辙。现在还是回过头来研究一下他的著作吧。

“我们看到了,”柏克先生说,“法国的叛逆者反对一个温良合法的君主,其凶残、狂暴和凌辱的手段之骇人听闻,远远超过人们反对一个最非法的篡夺者或最杀人成性的暴君。”这不过是其他无数例子中的一个,据此可以看出,柏克先生对法国革命的根源与原则是无知的。

这个国家的人民起来造反并不是反对路易十六,而是反对政府的专制原则。这些原则并非路易十六首创,而是许多世纪前就确立了;它们已根深蒂固得难以去除,奥球斯王牛厩①中的寄生虫和掠夺者已肮脏恶臭得难以清洗干净,非采取彻底而又普遍的革命不可。一件事如果非做不可,就应该全心全意去做,否则就不要做。当时危机已经来临,只好以大无畏的气概采取行动,否则就干脆不要行动。当时,国王以体贴人民而著称,这种情形对革命事业是有利的。也许还不曾有过一个人像当时的法国国王那样生长于

① 奥球斯王的牛厩,出自希腊神话,相传奥球斯在牛厩中养有三千头牛,三十年未打扫,所以用来比喻极肮脏的人与事。——译者

专制君主的模式中而一点儿不想行使那种权力。可是政府的原则依然故我。君主与君主政体是截然不同的东西;起义一开始,和整个革命过程反对的乃是君主政体的专制,而不是反对君主个人及其原则。

柏克先生不理会人与原则之间的区别,因此他不明白起义可以是反对君主政体的专制,而并不反对君主个人的专制。

路易十六的温和秉性丝毫无助于改变君主政体的传统的专制。在传统专制主义下的历代王朝的一切苛政,在继承者的手中仍会重演。一个王朝暂停执行专制主义并不可以使法国满意,尽管法国当时已十分开明。专制主义的暂时中止实行并不意味着它的原则的中止,前者在于直接拥有这种权力的个人的美德,后者则在于国民的美德和坚忍不拔。在英国造查理一世和詹姆士二世的反,反的是他们个人的专制;而在法国反的则是旧政府的传统专制。但是柏克先生之流,凭一纸霉烂了的文件就把子孙后代的权利永远交出去,是没有资格来评价这场革命的。革命涉及的范围之广,非他们的视力所能及,革命据以进展的理性的威力也非他们所能望其项背。

但是,在这场革命中,有许多观点是可以加以探讨的。专制主义在法国这样一个国家已历史悠久,它不单属于国王个人。在表面上和名义上好像是属于国王个人,但实践上和事实上却并非如此。专制主义到处都有它的标记。每个机关和部门都有它建立在习俗上的专制主义。每一个地方都有它的巴士底狱,每一个巴士底狱都有它的暴君。国王本人原有的这种传统专制主义本身已被一再分割成无数模样,直至最后它已全部由代理人实行。这就是法国的情况；对于这种通过无穷无尽的机构来进行以至其根源难以察觉的专制主义，是毫无办法纠正的。它冒充履行职责来巩固自己，并借口服从来施行暴政。

当一个人从法国政府的特性来考虑它的情况时，他就会了解到引起造反的原因，除了那些同路易十六其人或其秉性直接有关的之外，还有其他许多原因。如果我可以这样说的话，那么，法国当时有难以数计的专制主义要加以革除，这些专制主义是在传统的君主专制主义下滋长起来的，并且根扎得那么深，以致在很大程度上独立于君主的专制。在君主政体、议会和教会之间，专制主义互争长短；封建专制主义在地方上实行，教士专制主义则到处实行。但柏克先生却从国王是起义的唯一可能对象着眼，把法国说成活像是一个村落，那里发生的一切事情都必须报告长官知道，而且除非在他的直接控制下就不能进行压迫。柏克先生可以在路易十四时代也可以在路易十六时代在巴士底狱终其一生，但不论路易十四还是路易十六都不会知道有柏克先生这样一个人存在。在这两个王朝，政府的专制原则是一样的，尽管两个君主的秉性有如暴虐与仁爱一样悬殊。

柏克先生认为法国革命应受非难之处（即这场革命是在一个比前几代温良的君主的统治下爆发的），事实上正是它的无上光荣。在其他欧洲国家发生过的革命都是由私人仇恨所激起的。愤怒是针对个人的，因此，这个人就成了牺牲品。可是，在法国的事例中，我们却看到了一场从对人权的合理考虑中产生的革命，一开始就把个人与原则区分开。

但是柏克先生在评论各种政府时，似乎对原则一无所知。他说:“十年前,我还能庆贺法国有一个政府,而无须查问这个政府的性质如何或者它是怎样治理的。”这是一个懂道理的人说的话吗？这是一个按它应当关心的那样去关心人类的权利和幸福的心灵说的话吗？据此,柏克先生就应当赞美世界上所有的政府,而把在它们的统治下受尽折磨的牺牲者完全置之脑后,这些人或卖身为奴,或者受刑致死。柏克先生崇拜的是权力而不是原则;在这种邪恶的感情支配下,他是没有资格就权力与原则作出判断的。对他有关法国革命的看法就说这些。现在我要谈一些其他问题。

我知道在美洲有一个地方叫“海市蜃楼”(Point-no-Point),因为当你沿着像柏克先生的言语一样的海岸往前走时,它老是往后退,和你保持一段距离;但当你走呀走呀走到不能再远的地方,它却完全无影无踪了。柏克先生的三百五十六页大作也是如此,所以很难对他作出答复。但是,由于他希望确立的论点也许可以从他的谩骂中推断出来,我们就只好从他那些自相矛盾的议论中去寻找他的论据。

至于那些悲惨的画面——通过这些画面,柏克先生滥用了自己的想象力,并试图推动读者的想象力——它们是为了舞台演出而精心设计的,为了表演而捏造事实,并利用人们富于同情心的弱点使之产生叫人流泪的效果。但是柏克先生应当想到他写的是历史而不是“剧本”,他的读者期望的是事情的真相,而不是夸夸其谈的高调。

当我们看到一个人在一本书中发出戏剧性的悲号,企图使人相信“骑士的时代一去不复返了！欧洲的光荣永远消失了！非买的恩赐生命(天知道这是什么意思)、廉价的国防、丈夫气概的培育和英雄业绩一去不复返了!”而所有这一切的原因都在于荒唐的堂吉诃德骑士时代已一去不复返了,对他的论断我们能有什么看法,对他提出的事实又能注意些什么呢?在他那狂妄的想象中,他发现了无数风车,而他感到遗憾的是没有堂吉诃德式的人物去袭击这些风车。但如果贵族的时代像骑士的时代一样应当崩溃的话(它们原来就是有某些联系的),作为等级的吹鼓手的柏克先生满可以把他的歪文写下去,在结尾时惊呼:“奥赛罗的职业已经完蛋了!”①

尽管柏克先生把情况描绘得那么恐怖,但把法国革命同其他国家的革命相比较,就会惊讶地发现,法国革命的特点是死伤极少,但当我们想到当时蓄意要摧毁的对象是原则而不是人时,这种惊讶之感也就消失了。刺激国民采取行动的因素远远超过个人恩怨,所欲追求的目标也绝非一个仇敌垮台就能达到。在那少数丧生的人中间似乎没有一个是存心挑出来的。他们在当时情况下都是命该如此,并未遭受如1745年事件中倒霉的苏格兰人所遭受过的那种经久不息的残酷报复行动的迫害。

翻遍柏克先生全书,提到巴士底狱只有一次,而且他还含蓄地表示他对巴士底狱被毁感到遗憾,并希望把它重建起来。他说:“我们已重建起新门②,并让那座大楼住满了人;我们也有像巴士

① 奥赛罗系莎士比亚悲剧中的主人翁。——译者

② 新门是英国有名的监狱,原系伦敦城西门的城屋,12世纪起用作牢房,后几经烧毁并重建,于20世纪初拆除。——译者

底一样坚固的监狱去关押那些胆敢诽谤法国皇后的人。”①至于一个名叫乔治·戈登爵士的疯子说过些什么，还有在他眼里新门不是监狱而是疯人院，这是不值得从道理上加以考虑的。这是一个疯子在出口伤人，还情有可原，也可趁此机会把他禁闭起来，而这也本来是大家所希望的。但是可以肯定的是，柏克先生不把自己叫做疯子（不管别人会不会这样叫他），却平白无故地用最卑鄙无耻的谩骂方式来恶意中伤整个法国代议制，而柏克先生自己却高踞在英国下院！从他的粗暴和忧伤，从他对一些事保持沉默而对另一些事大发雷霆，很难不使人相信柏克先生对专横的权力——教皇的权力以及巴士底狱的权力被摧毁，而且是极端遗憾。

在他的全书中，找不到他对那些在最阴森可怕的监狱里过着最悲惨、最无希望的生活的人们寄予一丝怜悯或同情。眼看一个人用自己的才能来败坏自己，这是令人痛心的。大自然待柏克先生好胜于柏克先生待大自然好。他对触及他心灵的不幸的现实无动于衷，却被吸引他想象力的披着美丽外衣的现实所打动。他怜惜羽毛，却忘了垂死的鸟。他习惯于去亲吻那只把真正的他从他身上窃去的那只贵族的手，以致沦为一件人为的艺术品，失去了淳朴的天性。他书中的男主角或女主角必定是一个在演出中断气的悲剧牺牲者，而不是在沉寂的地牢中悄悄死去的真正不幸的囚徒。

① 写了上面这点后，发现柏克先生的小册子里还有两处提到巴士底狱，但都是同一个调子。在一个地方，他用一个含糊的问题提到它：“那些仅以面子上过得去的尊敬侍奉这样一位国王的大臣，会真心诚意地服从那些不久前还被他们以国王的名义押送巴士底狱的人的命令吗？”在另一个地方提到占领巴士底狱，暗示帮助摧毁这座监狱的法国警卫犯了罪。他说：“他们还不曾忘记国王在巴黎的城堡被占领。”这就是那位装腔作势写文章论述宪法规定的自由的柏克先生。——作者

柏克先生只字不提巴士底狱的整个事件（他的沉默对他并不利），而是捏造事实，以假乱真，来欺骗读者。他既然不说，我就来把那个事件发生前的情况说一说。这些情况足以表明，考虑到革命的敌人日益加重的奸诈与敌对行为，这一事件带来的祸害是绝对不会少的。

要在心目中描绘出一幅比攻下巴士底狱以及此前和此后两天巴黎城所呈现的更为可怕的情景是困难的，而且也想不到它会那么快就平定下来。肤浅地看，这一事件只不过是一次孤立的英雄主义行动，它与革命的密切政治联系被辉煌的成就掩盖了。但是我们必须认为它体现了党派的力量，它们使人与人联合起来，并为胜利而斗争。巴士底狱对袭击者来说，要么是战利品，要么是坐牢。它的崩溃意味着专制主义的崩溃，而这一混合形象就像班扬[①]的《怀疑城堡》和《巨大失望》一样象征性地联结在一起。

在攻下巴士底狱当时和以前，国民议会在离巴黎十二英里的凡尔赛宫开会。在巴黎人起义和攻下巴士底狱之前大约一星期发觉正在制造一个阴谋，为首的是国王的幼弟达尔托伯爵，目的是要破坏国民议会，逮捕议员，从而用突然袭击的手段来粉碎组成一个自由政府的一切希望和前景。值得为人类与自由庆幸的是，这个计划未能实现。当一切旧政府成功地镇压了一次它们所谓的叛乱之后，采取的报复行为是何等可怕和残酷，这种例子还嫌少吗？

这个计划一定经过相当时间的筹划，因为，要实行这个计划，

① 约翰·班扬（1628—1688），英国作家，著有《天路历程》等寓言小说。——译者

必须在巴黎周围集结一支庞大的军队,切断巴黎与凡尔赛国民议会之间的交通。执行这一任务的军队主要是法国所雇佣的外国军队,这些军队是专门为了这个目的,从它们当时所驻扎的边远省份调来的。等到人数集结到二万五千到三万时,就认为是把计划付诸实施的时候了。当时在任并对革命持友好态度的内阁立即被解散,由参与这个阴谋的人组成新内阁,其中有布罗衣伯爵,由他指挥这些军队。此人的特点,据我收到的一封信(这封信我在柏克先生开始写他的书之前交给了他,消息来源是柏克先生认为靠得住的权威方面)向我形容的,"是个自命不凡的贵族,冷酷无情,什么坏事都干得出来。"

在事态动乱之际,国民议会处境十分危急,这些成员是注定要受害的,他们也知道这一点。全国人民都同情他们,站在他们一边,但他们却没有军权。布罗衣伯爵的卫队包围了议会正在开会的大厅,准备一声令下就把他们抓起来,正如一年前对待巴黎议会那样。当时,如果国民议会擅离职守,或者表现出软弱或害怕,就会长敌人的威风而灭人民的志气。把他们的处境,他们所干的事业,以及当时一触即发的危机(这个危机将会决定他们个人和政治的命运以及他们的国家甚至可能欧洲的命运)归结起来看,只有怀着顽固不化的偏见或卖身投靠以致道德败坏的人才会对他们的成功无动于衷。

当时,维埃纳[①]大主教是国民议会议长,他年纪太老,难以应付几天或几小时内可能发生的事件。需要有一个更富于活力而又

① 维埃纳,法国东南部一城市。——译者

更勇敢坚强的人，于是，国民议会选举拉法叶特侯爵（作为副议长，因为当时议长仍由大主教担任）；选举副议长是前所未有的创举。就在风暴即将来临的时刻(7 月 11 日)，拉法叶特提出了一项《人权宣言》，这就是在第 121 页中提到的那个宣言。那个宣言是匆匆草就的，只是后来为国民议会同意和通过的内容更为充实的《人权宣言》的一部分。拉法叶特后来告诉我，当时之所以把它特别提出来，是因为，如果国民议会在威胁性的毁灭中垮台，那么，国民议会的原则还可能有机会保存一些痕迹。

危机日益迫近，当前的问题是要自由不是受奴役。一方是近三万人的军队，另一方是赤手空拳的公民；至于国民议会当时必须紧紧依靠的巴黎市民，他们也既没有武装，又缺乏训练，正如目前的伦敦市民一样。法国卫队已经作出了忠于国民事业的强烈表示；但他们人数很少，还不到布罗衣指挥的部队的十分之一。而且他们的军官又是巴结布罗衣的。

采取行动的时机已经成熟，新内阁走马上任了。读者要记住巴士底狱是 7 月 14 日被攻下的，而我现在提到的日子则是 7 月 12 日。内阁改组的消息一传到巴黎，当天下午所有的娱乐场所和店铺就都关门。内阁的改组被认为是采取敌对行为的先兆，这种见解是持之有理的。

外国军队开始向巴黎挺进。朗博斯亲王率领一队德国骑兵逼近路易十五广场，这个地区同几条大道相连。在进军中，他侮辱一个老人，并用剑刺了他。法国人是以尊老著称的；这种霸道行为碰上群众中普遍存在的激昂情绪，就产生一种强烈的效果，“武装起来！武装起来！”的呼声顷刻响彻全城。

人们没有武器，也很少有人会用武器；但是，当所有的希望都将破灭时，孤注一掷的决心一时是可以弥补武器的不足的。就在朗博斯亲王逼近的地区，堆放着许多筑造新桥用的石块，人们就用这些石块来投击骑兵。有一支法国卫队听到了开火的消息，就冲出兵营参加了人民的队伍；当夜幕降临时，骑兵撤走了。

狭窄的巴黎街道对防守有利，从多层楼房的高处本可进行很大的骚扰，现在却保护他们防止敌人夜袭；人们彻夜为自己配备他们所能制造或搞到的各种武器：枪炮、刀剑、铁匠用的榔头、木匠用的斧头、铁锹、矛、戟、草耙、铁叉、木棍等等。次晨，他们收集到的多得令人难以置信的武器，还有他们所表现的那种更加令人难以置信的坚强意志，使敌人手足无措，大惊失色。这样的回敬是新内阁所没有料到的。他们习惯于奴隶制，想不到"自由"能这样鼓舞人心，想不到一群徒手的公民竟敢面对一支三万人的军队。那一天，人们利用每一分钟时间收集武器，商讨对策，并使自己保持这样一个自发运动所能实现的最好的秩序。布罗衣继续包围这座城市，但当天没有再前进一步，第二天晚上也是在这种场合所许可的平静中度过的。

可是，市民的目的不仅在于防御。他们的事业处于危险关头，自由还是奴役在此一举。他们每时每刻都等待着进攻，或等待着听到向国民议会进攻；而在这种情况下，最果断的措施往往是最好的。现成的目标是巴士底狱；在这样一支军队面前攻下这样一座堡垒，这个巨大胜利必将使新内阁吓破胆，新内阁当时连开会都来不及。这天早晨，从截获的信件中获悉，过去似乎支持他们的巴黎市长德弗勒赛尔侯爵已出卖了他们；据此，毫无疑问，布罗衣次晚

必将向巴士底狱增援。因此,必须在当天进攻巴士底狱;但在进攻以前,首先必须获得比目前更多更好的武器。

在城市附近,有一所残废军人院,藏着大量武器,市民要它投降;这个地方既无法防守,也无意防守,所以很快就投降了。市民获得武器供应后,就去进攻巴士底狱;这是各种年龄、各个阶层、携带各种武器的乌合之众。对这一进军的情景,以及对在几小时或几分钟内可能发生的事件所引起的焦虑,非人的想象力所能描述。当时内阁在搞什么诡计,市民无从知道,正如市民在做什么内阁也不知道;布罗衣会采取何种行动来支援这个地方或解围,市民同样也不知道。一切都是那么神秘和冒险。

以一种唯有最生气勃勃的对自由的向往才能激发的英雄主义的热忱进攻巴士底狱,并且在短短几小时内就大功告成,这个事件是全世界所充分了解的。我不来详细描述进攻的情景,但要让大家知道引起这一事件的反人民的阴谋以及这种阴谋如何和巴士底狱同归于尽。新内阁企图用来囚禁国民议会的监狱,本是专制主义的大祭坛和堡垒,现在成了最先下手的确当目标。此举使新内阁垮台,他们从为别人准备好的废墟上被赶走了。布罗衣的军队溃散了,他自己也抱头鼠窜。

柏克先生大谈特谈阴谋,可是他一次也没有谈到反国民议会和国民自由的阴谋;他可以不谈,但他却把当时摆在他面前的所有情况都放过了。一些亡命之徒逃出了法国——柏克先生对这些人的事十分关心,并且从他们身上吸取了教训——他们所以脱逃是因为阴谋破产。没有人对他们搞阴谋;是他们对别人搞阴谋;那些断送性命的人受到他们准备加于别人的惩罚,这是罪有应得。可是柏克先生会不会说:如果这个精心策划的阴谋竟然得逞,得逞的一方很快就会抑制住他们的怒火?让一切旧政府的历史来回答这个问题吧。

国民议会把谁送上断头台了呢?一个也没有。他们自己倒是这个阴谋的注定受害者,可是他们并没有以牙还牙;既然他们没有报复,为什么要指控他们报复呢?在一次规模浩大的全民奋起中,各种阶层、气质和性格的人混杂一起,以奇迹般的努力把自己从企图使他们毁灭的境地中解救出来,能期望不出一点儿事儿吗?当人们饱受压迫的痛苦并受到新的压迫的威胁时,还期待什么处之泰然的哲学或遇事麻木不仁呢?柏克先生大声疾呼反对暴行;然而,最大的暴行却是他自己犯的。他的书就是一部暴行录,书中没有为一时冲动犯下的暴行表示歉意,而是在整整十个月内对这些暴行倍加珍爱;但柏克先生并没有受到过挑衅,他的生命和个人利益也未处于危险。

在这次斗争中,市民的伤亡比敌人多;但是有四五个人被群众抓住并立即处死;其中有巴士底狱的总监和巴黎市长——此人在陷害他们时当场败露;后来还有新内阁阁员之一富隆和他的女婿贝尔梯埃,后者接受了巴黎总管的职务。他们的头颅被插在铁杆上周游于市;柏克先生描绘的悲惨图景大部分是以这种处罚方式为蓝本的。因此还是让我们来研究一下人民是怎样想到要采取这种处罚方式的。

他们是从统治他们的政府那里学来的,而把他们司空见惯的刑罚作为报复。这种插在铁杆上的人头,在伦敦的城门上一连挂好几年,同巴黎那些插在铁杆上的人头的恐怖情景毫无区别;但这是英国政府干的。也许可以说，一个人死后，随便拿他怎样处理，对他都毫无意义，但对于活着的人却意义重大。它要么使他们感情痛苦，要么使他们变成铁石心肠，但二者都教会他们一旦大权在握如何去进行惩罚。

这就需要从根本上解决，教育政府要有人道。因为是这些政府的血腥刑罚使人变坏了。在英国，在某些情况下使用绞死、溺死，和分尸等刑罚，并把受刑者的心肝挖出来示众。在法国，在前政府的统治下，刑罚之野蛮也毫无逊色。谁能忘记用五马分尸处死达米安的情景？向公众展示这种种残酷的情景其效果只能是毁灭善良的心灵或者激起报仇的意识；而且，由于用恐怖而不是用理性来统治人的卑劣错误观点，这些情景就造成了先例。政府企图用恐怖的手段来对付最下层阶级的人，从而在他们身上产生了最坏的影响。他们清楚地感到自己是要针对的目标，因而他们也倒过来自己动手干这些教给他们的恐怖事儿。

在所有的欧洲国家中，都有一大批这样的人，英国称他们为“暴徒”。1780 年在伦敦放火劫掠的是这帮人，在巴黎把人头插在铁杆上的也是这帮人。富隆和贝尔梯埃是在乡间抓到的，然后送往巴黎市政府受审；国民议会在新内阁就职后立即通过了一项法案，呈交国王和内阁，声称他们（国民议会）认为新内阁——富隆是其中一员——应对其提出与推行的各项措施负责；可是一群暴徒为富隆和贝尔梯埃的出现所激怒，就在他们被押送市政府的途中把他们从押解者手中抢了过来，就地枪决。那么，柏克先生为什么要用这种暴行来指控全体人民呢？据此，他也可以用 1780 年的骚乱和暴行去指控全体伦敦市民或用爱尔兰的骚乱和暴行去指控他的全体同胞了。

但我们听到或看到令人不快或有损人类道德的一切事情,应当引起我们深入思考而不是斥责一通。即使犯了这些案情的人也需要我们加以考虑。以粗野无知的暴徒出名的人,在一切古老的国家中为数这样多,这究竟是什么道理呢?我们向自己提出这个问题,只要动一下脑筋是可以解答的。他们的出现是不可避免的,这是包括英国在内的欧洲所有旧政府结构不良所造成的恶果。把一些人吹捧上天,把另一些人打入地狱,以致一切都颠倒过来。广大人民被降格投入人类画面的后景,使国家和贵族扮演的木偶戏更加显眼突出。在一次革命开始之际,这些人只是追随某一阵营而并非追随自由的旗帜,还需要教育他们如何尊重自由。

我指出了柏克先生对于事实所作的戏剧性的夸大,我要问他这些事实是否证明我所说的话千真万确?要是承认这些事实确切无误,它们就表明了法国革命的必要性,此外他就什么也不要提了。这些暴行并非革命的原则所致,而是出于革命发生前就存在的坏思想,这种思想正是革命要加以改造的。还是恢复这些暴行的本来面目,把骂他们的话骂你自己吧。

这是国民议会与巴黎市的光荣:在这样一个非任何当局所能控制的武装混乱的可怕场面中,它们居然能够用示范和规劝的力量大大控制了局势。从未有过一次革命像法国革命那样煞费苦心地去教育和开导人们,使他们明白他们的利益在于德行而不在于报复。现在我要就柏克先生关于10月5日和6日出征凡尔赛的记述谈谈我的看法。

我只能从演戏的角度来看待柏克先生的著作;我认为他本人

也是这样来看的，他以诗人的自由略去了一些事实，歪曲了另一些事实，使整个布局产生一种舞台效果。他对出征凡尔赛的记述就是如此。他的记述的开头就略去了那些作为起因被证明确凿的事实，其他一切即使在巴黎也都是猜测；接着他就凭空捏造出一个适合他自己的感情与偏见的故事。

必须看到，在柏克先生的全书中，他从未提到那些反对革命的阴谋，而一切灾难正是由这些阴谋产生的。只披露结果而不提原因，正符合他的本意。这也是演戏的一种技巧。如果把人们所犯的罪行连同他们所受的痛苦一起表现出来，舞台效果往往就会削弱，而有些地方本来要使观众哀痛的，现在倒反博得他们赞许了。

在对出征凡尔赛这一错综复杂事件进行了全面调查之后，它依然扑朔迷离，凡是由各种同时发生的尴尬局面而不是由原定计划产生的事件，都有这种特点。当人们的性格正在形成的时候——在革命中情况总是如此——总会相互猜疑，容易误解；甚至原则截然相反的政党也往往会协力推进同一运动，尽管这些政党的观点不大相同，希望运动产生的结果也大不相同。从这一棘手事件中可发现很多这类情形，但整个争端则无人知晓。

当时唯一确知之事，就是由于国王迟迟不批准和转发国民议会的几项法令，特别是包含宪法将据以建立的根本原则的《人权宣言》和8月4日法令，在巴黎激起了相当的不安情绪。对于这件事的最好心又最合乎情理的推测也许是，有几个大臣想在法令最后批准和发往各省以前对其中某些部分提出意见；但是，即使情形如此，革命的敌人还是从拖延中获得希望，革命的朋友则感到不安。

在这种悬而未决的情况下,卫队——它就跟这类部队一样,通常是由那些与宫廷关系密切的人组成的——在凡尔赛宫(10 月 1 日)举行宴会,款待一些刚到的外国军队,当宴会正热闹时,卫队得到一个信号,就把三色帽徽扯下来踩在脚下,并换上一个特意预备好了的帽徽。这种侮辱行为无异是挑衅。这同宣战一样;而人们要是提出挑战,就必须承担后果。可是,柏克先生对这一切讳莫如深。他是这样开始他的叙述的:“历史将记下,1789 年 10 月 6 日早晨,法国国王和王后在经过了一天的混乱、惊慌、恐怖与屠杀之后,在公众效忠和保证安全的情况下,躺下来享受几小时忧虑不宁的睡眠。”这不是历史的严肃态度,也不是历史的意向。这会使人对一切发生猜疑和误解。人们至少会想到当时发生过一场战斗;事实上,要不是由于柏克先生所指责的那些人的克制,倒很可能会有一场战斗。柏克先生把卫队撇开不谈,他就戏剧性地特许自己用国王和王后取代卫队,好像这次出征的目标就是反对国王和王后似的。但还是言归正传吧。

可以预料,卫队的这一行为惊动并激怒了巴黎人民。这个事件中的三色帽徽以及事件本身那么紧密地结合在一起,绝不可能对侮辱国徽的目的误解,于是巴黎人决定责问卫队。在白天进军向一支存心挑衅的武装部队要求满意的答复,无疑是毫无暗杀的怯懦心理的,如果可以这样说的话。但尴尬的是:革命的敌人似乎同革命的朋友一样赞成此举。一方想及时防止一场内战,另一方则要挑起内战。那些反对革命的人希望把国王拉到他们一边,把他从凡尔赛弄到梅斯,企图在那里集结一支兵力,树立一面旗帜。因此,同时存在着两种不同的目的,而且要用同样的手段来达到;

一种是巴黎人的目的，他们要惩罚卫队，而另一种则要利用这个局面，劝诱国王动身到梅斯去。

10月5日，为数众多的妇女和乔装成妇女的男人聚集在巴黎市政府四周，并向凡尔赛进发。他们公开扬言的目标是卫队。但是审慎的人都明白，坏事开始容易结束难，由于已经提到的猜疑心理又加上这样一支乱七八糟的队伍，这一点就更加突出了。因此，一等到集合了一支可观的兵力，拉法叶特侯爵就受巴黎民政当局之命，率领两万巴黎民兵尾随队伍出发。革命是不能从混乱中受益的，反革命却可能浑水摸鱼。在此之前，拉法叶特侯爵曾用亲切生动的讲话多次把骚乱平息下来，这方面他是特别成功的；因此，为了挫败那些谋求将事态扩大到使国王从凡尔赛撤往梅斯成为理所当然的人的希望，同时阻止卫队与男男女女组成的队伍发生冲突，他火速报告国王，他受巴黎市政当局之命正向凡尔赛进发，以维护和平与安全，同时表示有必要制止卫队向人民开枪。[①]

他在晚上十点至十一点之间到达凡尔赛。当时卫队已经集合，人民队伍也已在早些时候到达，双方相持不下。现在要靠机智与谋略来转危为安。拉法叶特侯爵于是成为愤激的双方的调解人；国王为了消除因前述迟迟不批准法令所引起的骚动，召来国民议会议长，并签署了《人权宣言》以及业已拟就的宪法其他部分。

当时大约凌晨一时，一切都好像已安定下来，大家纷纷祝贺。在击鼓声中，凡尔赛市民特腾出屋子来招待巴黎同胞。屋内安置

---

① 可以断定这一点是事实，因为这是拉法叶特侯爵亲口告诉我的，我曾同侯爵友好相处达十四年之久。——作者

不下的人就留在街上或在教室里住宿。国王和王后于二时就寝。

这种情况一直维持到天明，然后，由于双方中某些人都应受指责的行为，新的冲突发生了，因为在任何这样的场合都难免会有这种人。卫队中有一兵士偶然出现在王宫的窗口，在街上过夜的市民向他破口大骂。那个士兵本应知趣回避，可是他却端起枪来打死了一个巴黎民兵。于是，和平破裂了，人民冲进王宫去找肇事的士兵。他们攻击卫队在宫中的驻房，并到处紧紧追索，直至国王的寝室。在骚乱中，并非柏克先生所述只有王后一人，而是宫中所有的人都被惊醒了；拉法叶特侯爵再次在双方之间进行调解，结果卫队重新戴上三色帽徽。这样，在损失了两三条生命之后，事情就算结束了。

在这场混乱发生的后半段时间，国王和王后在阳台上同群众见面，他们并没有像柏克先生所暗示的那样为自身的安全而躲藏起来。事情就这样平息下来，恢复了安宁，群众齐声高呼："国王回巴黎去！国王回巴黎去！"这是和平的呼声，立即为国王所接受。由于这种措施，一切要把国王诱往梅斯和竖起反宪法旗帜的阴谋都破产了，双方的猜疑也消失了。国王和他的家属在当晚抵达巴黎，巴黎市长巴伊代表巴黎市民为他们的到达表示庆贺。柏克先生在书中把各种事情、人物和原则都混淆起来，在评论巴伊的讲话时把时间也混淆了。他责怪巴伊先生把那一天叫做"一个好日子"。其实，柏克先生应该知道，这种局面一共经历了两天，一天是以危机四伏开始，一天是以不受祸害威胁告终；巴伊所提到的正是这种和平的结局以及国王抵达巴黎。从凡尔赛到巴黎途中，差不多有三十万市民列队迎送，沿途并未发生任何骚扰。

柏克先生由国民议会的一名逃兵拉利·托朗达先生授意说，当进入巴黎时，市民高呼："把所有的主教吊死在街灯上。"奇怪的是，听见这种呼声的只有拉利·托朗达一人，相信这种说法的也只有柏克先生一人。它同事件的经过没有一点儿关系，同任何情况都毫不相干。这些主教从未在柏克先生的戏剧中出现过，现在为什么一下子全都出场了呢？柏克先生把他的主教们和幻影般的人物吊在一盏幻灯里，并通过对比而不是通过连接来揭开幕帷。但这只能表明他的著作的其余部分也很少有可信之处，为了达到诽谤的目的，甚至对可信的事情也不屑一顾。我以这种看法，而不像柏克先生那样以赞美骑士制度的独白，来结束关于出征凡尔赛的叙述[①]。

现在我得听柏克先生那一套漫无边际的狂言乱语和关于各种政府的美妙论述，其中他信口开河，既不提供证据，也不说明理由，自以为人家会深信不疑。

在任何事情能够通过推考得出结论之前，必须先确立肯定或否定据以推考的某些事实、原则或资料。柏克先生以其一贯的粗暴态度谩骂法国国民议会将其作为法国宪法赖以建立的基础而予以公布的《人权宣言》。他称这个宣言为"关于人权的一纸既无价值又含糊其辞的具文"。难道柏克先生意在否认人类具有任何权利么？如果是这样，他想必认为任何地方都不存在像权利这样的东西，而且他自己也不具有这种权利；因为世界上除了人还有什么

① 关于出征凡尔赛的叙述可参见《巴黎的革命》第 13 卷，其中载有 1789 年 10 月 3 日至 10 日发生的事件。——作者

呢？如果柏克先生承认人是有权利的，那么，问题是：这些权利是什么？人最初是怎样获得这些权利的呢？

关于人的权利，有些人是从古代汲取先例来推理的，其错误在于他们深入古代还不够。他们没有追到底。他们在一百年或一千年的中间阶段就停了下来，把当时的做法作为现代的准则。这根本没有什么权。如果我们再进一步深入古代，就会发现当时还有着一种截然相反的见解和实践；如果古就是权威，那就可以找出无数这样的权威，它们是一贯彼此矛盾的；如果再往深里挖，我们将最后走上正路；我们将回到人从造物主手中诞生的时刻。他当时是什么？是人。人是他最高的和唯一的称号，没有再高的称号可以给他了。但是关于称号的问题，我以后再谈吧。

我们已追溯到人类的起源及其权利的起源。至于世界从那时起直到今天被统治的方式，除了适当利用历史所提供的错误或进步经验之外，就都与我们无关了。生活在千百年前的人，就是当时的现代人，恰如我们是今天的现代人一样。他们有他们的古人，古人以上还有古人，而且将来也要轮到我们成为古人。如果仅仅以古代的名义来支配生活，那么，千百年后的人也将把我们作为先例，正如我们把千百年前的人作为先例一样。事实上，自古以来的人想证明一切，结果都一无建树。从来就是权威同权威之争，直至我们追溯到创业时人权的神圣起源。这里，我们的探索才有了着落，理性也找到了归宿。如果创世后一百年就发生人权之争，那它们指的必定是这个权威的根源，我们现在谈的也必须是同一个权威的根源。

虽然我这里无意涉及宗教的任何宗派原则，但是也许值得指出,基督的谱系可以追溯到亚当。既是如此,为什么不能把人权追溯到创造人的时期去呢?我来答复这个问题。因为过去有许多突然冒出来的政府,硬是插手进来,肆无忌惮地拼命使人不成其为人。

如果哪一代人具有决定那种用以永远统治世界的方式的权利,那就只能是第一代人;如果第一代人没有这样做,以后任何一代人都不能证明有这样做的权或者建立起任何这样的权。人权平等的光辉神圣原则(因为它是从造物主那里得来的)不但同活着的人有关,而且同世代相继的人有关。根据每个人生下来在权利方面就和他同时代人平等的同样原则,每一代人同它前代的人在权利上都是平等的。

任何一部创世史,任何一种传统的记述,无论来自有文字记载的世界或无文字记载的世界,不管它们对于某些特定事物的见解或信仰如何不同,但在确认人类的一致性这一点上则是一致的;我的意思是说,所有的人都处于同一地位,因此,所有的人生来就是平等的,并具有平等的天赋权利,恰像后代始终是造物主创造出来而不是当代生殖出来,虽然生殖是人类代代相传的唯一方式;结果每个孩子的出生,都必须认为是从上帝那里获得生存。世界对他就像对第一个人一样新奇,他在世界上的天赋权利也是完全一样的。

不论把摩西的创世说视为神圣的权威抑或只是历史的权威,都充分说明了这一点:人的一致性或平等。这种说法是无可争辩的。“上帝说,让我们按照我们的形象造人,上帝就按照自己的形象造了人;按照自己的形象造了男人和女人。”性的差别是指出了,其他差别却只字未提。如果说这不是神圣的权威,至少也是历史的权威,它表明了人的平等——尽管这绝不是现代的学说——在历史的记载上是最古老的。

还必须看到,世界上所有的宗教就其关系到人类而言,都是建立在人类的一致性之上的,即大家都处于同一地位。无论在天堂或地狱,或者生存在任何环境里,善和恶是唯一的差别。甚至政府的法律也不得不袭用这个原则,只规定罪行的轻重,而不规定人的地位。

这是一切真理中最伟大的真理,而发扬这个真理是具有最高的利益的。从这个角度来看待人,并从这个角度来教育人,就可以使他同他的一切义务紧紧联系起来,无论是对造物主的义务,还是对天地万物(他就是其中一部分)的义务。只有当他忘记了自己的来历,或者用一句更时髦的话,忘记了他的出身和门第时,他才会变得放荡不羁。在欧洲现存各国政府的罪过中,有一种并非最微不足道的罪过,就是人作为人已被远远同他的造物主隔开,人为的裂口用一连串人不得不从其中通过的壁垒和关卡填满。我来引用一下柏克先生在人与造物主之间所建立的种种壁垒。他把自己打扮成一个先驱者的角色,他说:“我们畏惧上帝同时也对国王敬畏,对议会爱护,对长官服从,对教士虔诚,对贵族尊敬。”柏克先生忘了把“骑士风格”写进去。他也忘了把彼得写进去。

人类的义务并不是无数的收税关卡,他必须凭票通过这个关卡到那个关卡。人的义务简单明了,只包括两点。他对上帝的义务,这是每个人都应感受的;对邻居彼此以礼相待。如果那些受权的人做得好,他们就会受到尊重,否则就将遭到轻视,但对那些未经授权而是窃取权力的人来说,理性的世界就不能承认他们了。

以上我们只谈到人的天赋权利,而且只谈到一部分。现在,我们应当谈谈人的公民权利,并说明一种权利如何从另一种权利产生。人进入社会并不是要使自己的处境比以前更坏,也不是要使自己具有的权利比以前更少,而是要让那些权利得到更好的保障。他的天赋权利是他的一切公民权利的基础。为了更精确地加以区别,注意一下天赋权利与公民权利的不同性质是很有必要的。

这只要几句话就可以说清楚。天赋权利就是人在生存方面所具有的权利。其中包括所有智能上的权利,或是思想上的权利,还包括所有那些不妨害别人的天赋权利而为个人自己谋求安乐的权利。公民权利就是人作为社会一分子所具有的权利。每一种公民权利都以个人原有的天赋权利为基础,但要享受这种权利光靠个人的能力无论如何是不够的。所有这一类权利都是与安全和保护有关的权利。

从这短短几句交代中,就可以很容易分辨出人进入社会后还保留的那类天赋权利与人作为社会一分子而投入公股的那些天赋权利之间的差别。

人所保留的天赋权利就是所有那些权利,个人既充分具有这种权利,又有充分行使这种权利的能力。如上所述,这类权利包括一切智能上的权利,或者思想上的权利;信教的权利也是其中之一。至于人所不能保留的天赋权利就是所有那些权利,尽管个人充分具有这种权利,但却缺乏行使它们的能力。这些权利满足不了他的要求。一个人借助于天赋权利,就有权判断他自己的事务;就思想上的权利而言,他绝不会放弃这个权利。但是如若他不具备矫正的能力,那么光判断自己的事务又有什么用呢?所以他把这种权利存入社会的公股中，并且作为社会的一分子，和社会携手合作，并使社会的权利处于优先地位，在他的权利之上。社会并未白送给他什么。每个人都是社会的一个股东，从而有权支取股本。

从这些前提出发，可以得出两三点结论：

1. 每种公民权利都来自一种天赋权利，换句话说，是由一种天赋权利换取的。

2. 恰当地称为公民权力的那种权力是由人的各种天赋权利集合而成的，这种天赋权利就能力观点而言，在个人身上是不充分的，满足不了他的要求，但若汇集到一点，就可以满足每个人的要求。

3. 由种种天赋权利集合而成的权力（从个人的权力来说是不充分的）不能用以侵犯由个人保留的那些天赋权利，个人既充分具有这些天赋权利，又有充分行使这种权利的权力。

我们寥寥数语已探索了人从自然的个人到社会的历程，并且表明或者力求表明，人所保留的天赋权利的性质以及那些用以换取公民权利的天赋权利的性质。现在，就让我们把这些原则运用于各种政府吧。

放眼世界，可以极其容易地把那些由社会或由社会契约产生的政府用那些不是由此产生的政府区别开来；但为了更清楚地了解这一点，不妨把各种政府由之产生并据以建立的几种根源考察一下。

这些根源可以归结为三大类。第一，迷信。第二，权力。第三，社会的共同利益和人类的共同权利。

第一种是受僧侣控制的政府。第二种是征服者的政府。第三种是理性的政府。

一伙狡猾的人,借助神谕装作同神来往,亲热得就像他们现在走上欧洲宫廷的后楼梯一样,这时世界就完全处于迷信的统治之下。他们乞灵于神谕,把硬要神说的那一套变为法律;这种迷信存在多久,这种政府也就能存在多久。

后来有一批征服者出现,这些人的政府同征服者威廉的政府一样,建立在暴力之上,将利剑冒称王笏。这样建立起来的政府,支持它们的力量存在多久,它们也存在多久;但为了利用每一种有利于自己的手段,它们把欺骗和暴力相结合,建立了一个他们称之为神权的偶像,后来又模仿喜欢兼精神和世俗而有之的教皇,和基督教的创立者背道而驰,把这种偶像歪曲为另一种模样,叫做教会与国家。圣·彼得的钥匙和国库的钥匙被混在一起,而疑惑的受骗大众却对这种发明顶礼膜拜。

当我想到人的天赋尊严,感到(由于造化对我不够仁慈,没有使我的感觉迟钝)其本性的光荣和幸福时,我就为那些用暴力和欺骗来统治人类——好像他们都是坏蛋和蠢货——的企图所激怒,而对那些因此受到捉弄的人也难免感到抱恨。

现在,我们得来考察一下由社会产生的政府同那些由迷信与征服产生的政府的截然不同之处。

人们认为,说政府是统治者与被统治者之间订立的一种契约,能大大促进自由原则的建立;但这种说法不正确,因为这是倒果为因;因为人必然先于政府而存在,这就必然有一段时间并不存在什么政府,因此本来就不存在可以与之订约的统治者。所以,实际情况是,许多个个人以他自己的自主权利互相订立一种契约以产生政府;这是政府有权利由此产生的唯一方式,也是政府有权利赖以存在的唯一原则。

我们要对政府是什么或应该是什么有一个清楚的认识,就必须追溯它的起源。这样,我们就很容易发现,政府不是出自人民之中,就是凌驾于人民之上。柏克先生却不加以区别。他没有对政府的起源做任何调查,因而把一切都搞乱了;但是他曾表示,将来有机会想把英法两国的宪法作一比较。既然他把这作为争论的题目提出挑战,我就只好根据他的专长来应战。只有在高度的挑战中才能出现高度的真理;而我之所以更愿意应战,是因为它同时给了我一个机会来探索关于政府由社会产生的这一问题。

可是,首先有必要确定一下宪法的含义是什么。光采用这个名词是不够的,还应当给它下一个标准的定义。

宪法不仅是一种名义上的东西,而且是实际上的东西。它的存在不是理想的而是现实的;如果不能以具体的方式产生宪法,就无宪法之可言。宪法是一样先于政府的东西,而政府只是宪法的产物。一国的宪法不是其政府的决议,而是建立其政府的人民的决议。这是法规的主要部分,可以参照或逐条引用;它包括政府据以建立的原则、政府组织的方式、政府具有的权力、选举的方式、议会——或随便叫别的什么名称的这类团体——的任期、政府行政部门所具有的权力,总之,凡与文官政府全部组织有关的一切以及它据以行使职权和受约束的种种原则都包括在内。因此,宪法对政府的关系犹如政府后来所制定的各项法律对法院的关系。法院并不制定法律,也不能更改法律,它只能按已制定的法律办事;政府也以同样方式受宪法的约束。

那么柏克先生能不能拿出英国宪法来呢？如果拿不出，我们可以断定说，尽管对宪法谈得那么多，英国事实上并没有宪法，或从未有过宪法这种东西，因此，人民还需要制定一部宪法。

我相信，柏克先生不会否定我已经阐明的观点，即政府不是出自人民之中，就是凌驾于人民之上。英国政府是那些由征服而不是由社会产生的政府之一，因而它是凌驾于人民之上的；虽然从征服者威廉以来，由于形势的变化，它已作了很多改革，但这个国家本身从未更新，因而也没有宪法。

我一眼就看穿柏克先生为什么不愿把英法两国宪法作比较，因为当他从事这项工作时，他不能不发现就他那方面来说并没有宪法这样一种东西存在。柏克先生的著作篇幅浩繁，理当把他就这个题目所能说的一切都包罗进去，而且这本来也是让大家来判断其各个优点的最好方式。那他为什么不愿写这唯一值得写的东西呢？如果对他有利，那就是最软弱的立场了；而他不愿写这个题目，就表明他要么是不具有这种强硬的立场，要么就是不能坚持这种立场。

去年冬天，柏克先生在英国议会的一次演说中说，当国民议会第一次召开三级（第三等级[①]、僧侣和贵族）会议时，法国已有一部好宪法。这是许多例子中的一个例子，说明柏克先生不懂得什么是宪法。这样一些人开会并不是宪法，而只是制定宪法的会议。

严格说来，目前法国的国民议会是个人之间订立的社会契约，

---

① 18世纪法国资产阶级革命前，法国的资产阶级、城市平民、小商人、手工业者和广大农民统称第三等级。——译者

它的成员是国民的原始代表；将来的议会将是国民的有组织的代表。当前议会的职权与将来议会的职权是不同的。当前议会的职权是制定宪法，而将来议会的职权是依据宪法规定的原则和方式去制定法律；如果今后经验证明需要作出变更、修正或增订，宪法将指出做这些事情的方式，而不是把它交给将来的政府擅自处理。

一个建立在由社会产生的立宪政府据以建立的那些原则之上的政府，不能有改变自己的权利。如果它有了这种权利，就会专断独行。它会使它自己为所欲为；哪里有这样的权利，那里就无宪法之可言。英国议会通过法案授权自己任期七年，此举表明英国没有宪法。因为，议会也可以凭借同样的自我授权，任意使任期无限期延长，甚至长达终身。现在皮特先生几年前向议会提出改革议会的法案，也是基于同样错误的原则。改革的权利是国民所固有的，而合乎宪法的方法应是为此目的而选出的代表大会。何况，由腐败的团体来改造它们自己，这种想法本身就是自相矛盾的。

我将从以上导论作些比较。我已谈到权利宣言；由于我想尽可能地简单扼要，我就来谈谈法国宪法的其他部分。

法国宪法规定，凡每年纳税六十苏（合英币二先令六便士）的人有选举权。柏克先生用什么条文来反对这一条呢？还有什么能比英国选举人的资格更受限制并且更岂有此理呢？说它受限制，是因为在英国准许参加投票的人，一百个当中还不到一个（我说得一点儿不过分）。说它岂有此理，是因为一个品质极端恶劣而又无可观财产来规规矩矩过日子的人，在某些地方有选举权；而在另外一些地方，一个缴纳大笔税款而且品质高尚的人以及一个每年付地租达三四百镑、农庄财产价值比此数大三四倍的农庄主，却没有选举权。正如柏克先生在其他场合所说,在这种稀奇的混乱状态中,一切都失常了,各种蠢事和坏事都混杂在一起。征服者威廉及其子孙用这种方式把这个国家的土地分配出去,对一部分地区用他们所谓的特许状进行贿赂,以便使其他地区更好地服从他们的意志。这就是为什么康瓦尔有这么多特许状的原因;人民反对征服时建立的政府,于是,城市用重点防守,并给以好处,让它们来奴役农村。所有旧的特许状都是这种征服的标记,而选举的不合理就是由此产生的。

法国宪法规定,各地代表数应与纳税的居民或选民数保持一定的比例。柏克先生用什么条文来反对这一条呢?约克郡有近百万人口,只派两个郡代表;拉特兰郡的人数不到此数的百分之一,也是两个代表。旧舍剌漠镇只有三户人家,派了两个代表;曼彻斯特镇人口有六万以上,却一个也不让派。这里面还有什么原则可言呢[①]?从这里能找出什么自由的标志,或发现什么智慧的标志呢?这就难怪柏克先生不愿作比较,而力图用自相矛盾的狂言乱语把读者从要害处引开。

法国宪法规定,国民议会每两年选举一次。柏克先生用什么条文来反对这一条呢?当然,国民在这方面根本没有权利,政府完全独断独行;他可以举出上届国会的例子作为有力证明。

法国宪法规定,废除狩猎法,农民有权获得在他的土地上猎获的野物(因为野物是靠这些土地上出产的东西养活的);禁止任何

---

① 此处有些版本插入下述句子:"应当承认,所有这些情形已有所改变,但是在我们能获得一种公平合理的人民选举法之前,还有很多事情要做。"这段话作为编者注是很恰当的,放在正文里却很不合适。——原编者

垄断，买卖一律自由，每一个人都可以在全国任何地方、城镇或城市自由从事任何能过正当生活的职业。对这一条柏克先生有什么话可说？在英国，野物是被那些不费一文去养活它们的人占有的；至于垄断，这个国家就分裂成无数垄断。每个特许城镇本身就是一种贵族的垄断，选举的资格就出自这些特许的垄断。这是自由吗？这就是柏克先生所谓的宪法吗？

在这些特许的垄断下，一个从这个国家别处来的人像外来的敌人一样受到追逐。一个英国人在他自己的国家里是不自由的；各处都为他设立路障，并告诉他说他不是自由人，他没有权利。在这些垄断中还有其他的垄断。例如像大约有二万到三万居民的巴德这样一个城市，选举议员的权利却为大约三十一人所垄断。而这些垄断中也还有其他的垄断。即使同一城镇的人，如果他的父母没有条件给他一个职业，那么，无论他怎样有天才或勤奋，也往往被剥夺了获得一项职业的天赋权利。

难道这些事例可以作为榜样，向一个像法国那样从奴役下获得再生的国家提出吗？当然不可以。我确信，一旦英国人考虑到这些，他们会像法国人一样，把那些古老压迫的标志和那些被征服国家的残迹消灭干净。如果柏克先生有《国富论》作者那样的才能，他本应懂得所有那些涉及宪法并综合而成宪法的要素。他本应事无巨细都讲清楚。他之所以不配写他所写的题目，不仅是由于他抱有偏见，还由于他的头脑杂乱无章，他的头脑甚至没有条理。他的头脑是乱七八糟的，而不是有条有理的。但他总得说几句。因此，他就像气球一样悬在空中，吸引站在地上的群众的目光。

法国宪法有很多东西可供学习。征服和暴政已由征服者威廉从诺曼底移植到英国,这个国家至今仍深受其害。但愿全法国的榜样能够对恢复被它的一个省所摧毁的自由作出贡献!

法国宪法规定,为了防止国民代表腐化堕落,国民议会议员不得担任政府官员或领取干薪。柏克先生将提出什么来反对这一条呢?我来小声代他作答:面包和鱼啊!这个面包和鱼的政府的危害比人民所想到的还要大得多呢。国民议会发现了这一点,并向全世界作出了榜样。如果各国政府故意争执以便征税来压榨人民,它们不可能比现在干得更出色。

在我看来,英国政府所做的一切都同常理相反,也同嘴上所说的相反。议会尽管选举的方式不理想,没有准则,但总算是受国民的委托来掌管国库的;可是英国国会组成的方式却好像一个人既是抵押人又是受押人,如果发生滥用职权的情况,那就不啻是犯人开庭审判自己。如果投票赞成经费的人就是投票后接受经费的人,同时又负责向那些投赞成票的人说明经费的用途,那就等于自己对自己负责。这样,"错误的喜剧"就以"沉默的哑剧"告终。执政党和反对党都不会提这件事,国库就成为每个人都可以骑一骑的公用出租马。这正如乡下人所说"骑骑拴拴——你骑一阵我再来骑"。①在法国,这些事情处理得比较好些。

法国宪法规定,战争与和平之权属于国民,除了支付费用的人之外,这种权还能属于谁呢?

---

① 这是这个国家一些地方的习俗,当两个行人只有一匹马时,正像国库不能双重负担一样,一匹马是不能同时骑两个人的,于是,一个人先上马骑两三英里路,然后把马拴在一家门前,自己就往前走。第二个行人走到以后,把马解下,骑上,越过他的同伴一二英里路,再把马拴上,就一直这样"骑骑拴拴"下去。——作者

在英国，据说这种权寓于一个在伦敦塔[①]展出，每看一次要付六便士或一先令的隐喻：原来是些狮子。说这种权寓于狮子，是更接近于理性一步，因为任何无生命的隐喻不过是顶礼帽或便帽而已。我们大家都知道，崇拜亚伦的金牛[②]或尼布加尼撒的金像[③]是多么荒谬。但人们既然看不起别人做这种荒唐事儿，自己为什么还要继续去做呢？

有充分理由可以说，代表英国国民的这种方式不能表明这种权利归于何者，是属于国王还是属于议会。在一切国家中，战争是所有参与分配和花费公款的人们的共同收益。这是征服本国的手段；其目的是增加国家的收入；既然不征税是增加不了国家收入的，就必须为开支找一个借口。只要考察一下英国政府的历史，它的战争与捐税，一个不为偏见所蒙蔽和为私利所歪曲的旁观者就会说，捐税不是为了进行战争而征收的，战争却是为了征收捐税而挑起的。

柏克先生作为下院议员，是英国政府的一个成员；虽然他自称是反战者，他却谩骂那个谋求消除战争的法国宪法。他认为英国政府在各方面都堪作法国的模范；但他首先应当了解法国人对英国政府的评价。他们拥护自己的政府，认为英国所享有的那部分自由用来奴役一个国家，其成效要比用专制主义来奴役一个国家正好大一点点，而由于一切专制主义的真正目的在于岁入，一个这

① 伦敦塔系英伦敦的古城堡，中世纪时是王室住所，后来作为拘留显要人物的牢房，现主要用作军火库。——译者

② 亚伦系《圣经》中的传奇人物，他熔制金牛并向它顶礼膜拜。——译者

③ 尼布加尼撒系公元6世纪时巴比伦国王。——译者

样组织起来的政府的收益要比采取赤裸裸的专制主义或充分自由制度的收益都来得大，因此，由于利益之所在，政府既反对专制，也反对自由。他们也通过评论产生战争的各种动机说明这些政府为什么总是那么乐于从事战争。对专制政府来说，战争是不可一世的心理造成的；但对那些把战争当作征税手段的政府来说，战争就更加经常有一触即发之势。

因此，为了防止这两种弊端，法国的宪法剥夺了国王与大臣们的宣战权，把这种权给予必须负担战争费用的一方。

当战争与和平的权力问题在国民议会进行热烈讨论时，英国人民对此显得很感兴趣，并高度赞扬国民议会作出的决议。作为一种原则，这个决议适用于一国，也同样适用于另一国。征服者威廉作为一个征服者，独揽战争与和平的大权，从此他的子孙也跟着要求把这种大权据为己有。

虽然柏克先生肯定革命时期的议会有永久约束和控制国民及子孙后代的权利，但同时又否定议会或国民有任何改变他称之为王位继承的权利，除非是部分地改变或作某种限制。他通过采取这一立场，把事情上溯到诺曼征服时代，这样，他就从征服者威廉以迄今日划了一条继承线，从而使人们有必要查究一下征服者威廉是何人和什么样的人，他是哪儿出生的，并深入到所谓特权的起源、历史和性质。凡事必有一个开端，应当透过时间和远古的云雾予以发现。就让柏克先生拿出诺曼底的威廉来，因为他的论证是追溯到这个起源的。不巧的是，在划这条王位继承线时，另一条与之平行的线也出现了，就是说，如果王位继承是顺着征服这条线走的，国民则是顺着被征服这条线走的，这样柏克先生的论证就应当将它自己从这一非难中解救出来。

也许有人会说，虽然宣战权是从征服者继承下来的，但因国会有权停止给养而受到牵制。一件原本错误的事，修修补补并不能使它变得正确，这是必然的。另外，修修补补的坏处不亚于它的好处，这也是屡见不鲜的，战争就是这样一个例子。因为，如果一方以行使权力为名草率宣战，另一方以行使权力为名断然停止给养，那么，治病的办法就会变得和病一样糟或者更糟。一方强制国民打仗，另一方则捆住国民的手脚；但更加可能的结局是，争斗将以双方相勾结而告终，并成为双方的掩护。

关于战争问题有三点应当加以考虑。第一，宣战的权力；第二，战费；第三，宣战后进行战争的方式。法国宪法把宣战权给予**战费**的担负者，两者只能体现在国民身上。至于宣战后进行战争的方式，则委托给行政部门。如果各国都这样做，我们就不会听到什么战争的消息了。

在我进而谈法国宪法的其他部分之前，为了减轻论争的劳累，我想讲一件从富兰克林博士那里听来的逸事。

当富兰克林博士在独立战争期间作为美国的公使驻在法国时，他接到世界各地形形色色的投机家向他提出的无数建议，他们希望到这个充满牛奶与蜂蜜的国家——美国去；其中有一个人提议让他自己来做国王。他写信（此信现在巴黎市马歇先生手中）向博士提出建议说，第一，美国人既然已经废黜或赶走了他们的国王，他们想必需要另一个国王。第二，他本人是诺曼人。第三，他出身于比诺曼底公爵还要古老的家族和更加荣耀的门第，他的家系也从未败坏过。第四，英国已有过国王来自诺曼底的先例。根

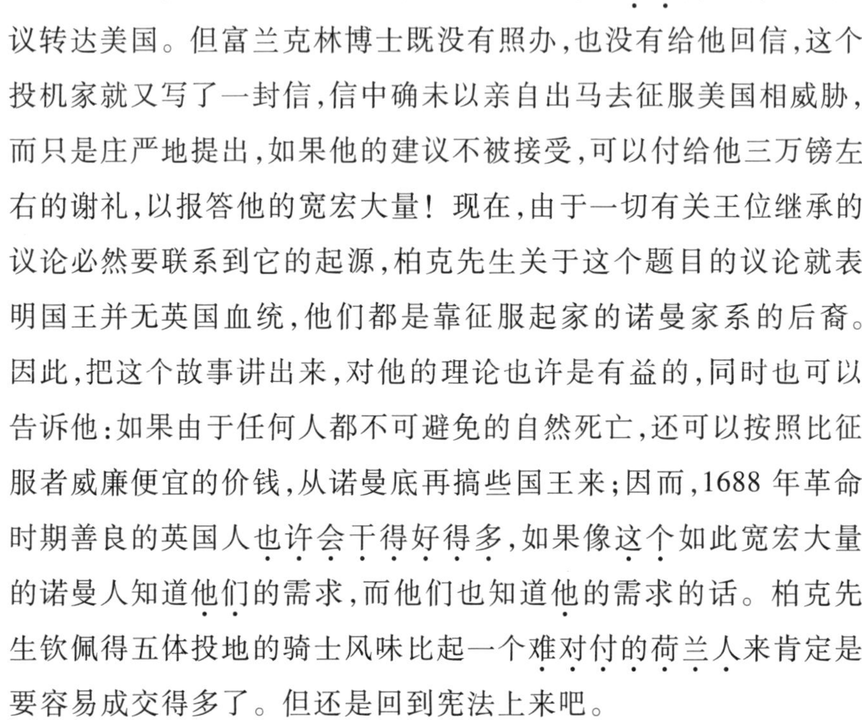

据这些理由，他提出由他本人做国王的建议，并责成博士将此项建议转达美国。但富兰克林博士既没有照办，也没有给他回信，这个投机家就又写了一封信，信中确未以亲自出马去征服美国相威胁，而只是庄严地提出，如果他的建议不被接受，可以付给他三万镑左右的谢礼，以报答他的宽宏大量！现在，由于一切有关王位继承的议论必然要联系到它的起源，柏克先生关于这个题目的议论就表明国王并无英国血统，他们都是靠征服起家的诺曼家系的后裔。因此，把这个故事讲出来，对他的理论也许是有益的，同时也可以告诉他：如果由于任何人都不可避免的自然死亡，还可以按照比征服者威廉便宜的价钱，从诺曼底再搞些国王来；因而，1688 年革命时期善良的英国人也许会干得好得多，如果像这个如此宽宏大量的诺曼人知道他们的需求，而他们也知道他的需求的话。柏克先生钦佩得五体投地的骑士风味比起一个难对付的荷兰人来肯定是要容易成交得多了。但还是回到宪法上来吧。

法国宪法规定，废除一切头衔。这样一来，在一些国家称为"贵族"，另一些国家称为望族的名目繁多的一代人就都被取消了，贵族也就上升为"人"了。

头衔不过是绰号而已，每个衔号就是一个头衔。这种东西并无害处，但它标志着人性格上的一种浮夸习气，从而使它降格。它使男人在大事中变得渺小，女人在小事中变得虚伪。它像姑娘一样夸耀她那美丽的蓝缎带，像小孩一样卖弄他的新吊袜带。一个属于老一代的作家说："当我孩提时，我心里想的是孩子的事，但当我长大成人后，我就把孩子气的事情忘得一干二净。"

废除头衔这个笨东西，当然是出自法国的高尚心灵。法国已长大，穿不上伯爵和公爵的儿童服装，而穿上成人的服装了。法国没有被推倒，而是升高了。它已抛开矮子，扶起大人。像公爵、伯爵这类不足道而又毫无意义的字眼儿已不再讨人喜欢了。即使那些拥有头衔的人也抛弃了这种莫明其妙的称呼，他们既然摆脱了软骨病，也就讨厌软骨病发出的嘎嘎声。人类的真挚心灵渴望回到他的老家——社会，对那些把他同社会隔离的小玩具嗤之以鼻。头衔像魔术师的魔杖画的圆圈一样，把人的幸福范围缩小了，他被禁锢在头衔这个词儿构成的巴士底狱中，从远处观望值得羡慕的人类生活。

如此说来，法国废除了头衔，又何足惊异呢？别的地方还保留这些头衔，岂不更令人惊异吗？头衔是什么？它们有什么价值？"它们一共值多少？"当我们想到或谈到法官或将军时，我们把它同职务与品德等概念联系起来，我们会想到前者尊严，后者骁勇；但如果我们把这个词儿仅仅作为一个头衔，就没有什么概念可以同它联系了。在亚当的全部词汇中没有"公爵"与"伯爵"这类动物；我们也无法把什么概念同这些词儿联系起来。不论这些词儿意味着强大或弱小、聪明或愚笨、孩童或成人、骑士或马匹，全都是含糊不清的。对这些既不形容什么也不具体说明什么的东西，又何必放在眼里呢？人的想象力曾经赋予半人半马的怪物、马耳马尾的森林神直至一切妖魔鬼怪的形象和性格；但头衔却甚至使幻想也无能为力，是一种想象不出的怪物。

但这还不足以说明一切。如果全国人民都蔑视头衔，那它们就一钱不值，谁都不要头衔了。只有舆论能使头衔威风凛凛，或威风扫地，或比威风扫地更糟。没有必要硬把种种头衔去除，因为一旦整个社会都嘲笑它们,头衔就会自动去除。这种假想的东西在欧洲各处都明显地在走下坡路,而当理性世界不断上升时,它就会迅速消亡。曾经有个时期,人们对所谓贵族中的最低层的想念,要胜过现今对贵族中的最高层的想念,而一个披坚跃马驰骋于基督教国到处保险的人物,要比现代的一个公爵更引人注目。全世界的人已看到那种愚蠢行为倒下去了,而且是在人们的嘲笑声中倒下去的,头衔这种滑稽剧也会遭到同样的命运。法国的爱国者已经及时发现,社会上的地位和尊严必须采取一种新的立场。旧立场已经垮了。现在必须采取性格这种具体立场,而不是采取头衔这种空想立场;他们已经把头衔供在祭坛前,把它们作为对理性的烧供品。

如果头衔这桩愚事不曾带来危害,那本来是不用像国民议会那样一本正经下命令加以取消的,而这就有必要对贵族的本性与品质作进一步的探讨。

那种有些国家称为“贵族”而另一些国家称为“望族”的东西,来源于以征服为基础的政府。它本来是一种用来支持军人政府的军人等级(因为所有以征服为基础的政府情况都是如此);为了世代保持这种等级以达到所以要建立它的目的,所有那些家庭的幼嗣都被剥夺了继承权,长子继承法也应运而生。

在这个法制中,贵族的本性和特征暴露无遗。这个法制反对其他每一个自然法则,自然本身要求把它消灭掉。要建立家族的公正无私,贵族制就得垮台。按贵族的长子继承制,一家六个儿女,其中五个要被遗弃。贵族制不容许超过一个孩子,其余的都遭殃。他们被投给吃人者吃掉,自然的父母准备了一份不自然的食物。

凡是违背人情的东西，多少会影响社会的利益，这件事也是如此。所有为贵族遗弃的子女（长子除外）通常都像孤儿被交给教区抚养一样，由公众来供给，不过费用更大。在政府或法院中建立一些不必要的机构和场所，而由公众负担其经费。

父母还能用什么双亲之情来关心他们幼小的子女呢？从性质来说，他们是孩子，从婚姻来说，他们是后裔；但从贵族制来说，他们却是私生子和孤儿。一方面他们是父母的骨肉，另一方面又同父母毫无血统关系。因此，为了把父母还给儿女，把儿女还给父母——恢复人和人之间的关系，以及人和社会的关系，并且彻底消灭贵族制这个怪物，法国宪法已经废除了长子继承制。这个怪物就躺在这里，柏克先生乐意的话，可以给它写个墓志铭。

以上我们主要是从一个观点来考虑贵族制，现在应当从另一个观点来考虑它。但无论从前面看或后面看、从侧面看或其他任何角度看、从家庭立场看或公共立场看，贵族制终究是个怪物。

在法国，贵族制的五官比别的贵族制缺少了一官。它没有组成一个世袭的立法集团，它不是像我听到过拉法叶特侯爵形容英国贵族院的那种"贵族公司"。那么，就让我们来考察一下法国宪法所以决定反对在法国有这样一个议院的理由吧。

第一，因为，贵族天然不配作为一个国的立法者。他们关于公平分配的观念从根本上已经败坏了。他们的生活是以践踏他们所有的弟妹和其他各种亲戚开始的，并受到这样去行事的教育。一个人独吞同胞弟妹继承的遗产，或者妄自尊大地把少得可怜的一部分财产作为恩赐分给他们，这种人能有什么公正思想或荣誉观念可以进入立法机构呢？

第三，因为，世袭立法者的观念正如世袭法官或世袭陪审官一样地不合理；也像世袭数学家、世袭哲学家或世袭桂冠诗人一样地荒谬可笑。

第四，因为这帮人自己对任何人都不负责，所以也不应当受任何人的信任。

第五，因为贵族制继续推行以征服为基础的政府的野蛮原则以及人以人为财产并以个人权力统治他人的卑劣念头。

第六，因为，贵族制倾向于使人种退化。从自然法则可以得知，从犹太人的例子可以证明，在一小部分人与社会大众相隔离他们之间经常通婚的情况下，人种有退化的倾向。贵族制甚至破坏它自命要达到的目的，早晚会把人的高贵品质转向反面。柏克先生奢谈贵族，就请他说明贵族究竟是什么？世界最杰出的人物都是平民出身的。贵族始终跟不上平民的步伐。在大自然“贵族”面前，人为的“贵族”变得多么渺小；确有那么少数几个贵族（各国都有这样一些人），在他们身上还奇迹般地保留着赤子之心，但那些人都是轻视贵族的。现在该转入一个新的题目了。

法国宪法改革了教士的待遇，它增加低级和中级教士的收入，减低高级教士的收入。现在没有人收入低于一千二百利弗[①]（合五十镑），也没有任何人高于二千到三千镑。柏克先生用什么来反对这一点呢？且听他说些什么吧。

他说：“英国人民能够眼看一个大主教居于公爵之前而毫无痛苦或怨恨之意；他们可以理解杜尔汉主教或者温彻斯特主教每

① 利弗（livres），法国古货币名。——译者

年收入一万镑，而不能理解为什么在坏人手里，即在这个伯爵或那个乡绅手里，可以拥有同等数目的财产。”柏克先生把这一点提供给法国作榜样。

关于这段话的上半部分，无论是大主教居于公爵之前，或者公爵居于大主教之前，我认为，在一般人看来，有点儿像斯特恩霍尔德和霍普金斯或霍普金斯和斯特恩霍尔德[①]，你喜欢哪一个就把哪一个放在前面；老实说，我不懂其中奥妙何在，所以不想同柏克先生去争辩。

但对于这段话的后半部分，我倒有几句话要说。柏克先生并没有把事情说对。把主教和伯爵或乡绅相比有点儿不伦不类，应当把主教和副牧师相比，这就成为：——“英国人民能够眼看杜尔汉主教或温彻斯特主教每年收入一万镑，副牧师每年收入三十到四十镑或者更少，而毫无痛苦或怨恨之意。”不，先生，他们当然不会眼看这些事情而毫无痛苦或怨恨之意的。这可是一件触及每一个人的正义感的事，也是迫切要求制定一项宪法的许多原因之一呀。

在法国，“教会！教会！”的叫嚷，就像在柏克先生的书中一样不绝于耳，而且也和英国议会中提出反国教法案时一样响亮；但大多数法国教士却不再受这些叫嚷的欺骗。

他们懂得，无论怎样花言巧语，只有他们自己才是这个问题的主要目标之一。叫嚷的是受益高的教士，目的是不许在那些年入一万镑的人和教区牧师之间做任何收入方面的调整。所以，大多数法国教士就把他们的景况同其他被压迫阶级的景况联系起来，

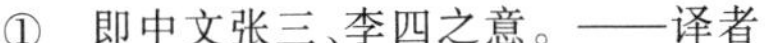

① 即中文张三、李四之意。——译者

并且从中得到补偿。

法国宪法废除了什一税，这种税是什一税得者和教区人民之间永远不和的原因。土地征收什一税是在地产为双方所有的情况下进行的；一方得收入的十分之一，另一方得十分之九；因此，根据公平原则，如果地产经营可以改善，使生产比原来增加一倍或二倍，或任何其他比率，这种改善的费用应由分享收益双方按同样比例承担才是。但什一税并不如此：农民承担全部费用，收税者除原来的十分之一以外，还要收增产部分的十分之一，这样，到手就是十分之二而不是十分之一。这是需要制定宪法的又一事例。

法国宪法也已经废除或放弃了“信教自由”和“不容异教”，并建立了普遍的思想自由权利。

“信教自由”并不是“不容异教”的对立面，而是它的花样翻新。二者都是专制主义。一种自命有压制“信仰自由”的权利，另一种则授予这个权利。一种是用火与柴束武装起来的教皇，另一种则是教皇出售或授予免罪证。前者是教会与国家，后者是教会与买卖。

但是还可以用更严格的眼光来看待“信教自由”。人并不崇拜自己，而是崇拜造物主；他要求信仰自由并非为他自己服务，而是为上帝服务。因此，在这种情况下，一定要有把两件事联系起来看的概念：崇拜的会死的人和被崇拜的不会死的神。因此，“信仰自由”并非把自己置于人与人之间、教会与教会之间、教派与教派之间，而是置于上帝与人之间、崇拜者与被崇拜者之间；并且，它还用它据以容许人们进行顶礼膜拜的窃取来的权威放肆和亵渎地容许全能的上帝去接受这种顶礼膜拜。

如果向任何议会提出一个法案,叫做"容许或同意全能的上帝接受犹太人或土耳其人顶礼膜拜法案"或者"禁止全能的上帝接受犹太人或土耳其人顶礼膜拜法案",人人都会吓一跳,骂它大不敬。这将引起一场鼓噪。这样一来,在宗教问题上容许自由的那副专横跋扈的嘴脸就暴露出来了。但这种专横跋扈并不由于那些法律仅仅针对"人"这个名称而略为减少,因为崇拜者和被崇拜者这一对相互关联的概念是不可分的。你这虚妄的凡人,无论你叫什么名堂,叫国王、主教、教会也好,或是叫国家、议会或任何别的名称也好,究竟是什么东西,竟敢不自量力地插手人和他的造物主之间的事情?管好你自己的事吧!如果他的信仰和你不同,这就证明你的信仰和他不同,而人世间没有一种力量能够决定你们谁是谁非。

说到宗教的派别,如果让每个人来评价自己的教,没有一个教是错的;如果让人们去评价彼此的教,那就没有一个教是对的;因此,要么大家都对,要么大家都错。但就宗教本身而论,不管名称如何,作为人类大家庭对神灵的崇拜,这是人献给"造物主"的心灵的果实,虽然这些果实像大地上的果实那样可以彼此不同,但每个人满怀谢意的贡品都被"造物主"接受。

杜尔汉主教或温彻斯特主教,或居于公爵之首的大主教,不会因一捆十中纳一的麦子不是干草而拒绝接受,不会因一捆十中纳一的干草不是麦子而拒绝接受;也不会因一头十中纳一的猪既非干草又非麦子而拒绝接受;但就是这些人,在国教的姿态下,却不许人们以种种教派形式向造物主效忠。

柏克先生书中不断弹出的调子之一是"教会与国家"。他指的并不是某一特定的教会或某一特定的国家，而是一切教会与国家。他用这个说法作为总的公式来提出各国教会应永远与国家相结合的政治理论，并且责怪法国的国民议会没有这样做。让我们也对这个问题提一些看法。

一切宗教在本质上都是仁爱慈祥的，并且同道德原则相结合。它们不能一开始就宣扬任何罪恶的、残酷的、害人的或不道德的东西，否则就罗致不到信徒了。像其他一切事物一样，它们都有自己的开端，都是从说服、劝导和示范着手。它们又是如何失去其原来的温和而变得难弄和心地狭窄的呢？

这种情况是从柏克先生的推荐的那种结合开始的。把教会与国家相结合，于是产生一种只能从事破坏，而不能养大的杂种动物，名字就叫依法建立的教会。这个教会甚至从它诞生时起对它的亲娘来说也是陌生人，到头来总会把她一脚踢开和干掉。

西班牙的宗教裁判所不是从原来宣扬的宗教而是从教会与国家所产生的这个杂种动物开始的。斯密斐尔德的烈火也是从同一异种怪物开始的；而且正是这种怪物后来在英国重生，使人民中间的怨恨和反宗教的情绪重新迸发出来，并且把称为教友派教徒和非国教徒的人驱逐到美国去。迫害并不是任何宗教的原有特征，却向来是一切“法律宗教”或依法建立的宗教的显著特征。去掉“依法建立”，各种宗教都会恢复它原来的宽厚性质。在美国，一个天主教神父是个好公民、好人也是个好邻居。监理会牧师也是同一类人；其所以如此，不在于这些人本身的表现，而是因为在美国没有依法建立的教会。

如果我们以世俗的眼光来看待这件事，就会看到它对国家的繁荣所产生的不良后果。教会与国家相结合使西班牙陷于贫困。南特敕令的撤销，把丝织业从法国赶到了英国；教会与国家正在把棉织业从英国赶到法国和美国。还是让柏克先生继续宣讲他那套教会与国家的反政治理论去吧！这会有好处。国民议会不会听他的，却会从他的笨话中得到好处。美国正是看到了英国的这些不良后果而提高警惕来反对它的；国民议会正是因为法国经历了这些恶果才废除了它，并且像美国一样，建立了“普遍的信仰自由权利和普遍的公民权利”。①

① 当我们在任何国家看到特殊情况发生时，这些情况自然会使任何一个有观察和研究才能的人去查考其原因。曼彻斯特、伯明翰和设菲尔德的制造业是英国的主要制造业。这是由于什么原因呢？只要稍加观察就可以说明问题。那些地主的主要的和大部分的居民都不属于英国所谓的“依法建立的教会”；他们或他们的父辈（因为这只不过是短短几年中发生的事）摆脱了宣誓法* 特别盛行的特许城镇的迫害，在那里为他们自己建立了一种避难听。在当时这是唯一的避难所，因为在欧洲其余的地方情形还要糟。——但这种情况正在改变。法国和美国向所有到来的人表示欢迎，并使他们享有公民的一切权利。因此，政策和利益在英国将占上风（但恐怕已太晚了），而理性与主义却不能。那些制造业正在从英国撤出，并在别处兴起。目前，在离巴黎三英里的帕西正在建造一个大型棉纺厂，在美国则已建成了好几个。在废除宣誓法的议案遭到否决后不久，我听到英国一位极为富有的制造商说，“阁下，英国不是非国教徒安身之处——我们只好到法国去。”这是实话，说出来对双方都是公平的。把英国制造业提到现有高度的主要是非国教徒，也正是这些人有权把它们搬走；尽管这些制造业今后还会继续在那些地方生产，国外市场却丧失了。《伦敦公报》经常摘要刊登关于阻止机器和人员（凡法令所涉及的人员）出境的某些法令。从中可以看出，宣誓法和依法建立教会的不良后果已开始在很大程度上被感觉到了；可是，暴力补救方法永远也不能弥补理性补救方法的不足。在不到一个世纪的过程中，英国和英国所有教派的没有议员选举权的那一部分人——人数之多至少超出一百倍——会开始感到非制定一部宪法不可，到那时，所有这些事情也就会正常地进行了。——作者

〔这一注解及其所属整个一段文字在后来的一些版本中被略去了。——原编者〕

* 宣誓法：1673 年英国国会通过，规定政府人员必须按照国教仪式举行仪式，放弃天主教信念。1828 年撤销。——译者

我对法国宪法原则所作的比较到此为止,下面再就法国和英国政府组织形式作一点儿考察,以结束这部分的讨论。

两个国家的行政权都掌握在一个称为“国王”的人手中;但法国宪法把国王和主权区分开来。它把国王的地位看作公务上的,主权却交给国民。

国民议会由国民代表组成,国民代表拥有立法权,由人民选举产生,而选举则为人民的天赋权利。英国则不然;这种权利来于所谓君主这个原始制度,因为,由于征服,人民或国家的一切权利都集中在征服者手里,征服者把国王这个称号加在自己头上。那些在法国目前作为权利掌握在人民或国家手中的东西,在英国却认为是出于所谓国王的恩赐。英国国会及其两院是征服者后代特许建立的。下院的产生并非由于人民有委派代表或选举的权利,而是出于一种恩赐或恩典。

法国宪法总是把国民置于国王之前。《人权宣言》第三条说:“国民是一切主权之源。”柏克先生却辩称,在英国,国王才是源泉,他是一切荣誉之源泉。这种观念显然是征服传下来的;我就不多加评论了,我只想说,征服的特性就是把一切事情都颠倒过来;因为还有让柏克先生第二次说话的权利,并且因为这个比喻只有两部分含义,即**喷泉**和**喷口**,第二次他会说对的。

法国宪法把立法置于行政之前,法律置于国王之前;“法律,国王”。这也是物之常理;因为必须先有法律,然后才能执行法律。

法国国王在向国民议会讲话时,不像英国国王说“我的国会”那样,说“我的议会”。他不能以此称呼宪法,也不允许这样做。

在英国这样做也许是适当的,因为如上所述,英国国会两院都出自国王的特许或恩赐,而不是出自人民的固有权利,法国的国民议会则出自人民的固有权利,它的名称就指明了它的由来。

国民议会议长并不像英国下院那样请求国王**赐予议会以言论自由**。国民议会宪法的尊严不能使它贬低自己。言论首先是人们永久保有的天赋权利之一;就国民议会而言,运用这种权利乃是他们的**义务**,而国民则是他们的**权威**。他们是由最大多数人运用欧洲人未之前闻的选举权选出来的。他们不是从腐败的享有选举特权的城市中产生的,也不是依附贵族的代理人。他们感到自己秉性的尊严,力求保持这种本色。不论对问题赞成还是反对,他们在议会上的讲话都是自由、大胆和有骨气的,并且涉及问题的各个方面和各种情况。如果事情或论题关系到行政部门或主持者面前,他们照样用男子气概和正人君子的语言辩论下去;他们的答问或演说也受到同样的方式对待。他们不以粗俗无知的空虚神情超然物外,也不以溜须拍马的下贱态度卑躬屈膝。真理的庄重自豪感漫无止境,并且在生活的一切领域保持着人类的正直品质。

让我们再看看问题的另一面吧。在英国议会对其国王的致辞中,既没有像法国旧国会那种无畏精神,也没有新国民议会那种安详沉着的庄严;更没有丝毫迹近生硬的英国风度。它们既不是外来品,也不是天然的英国产品,它们的来源要到别处去找,这就是诺曼人的征服。它们显然是一种臣属的态度,并且有力地标明一种仅仅存在于征服者与被征服者之间的匍匐在地的距离。这种臣属观念和发言方式甚至在1688年革命时也未去掉,这可以从国会致威廉与玛丽的宣言中的这些话明显地看出来:“我们最谦恭和最忠诚地表达我们自己和我们的子孙后代永远顺从之意”,“顺从”完全是臣属的措辞,同自由的尊严极不相容,这是征服时期所用的语言的模仿。

判断任何事物都要通过比较。对 1688 年的革命,尽管在当时情况下可以作高于它本身价值的赞扬,但还是应该对它作出恰如其分的评价。它已经衰落下去,日益扩大的理性范围以及美法两国的光辉革命已使它黯然失色。要不了一个世纪,它将和柏克先生的著作一起,“扔进储藏一切垃圾的家庭地窖”。那时,人们将很难相信,一个自称为自由的国家居然会到荷兰去请一个人来①,给他权力,以便使自己怕他,每年还给他近百万镑,让自己和自己的子孙后代像奴婢般永远顺从他。

但是有一个真情应该让人知道:我曾有机会看到这一点,即不论表面现象如何,随便哪类人轻视君主,都没有宫廷大臣来得厉害。但他们深知,如果让别人看出破绽,就像他们所看到的那样,就蒙不下去了。他们的处境就像靠变戏法为生的人,他们对戏法的愚蠢是那么熟悉,自己也觉得好笑,但如果观众在这方面也变得像他们一样聪明,那戏法就拆穿了,钱也没了。就君主政体来说,一个共和主义者同一个朝臣之间的差别在于,共和主义者反对君主政体,相信它有点儿名堂,而朝臣则讥笑君主体制,知道它一点儿名堂也没有。

由于过去我经常同柏克先生通信,当时相信他的为人比他的

① 指 1688 年 11 月英国国会派代表去荷兰迎接荷兰执政者威廉到英国为王。——译者

著作的表现显得有原则,所以去冬我特意从巴黎写信给他,告诉他那里的事情进展得多么顺当。信中除别的事情外,我还提到国民议会的可喜处境;提到他们业已采取把道德义务与政治利益相结合的立场。他们无须说自己也不相信的话骗别人相信。他们的地位无须用手段来支撑,而只能由开明的人士来维持。他们的目的不是要助长愚昧,而是要铲除愚昧。他们不像英国阁员或反对党那样,虽然互相反对,还是联合起来保持共同的机密。国民议会必须大开光明之门。它必须向人显示人应有的品质;越使人接近于这个标准,国民议会地位就越巩固。

在研究法国宪法时,我们看到一切事情都井然有序。原则与形式相协调,二者又和它们的发端相协调。也许有人会替坏形式辩护,说它们不过是形式而已,但这是错误的。形式来自原则,并在运用中继续发展原则。坏的形式只能根据坏的原则去推行。坏的形式也不能硬加于好的原则;任何一个政府,如果它的形式是坏的,它的原则也肯定是坏的。

这里,我要最后结束这个论题。我在开始时曾说过,柏克先生已自动放弃把英法两国的宪法相比较。他对没有这样做表示歉意,说他没有时间。柏克先生的书写了八个多月,长达三百六十六页。正如他对这个问题避而不谈有损于他的事业一样,他的道歉使情况更糟;海峡那一边的英国人会开始想,在所谓的英国宪法中到底是不是有一些根本的毛病,以致柏克先生只好不做比较,免得把毛病暴露出来。

柏克先生既然没有谈到宪法,所以也就没有谈法国革命。他没有叙述革命的开始或其进程。他只是表示惊讶。他说:“在我看来，我好像处在一个极大的危机之中，这不仅是法国一国的事，而是全欧洲，也许超越全欧洲的事。从一切情况来衡量，法国革命是迄今为止世界上发生过的最令人吃惊的革命。”

聪明人对蠢事吃惊，蠢人对聪明事吃惊，我不知道柏克先生吃惊所为何来；但有一点可以肯定，他根本不了解法国革命。法国革命好像是从混乱中迸发出来的新事物，其实只是在法国早已存在的思想革命的结果。国民的心理早已发生变化，事物的新秩序自然随着思想的新秩序应运而生。在这里，我将尽可能扼要地追溯一下法国革命的发展过程，并指出促成这一革命的种种条件。

路易十四的暴政，再加上他的宫廷的荒淫无耻以及他秉性的浮夸不实，曾经大大压抑同时又迷惑了法国人民的心理，以致他们好像失去了一切尊严感，一味想到他们大皇帝的尊严；而路易十五全部在位期间，不仅以软弱无能和优柔寡断著称，情况毫无改变，反而使国民更进一步陷于麻木不仁的境地而不能自拔。

在这期间，显示自由精神的唯一标志只能从法国哲学家的著作中找到。波尔多议会议长孟德斯鸠做了专制政府统治下的作家所能做到的一切；由于他不得不既讲原则又小心谨慎，他的思想往往隐而不露，因此我们应当相信他有更多的想法没有表达出来。

伏尔泰既是专制政治的颂扬者又是讽刺者，做法有所不同。他的长处在于暴露与嘲笑教士权术和政治权术相结合而加诸于政府的种种迷信。他作出这些抨击不是由于只注重原则或热爱人类（因为讽刺与博爱不是天然协调的），而是由于他看穿丑事真相的卓越能力以及揭露丑事的不可抑制的意向。可是，这些抨击之令人生畏，宛如出于善良的动机，因此他值得人类的感谢胜于尊崇。

相反，我们在卢梭与顿纳尔教长的著作中发现热爱自由的思想感情，它令人尊敬并提高了人的能力；但是在激发了这种蓬勃向上的生气之后，却没有指导它去发挥作用，只是听任人们爱上一样东西，并没有阐明如何去占有这样东西。

魁奈和杜尔哥以及这些作家的朋友们的著作，都是属于严肃一类的；但是他们与孟德斯鸠一样，在不利的条件下从事写作；他们的著作中充满了有关政府的道德箴言，但只涉及精简和改革政府的行政方面，而不涉及政府本身。

然而，所有这些著作和其他许多著作都是有分量的，它们以不同方式讨论政府问题，孟德斯鸠用他关于法律的见解和知识，伏尔泰用他的机智，卢梭和赖纳尔用他们的生动活泼，魁奈和杜尔哥用他们的道德箴言和经济体系，使各式各样的读者都获得了适合他们口味的东西，当英国和它当时在美洲的殖民地发生争执的时候，一种政治上寻根追底的气氛就开始在法国全境传播开了。

由于把在美洲发生的军事事变同美国革命的原则分离开来是不可能的，把这些事变在法国公布就必然要与生产事变的原则联系起来。许多事变本身就是原则，例如美国《独立宣言》、《法美同盟条约》，它们承认人的天赋权利，认为反抗压迫是正当的。

当时的法国总理维尔日纳伯爵不是美国的朋友，可以公道而感激地说，倒是法国王后使美国发生的事情在宫廷中流传开来。维尔日纳伯爵是富兰克林博士的私交又是社交，富兰克林通情达理的文雅态度对他有所影响，但在原则上维尔日纳伯爵仍然是专断独行的。

富兰克林博士作为美国驻法公使，他的地位应列入一连串事件之中。在社会上,活动范围最小的就数外交人员,大家由于互相猜疑而不相往来,外交人员就像一个失去联系的原子。不断地冲击和被冲击。但富兰克林博士却不是如此。他不是宫廷的外交官,而是人民的外交官。他的哲学家的品质早就被一致公认,他在法国的社交范围是广阔的。

在很长时间内,维尔日纳伯爵不准译成法文的《美国宪法》在法国公布;但即使如此,他还是不得不对舆论让步,知趣地允许把他曾经抵制过的东西发表出来。《美国宪法》之于自由,正如语法之于语言;它们规定各种词类,并且实际上把词类造成句子。

拉法叶特侯爵的特殊地位是一连串事件中的另一件。他曾在美国国会一个委员会领导下当过军官,为美国效过劳,由于交游广阔,同美国军政界关系友好密切。他讲这个国家的话,参与讨论美国政府的各项策政,而且在历次选举中都是一位深受欢迎的朋友。

当战争结束时,由于法国官兵回国,一支增强自由事业的庞大力量遍及法国全境。实践知识于是同理论结合了起来;就缺机会使它真正实现。严格说来,人不能为自己的目的创造时势,但是时势一旦出现,他总是能抓住时势加以利用,法国的情况就是如此。

内克先生是 1781 年 5 月去职的,后来由于财政管理不善,特别是在哥洛纳先生施政期间挥霍无度,法国岁入虽达两千四百万镑,仍不敷支出,这并非由于收入减少,而是由于开支增加;而这就是这个国家爆发一场革命的条件。英国首相皮特先生经常在他的预算案中提到法国的财政状况,但并不了解这个问题。倘若当年法国议会登记新的征税法令也像英国国会予以批准那样干脆,财政本来就不会混乱,也不会发生什么革命了;但等我讲下去,这一点自会明白的。

这里有必要说明一下以前法国政府是怎样征税的。国王或毋宁说是宫廷或内阁以国王名义任意制定征税法令，送交议会登记；因为在议会予以登记之前这些法令是无效的。对于议会在这方面的权限问题，宫廷和议会之间一直有争执。宫廷坚决主张议会的权力只限于对征税表示异议或提出反对理由，而自己则保有断定所提理由是否充分的权力，结果宫廷就可以要么自行撤销法令，要么行使权力勒令议会予以登记。议会方面则坚持不但有权表示异议，而且有权拒绝登记；据此，议会总是得到国民的支持。

还是回到我讲述的事情上来吧！当时哥洛纳先生需要钱。他知道议会对于开征新税的强硬立场，就很巧妙地设法或则用比较婉转的方式而不用高压手段去接触议会，或则用策略绕过议会；为此，他袭用故伎：从各省召集一批人，称为"名人会议"，于 1787 年开会，这些人的使命是向议会提议征收新税，或者自己来行使议会的职权。1617 年就召开过这样一次会议。

我们既然把这件事看作是实际上走向革命的第一步，就不妨来谈一些它的细节。名人会议在一些地方曾被误认为是三级会议，其实完全是另一回事。三级会议总是由选举产生的，名人会议的成员则全部由国王提名，共一百四十人。但是由于哥洛纳先生不能操纵这个会议的多数，他非常巧妙地将他们加以安排，使一百四十人中只要有四十四人就成为多数；为此，他把他们分成七个委员会，每个委员会二十人。每一个一般性问题不是由人的多数来决定，而是由委员会的多数来决定；由于在一个委员会中，十一票就成为多数，而四个委员会则是七个委员会中的多数，哥洛纳先生乃有充分理由认定,既然四十四人就可以决定任何一般性问题,他的得票数就稳占上风。但是他的算盘打错了,结果自己也垮台了。

当时,拉法叶特侯爵在第二委员会,达多亚伯爵是该委员会主席。既然目的是解决钱的问题,会上自然把有关钱的一切情况都提了出来。拉法叶特侯爵发言指责哥洛纳背着国王出售王室土地达二百万利弗。达多亚伯爵问侯爵可否把这项指责写成书面(这好像是在恐吓,因为当时巴士底狱还存在)。侯爵回答说可以。达多亚伯爵没有硬要,而是从国王那里带来口信叫他这样做。拉法叶特侯爵就把他的指责写成书面送交国王,并负责予以证实。此事以后,没有再提,但哥洛纳旋即被国王免职,逐往英国。

由于在美国的亲身经历,拉法叶特侯爵在民政方面比当时名人会议的大多数成员都来得熟悉,所以,主要的工作大多由他负责。那些主张制定宪法的人打算在税收问题上同宫廷较量,有些人公开亮出了他们的目标。达多亚伯爵同拉法叶特侯爵经常在各种问题上发生争执。关于已经产生的欠款问题,拉法叶特侯爵主张通过使开支适应收入而不是收入适应开支的办法加以解决;作为改革的对策,他主张取消巴士底狱和全部国立监狱(因为这些机构花费浩大),同时禁发密诏①,但是这些事情当时未受重视,至于密诏,绝大多数名人似乎还是赞成的。

关于给国库提供新的税收问题,会议拒绝受理,一致认为他们没有权力。在一次辩论这个问题时,拉法叶特侯爵说,靠征税筹款只能由一个人民自由选举出来的、代表人民的国民议会进行。达

① Lettres de Cachet:皇帝密诏,据此可以不经审讯而将人逮捕入狱。——译者

多亚伯爵问道,你指的是三级会议么?拉法叶特侯爵回答说是。达多亚伯爵说,你愿把你说的话签字呈交国王吗?拉法叶特侯爵答称他不但愿意这样做,而且还要更进一步,并说有效的方法是使国王同意制定一部宪法。

用名人会议代替议会的计划失败了,又冒出了另一个由会议提出法案的计划。关于这个问题,会议同意提两种新税交议会登记:一种是印花税,另一种是领地税或类似土地税。两种新税估计每年约五百万镑。现在,我们应当转而谈谈议会,因为事情又移交给他们去负责了。

图鲁兹大主教(以前是桑斯大主教,现为红衣主教)在哥洛纳撤职后不久,被任命掌管财政,后又被任命为首相,这个官职在法国是不常设的。不设这个职位时,各主要部门的首脑直接同国王一起处理公务。设首相时,他们就光同首相一起办公。自舒赛尔公爵以来,这位大主教掌握的国家权力比任何一个大臣更大,人民对他很有好感。但是由于一些未经说明原因的行为,他滥用职权,专断独行,终于失宠,降为红衣主教。

名人会议散场后,财政大臣就把会议提出的两项新税法送交议会登记。这两项法案当然首先送到了巴黎议会,但议会答称,按当时国民所负担的这样一种财政收入来说,除非为了减税,就不应再提到税这个字眼,并将两项法案都扔了出去。[1]

议会拒绝登记后,就被召往凡尔赛宫,在那里,国王按惯例举

---

① 当英国首相皮特先生在英国国会再次提到法国的财政时,他要是能以此作为范例加以注意就好了。——作者

行了旧政府所谓的“御前会议”，于是两项法案就如第 172 至 173 页所叙述的那样以国家命令当着议会予以登记。

此后，议会立即返回巴黎，按常例重行开会，并命令取消登记，宣告在凡尔赛所做的一切均属非法。于是，国王下密诏，把全体议员流放特洛伊；但由于他们在流放中照样坚强不屈，而报复行为又不能代替新税，因此，不久又把他们召回巴黎。

于是将新税法案再次提交议会，并由达多亚伯爵充当国王代表。为此，这位伯爵在大队人马簇拥下从凡尔赛来到巴黎，议会被集合起来欢迎他。但是，排场和炫耀在法国已不起作用；无论他来时有多么重要的想法，只能怀着屈辱和失望回去。当他下了马车登上议会大厦台级时，大批群众聚在一起议论纷纷说，“这就是达多亚先生，他要我们拿出更多钱让他去花费。”这种露骨的非难使他害怕，他的卫队长于是发出准备战斗的口令。口令声那么响，传遍了议会的通道，秩序顿时大乱。当时，我正站在他必须通过的一个套间里，不禁感到一个不受尊重的人的处境是多么倒霉。

他力图用大话来打动议会，一开始就盛气凌人地说：“国王，我们的主人和上帝。”议会态度非常冷淡，还是拒不登记新税法，这次会见就这样结束了。

此后，发生了一个新问题，即在征税问题上，宫廷与议会经过多次争论，巴黎议会终于宣布，尽管为了方便起见，向来由议会登记征税法案，但其权利只属于三级会议；因此，议会不再适于继续辩论它无权去做的事。此后，国王亲临巴黎，同议会开会，会议从早晨十点一直举行到晚上六点左右，国王并以仿佛未同内阁商量过而是出于他本人意图的口吻，向议会保证：三级会议应当召开。

可是,嗣后,一件其动机同过去一切完全不同的事发生了。首相和内阁反对召开三级会议。他们深知,如果召集三级会议,他们自己必然垮台;由于国王并未指定何时召开会议,他们就想出一个意在逃避三级会议而表面上却并不表示反对的办法。

为此,宫廷自行着手组织一个机构。这项工作主要出于掌玺大臣拉姆阿琼先生之手,此人后来开枪自杀。这个新的安排在于建立一个名为全朝会议的机构,这个机构拥有政府必要时可以利用的一切权力。朝会人选由国王提名。国王放弃有争议的征税权,一个新的刑法与诉讼法代替旧的法规。这个法典在许多方面的原则要比政府以往一直据以统治的原则强得多;至于全朝会议则不过是用以实施专制主义的一个手段,只是表面上看不出由专制主义直接行事罢了。

内阁对于这个新计谋抱有很大期望。全朝会议的人选已经提出;由于有必要装潢门面,国内许多知名人士都被罗致进去。会议定于 1788 年 5 月 8 日召开,但在两个方面受到反对,一是原则方面,一是形式方面。

原则方面是,政府无权改变自己,如果承认这种做法,就会形成一种原则,并成为今后政府企图作任何改变的先例;改变政府的权利是国民的权利,而不是政府的权利。形式方面则认为全朝会议不过是一种扩大的内阁而已。

当时的罗歇福科特、卢森堡、诺爱勒司和其他许多公爵都拒绝接受提名,并竭力反对整个计划。当建立这个新朝会的法案送到议会去登记并付诸实施时,也遭到抵制。巴黎议会不但加以拒绝,并否认这种权力;于是,议会与内阁之间的冲突空前激烈地重新爆发。当议会正在开会讨论这个问题时，政府派军队包围议会，断绝交通。议员们从外面送进床铺和粮食，就像居住在被围的城堡里；由于这样做不顶用，就命令指挥官进入议会逮捕议员。指挥官执行了命令，几个主要议员分别被投进监狱。与此同时，从布列塔尼省来了一个代表团，表示反对建立全朝会议，这些人也被大主教投入巴士底狱。但是国民的意志不可战胜，它充分意识到自己拒绝增税的立场是坚强有力的，所以坚持沉着抵抗，这就有效地推翻了当时蓄意反对国民的一切阴谋。全朝会议的计谋终于破产，首相随即去职，内克先生又被复职。

试图建立全朝会议对这个国家产生了它本身不曾料到的影响。这是一种新式政府，它不知不觉把旧式政府革除，并且粉碎旧政府自古以来的富于迷信色彩的权威。这是政府推翻政府，由于努力创造一个新政府，旧政府就此崩溃。

这个计划的失败使召开三级会议的问题重新提了出来，这就引起了一连串新的政治事件。三级会议并没有固定的召开方式，实在只不过是从当时所称教士、贵族和平民中选出一个代表团；但他们的人数或比例并不始终如一。只是在特殊情况下才把这些人召集起来，最近一次是在 1614 年；那时他们的人数比例是均等的，大家按等级投票。

1614 年的方式不论对当时政府的需要或国民的需要都不符合，这一点是逃不出内克先生的敏锐眼光的。在当时的形势下，要对任何问题取得一致意见都只会争论不休。对特权和豁免权的辩论会没完没了地进行下去，在这些辩论中，不论是政府的需要或国民对宪法的希望都会被置之脑后。可是，内克先生不顾自己贸然作出决定，就再次决定召集名人会议把这个问题交给他们去讨论。由于这个机构主要是由贵族和高薪教士组成的，他们都乐于来解决问题，因此，他们决定采用 1614 年的方式。这个决定是违反民意的，也不合宫廷的愿望，因为贵族反对上述双方，一心争夺独立于任何一方的特权。后来又把这个问题交给议会，议会主张平民的人数应与另外两个等级的人数相等；而且他们应当在一个屋子里开会，并一同投票。最后决定人数为一千二百人；六百人由平民选出（这个数目少于他们按比例应有的人数，如果从全国范围考虑他们的作用和后果的话），三百人由教士选出，其余三百人由贵族选出；至于集会的方式，是在一起开会还是分开来开会，还有投票方式，这些事情也都提到了。①

随后的选举不是竞选，而是一次生气勃勃的选举。候选人不是根据地位，而是根据原则。在巴黎成立了许多社团，全国普遍建立了通信和函授组织，以启发人民向他们阐明国民政府的原则；选

① 柏克先生（我必须冒昧地告诉他，他对法国的情况很不了解）在谈到这个问题时说，“关于召开三级会议，我第一个念头就是它大大背离了传统做法”，接着，他又说，“我一看到这份名单，立即清楚和逼真地看出将要发生的一切。”——柏克先生肯定没有看出将要发生的一切。我在三级会议召开前后，都力图要他注意，一场革命就会发生；但未能使他认识到这一点，他也不相信会发生革命。既然整体也看不到，又怎么能够清楚地看到它的各个部分，这我百思不得其解。至于“背离传统做法”，这种说法除了天生的弱点之外，表明他对情况一点儿不了解。从已有的经验来看，背离是必要的，因为那是一种坏的传统做法。1614 年的三级会议是在路易十三处于少数的情况下，在内战开始时召开的；但是，由于用等级来安排引起冲突，会议的目的本来是平息混乱，结果反而增加了混乱。那位在谁都没料到法国会发生革命之前写下《内阁的阴谋诡计》一书的作者，在谈到 1614 年的三级会议时说道：“他们让民众提心吊胆了五个月；从当时所提出的各种问题以及提出问题的激烈程度来看，这些大人物更多是为了满足他们的特殊激情，而不是为国民谋取利益；于是全部时间就在争吵、礼节和排场中白白浪费了。”参见《内阁的阴谋诡计》第 1 卷，第 329 页。——作者

举进行得井然有序,连骚乱的谣言也没有引起。

三级会议原定 1789 年 4 月在凡尔赛召开,但直到 5 月间才举行。他们分别在三个会议室里开会,或者不如说教士和贵族各自退到一个会议室去开会。大多数贵族要求取得他们所谓的单独投票特权以及用这种方式表示同意或不同意;许多主教和高级教士也根据他们的等级要求同样的特权。

第三等级(当时是这样称呼的)不承认这些人为的等级和人为的特权;他们对这一点不但态度坚决,而且有些不屑一顾。他们开始把贵族看作是从腐朽的社会中滋长出来的霉菌,甚至不能算作社会的一部分,而且从贵族拥护密诏的倾向和其他种种例子来看,显然只能由国民来制定宪法。

就这个问题经过很多争论之后,第三等级或平民(当时是这样称呼他们的),根据长老专门提出的动议宣布他们自己为“国民代表”;其他两个等级只能看作是社团代表,只有以国民身份同国民代表一道开会时才具有充分的发言权。此举取消了三级会议这个形式,改建成现有的形式,即国民议会的形式。

这个动议不是仓促提出的。它经过深思熟虑,并且在国民代表与其他两院的爱国人士之间取得了协调,后者看破了人为的特权划分是愚蠢、罪恶而又不公正的。宪法显然只有建立在全国人民的基础上才配称宪法。贵族一直反对宫廷的专制,盗用爱国言论;但它是把宫廷作为它的对手来反对的(正如英国贵族反对国王约翰一样),现在则以同样的动机来反对国民。

通过这个动议时,国民代表经过协商向其他两院发出邀请,要同它们以国民身份联合起来,以着手工作。大多数教士,主要是教区的牧师，退出教士院，参加了国民会议；贵族院也有四十五人参加。关于后者有一段秘史需要解释一下；自称为贵族院的所有爱国分子一下子全部退出被认为不妥，因此，他们采取逐渐退出方法，总是留下一些人，既合乎情理，又可监视所怀疑的人。不久，退出人数就由四十五人增至八十人，随即又增至更大的数目；这些人加上大多数教士和全体国民代表，就使不满分子处于极少数地位。

国王与通称国王的那一类人秉性不同，他是一个好心人，表示要根据国民议会的立场把三院联合起来；但是不满分子竭力阻挠，又开始搞另一个阴谋。不满分子大多数是贵族院的，少数是教士院的——主要是主教和高薪教士；这些人决心用文武两手来解决问题。他们不反对制定宪法；但这部宪法必须受他们支配，符合他们的观点和特殊地位。另一方面，平民代表只承认他们是公民，其他什么都不承认，决心拒绝所有这些无理要求。他们越是显得贵族气十足，就越受到轻视；大多数贵族都表现得懦弱无能，缺少才智，有一种我弄不清是什么名堂的味道，虽然装作高人一等，其实还够不上做人的资格。贵族失势大多是由于受到轻视，而不是由于仇恨；是像驴子一样被嘲弄，而不是像狮子那样叫人害怕。这就是一切国家的贵族的共性，贵族或者叫做“显贵人物”或“高贵人物”，或不如就叫“无能之辈”。

不满分子的计谋包括两点：或者由各院（或各等级）进行商讨和表决，特别是涉及宪法的各种问题（这样，贵族院就可以否决宪法的任何一项条文）；或者，如果达不到这个目的，就把国民议会整个推翻掉。

为了实现这两个目标之一，他们开始讨好他们一向力图与之抗衡的专制主义，达多亚伯爵成为他们的首领。国王（后来他宣称自己受了他们的骗）按旧习举行了一次“御前会议”，会上他同意就各个问题进行评议并按每人一票进行表决；但涉及宪法的一切问题仍须由三院分别评议和表决。国王的这个声明是不听内克先生的劝告作出的，后者已察觉到自己在宫廷日益失宠，国王正在考虑起用另一个大臣。

分院开会的方式虽已遭到严重打击，但仍在继续推行，因此国民代表在国王发表声明后，立即返回本院，商讨对国王声明提出抗议；贵族院已参加国民行列的少数人则退到一间私室去同样商讨对策。不满分子此时已同宫廷采取一致行动，由达多亚伯爵负责指挥；由于他们从国王的声明所引起的不满和反对看出他们是不能通过分院表决来控制自己意图中的宪法了，他们就准备施出最后一招——阴谋反对国民议会并把它推翻。

次晨，国民议会会议厅大门紧闭，由军队把守，不许议员进入。面对这一情况，议员们退到凡尔赛附近的一个网球场，因为这是他们当时所能找到的最合适的地方，并且在复会后宣誓，不论在任何情况下，非制定出宪法，绝不离散。由于关闭会场徒然使议员们更加团结一心，第二天就又把它打开了，于是在原地重新办公。

我们就要看到一个新内阁组成，其目的在于推翻国民议会。可是，这需要使用武力，于是下令召集三万军队，并把预期中的新内阁成员布罗伊从乡间召回，由他担任指挥。但是由于必须作出安排，把这个计划保密到付诸实施为止，达多亚伯爵就特地发了一项声明，这里不妨把它介绍一下。

不满分子继续同国民议会分厅开会，此举引起的猜忌必然甚于同国民议会合厅开会,他们的阴谋也会被拆穿。但既然已经做了,现在要有借口下台,就得制造一个借口。达多亚伯爵成功地做到了这一点,他发表声明说:“如果他们不参加国民议会,国王就有生命之虞。”据此,他们就离开了自己的会场,参加国民议会,同国民议会合为一体。

声明刚发表时,大家都把它当作是达多亚伯爵的谎话,目的不过是要把两院的重要成员从他们所处的困境中解救出来;如果接下来没有发生更多的事,这个结论也许是不错的。但是事情的结局是对事情本身的最好说明,这种表面上的联合不过是给在暗中进行的阴谋打掩护罢了;声明正是为了这个目的。不久,国民议会就被军队包围,而且每天还有数以千计的军队到达。对此,国民议会向国王提出强烈抗议,指出这样做法不对,要求解释。国王(正如他后来声明,并未参与这个阴谋)大致回答说,他除了要想维持当时显得很乱的公共治安之外,并无别的用意。

但几天以后,阴谋就暴露了。内克先生和他的内阁被免职了,由革命的敌人组成了新内阁;布罗伊率领两万五千到三万外国军队前来支援。假面具揭开了,局势紧张。结果是,三天之内,新内阁及其教唆者感到还是逃出国为妙;巴士底狱被攻下,布罗伊和他的外国军队作鸟兽散,正如本书前一部分已叙述过的那样。

在这个短命内阁和短命的反革命阴谋中,还有一些稀奇事儿。宫廷驻地凡尔赛宫与国民议会会场相距不到四百码。当时,这两个地方就像两支敌军各自的司令部;可是宫廷却好像处于百英里之外,对国民议会从巴黎得到的消息竟一无所知。如前所述,在这个紧要时刻,拉法叶特侯爵被选为国民议会议长了,他在攻下巴士底狱当天,根据议会命令,接连派了三个代表团到国王那里去报信并同他商讨局势;但是当时还不知自己已受到攻击的内阁却断绝了一切交通,还在私下庆幸他们是多么巧妙地获得了成功;可是几小时后,报告雪片般飞来,他们不得不离开办公桌,开始逃跑。这些人逃跑时,一个个都乔装打扮,谁都不敢露出自己的身份。他们急于在消息传出之前逃跑,生怕受到拦截,消息尽管传得快,总没有他们逃得快。

值得一提的是,国民议会既没有去追捕那些逃亡的阴谋家,也不去理睬他们,更不想以任何方式进行报复。国民议会忙于制定一部以人权和人民权力(各国政府可赖以存在的唯一权力)为基础的宪法,丝毫也不沾有卑劣的感情,而那些感情正是把自己建立在它们特有的权力或世代相传的荒谬制度之上的专制政府的特征。是人类的智能促成了它所向往的一切,并且按照它的目的采取行动。

阴谋就这样被粉碎了,国民议会做的第一件事不是像别的政府那样发布种种报复性的公告,而是公布一项《人权宣言》,作为制定宪法的基础。现将该宣言附录如下:

《人权和公民权宣言》——法国国民议会公布

"组成国民议会的法兰西人民代表,考虑到对于人权的无知、忽略或轻视乃是公众不幸和政府腐败的唯一缘由;考虑到这个宣言经常铭记在社会成员心中,可以使他们永远关注他们的权利和义务;考虑到政府在立法和行政方面的法令如能随时同各种政治机构的目标相比较,将会更加受到尊重;同时也考虑到在这些简单明确的原则指导下,公民的未来要求将会始终有助于维护宪法和公众幸福,兹决定庄严地宣言公布这些天赋的、不可侵犯和不可剥夺的权利。

“鉴于上述理由,国民议会在上帝鉴临下,并祈求他的恩惠和赞许,确认并宣布下列神圣的人权和公民权:

“一、在权利方面,人生来是而且始终是自由平等的。因此,公民的荣誉只能建立在公共事业的基础上。

“二、一切政治结合的目的都在于保护人的天赋的和不可侵犯的权利;这些权利是:自由、财产、安全以及反抗压迫。

“三、国民是一切主权之源;任何个人或任何集团都不具有任何不是明确地从国民方面取得的权力。

“四、政治上的自由在于不做任何危害他人之事。每个人行使天赋的权利以必须让他人自由行使同样的权利为限。这些限制只能由法律规定。

“五、法律只可禁止有害于社会的行为。法律不禁止的事不应受到阻挠;也不应迫使任何人去做法律不要求做的事。

“六、法律是公共意志的表现。凡属公民都有权以个人的名义或通过他们的代表协助制定法律。不论是保护还是处罚,法律对全体公民应一视同仁;在法律面前,人人平等,公民可按他们各自的能力相应地获得一切荣誉、地位和工作,除他们的品德与才能造成的差别外,不应有任何其他差别。

“七、除依法判决和按法律规定的方式外,任何人都不应受到控告、逮捕或拘禁。凡提倡鼓吹、执行或唆使执行专横命令者应受惩处,凡公民被依法传讯或逮捕者应立即服从,违抗者应受处罚。

“八、法律只应判处绝对而且明显地非判处不可的刑罚;除非依据一项犯罪前已公布在案的法律,并合法执行,任何人都不应受到处罚。

“九、任何人在未经判罪前均应假定其无罪,如非拘禁不可,法律应规定对他采取的严厉措施不得超过为防止他脱逃而必须采取的措施。

“十、任何人都可发表自己的意见——即使是宗教上的意见——而不受打击,只要他的言论不扰乱法定的公共秩序。

“十一、无拘束地交流思想和意见是人类最宝贵的权利之一,每个公民都有言论、著述和出版的自由,只要他对滥用法律规定情况下的这种自由负责。

“十二、为了保障人权和公民权,必须有一支公共武装部队,建立这支部队是为了社会的利益而不是为了它的负责人的特殊利益。

“十三、为了维持这支公共部队和支付政府的其他费用,必须筹集一笔公款,此款应由社会成员按各自的能力平均分摊。

“十四、每一个公民都有权由他本人或他的代表,就决定各种公款的必要性、用途、数额、征收方式和期限等问题自由发表意见。

“十五、每一个公共团体都有权要求它的一切工作人员汇报他们的工作情况。

“十六、每一公共团体都须制定章程以便分权和保障各种权利。

“十七、财产是神圣不可侵犯的权利,除非有明显的公共需要，经过合法手续，并事先给予公平的补偿，不得剥夺。”

《人权宣言》评述

前三条概括了《人权宣言》的全部内容；以后各条不是导源于前三条就是接着阐明前三条。第四、第五、第六条对第一、第二、第三条只一般说明的地方作了更为详细的解释。

第七、第八、第九、第十、第十一条说明法律据以制定的**各项原则**，同已宣布的**各项权利**一致。但是法国和其他国家的一些好心人却怀疑第十条是否足以保证它想要给予的权利；此外，这一条为了使之成为人类法律的一个题目，还取消了宗教的神圣尊严，削弱了它对心灵的力量。于是，它像光明为云雾遮蔽一样呈现在人面前，光源被遮住了，人在昏暗中就看不到什么可崇敬的东西了。[①]

从第十二条开始的其余各条，实质上都包含在以前各条的原则之内；但是在法国当时所处必须拨乱反正的特殊局势下，理由比在另一种局势下说得更详尽些。

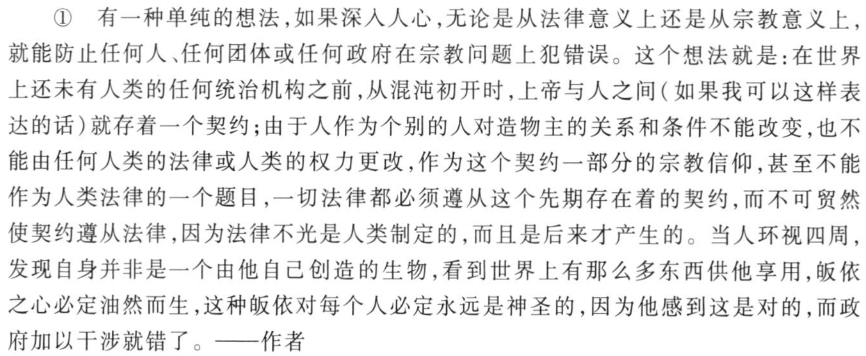

① 有一种单纯的想法，如果深入人心，无论是从法律意义上还是从宗教意义上，就能防止任何人、任何团体或任何政府在宗教问题上犯错误。这个想法就是：在世界上还未有人类的任何统治机构之前，从混沌初开时，上帝与人之间（如果我可以这样表达的话）就存着一个契约；由于人作为个别的人对造物主的关系和条件不能改变，也不能由任何人类的法律或人类的权力更改，作为这个契约一部分的宗教信仰，甚至不能作为人类法律的一个题目，一切法律都必须遵从这个先期存在着的契约，而不可贸然使契约遵从法律，因为法律不光是人类制定的，而且是后来才产生的。当人环视四周，发现自身并非是一个由他自己创造的生物，看到世界上有那么多东西供他享用，皈依之心必定油然而生，这种皈依对每个人必定永远是神圣的，因为他感到这是对的，而政府加以干涉就错了。——作者

当国民议会审议《人权宣言》时，一些议员主张，如果公布一项权利宣言，就应当同时公布一项义务宣言。这种看法显然是经过考虑的，毛病仅在于考虑得不够周密。从相互作用来说，权利宣言也就是义务宣言。凡是我作为一个人所享有的权利也就是另一人所享有的权利；因而拥有并保障这种权利就成为我的义务。

头三条是自由的基础，不论就个人或国家而言都是如此；任何一个国家的政府如果不从这三条所包含的原则出发，并继续保持这些原则的纯洁性；这个国家就不能称为自由，全部权利宣言对于世界各国的价值要比迄今颁布过的一切法令与条例高得多，好处也大得多。

在权力宣言的绪言中，我们看到一个国家在"造物主"庇护下，着手建立一个政府的宏伟壮观，场面如此新颖，非欧洲任何事物所能比拟，以致革命这个名称已缩小了它原来的意义，而上升为人类复兴。当今欧洲各国政府不是罪恶和压迫的渊薮又是什么？英国又如何？它自己的人民不是说它是个市场，每个人都标上了价格，而以牺牲受骗的人民为代价的贪污腐化行为都比比皆是吗？那么法国革命遭到恶意中伤就不足为奇了。如果法国革命仅限于摧毁臭名昭著的专制主义，柏克先生之流也许会默不作声。现在他们却叫嚷"革命搞得太过分了"——就是说，对他们太过分了。革命直指贪污腐化行为，贪官污吏都惊慌失措。他们色厉内荏，不过是负了伤的恶人在呻吟。可是，法国革命从这种反对受到的不是损害，而是尊崇。法国革命受到的打击越多，发出的光辉就越强；就怕它受到的打击还不够。攻击并不可怕：真理已使革命确立，而时间则将使革命永垂青史。

在把法国革命从它开始到攻克巴士底狱直至制定《人权宣言》为止的大多数主要阶段的进程加以探索之后，我将用拉法叶特侯爵的有力的呼声来结束本题——但愿这个为自由而高高竖起的伟大纪念碑成为压迫者的教训和被压迫者的典范！①

杂　　记

为了不影响本书前一部分的论争或随后所作的叙述，我把一些意见保留下来，归入杂记一章；这样做也许可使多样性的内容不致被斥为混乱。柏克先生的书全然是杂乱无章的。他的目的在于攻击法国革命；可是，他不是有条有理地往下讲，而是用一大堆互相干扰矛盾的概念滥施攻击。

但是柏克先生书中的这种混乱与矛盾是容易说明的。一个立场错误的人，若不是用某种真理或原则来引路，就必然会迷失方向。除非始终牢牢盯住这一指导方针，要把一个论点的所有部分统一起来，融为一体，绝非他力所能及。记忆和创造都不能弥补这个缺陷。前者会使他搞错，后者会将他引入歧途。

尽管柏克先生胡说八道（因为没有更恰当的词儿可以代替），主张什么世袭继承和世袭权利，又胡说什么国民无权组成自己的政府，但他碰巧解释了一下政府是什么。他说，"政府是人类智慧的一项发明。"

---

① 见本书第 121 至第 122 页。

注意——自攻下巴士底狱以来，事变已予公布但本文所记载的各种事情发生在那个时期之前；因此，其中有些事情显然很少为人们知道。——作者承认政府是人类智慧的一项发明，就必须承认世袭继承和世袭权利——如它们所号称的那样——不在此例，因为智慧是不可能世袭的；另一方面，那项发明也绝不是有脑筋的，运用这种发明，就有可能把一国的政府交给一个白痴去管理。柏克先生采取的立场对他的事业的各方面都是不利的。论点从世袭的权利变为世袭的智慧；但问题在于，谁是最聪明的人呢？他必须证明，每一个世袭谱系中的人都是所罗门[①]，否则就不配称国王。柏克先生作了多么有力的一击呀！用水手的话说，他用拖把擦了甲板，使国王名单上连一个名字也认不清了；他还用死亡和时间一样可怕的镰刀把贵族院扫了一通，使它零落不堪。

可是，看来柏克先生已经意识到这一尴尬局面；因此他小心防范，使政府不但成为人类智慧的发明，而且成为一种智慧的垄断。他把国民当作蠢人放在一边，把他的智慧的政府——“愚人村”的智叟——放在另一边；然后宣称“人类有‘权利’让这种智慧来满足他们的需要”。在作了这样的宣告后，他就接着向他们解释，他们的需要是什么，他们的权利又是什么。在这方面，他倒是得心应手，因为他把他们的需要说成是对智慧的需要；但由于这是空洞的安慰，于是他又告诉他们说，他们有一种权利——不是赋有智慧的权利，而是受智慧统治的权利；而且为了使他们对这个垄断智慧，又神通广大、无所不能的政府肃然起敬，他还以占星学家的神秘气氛神气活现地进一步向他们说明它的权力：“人们在政府中的权利是他们的利益所在；这些利益往往是各种不同好事之间的平衡；

① 所罗门系古以色列王国国王大卫之子，以智慧著称。——译者

有时则是善与恶之间以及恶与恶之间的妥协。政治理论是一种要进行计算的原则;要从道义上而不是从形而上学或数学上加、减、乘、除,作真正道义上的论证。”

鉴于莫名其妙的听众——柏克先生设想自己是对他们讲——可能不理解所有这些高深莫测的话,我倒愿意来充当讲解员。善良的人们,这话的意思就是:政府是不受任何原则管辖的;它可以任意以恶为善或以善为恶。简言之,政府是专横的权力。

但是,有一些事情柏克先生却忘得一干二净。第一,他没有说明,智慧最初来自何处;第二,他也没有说明,智慧是根据什么权力开始活动的。按照他的说法,不是政府窃取了智慧,就是智慧窃取了政府。政府没有来头,它的权力也没有权威。简言之,这就是篡权。

到底是惭愧,还是意识到政府的一些根本缺陷必须加以掩饰,还是两者兼有,还是任何其他理由,我不想断定。但事实是,一个君主主义的理论家从来不去探索政府的根源,或者从根源去研究政府。这是一句把他鉴别出来的试验的话。一千年后,那些生活在美国或法国的人,将会自豪地回顾他们政府的起源,并且说,这是我们光荣的祖先的业绩!但是一个君权论者能说什么呢?有什么值得他欢欣鼓舞的呢?哎呀!他什么都没有。有件事不许他寻根溯源,生怕哪一个强盗,或哪一个罗宾汉[1],从远古的年代站出来说:我就是根源。尽管柏克先生两年前对摄政法案和世袭继承权下了苦功,拼命挖掘先例,他还是没有足够的勇气把诺曼底的威

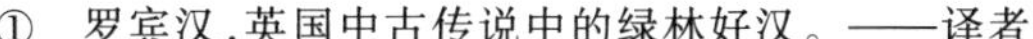

① 罗宾汉,英国中古传说中的绿林好汉。——译者

廉揪出来并且宣布:这就是名单上的头一名,这就是光荣之源;这个婊子养的,这个英国民族的掠夺者。

现在,各国人民对政府的舆论变得很快。美国革命和法国革命向全世界投射了一线光明,使人民开了眼界。各国政府的浩大开支促使人民去思考,使他们觉悟;而一旦假面具戳穿,就无从弥补。愚昧有一种特征:一经消除,就再也恢复不了。愚昧原非生来就有,不过是缺乏知识而已;人尽管可以处于愚昧,但不能硬使他愚昧。人的头脑发现真理,就像通过眼睛发现物体;一旦看到了任何物体,就不可能使头脑恢复到它看到物体之前的那种状态。那些谈论法国发生反革命的人,表明他们对人是多么不了解。在语言范畴内,没有适当的词汇足以表达实现反革命的手段。这种手段必得是消灭知识;而至今还不曾找到一种方法使人不知其所知,或不想其所想。

柏克先生要阻止知识的进步是徒劳的;更叫他丢脸的是,城里有一种传说,怀疑他冒名领取津贴。这也许可以说明他为什么在书中提出某些怪论,尽管他把这种怪论指向"革命会",实际上是反对全体国民的。

他说:"英国国王捧着他的王冠"(因为据柏克先生说,王冠不属于国民所有),"对革命会的选择表示蔑视,革命会无论个人或集体都没有投票选举国王的权利;而国王陛下的后嗣到时候一个个都会以同样蔑视他们的选择的态度接过国王陛下现时正戴着的王冠"。

谁当英国或别处的国王,到底有无国王,人民选择一个契罗基[①]

① 美国印第安人一个最大的部族。——译者

酋长还是黑森[1]的轻骑兵当国王,这都不是我的事,他们爱怎么干就怎么干;可是,就理论尤其是涉及人权和国民的权利的理论而言,这种论调比天底下受奴役最深的国家发出的论调还要可恶。是不是因为听不惯专制主义的那一套,所以这种论调在我听起来比别人更不堪入耳,这一点我难于判断;但是,对于它那可恶的原则,我是不会丧失判断力的。

柏克先生指的不是“革命会”;而是指原来身份和代表身份的国民;他还刻意让别人理解他的意思,说他们不论是集体还是个人都没有投票权。“革命会”是由各个宗派的公民和议会两院的成员组成的;如果他们中间没有任何人有选举权,那么,无论国民或议会也都无选举权可言。英国怎样引进外国的家族来充当国王,这对每一个国家来说都值得警惕。事情看上去有点儿奇怪,尽管英国人一向喜欢谈论国王,可国王往往是外国家族的,痛恨外国人,却受外国人统治。目前是布伦斯瑞克家族,德国的小部落之一。

英国议会一向习惯于控制所谓的王位继承(即认为国民始终同意把一个王室加于政府的做法是理所当然;因为,如果不这样,议会就无从派人去荷兰或汉诺威,或违反国民意愿把一个国王强加给国民)。这对于议会来说肯定已到了极限,但国民的权利却及于全局,因为它有权改变政府的整个体制。议会的权利只是一种受委托的权利,一种代表的权利,而且这种权利只是从极小一部分国民取得的;议会中两院之一甚至连这种权利也没有。但是国民的权利是一种固有的权利,像纳税一样普遍。国民支付一切费

① 当时德国中西部的一个州名。——译者

用,因而凡事都必须符合国民的意愿。

记得我曾注意到谢尔本伯爵——我想他当时是大臣——在英国所谓贵族院发表的一篇演说,在这方面很适用。演说全文记不得了;但就我的记忆所及,内容大致是:政府的体制任何时候都完全决定于国民的意志,如果国民决定要君主体制,它就有权这样做;如果后来又决定要共和国,它就有权建立一个共和国,并且可以对国王说,"我们不需要你当国王了。"

当柏克先生说"国王陛下的后嗣到时候一个个都会以同样蔑视他们的选择的态度接过国王陛下现时正戴着的王冠"这样的话时,即使对这个国家的最卑下的人来说,这话也说得太过分了,这些人把每天劳动所得的一部分交出来,每年凑足一百万镑,由国家交给它称之为国王的人。政府不讲道理是专制;但如果再加上蔑视,那就更糟了;被蔑视还得出钱,是奴役过度。这种类型的政府来自德国;并使我想起在上次战争中被美国人俘虏的一名布伦斯瑞克士兵向我讲过的话。他说,"啊!美国是一个美好自由的国家,人民为它战斗是值得的;我熟悉自己的国家,因而懂得这种差别;在我的国家里,如果王公说吃虾,我们就得吃虾。"我心想,但愿上帝保佑那个国家,不论是英国还是别的国家,它们的自由是靠德国式的施政原则和布伦斯瑞克的王公保护的!

由于柏克先生忽而谈到英国,忽而谈到法国,忽而谈到全世界,忽而又谈到一般的政府,因此,如果不是公然跟他在同一立场上接触,是难以对他的书作出答复的。尽管政府的原则是普遍性的问题,但在许多情况下,要把它们同地点和环境等概念分开来几乎是不可能的,特别是要就各种环境进行辩论,柏克先生的情形往

往就是如此。

他在他的书的前一部分向法国人民说:“经验告诉我们(指英国人)除了世袭王位之外,再没有任何其他方法可以使我们的自由作为世袭权利永远神圣不可侵犯地保持下去。”请问柏克先生,谁要剥夺这些自由呢?拉法叶特侯爵在对法国的演说中说:“一个国家要自由,只要她要求自由就行。”但是柏克先生断言英国照顾不了自己,它的自由必须由一个对它持“蔑视”态度的国王来照顾。如果英国堕落到这个地步,那它就得准备吃虾,像在汉诺威或在布伦斯瑞克那样。但是,除了这种说法愚不可及之外,许多事实恰巧都是对柏克先生不利的。正是由于政府是世袭的,人民的自由才受到危害。查理一世和詹姆士二世就是明证;然而,他们俩谁也没有达到对国民持蔑视态度的地步。

由于听取别国人民对本国有什么意见往往对该国人民是有益的,法国人民可能会从柏克先生的书中学到一些东西,而英国人民也会从这本书所引起的反驳中学到一些东西。当国与国之间就自由的问题发生争执时,就开辟了广泛的论战园地。这场争论从战争的权利开始,而未涉及战争的种种恶果;由于争辩的目的在于增长知识,遭到失败的一方反而受益匪浅。

柏克先生谈到他所谓的世袭王位,仿佛王位是一样天然的产物;仿佛像时间那样具有一种不仅能独立运行而且无视人类的力量;又仿佛是受到普遍赞同的东西或一个话题。可惜!它不具备这些特性,而是适得其反。这是一种想象中的东西,是否适当大可怀疑,其合法性在短短几年内将被否定。

但是,要把这件事表达得比一般说法所能表达的更加来得透彻，就必须列出几个要点，在这些要点下，可以对所谓世袭王位，或更恰当地说，对世袭继承一国政府加以研究；这些要点是：

第一，一个特定家族确立自己地位的权利。

第二，一个国家确立一个特定家族地位的权利。

对于第一点，即一个家族不征求国民同意，径自依靠自己的权势用世袭的权力来确立自己的地位，对此，所有的人都会异口同声地称它专制，谁要想为它辩护是不会获得谅解的。

但是第二点，即一个国家用世袭的权力去确立一个特定家族的地位，这乍看起来不像是专制，但如果人们再用脑子想一想，并且越过自身为下一代着想，他们就会明白世袭继承对别人最终也会成为被他们自己所责难的那种专制。它不让后代人表示意见，而不让人表示意见就是专制。如果某个随时可占有政府的人或那些等着继承他的人对国民说，我掌了权就"蔑视"你们，这并不表明他说这话是假借什么权威。一个被奴役的人想到他被父母出卖，非但不能减轻反而加重他的痛苦；由于加深一种行为的罪恶程度的说法并不能用来证明这种行为的合法性，世袭继承是不能作为一种合法的东西站稳脚跟的。

为了对这个问题作出更加完善的结论，不妨把着手用世袭的权力去确立一个家族地位的那一代同后来的世世代代分开来研究；同时也研究一下第一代人对后代所扮演的角色。

最初选定一个人并以国王或其他任何称号将他置于政府首脑地位的那一代，是按他自己的选择行事的，不论这种选择是明智还是愚蠢，总之是代表它自己，不受别人限制。这样树起来的人并不是世袭的，而是经过挑选和派定的；把他树起来的那一代也并非在世袭的政府下生活，而是在自行选择和建立的政府下生活。如果树他的那一代人以及被树的那个人永远活下去，就绝不会发生世袭继承的问题；因此，世袭继承只能在第一代人死了之后发生。

既然世袭继承对第一代来说是不可能的，我们就应该研究这一代对下一代以及以后各代所扮演的角色。

这一代擅自扮演了一个它既无权利也无资格扮演的角色。它把一个立法者变为一个立遗嘱者，并冒名订立一个给政府的遗嘱，这个遗嘱在制定者死后生效；它不但想遗赠，还企图给下一代建立一个它自己在其下生活的新的和不同的政府体制。上面已经说明，它本身不是在世袭政府之下生活，而是在它自行选择和建立的政府下生活的；而它现在却企图用一纸遗嘱（它并无订立这种遗嘱的权力）从下一代和以后所有各代手中夺取它自己行使过的各种权利和自由意志。

但是，撇开任何一代都有集体立遗嘱的权利不谈，它在这种情况下所追求的目的都不在任何法律或任何遗嘱或遗言的范围之内。

在社会中，人权是不可分割的或转让的，也是不可消灭的，而只能代代相传，而且任何一代都无权打破和切断这个传统。如果现存的一代或任何一代沦为奴隶，这并不能缩小下一代获得自由的权利。错误的东西不能具有合法的传统。当柏克先生力图说明英国国民在1688年革命期间确实最庄严地宣布永远否定和放弃他们自己和所有子孙后代的权利时，他的话不值一驳，而只能令人对他滥用原则表示轻蔑或对他的愚昧无知感到可怜。

不论世袭继承以何种方式出现，只要出自前一代的遗嘱和遗言,就是荒唐无稽。甲不能立遗嘱从乙手中剥夺乙的财产并将它给予丙;然而,所谓依法世袭继承正是这样做的。某个前一代立下遗嘱,剥夺下一代以及以后所有各代的权利,并将这些权利交给第三者,此人后来跑了出来,用柏克先生的话对它们说它们**没有权利**,它们的权利已经被遗赠给他了,他将以蔑视它们的态度来统治。愿上帝将世界从这样的原则和这样的愚昧中拯救出来吧!

但是,号称王冠的那个隐喻或君主政体究竟是什么呢?它是一件东西,一个称号,还是一种欺骗呢?它是一项"人类智慧的发明",还是用煞有介事的口实向国民诈骗钱财的手段呢?反对国民来说是必要的吗?如果是这样,那么,这种必要性何在,它作出了什么贡献,它的职责是什么,它的功劳又是什么?美德寓于隐喻抑或寓于人?制造王冠的金匠也制造美德吗?它是否像福图内特斯的如愿帽①或哈利奎因的木剑②一样灵?它能否把人变成魔术师?总而言之,它究竟是什么?看来,它已经大大过时,落到了可笑的地步,并在一些国家中作为多余而又浪费的东西遭到唾弃。在美国,人们把它看作是一种荒谬的东西;在法国,它一直在走下坡路,只因其人的善良以及对他人品的尊敬才使它勉强存在下去。

如果政府真像柏克先生所说是什么"人类智慧的发明",我就要问他,难道在英国,智慧已低落到这样的地步,非从荷兰和汉诺

---

① 福图内特斯为欧洲古代民间故事的主人公,命运女神赐给他一个钱包和一顶帽子,钱包里的钱取之不尽、用之不竭,而戴上帽子可立刻到达任何他所要去的地方。——译者

② 哈利奎因是欧洲滑稽剧中的人物,戴假面具,穿杂色花衣,手持木剑,木剑挥动,舞台场景立即变换。——译者

威去把它引进不可吗？但是我愿意为这个国家说句公道话，情况并非如此；并且即使如此，那也是进错了货。每个国家的智慧只要充分发挥，是足够解决一切问题的；英国并没有真正理由要请一个荷兰总督或一个德国选侯来，正如美国没有理由干同样的事一样。如果一个国家不了解它自己的事务，一个既不懂它的法律、它的风俗习惯，也不懂它的语言的外国人又怎么会了解呢？如果真有一个出类拔萃的人，必须用他的聪明才智来领导一个国家，那么，君主政体也许还有点儿道理；但是，当我们放眼看一个国家，看到它的每一个部门对自己的事务是多么了解；当我们环顾世界，看出世界上所有的人当中，要数国王这类人最庸碌无能，我们就必然要扪心自问——要保留这些人来干什么呢？

如果我们美国人民对君主政体有不了解的地方，我希望柏克先生不吝指教。在美国，我看到一个政府管理着一个有英国十倍大的国家，而且进行得有条不紊，费用仅为英国政府开支的四十分之一。如果我问一个美国人，他是否需要一个国王，他会嗤之以鼻，问我是不是把他当作白痴？怎么会发生这种差别的呢？是不是我们比别人多少要有头脑些呢？我在美国看到一般人民过着一种君主制国家所不知道的富裕生活；我还看到美国政府的原则，即人权平等原则，正在全世界迅速发展。

如果君主政体没有用，为什么还要到处继续推行呢？如果必不可少，又怎么废除得了呢？所有的文明国家都会同意文官政府必不可少：而文官政府就是共和政府。从警察署开始，一直到地方行政部门、每年开四次的州法庭，以及巡回审判（包括陪审制度）各部门在内的英国政府，是共和政府。除了征服者威廉强令英国人称他为“国王陛下”这个称号之外，任何一个部门都没有君主制的样子。

诸如官吏、雇佣、卧室贵族、厨房贵族、厕所贵族以及天知道别的什么贵族等一帮有利害关系的人，可以找到同国民花钱付给他们的薪俸数——这些薪俸是由国家负担的——一样多的理由为君主政体辩护，这是很容易想象的；但是，如果我问农民、工厂主、商人、职员直至各行各业普通工人，君主体制对他有什么好处，他是答不出的。如果我问他什么是君主政体，他会认为这有点儿像一种挂名的职务。

尽管英国的税收每年几达一千七百万镑，说是为了供政府开支，但国民显然还是感到自己在管理自己，而且确实是由地方长官和陪审官，根据共和原则，几乎完全靠自费而不靠税收在自己管理自己。唯一由国库支付的恐怕只有法官的薪俸。考虑到一切内政都由人民管理，英国的税收在欧洲应当是最轻的；但事实恰得其反。由于这不能记在文官政府账上，问题就必然牵涉到君主制政府。

当英国人迎请乔治一世时（这会使一个比柏克先生有点儿头脑的人迷惑不解：要他来干什么或他能效什么劳），他们至少应当以放弃汉诺威为条件。除了一个德国选侯当了英国国王必然引起没完没了的德国纠葛之外，要把自由主义和专制主义（英国通常称之为专断权力）融合于同一人之身，这天然是不可能的。德国选侯在他的领地里是个专制魔王；又怎么能够期望他在一个国家的利益受到专制主义的支持，而在另一个国家却爱上自由主义呢？这种融合是不能存在的；容易预见的倒是，德国选侯会成为德国国王。或者用柏克先生的话说,会以"蔑视"的态度执政。英国人一向习惯于仅仅按国王的身份来看待一个英国国王;而这同一个人,只要关系维持不断,在另一个国家却占有一个地盘,其利益同英国人的利益不同,而且政府奉行的原则也大相径庭。对这样一个人说来,英国像是一个城里的寓所,而领地则是他的庄园。英国人也许希望我相信他们确实希望自由的原则在法国或德国获得成功。但是一个德国选侯却为他领地内的专制主义的命运惊慌;同时,当今英国王后的家族直辖的梅克兰堡公国则处在专断权力统治的悲惨境地,人民处于被奴役的附庸地位。

英国人从来不像现在这样小心翼翼地注视大陆上的阴谋,并将选侯领地的政治同英国的政治区分开来。法国革命完全改变了英法两国基础;但以普鲁士为首的德国专制君主却联合起来反对自由;而皮特先生则因官迷及其家族关系所获得的利益,并不着力抵制这个阴谋。

鉴于世界上经历的每一件事都将成为明日黄花,我现在要离开本题,对英国的政党与政治情况作一简要的回顾,正如柏克先生对法国做过的一样。

目前的王朝统治是否以轻蔑开始,这个问题我让柏克先生自己去回答。然而,可以肯定,它看起来绝对如此。

英国民族的仇恨情绪曾经高涨过,人们对此记忆犹新;而且,如果自由的真正原则在当时就像今天一样为人们理解,那么,这个民族可能是不会忍受屈辱到这个地步的。乔治一世和二世敏锐地感到斯图亚特王朝的残余是个大敌;而且由于他们不能不考虑到自己应立足于循规蹈矩,他们虽采取审慎态度,把德国的统治原则秘而不宣;但是,随着斯图亚特王族的衰落,这种审慎态度就不那么必要了。

权利和所谓特权之争继续激荡着这个国家,直至美国独立战争结束后一些时间,此后局势突然平静下来,咒骂变为赞美,宫廷一夜之间声名鹊起。

为了说明这一突变,必须知道有两种截然不同的声誉;一种是功绩造成,另一种是愤慨造成。由于国家已经形成两个党派,每一派都赞扬它的议会战士赞成和反对特权的功绩,再没有比这两派战士突然联合起来更令人震惊的了。每个党派的人都突然受了骗,大家都对这种做法感到愤愤不平,认为只有联合起来同声咒骂双方的议会战士才能出口气。在激起一阵比特权之争所引起的更强烈的愤慨之后,国民摒弃了以前一切正确的和错误的目标而只求一时痛快。对两派联合的愤怒如此有力地取代了对宫廷的愤怒,以致把对后者的愤怒一扫而空;而宫廷虽然对原则不作任何改变,那些过去谴责宫廷专制的人却同宫廷拉起手来,向联合议会报仇。问题不在于他们最爱什么,而在于他们最恨什么,结果恨得最少的就博得了他们的欢心。解散联合议会足以使国民解仇泄恨,必然大孚众望,宫廷的声望也就此提高了。

这种转变表明一个国家受意气而不是受坚定原则支配;而且一旦意气用事,它就会不顾一切地干下去,以证明其最初行动的正确。对在其他时候会加以抨击的种种措施,它现在却表示赞许,而且还说服自己不去评论。

新的议会选出后,新首相皮特先生获得了牢固的多数;国民也对他表示信任,这并不是出于对他本人的推崇,而是因为恨另一个人才决定这样做的。他因提出一项改革议会的建议而引起公众注意,实行这个建议就等于公开认可行贿。国民将花钱去收买那些人口减少而仍享有同等选举权的衰败城市,而它本来是应当惩罚干这种交易的人的。

撇开荷兰交易和每年偿还一百万镑国债这两桩骗局不谈,现在最突出的就是摄政问题。依我看,从来没有一个骗局表演得这样成功,也从来没有一个国家的国民受骗受得这样厉害。可是,为了说明这一点,必须把当时的情况仔细研究一下。

福克斯先生曾在下院声称,威尔斯亲王作为王位的继承人,有权执政。此说遭到皮特先生的反对;只要这种反对限于理论范围,那就无可非议。可是皮特先生在相反的立场上所持的原则,在程度上同福克斯先生的原则一样坏,甚至更坏;因为他要对国民以及国民在下院的少数代表建立一种贵族统治。

英国的政体究竟是好是坏,不是这里要研究的问题;但是,不论其功过如何,就它的现状而论,皮特先生却比福克斯先生离题更远。

英国政体名义上包括三个部分:因此,如果国民愿意保持这种体制,这三部分就具有一种国民的立场,各部分互不相关,彼此也都不是附属品。假使福克斯先生通过议会,声称有关的那个人是站在国民立场上提出要求的,那么皮特先生就一定会以他所谓的议会的权利来反对国民的权利。

从争论的表面现象看,福克斯先生站在世袭立场上,皮特先生则站在议会立场上;但事实是,他们两人都站在世袭立场上,而且皮特先生的立场更糟。

所谓议会是由两院组成的，其中之一比假想中的国王更加具有世袭的性质，更加不受国民拘束。这个院实行世袭的贵族制，硬说自己具有完全独立于国民、不能废除和改变的权利与权威。那么，把这种世袭的权力提高到另一种独立于国民的程度较少的世袭权力之上，并将国民的权利归于一个国民既无权选举又无权控制的议院，又有什么可孚众望之处呢？

国民的普遍冲动是对的；但是它的行为欠思考。它赞成对福克斯先生建立的权利提出的反对案，但没有觉察到皮特先生正在支持另一种比国民要加以反对的、走得更远的、不能废除的权利。

说到下院，它不过是由一小部分国民选举产生的；但是，如果选举像税收一样普遍——它本应如此——它仍只能是国民的一个机构，而不能具有固有的权利。当法国国民议会决定一件事时，决定是根据国民的权利作出的；但是皮特先生在所有国民的问题上，一旦将它们交付下院，就把国民的权利归于这个机构，使这个机构代表国民，而国民本身却变得无足轻重了。

简言之，摄政问题就是每年拨给行政部门一百万镑的问题，皮特先生如果不树立议会的最高权力，就不能自由支配这笔钱；而一旦目的达到，谁来做摄政者就无关紧要了，因为他必须自己花钱来摄政。在这个引起争议的辩论所产生的许多怪事中，有一件怪事是使国玺变成国王，把国玺盖在一项法案上就等于王权。因此，如果王权就是国玺，它本身就化为乌有；可见，一部好宪法对国民来说，要比现存的这三项名义上的权力有价值得多了。

英国议会不断使用宪法这个字眼，表明英国根本没有宪法，整个来说不过是一种没有宪法的政体，政府爱什么权就可以行使什么权。如果真有宪法，它当然可供查考；任何宪法方面的争论都可以出示宪法而告终。一个议员说这是宪法，另一个议员说那是宪法，今天是这样的，明天又是那样的，这样争论不休就证明根本没有宪法。现今宪法不过是议会的漂亮话，用来取悦国民。从前老是说议会至高无上——议会无所不能；但自从法国的自由取得进展以来，这些词儿听起来就有点专横刺耳；英国国会也跟着法国国民议会学时髦，大谈其宪法，却没有接触宪法的实质。

由于政府不是当代的英国人民建立的，对于它的任何过失他们不负责任；但是，早晚总要由他们来进行一次宪法上的改革，这一点就同法国已经发生过的那样肯定无疑。法国每年收入将近两千四百万镑，富饶国土比英国大四倍多，纳税居民有两千四百万，全国金银流通量达九千万镑以上，而国债比英国现有债务少，如果它不论出于何种原因尚且有必要着手解决它本身的事务，它也就可以解决为两国提供基金的问题了。

姑不论所谓的英国宪法已存在多久，也不去争论它还将存在多久；问题在于：公债制度能维特多久？公债制度不过是现代发明的，还没有一个人的寿命长；可是，在这短短一段时间里，公债的发行量已那么大，以致包括各项杂费在内，需要征收至少相等于这个国家全部地租的税额来支付年度费用。尽人皆知，一个政府本不能总是靠过去七十年一直遵循的一成不变的制度维持下去；根据同样的理由，这个政府今后也不能维持下去。

公债并不是货币，严格地说，也不是信用。实际上，它在纸面上规定一个仿佛借来的数额，通过征税付给利息来维持假想的资本，并把年金送往市场出售以换取已流通的纸币。如果真有什么信用,那也在于人民情愿付税,而不在于政府征税。一旦人民不情愿付税,所谓政府信用也随之完蛋。前政府统治下的法国的例子表明,如果全体人民坚决站在那个立场上,要用武力强迫他们纳税是不可能的。

柏克先生在评论法国的财政时宣称,法国的金银数量约为八千八百万镑。我认为,他是除以汇兑差额,而不是按二十四利弗折合一镑的标准折算。因为柏克先生的报告是根据内克先生的报告而来的,内克先生报告的数目是二十二亿利弗,此数折合英镑九千一百五十万以上。

法国的内克先生和英国贸易与种植局——局长是霍克斯伯利爵士——的乔治·查尔麦斯先生根据本国造币厂的统计,差不多在同时(1786 年)发表了各自国家货币储存的数字。查尔麦斯先生根据伦敦塔英国造币厂的统计宣称,包括苏格兰和爱尔兰在内,英国货币为两千万镑[①]。

内克先生[②]说,用回收的旧币重新铸造的法国货币总额为二十五亿利弗(一亿零四百万镑以上);除去损耗以及在西印度群岛和别处的流通额,国内的流通量为九千一百五十万镑;即使照柏克先生的说法,也比英国全国的数量多六千八百万镑。

法国货币的数量不会低于此数,这可以从法国的税收情况一眼看出,而无须查证法国造币厂的记录。在革命前,法国每年税收将近两千四百万镑;而且由于当时法国尚未发行纸币,全部税收都

① 参见乔治·查尔麦斯:《对大不列颠相对实力的估计》。——作者

② 参见内克著《法国的财政管理》第3卷。——作者

是金银；如果全国货币总额比内克先生宣布的少，就不可能征收到这样一大笔税款。在英国发行纸币以前，国家每年税收约占全国金银总数的四分之一，查考一下英王威廉以前的税收和当时这个国家所宣布的货币数量就可以知道这一点，当时的货币额同现在差不多。

对一个国家来说，自己骗自己，或者容许自己受骗，都不会真正有好处；但是一些人的偏见和另一些人的欺骗却总是把法国说成一个只有少量金银的国家，而事实上法国的金额数量不但比英国多四倍，而且在数字比例上也大得多。为了说明英国的这种短缺，应当提到英国的基金制度。它以各种方式增发纸币并以纸币取代硬币；而纸币增发得越多，硬币输出的机会也越多，甚至可能以印行小额纸币的办法把纸币增加到完全取代硬币。

我知道，对英国读者而言，这不是一个愉快的话题；但我要提到的事情本身极其重要，对公共性质的货币交换有兴趣的人必须加以注意。内克先生在他的一篇关于财政管理的论文中阐述了一种情况，这种情况在英国从未受过注意，但它却据以估计欧洲各国为了和其他国家保持一定比例所应当存有的金银额的唯一基础。

里斯本和加的斯是从南美洲输入金银硬币的两个港口，这些硬币然后通过商业途径分散到欧洲，从而增加欧洲各国的硬币数额。因此，如果能够获知欧洲金银的年输入量并确定分到这笔金银的许多国家之间对外贸易的一定比例，就可以有分可靠的标准来确定任何一个国家在任何特定时间应有的硬币数量。

内克先生根据里斯本和加的斯的登记数字说明，输入欧洲的金银每年达五百万镑。他不是根据单独一年，而是根据从 1763 到

1777 接连十五年的平均数来计算的；在此期间，总数为十八亿利弗，即七千五百万镑。[1]

从 1714 年汉诺威开始继位，到查尔麦斯先生公布数字，为期七十二年；在此期间，输入欧洲的金银额共为三亿六千万镑。

如果英国的对外贸易占欧洲全部对外贸易的六分之一（交易所的绅士们可能认为这个数字是估计低了），那么，英国为了同欧洲其余国家保持比例，通过贸易在这个金额中所占的比例也会是六分之一，即六千万镑；如果也像内克先生那样把损耗和意外损失扣除，余数为五千二百万镑；这样，在查尔麦斯先生公布数字时，英国应当有这笔钱，再加上汉诺威开始继位时原有的款项，这样总数至少应为六千六百万镑；而不只是两千万镑，即比它的比例数少四千六百万镑。

由于输入里斯本和加的斯的金银数比输入英国的任何一项商品数都来得有案可查，伦敦塔铸造的硬币数更是千真万确，因此，主要的事实是不容置辩的。所以，要么是英国的贸易蚀本，要么是它输入的金银无形中以每年大约七十五万镑的平均率不断外流，这就在七十二年中造成了亏损；而这笔亏空就由纸币来弥补。[2]

---

① 参见《法国的财政管理》第 3 卷。——作者

② 英国的贸易到底是亏损，还是政府把赚进的钱又送了出去，这只能由有关方面作出满意的答复；但是存在亏空却是谁都否认不了的。当普赖斯博士、艾登先生（现在是奥克兰特）、查尔麦斯先生等人在争论英国的硬币数比革命时期多还是少，他们没有注意到一点，即自革命以来，输入欧洲的硬币不可能少于四亿镑；因而英国的硬币数按它同欧洲的比例至少应比革命时期多四倍。英国现在用纸币办的事情本来是可以用硬币办到的，如果金银按应有的比例进入这个国家或不曾向外输送的话；而英国现在却力图用纸币来恢复它因硬币所失去的平衡。可以断言，每年由登记过的船只运抵西班牙和葡萄牙的金银并不留存在这些国家。按金银价值各为一半计算，每年约为四百

法国革命不但在政治领域内,而且在现金交易范围内,都有许多与众不同之处。除了别的情形之外,它表明一个政府可以处于破产的境地而国民却十分富足。就法国前政府而言,它是破产了;因为国民不愿再支撑政府的铺张浪费,政府就维持不下去,但国民还是拥有一切资产的。每当一个政府要求国民为它清偿债务,这个政府就可以说是破产了。法国前政府破产和英国现政府破产的差别仅在于人民的意向有所不同。法国人民拒绝资助旧政府;英国人民则乖乖地纳税而不加追究。在英国,所谓的国王已经好几次破过产;众所周知,最近一次破产是在 1777 年 5 月,当时他要国民清偿六十万镑的私人债务,否则他自己是无力偿还的。

皮特先生、柏克先生以及所有对法国情况不熟悉的人的错误,在于把法国国民同法国政府混为一谈。实际情况是,法国国民竭

吨;而且根据把这些金属从南美洲运到西班牙和葡萄牙这笔交易中所用的船只和金银带的数量,就足以证明其数量而无须去核实登记数字。

英国在目前情况下,要增加硬币储备是不可能的。高额税收不仅减少个人资产,而且会由于助长走私而减少国家的货币资本,因为走私只能以金银进行。由于英国政府对德国和欧洲大陆列强所采取的政策,它已与所有海上强国为敌,因而不得不保持一支巨大的海军;英国虽已建立一支海军,海军的给养却必须从国外采购,而且必须从那些极大部分要付以金银的国家采购。在英国,已经传播了不少关于叫人相信货币的谣言,其中有些说什么法国难民带进了大量硬通货。这种想法是十分可笑的。法国的货币大多是银币;要运送一百万镑银币,就得动用二十辆以上最大的阔轮货车,每辆车要用十匹马拉。既然如此,又怎能设想,少数骑马或乘坐邮车潜逃的人,既要通过法国海关,又要渡过大海,能够携带哪怕够他们自己花的金钱呢?

应当明白,当谈到数以百万计的硬币时,这样的数量只能在一个国家中逐渐积累起来,而且需要很长一段时间。英国现在哪怕实行最节约的制度,也难以在一个世纪内恢复它自汉诺威继位以来在货币方面失去的平衡。它现在比法国少七千万镑,落后于欧洲各国的比例也一定很可观,因为英国造币厂的报告并未表明硬币增多,而里斯本和加的斯的记录却表明欧洲各国已增多三亿至四亿镑。——作者

力使前政府破产，以便把政府掌握在自己手中：它还拥有支持新政府的手段。像法国这样幅员广大、人口众多的国家是不乏自然资源的；至于政治手段，国民执意要用立刻就可以用。柏克先生去冬在英国议会发表演说，说什么他瞩目欧洲地图，看到了过去法国所在之地现在成了个大缺口，他无异是在痴人说梦。法国照样存在着，全部自然资源也同它一起存在着。唯一的缺口是消灭专制主义之后留下的，并将由一部其力量要比业已消失的权力强大得多的宪法来填补。

尽管法国国民使前政府破产，却不让债权人受破产影响；债权人认为国民是真正的支付者，政府不过是代理人，因而信赖国民胜于信赖政府。这看来使得柏克先生大为不安，因为这个先例对各国政府据以认为自己安全可靠的政策是致命伤。政府负了债，希望国内所谓的金融界来支持它们；可是法国的事例表明给债权人以永久保证的是国民而不是政府；在可能发生的一切革命中，资财总是掌握在国民手中，而国民是永存的。柏克先生争辩说，债权人应当同他们所信赖的政府共命运；但法国国民议会却把他们看作是国民的而不是政府的债权人，是主人的而不是管家的债权人。

前政府付不出经常费用，现政府却已付出大部分金额。这是通过两种办法完成的；其一是减少政府的开支，其二是出售寺院和教会的地产。往日的那些虔诚信徒、悔过自新的浪子、巧取豪夺者以及守财奴，为了确保自己身后进入一个更加美好的世界，把巨额财产赠托给教士，作为**敬神之用**；教士却将财产据为己有。国民议会已命令将财产出售，以造福全体人民，对教士则给以相当不错的待遇。

革命的结果，通过偿付一亿以上金额，法国国债的年息至少将减少六百万镑；政府的开支又比过去至少削减三百万镑，这就使法国处于值得欧洲效法的地位。

综观全局，对比何等鲜明！在柏克先生谈论法国彻底破产之时，国民议会却在偿付法国的债务；英国每年增税将近一百万镑，法国却每年减税数百万镑。在本届议会上，柏克先生和皮特先生对法国的事情或法国财政的情况都守口如瓶。可是这个问题已尽人皆知，再也蒙不下去了。

柏克先生的通篇叫人莫名其妙。他恼怒地攻击国民议会，但他究竟恼怒什么呢？如果他的无稽之谈居然是正确的，如果法国被革命消灭了力量并变成了他所谓的一个缺口，那么，它也许会使一个法国人——考虑到他自己是一个国民——忧心忡忡，从而对国民议会恼怒，可是，柏克先生为什么要恼怒呢？啊！原来柏克先生用意并不在法国的国民，而在法国的宫廷；每一个唯恐遭到同样命运的欧洲宫廷都在同声哀悼。他既不是以一个法国人也不是以一个英国人的身份，而是以各国闻名而无人为友的那样一个阿谀奉承的家伙的身份，即廷臣的身份，来写作的。不论它是凡尔赛宫廷，还是詹姆斯宫廷，还是卡尔登王室，还是别的什么宫廷，都没有关系，因为所有宫廷和廷臣的贪婪本性都是一样的。它们在整个欧洲采取一种违背国民利益的共同政策；它们表面上争吵不休，在掠夺这一点上则是一致的。对一个宫廷或廷臣而言，没有比法国革命更可怕的了。各国国民的幸福就是它们的苦难；而且，由于他们是靠欺骗一个国家而生存的，因此它们在原则面前不寒而栗，对那个威胁着要推翻它们的先例怕得要命。

结　论

理性与愚昧这两个对立物影响着绝大多数人类。在一个国家里，随便哪一方占上风，政府机构都容易存在下去。理性服从它自己；愚昧则屈从于对它发出的任何命令。

当前，世界上流行着两种类型的政府，第一种是实行选举的代议制政府；第二种是世袭继承制政府。前者通称共和国；后者通称君主政体和贵族政体。

这两种截然不同而又对立的形式是建立在理性与愚昧这两种截然不同而又对立的基础之上的。由于执政需要才智和能力，而才智和能力是不能遗传的。因此，显而易见，世袭继承制要求取得一种非人的理性所能接受而只能建立在他的愚昧之上的信仰；一个国家的人民越是愚昧无知，就越适应于这种类型的政府。

反之，在一个组织健全的共和国里，政府却无须取得超越人的理性的信仰。他理解整个制度及其来历和实施；而且，由于理解最深，支持也最有力，人的才能就可以大胆发挥，并且可以在这种形式的政府下发扬一种巨大的英雄气概。

由于这两种形式的政府是在不同的基础上活动的，一种靠理性而另一种靠愚昧自由行动，我们下一步就得研究推动称为混合政府的那种类型的政府究竟是什么，这种政府有时还荒唐无稽地标榜为无所不包的政府。

这种类型的政府的动力是必须行贿。不管混合政府的选举和代表性是多么不完善，它们总还得比世袭政府多讲一些理性；因此，就非收买理性不可。混合政府是个不完善的混合体，通过贿赂把许多不协调的部分结合起来，作为一个整体活动。柏克先生对法国决定举行革命而未采取他所谓的“一部英国式宪法”深恶痛绝；他在这方面所表露出来的遗憾心情，叫人疑心英国宪法需要某些东西来把它的种种缺陷掩盖起来。

混合政府中无责任可言；各个部分相互包庇以至于丧失责任；推动政府机器的贿赂同时也就是为自己谋出路。一旦把国王不会犯法这话作为箴言，就把他同白痴和疯子置于同样安全的地位，对他本人说来也就谈不上什么责任了。于是责任就落在受议会多数庇护的首相身上，首相利用地位、恤金和贿赂总是能发号施令；而议会中的多数也利用它保护首相的同样权力为自己辩护。政府的各个部分和整个政府就以这种循环方式，把责任抛到了九霄云外。

如果说政府的某一个部分是不会做错事的，那就意味着它什么也不做，而仅仅是另一种力量的工具，按后者的旨意行事。在混合政府中，取代国王地位的是内阁；由于内阁总是议会的一部分，其成员又为其言行不一而辩护，于是混合政府就始终是个谜，由于使各方结合要大量行贿，就让国民承担同时维持政府的一切形式的费用，最后变成了委员会式的政府；在委员会中，顾问、行动者、赞同者、辩解者、负责任者以及不负责任者都是同一伙人。

通过这种哑剧般的计谋以及场面和角色的变换，这个政府的各个部门互相帮着去做非任何一方独立所能做的事情。一旦有钱可捞，形形色色的帮派就化为乌有，各部门拼命互相吹捧，各方都惊异地赞美另一方的明智、大度和廉洁；而所有各方都为国民的沉重负担发出悲叹。

但是在一个组织健全的共和国中,任何这种结合、赞美和怜悯都不会发生;代表制是全国平等并且完善的,代表无论被安置在立法部门还是行政部门,他们都有着同一个自然来源。政府的各个部门并不像民主制、贵族制和君主制那样彼此见外。由于不存在倾轧,也就无须通过行贿而妥协或通过阴谋诡计而混淆是非。公共措施靠国民的理解,以本身的成就为依据,而不乞助于阿谀奉承。混合政府对赋税过重发出的哀鸣,不论如何行之有效,是同一个共和国的观念和精神格格不入的。如果有必要征税,那么征税当然是有利的,但如果征税而需要表示歉意,这种歉意本身就意味着应受责难。那么,人为什么要上当,或者为什么要让自己上当呢?

每当人们被称作君主和臣民时,或者每当政府在君主制、贵族制和民主制等个别的或兼有的衔头下被提到时,一个有理性的人是怎样理解这些字眼的呢?如果世上确实存在两种或两种以上各自不同的人类权力的因素,那么,我们就应看到多种可用这些字眼儿加以描述的根源;可是,既然人只有一种,也就只能有一种人类权力的因素,而这种因素就是人本身。君主制、贵族制和民主制不过是想象的产物;这样的东西,除了这三种外,还可以想出上千种。

从美国和法国的革命以及其他国家出现的种种迹象可以明显地看出,世界舆论对政府制度已有改变,革命也不在政治推测的范围之内了。用时代与形势的发展——人们把它归因于大变革的成功——去衡量革命据以产生的精神力量和迅速反应,未免太机械了;那些已发生的革命使所有的旧政府大为震惊,这些革命曾一度

被认为比现在欧洲普遍发生革命更属不可能,而且是更为不可思议的话题。

当我们观察人类在君主制和世袭制政府的统治下,被一种势力从家乡拉走,或者被另一种势力赶了出去,并且被比敌人更凶的赋税搞得穷困不堪而趋于悲惨的境地时,就显然可以看出这些制度都是坏的,从而有必要彻底改革政府的原则和机构。

政府不就是管理一国的事务吗?它不是,而且按它的性质来说,也不可能是任何特定的人或家庭的财产;而只能为全社会所有,因为它是由全社会出资维持的;尽管已通过暴力和奸计将它篡改成世袭的政府,但是篡夺并不能改变事物的本来面目。主权作为一种权利只能属于国民,而不属于任何个人;一国的国民任何时候都具有一种不可剥夺的固有权利去废除任何一种它认为不合适的政府,并建立一个符合它的利益、意愿和幸福的政府。把人荒诞而又野蛮地区分为君主和臣民,虽然合乎廷臣的口味,但不适合公民的身份;这种做法为当今的政府赖以建立的原则所打破。每一个公民都是主权的一分子,因此不能屈从于个人:他只能服从法律。

当人们考虑什么是政府时,首先必须假定它懂得它将要对之行使其权力的一切目标与事务。从这个观点来看政府,美国和法国所创建的共和制的作用已遍及全体国民;而对政府各部门的利益所必不可少的知识,则掌握在由各部门选举出来的核心手中。但是旧政府是建立在排斥知识和幸福的基础之上的;由那些对寺院以外的世界一无所知的僧侣统治的政府同由国王统治的政府毫无一致。

以往号称的革命,只不过是更换几个人,或稍稍改变一下局部状况。这些革命的起落是理所当然,其胜败存亡对革命产生地以外的地区并不能产生什么影响。可是,由于美国和法国的革命,我们看到现在世界上事物的自然秩序焕然一新,一系列原则就像真理和人类的存在一样普遍,并将道德同政治上的完美以及国家的繁荣结合在一起。

"一、在权利方面,人生来是而且始终是自由平等的。因此,公民的荣誉只能建立在公共事业的基础上。

"二、一切政治结合的目的都在于保护人的天赋的和不可侵犯的权利;这些权利是:自由、财产、安全以及反抗压迫。

"三、国民是一切主权之源;'任何个人'或'任何集团'都不具有任何不是明确地从国民方面取得的权力。"

这些原则中没有任何可以因煽动野心而使国家陷于混乱的东西。它们意在唤起智慧和能力,使之为公共利益服务,而不是为特定的一伙人或家族升官发财效劳。作为人类公敌和不幸源泉的君主权被摒弃了;主权本身恢复了它自然的和原有的地位,归还给国民。如果这种情况遍及欧洲,战争的根源就可以消除掉。

大约在1610年,法王亨利四世——他是一个心地宽宏仁慈的人——提出了一项在欧洲消除战争的建议。该计划是设立一个全欧代表大会,或像法国发起人所说,设立一个和平共和国,由各国指派代表组成,这些人在国与国之间一旦发生争端时起仲裁法庭的作用。

倘若这个计划在提出时就被采纳,那么,作为两个当事国的英国和法国,它们的赋税比法国革命开始时,各自每年至少可以减少一千万镑。

要研究这一计划为什么未被采纳（防止战争的大会没有开，仅仅在经过多年的无益耗费后开了一次会来结束战争），就必须把政府的利益看作是同国民的利益截然不同的利益。

不管对国民征税的原因何在，它总之是政府增加收入的手段。每一次战争都以增税而告终，政府的收入也随之增加，在以现有的方式发动和结束的任何战争中，政府的权力和利益都得到了增长。由于战争容易给必须征税和增设职位提供借口，所以，从其频频发生来看，它乃是旧政府体制的一个主要组成部分；而要确立任何消灭战争的方式方法，不论它如何有益于国家，就会把这样的政府中最有利可图的那个部门取消掉。因为一点儿小事就轻率打仗，表明各国政府维护战争体制的意向和贪欲，并且暴露了它们发动战争的动机。

共和国为什么不投入战争呢？就因为它们的政府的性质不容许存在一种与国民利益相违背的利益。即使像荷兰这样一个结构不健全、贸易遍及全球的共和国，也将近有一世纪没有发生战争了；而法国政府的体制一改变，和平与国内繁荣以及节约等共和原则就同新政府一道兴起；同样的结果也会遵循这条道路在别的国家出现。

由于战争是建立在旧结构上的政府的规律，国与国之间的相互仇恨不过是这些政府用以保持这种规律的活力的策略而已。每一个政府都谴责另一政府背信弃义、诡计多端和野心勃勃，借以刺激各自国民的想象力，煽动他们采取敌对行为。若不是政府从中作梗，人类本来是不会相互为敌的。因此，与其大声疾呼反对国王的野心，还不如把呼声指向这些政府所推行的原则；与其谋求改造个别的人，还不如把国民的智慧用于改造政府的体制。

在这里，姑且不论目前仍在推行的政府的种种形式和准则是否适应于它们建立时的世界局势。这些形式和准则愈陈旧，它们就愈不能适应事物的现状。时间以及形势和见解的改变使政府体制逐渐趋于过时，正如使风俗习惯逐渐过时一样。农业、商业、制造业和艺术能最好地促进国家繁荣，它们需有一种不同于过去时代的政府制度，也需要有一种不同的知识来指导推行这种制度。

从人类进步的角度不难看出，世袭政府正濒于衰亡，而建立在国家主权与代议政府的广泛基础上的革命则正在欧洲取得进展，预见革命的来临，并运用理性和适应性来促使革命发生，而不听任它们成为骚乱，这才是明智之举。

从我们现在看到的情况来说，政界的任何变革都不是不可能的。现在是革命的时代，在这个时代里任何事情都可能发生。用以维持战争体制的各国宫廷所施展的阴谋也许会招致一个国际联盟来消除战争；并召集一个欧洲代表大会以赞助自由政府的进展和促进各国的文化交流，这方面的可能性要比以往的法美革命和同盟来得大。

第二部分
——把原则与实践结合起来探讨

致拉法叶特侯爵

在美洲艰难局势下相识历十五年，在欧洲又经朝夕切磋，我乐于把这篇短论奉献给阁下，以感谢你对我最心爱的美国所作的贡献，并表示我对你在公私两方面所兼有的美德的崇敬之意。

迄今为止，我发现我们之间唯一的意见分歧并不在于政府的原则，而仅在于时间问题。就我个人来说，我认为好的原则迟迟不去推行，或过于急促地推行，都同样是有害的。你认为用十四五年可以完成的事，我却认为在短得多的时间里就能办到。我认为，人类总是成熟得足以认识他们的真正利益所在，只要这种利益清楚地为他们所理解，并且不因任何个人野心而引起疑虑，或因要求过高而引起反感。我们所要改革的，就不该多加非议。

当美国革命大功告成时，我曾想舒舒服服地坐下来过安宁生活。我没有想到往后还会发生什么了不起的大事足以使我放弃安宁生活，并且改变我原来的想法。但是，如果行为的有力动机是原则而不是地位，我认为到处的人都是一样的。

现在，我又投入社会活动了；由于我不敢想象自己能像你那样再活许多年,我已下决心尽力之所及赶快工作;而且由于我切盼取得你的帮助和协作,我希望你加紧推行你的原则并且超过我。

如果你来春发起一次运动(很可能没有机会这样做),我将前来参加。要是运动果真开展了,我希望它将最终消灭德国专制主义并建立全体德国人民的自由。倘若法国为各国革命所包围,它就会获得和平与安全,法国以及德国的赋税也将因此而减轻。

你的真挚深情的朋友,

托马斯·潘恩

1792 年 2 月 9 日于伦敦

序　　言

当我着手写去年出版的《人权论》第一部题为《结论》的那一章时,我本来是打算把它大大加以扩充的;但是,经过对我所要补充的东西加以全盘考虑之后,感到这样做不是使篇幅太长,就是把我的计划压缩得太紧。因此,我一到论题告一段落就把这一章结束了,而把我进一步要说的留待以后有机会再说。

我作出这一决定还有一些别的原因。我想知道,在我继续往下写之前,这部在思想上和表达方法上与英国过去的老一套大不相同的著作,在读者中将会有什么样的反应。法国革命为人类打开了广阔的眼界。柏克先生的疯狂反对,把论战带到了英国。他对我所持的原则进行攻击,而他(根据情报)知道我会就此同他展开论争,因为我相信这些原则是好的,我曾经尽力加以确立,而且认为自己非加以捍卫不可。假使他不挑起这场论战,我很可能会一声不吭的。

我拖延这部著作的末篇的另一理由是,柏克先生在他的第一部著作中曾答应有机会要重新讨论这个问题,并将他称为的英国宪法同法国宪法作一比较。因此我拭目以待。可是,从那时起,他已出了两部书,却并未履行诺言:如果这种比较对他有利,他肯定不会略而不谈的。

在他的最新著作《新辉格党人对老辉格党人的呼吁》中,他引用《人权论》约十页之多,并且不厌其烦地这样做了之后,还说他"丝毫无意驳斥它们",意即无意驳斥书中包含的原则。我对柏克先生了解很深,知道他如有可能,他是会驳的。可是,他非但没有驳,反而马上说"他已尽了他的分",聊以自慰。他并未尽到他的份。他不曾履行他要把两种宪法加以比较的诺言。他引起了论争,提出了挑战,然后又临阵脱逃,从而成为他自己所说的"骑士时代已一去不复返"的活生生的例子。

他的最新著作《呼吁》,其名称和内容都该受到批评。原则必须以其本身的好坏为依据,如果是好的原则,自然站得住脚。如果像柏克先生那样,把原则置于别人的威权庇护之下,那就只能叫人对它们起疑。柏克先生不大欢喜别人分享他的荣誉,可是这回他却巧妙地让别人分担了他的耻辱。

柏克先生是向哪些人发出呼吁呢?是出生于上一世纪的一帮幼稚的思想家和半节子政治家,这些人不论对任何原则只要求它适合他们的党派目的,国民的利益总是被抛在脑后,这乃是从那时起直到今天为止所有党派的一贯特征。在这样的著作或这样的政治中,国民看不出有什么可取之处。一件小事可以鼓动一个政党,

但要鼓动一国国民却非得是大事不可。

虽然我认为柏克先生的《呼吁》一无可取，可是对其中一段话我倒要加点评论。柏克先生在大量引用《人权论》而拒不驳斥其中所包含的原则之后说："如果认为对这样的著作除了刑事审判以外还值得另加辩驳的话，那么其他想法和柏克先生相同而且劲头也一样足的人，很可能会这样做。"

首先，迄今还不曾有人这样做过。打从《人权论》第一部分问世以来，已有各式各样的人出过至少八本或十本小册子对它加以攻击，可是据我所知，其中还没有一本再版过，连这些小册子的名称一般人也都记不得。由于我不喜欢让不必要的出版物泛滥成灾，所以我一本也没有答复。加之，由于我认为一个人也许会因急就章写得太多而使自己名声扫地（这是任何其他人都做不到的），因此我写文章特别小心，以避免这种危险。

可是，正如我一方面反对不必要的出版物，另一方面也要尽可能避免让人家以为我不吭声是自命不凡。倘若柏克先生或任何在这个问题上站在他那一边的人对《人权论》写出一篇反驳文章，其印数可达《人权论》一半或哪怕四分之一，我就会对之作出答复。但是，在此以前，我将唯公众的判断是从（大家知道我不是一个爱拍马屁的人），这就是说，凡是公众认为不值一读的东西，也就不值得我去答复。我估计《人权论》第一部分在英格兰、苏格兰和爱尔兰的销数不下四五万册。

现在，我要评一评我引用的柏克先生的那段话的另外一句。

他说："如果认为对这样的著作除了刑事审判以外还值得另加辩驳的话。"

说实在的，对于一部著作，如果不能加以辩驳，那么作为变通办法，的确只有用刑事审判来将它定罪。对一部著作定的罪，最凶莫过于把它驳倒。但是如果按柏克先生指点的方法去做，定罪最终将针对刑事诉讼，而不是针对著作，在这种情况下，我倒宁愿身为作者，而不愿充当将著作定罪的法官或陪审员。

还是言归正传罢。在起诉这个问题上，我跟一些专门从事这一行的先生们见解不同，现在我发现他们的看法逐渐和我趋于一致，我就来充分交待一下，但要尽可能简单扼要。

我首先要举出关于法律的例子，然后把它同政府或英国一向称之为宪法的东西相比较。

制定一项法律以禁止对这项法律或任何其他法律所据以建立的原则（无论好坏）加以审查，便是专制行为，或者在英国就叫做霸权。

假使有一项坏的法律，那么，反对实施这项法律是一回事，但是去揭露它的过错，推论它的不当以及阐明为什么应该加以废除或为什么必须用另一项法律来代替，便完全是另一回事。

对于一项坏的法律，我一贯主张（也是我身体力行的）遵守，同时使用一切论据证明其错误，力求把它废除，这样做要比强行违犯这条法律来得好；因为违反坏的法律此风一开，也许会削弱法律的力量，并导致对那些好的法律肆意违犯。

就政府的原则与形式而言，或者就所谓宪法及其各个组成部分而言，情形也是如此。

应当把政府建立起来并由人民付出代价来支持它，这是为了人民的利益，而不是为了某些人升官发财。以此类推，对每一个政府和每一部宪法在原则上和形式上的缺点，必须像对一项法律的缺点一样，也要公开讨论，并加以指出，这是每个人对社会应尽的义务。当这些缺点及其补救办法为国民周知后，就由国民来改革其政府或宪法，正如由政府来废除或改革法律一样。政府的职能只限于制定与实施法律；可是组织或改组、产生或更新宪法与政府的权利却属于国民；因此，这些问题，例如调查研究的问题总是当作一项权利问题摆在一个国家面前，但却不能使之成为起诉的对象而不侵犯那个国家的普遍权利。在这个立场上，我愿同柏克先生周旋，他什么时候高兴都可以。把全部论点端出来要比隐藏起来好。挑起这场论战的是他自己，他不应逃之夭夭。

我不认为君主制和贵族制能再在欧洲任何一个进步国家存在七年。如能提出赞成它们的理由比反对它们的理由强，那么，君主制和贵族制就站得住脚；否则就站不住脚。人们现在不要人家告诉他们不应思考或不应阅读；凡对政府的原则进行审查、鼓励人们推敲、思考和证明不同制度的优劣的出版物都有发行的权利。如果这些出版物不受人注意，就犯不着对它们起诉，如果它们受人注意，起诉也没用，因为它并不能禁止人们阅读，这不是对作者判决而是对公众判决，而且也将是引起或促进革命的最灵的方法。

对于一切同一国的政府制度有关的问题，一个由十二人组成的陪审团是没有资格裁决的。如果既无证人可以查询，又无事实可资对证；如果整个事态摆在全体公众面前，其功过全以他们的意见为定；如果在法庭里一无所知，法庭外则尽人皆知，在这种情况下，任何一个十二人陪审团就和另一个陪审团不相上下，而且很可能推翻另一个陪审团定的案；或者由于陪审员意见纷纭而无法作出裁决。一国的国民是否赞成一部著作或一项计划是一回事;但它是否愿意把决定国民有无权利或要不要对政府进行改革的权利托付给任何一个这样的陪审团则完全是另一回事。我提到这些是为了使柏克先生明白,我写关于政府的问题并不是没有考虑到什么是法律和什么是权利。在这种情况下,唯一有作用的陪审团是一个由全体国民公平选举出来的代表大会;因为在所有这些情况下,全体国民都意见一致。如果柏克先生发起组织这样一个陪审团,我愿意放弃作为另一个国家公民的一切特权,并捍卫这个陪审团的原则,遵守它作出的决定,只要柏克先生也这样做;因为我认为要定罪的是他的而不是我的著作和原则。

至于人们因教育和习惯的缘故而袒护政府的某种特定形式或制度,这些偏见还要经得住理智与思维的考验。事实上,这种偏见算不了什么。没有人偏爱一种他明知是错误的东西。他之所以偏爱这东西是因为相信它是正确的,一旦他知道它并非如此,就会放弃这种偏见。我们对偏见是什么只有一种片面的概念。也许可以说,在人们自己能够进行思考以前,全都是偏见而**不是意见**:因为只有经过推理与思考而产生的才是意见。我提出这个看法,为的是使柏克先生不要对英国历来所有的种种偏见过于信赖。

我并不认为英国人民受到公正的对待。他们一向受各种党派和一些窃取领袖地位的人的欺骗。现在是这个国家起来打倒这些不肖之徒的时候了。现在是消除那种长期以来一直是拼命加重赋税的鼓动原因的玩忽态度的时候了。现在是消除所有那些旨在奴役人民和窒息思想的赞歌与颂辞的时候了。对于所有这些问题,人们只要开动脑筋,就不会做错,也不会被引入歧途。说任何人都不配享有自由就是使他们永远贫穷，也无异是说他们宁可负担沉重的赋税。倘若这一点可以得到证明，也就同样可以证明，那些居统治地位的人是不配统治他们的，因为这些人同样是国民的一分子。

要承认全欧各国政府都得变革；那肯定可以不经骚乱或报复就能做到。除非为了某种巨大的人民利益，就不值得从事变革或革命；如果一国出现这种局面，正如在美国和法国出现的那样，那些反对革命的人就会大难临头；我仅以这一见解来结束我的序言。

托马斯·潘恩

1792年2月9日于伦敦

导　言

阿基米得关于机械功率的话可以适用于理性和自由。他说，“如果我们有一个立足点，我们就可以把地球举起来。”

美国革命在政治上提出了在力学上还只是理论的东西。旧世界的一切政府如此根深蒂固，暴政与古俗如此制服人心，以致无从在亚洲、非洲或欧洲着手改革人类的政治条件。对自由的迫害遍及全球；理性被视为叛逆；而屈服于恐惧的心理已经使得人们不敢思考。

可是，真理的不可压制的特性，就在于它的全部要求和全部需要在于自由表白。太阳无须用碑文使其区别于黑暗；美国政府刚向全世界露面，专制主义就大为震惊，人民也开始考虑矫正时弊的问题。

美国的独立如果不曾伴随一场对政府的原则和实践的革命，而单从它脱离英国这一点来考虑，那就微不足道。美国不仅为自己而且也为全世界赢得了立足点，并且将目光射向自己所能获得的利益的范围以外。即使被雇来对美国作战的雇佣兵吃了败仗也心甘情愿，英国人民则谴责其政府的腐败，为它的失败而欢欣鼓舞。

美国是政治界唯一能够开始实行普遍改革的原则的地方，它在自然界也独树一帜。各种情况结合起来不仅使它产生种种原则，而且使这些原则臻于成熟。这个国家给一个观客看见的景色具有某种能激发伟大思想的东西。大自然以其宏伟气势展现在他面前。他看到的高山大川扩大了他的胸襟，他也感染了他所观赏的山川的伟大气质。这个国家的第一批定居者是来自欧洲各国的移民，具有不同宗教信仰，从旧世界的政府迫害下脱逃，并且作为兄弟而不是作为仇敌在新世界相逢。开荒所必然带来的种种需要，在他们中形成了一种社会，这种社会是各国因久受政府之间的争吵倾轧之苦而疏于培育的。在这种情况下，人就成为他应当成为的那种人。他不再以非人道观念把他的同类当天然的敌人看待，而是当亲人看待；这个事例向人为的世界表明，人必须回到自然去寻求知识。

根据美国在各种改革方面的迅速进展，可以合理地下结论说，如果在亚洲、非洲和欧洲各国的政府一开始就推行同美国相似的原则，或者不会过早地腐败堕落，那么，这些国家的处境肯定早就比目前优越得多。年复一年地过去，就这样眼看他们受苦受难而无动于衷。难道我们能够设想，一个对世情毫无所知的人，来到这里仅仅是为了看看，他在早期居留地通过同各种艰难困苦作斗争把旧世界变为新世界的过程中，会发挥巨大的作用吗？他不能想象成群的可怜穷苦人（这种人充斥于旧的国家）竟然还没有工夫来为自己着想。他也想象不到这些人的遭遇是这些国家称为的政府所一手造成的。

如果我们把目光从旧世界景况凄凉的部分移到那些改良程度达到先进的部分，我们仍旧可以发现政府那只贪婪之手伸进工业的各个角落和隙缝，从人民大众中攫取赃物。创造发明不断被用来作为征收捐税的新的借口。它把繁荣当作战利品盯住不放，不许任何人逃避进贡。

由于革命已经开始（而且由于一件已经开了头正在进行的事成功的可能性要比一件刚开头的事来得大），自然可以期望别的革命将接踵而至。各国旧政府赖以维系的惊人而还在不断增加的经费，它们所从事或挑起的许多次战争，它们在普及文化和通商方面所制造的困难，以及它们在国内进行的压迫与掠夺，已经使人忍无可忍，并且耗尽了世界的财富。在这种情况下，又有现成的例子，革命的发生是指日可待的。革命已成为普遍的话题，而且可以说已经提到**议事日程**上来了。

如果能采用比现行的那些政府制度花费少而人民大众得益多的政府制度，那么，反对其进展的一切企图终究是要失败的。理性会像时间一样向前迈进，而偏见则将在同利益的搏斗中倒下去。倘若普遍和平、文明和通商终将是人类的福分，那就非经过一场政府制度的革命不能达到。所有的君主制政府都是好战的。它们以战争为业，以掠夺和征税为目标。只要这种政府继续存在下去，和平一天也保障不了。所有君主制政府的历史不就是一幅人类悲惨生活的可憎图画,难得有几年休养生息吗?在被战争搞得筋疲力尽,杀人杀得厌倦之后,坐下来休息一会儿,就管它叫和平。这肯定不是上帝要为人类安排的;因此,如果这就是君主制度,那么君主制就大可列入犹太人的罪孽。

以往世界上发生的革命都没有吸引大多数人的东西。这些革命只限于角色和手段的改变而不是原则的改变,并在当时的公共交易中或者成功或者失败。我们现在看到的革命不妨称之为“反革命”。早些时候的征服与暴政剥夺了人们的一切权利,现在人们正在收回权利。正如一切人事有方向相反的盛衰变迁,革命亦复如此。以道德学说、普遍和平体制和不能取消的固有人权为基础的政府,正借助于一股比依靠暴力由东方绕向西方的政府更加强劲的冲力,从西方绕向东方。它不会引起个别人的兴趣,而会引起进步中的各国国民的兴趣,并且向人类许下新时代即将来临的诺言。

革命成功的最大危险,莫过于在革命赖以进行的原则以及革命带来的好处尚未为人们充分认识和理解之前就试图发动革命。几乎一切与一国局势有关的事情都被政府这个笼统而暧昧的词儿所吸收和混淆了。尽管政府不肯把它所犯的错误和它所造成的危害算在自己账上,可是它必然把一切表面的繁荣都归功于自己。它夺取工业的荣誉,吹嘘自己是工业获得成功的原因;并且从人的一般特征中把人作为一个社会的人的美点窃为己有。

因此,在这革命的日子里,把那些是政府造成的和那些不是政府造成的东西区别开来,可能是有用的。要这样做,最好是回顾一下社会和文明及其产生的后果，把它们同叫做政府的东西区别开来。从这一调查入手，我们就能够把结果归于真正的原因并分析大量共有的错误。

第一章　关于社会和文明

在人类中占支配地位的秩序，多半不是政府造成的结果。这个秩序发端于社会的原则和人的天性。它在政府产生之前就存在了，而且即使政府的那一套被取消了，它还会存在下去。人与人之间的互赖互利，以及文明社会各个部分相互依存，构成了把整个社会连结在一起的大链条。地主、农民、工厂主、商人、手艺人以及各行各业的人，是通过彼此帮助和从全体得到帮助而兴隆起来的。共同的利益调节着他们之间的关系，并构成了他们的法律；而这些约定俗成的法律比政府的法律影响更大。总之，凡是交给政府去做的事，社会几乎都可以自己来做。

要了解人所特有的政府的性质和分量，就必须注意到人的秉性。由于造化为社会生活而创造了人，她就把人放在她看中的地位上。她总是使他的自然需求超过他个人的能力。没有社会的帮助，没有一个人能够满足自己的需求；那些对每个人都起作用的需求迫使人全都参加到社会中来，就像引力把万物吸引到一个中心一样自然。

可是，造化用心更深。她不但通过人们只有互相帮助才能满足种种需要的办法迫使人加入社会，而且赋予他一系列社会感情，这种感情虽不是他的生存所必需，对他的幸福来说却是必不可少的。在人的一生中，这种对社会之爱无时无刻不起作用。它与生俱来，至死方休。

如果我们悉心研究人的天性和素质，研究不同的人相互调节各自需求的种种才能，研究他倾向于社会并维护从社会获得的好处，我们就容易发现所谓的政府在极大程度上不过是强加于人的。

政府的必要性，最多在于解决社会和文明所不便解决的少量事务，众多的事例表明，凡是政府行之有效的事，社会都已无需政府的参与而一致同意地做到了。

美国独立战争开始后两年多时间内，还有美国某几个州在更长时间内，根本没有固定的政府形式。旧的政府推翻了，国家倾全力于抵御外敌，分不出身去建立新的政府；然而在这段时间里却秩序井然，和睦相处，同欧洲任何一国毫无二致。人具有一种天然的适应性，社会尤其如此，因为社会具有更大更多的能力与资源去适应任何处境。正式的政府一废除，社会就立刻行动起来：成立总的联合组织，共同利益产生共同安全。

有人曾经煞有介事地说，废除任何正式的政府就会导致社会的解体，说什么政府靠一种冲力起作用，使社会更紧密地团结在一起，这种说法是大谬不然。社会在组织上委托给政府的那一部分，又会移归它自己负责，并通过它发挥作用。人们由于天生的本能和相互之间的利益已习惯于社会生活和文明生活，所以总是有足够的实践中的原则使他们安然度过他们认为有必要或宜于对他们的政府进行的任何改革。简言之，人天生是社会的人，几乎不可能把他排除在社会之外。

正式的政府只不过是文明生活的一小部分；即使建立起人类

智慧所能设想的最好的政府,这种政府也还是名义上和概念上的东西,而不是事实上的东西。个人与集体的安全和幸福要靠社会和文明的伟大基本原则,要靠得到普遍赞同和相互维护的习惯法,要靠通过千百万条渠道鼓舞全体文明人的利益交流,依靠这些东西,要远远胜于依靠哪怕体制最完善的政府所能做到的任何一切。

文明越是发达,越是不需要政府,因为文明越会处理自己的事务,并管理自己;可是旧政府的行径与这个道理完全相反,以致它们的开支本来应该减少,现在反而增加了。文明生活只需要几条总的法则,这些法则普遍适用,不管政府推行不推行,其效果差不多是一样的。如果我们研究是什么原则最初使人们结成社会,后来调整他们的相互交往又是出于什么动机,一直推想到所谓的政府,我们就会发现几乎所有的事情都是由各方自然而然地协力做成的。

就所有这些事情而言,人比他自己意识到或政府想要他相信的还要坚毅刚强。人类社会所有的重要法则都是自然法则。那些关于贸易和通商的法则,不论是个人之间还是国与国之间的交往,都是互利的法则。这些法则之所以受到遵从,乃是因为这样做符合于各方的利益,而不是由于他们的政府强加或塞进任何正式的法律的缘故。

但是,这种对社会的自然倾向是多么经常地受到政府的干扰和破坏呀!如果政府不是依附于社会的原则,反而闹独立,并且根据不公平的利益和压迫行事,那么,它本来应该防止祸患的,现在反而成为制造祸患的根源了。

如果我们回顾一下英国各个时期发生的暴动和骚乱事件,我们就会发现这些事件的爆发并不是由于缺少一个政府,政府本身倒是导致它们爆发的原因:政府不是使社会团结,而是使社会分裂;它剥夺了社会的自然凝聚力,引起了本来不会有的不满与混乱。在那些人们为了经商或任何同政府风马牛不相干的事儿随便凑合起来的、仅仅根据社会原则行事的组织里,我们可以看到各方是多么自然地团结一致,相形之下,这就表明,政府绝不总是维持社会秩序的原因与手段,倒往往是破坏社会秩序的罪魁祸首。1780 年暴动的起因不外乎是政府自身助长的那些残存的偏见。但是就英国而言,还有其他的原因。

征税过重而又不平等,不管用什么方式加以掩饰,总是会从其后果中暴露出来。由于社会上一大批人因此而贫困和不满,他们就经常处于动乱的边缘;并且,由于他们不幸失去了了解情况的手段,他们就容易头脑发热而使用暴力。任何暴乱不管表面上的原因是什么,其真正的原因总是由于缺少幸福。这就表明政府的体制出了毛病,损害了社会所赖以维系的那种福利。

但是,事实胜于雄辩,美国的事例证实了上述这些结论。如果世界上有一个国家根据一般估计最不可能团结一致,这个国家就是美国。这个国家由来自不同国家[①]的人民组成,他们习惯于不

① 通常叫做新英格兰的美国的这一部分包括新罕布什尔州、马萨诸塞州、罗得岛州和康涅狄格州,居民主要是英国人的后裔。在纽约州,荷兰人约占半数,其余是英国人、苏格兰人和爱尔兰人。在新泽西州,是英国人和荷兰人混居,还有一些苏格兰人和爱尔兰人。在宾夕法尼亚州,约三分之一是英国人,三分之一是德国人,其余是苏格兰人和爱尔兰人,还有一些瑞典人。在南部各州,英国人所占比例比中部各州大,但在所有这些州中都是各国人杂居;而且除上面列举的之外,还有相当数量的法国人,以及少数沿海欧洲各国的人。教友人数最多的教派是长老会;但没有一个教派高踞于另一教派之上,所有的人都是平等的公民。——作者

同的统治方式和特性,操不同的语言,在宗教信仰方面更是大不相同,要把这样一些人联合起来,看来是办不到的;可是,单纯借助把政府建立在社会原则和人民权利之上,一切困难都克服了,所有各方面都协调一致。那里的穷人不受压迫,富人没有特权。工业的发展不因负担宫廷挥霍无度的费用而受到限制。他们交的税少,因为他们的政府是公正的;而且由于那里没有什么东西会使他们遭受苦难,也就没有什么东西会激起暴动和骚乱。

像柏克先生这样一个夸夸其谈的人,会挖空心思去研究用什么办法来统治这样的人民。他可能认为,对付一些人必须用欺骗,对付另一些人要用暴力,而对付全体人民则要用阴谋诡计;要用聪明人去欺骗愚人,用自吹自擂去迷惑百姓。在堕入调查研究的茫茫大海后,他会做了这个结论又重新做那个结论,但最后还是错过了那条摆在他面前的简而易行的道路。

美国革命的一个最突出成就在于它导致种种原则的发现,并且揭穿了各国政府的欺骗。直至当时为止,历史上所有的革命都是在宫廷内部进行的,未以广大的国土为根据地。革命的各方总是那帮廷臣;不论他们怎样热望改革,他们总是小心翼翼地把他们那一行的骗局保持下来。

他们在任何情况下都故意把政府打扮成一种只有他们自己才懂得的神秘莫测的东西;而把唯一的一件值得知道的事向国民隐瞒起来,那就是:政府不过是按社会的原则办事的全国性社团。

在尽力阐明人类的社会和文明状况能够在其内部履行保护和管理自己的几乎一切必要的职责之后,不妨再来考察一下现存的旧政府并检查一下它们的原则与实践是否与上述情况相一致。

第二章　关于现存旧政府的起源

世界上迄今存在的这样一些政府,要不是用彻底破坏一切神圣和道德的原则的手段,就不可能建立。一切现存旧政府的起源之湮没无闻,意味着这些旧政府是以罪恶与耻辱开其端的。美国和法国现政府的起源将为人们永志不忘,因为把它记载下来是光荣的;可是,就其余的政府而言,哪怕对它们百般恭维,还是要送进时间的坟墓,而用不着什么碑文。

当世界处于早期蛮荒时代,人们主要还是看护成群的牛羊的时候,一群歹徒就可以轻而易举地侵犯一个国家并强令它进贡。这样建立起他们的权力之后,匪帮头子就偷偷把强盗这个名称换成了君主;而这就是君主制和国王的起源。

英国政府的起源,就其所谓君主的世系而言,因为历史最短,所以也许是记载得最完善的。诺曼入侵和暴政所引起的仇恨,必然早已深入人心,轻易不能抹去。虽然没有一个廷臣会谈起往昔宵禁的钟声,可是英国没有一个村庄会将它忘却。

那些匪帮把世界瓜分光并将其变成许多领地之后,自然而然就开始相互争吵起来。当初用暴力获得的东西,别人认为把它抢走是合法的,于是第二个掠夺者继第一个掠夺者之后出现了。他们轮番侵占各自分给自己的领地,他们相互对待的手段之残暴,说明君主制的原始特征。那就是恶棍虐待恶棍。征服者不是把被征服者当作俘虏,而是当作财产。在胜利中,他用叮当作响的锁链把他牵着走,随意判他服苦役或处死。由于时间磨灭了他们最初的一段历史,他们的继承者就以新的姿态出现,把他们继承下来的耻辱一笔勾销,但是他们的原则和目标却始终不变。最初的掠夺换上了税收这样一个比较动听的名称;但最初篡夺来的权力他们却乐于继承。

从这样开端的政府,除了连续不断的战争和横征暴敛之外,还能期待别的什么呢?它已经形成一种行当。恶劣行为并非这个或那个人所特有,而是所有人的共同规律。在这样的政府里不存在可赖以实行改革的足够力量;因此,最迅速和最有效的补救办法就是重新开始。

只要想一想这种政府的特征并考察一下它们的历史,眼前就会出现多么可怕的情景和多么穷凶极恶的罪行呀!倘若我们想要勾画出一种令人思之不寒而栗并为人类所不容的内心卑劣而外貌伪善的人性,那么,等着让人家画像的必然是国王、廷臣和内阁大臣。普通人尽管也有种种过错,却够不上这种资格。

假使政府发端于一种正确的原则,而又无意推行一种错误的原则,我们怎能设想这个世界会陷入我们所看到的这种贫困和多事的境地?是什么原因促使正在耕地的农民抛弃他的和平劳动去同另一国的农民作战呢?又是什么原因促使工厂主去这样做呢?领土对这些人或对一个国家中任何一类人,又有什么意义可言呢?它给谁的地产增添了一英亩地或提高了地产的价值吗?胜利和失败岂非都要付出同样代价,而结果总是千篇一律的征税吗?尽管这番道理对一国的国民可能有好处,对政府来说却并非如此。战争是各国政府玩弄的一桌法老牌戏,国民则是这场赌博中的受骗者。

如果在政府的这种可悲局面中还有什么比可能预料的更令人惊讶的事,那就是在这样一种长期积累起来的失望与压迫的重负下,农业、工业和商业等和平劳动所取得的进步。这种情形可以表明,兽性对人所起的作用并不比社会和文明的原则所起的作用强。人在厄境中还是孜孜不倦地追求他的目标,除了不可做到的事情之外对什么都不让步。

第三章　关于旧政府的新旧体制

再没有什么比旧政府赖以开创的原则和社会、文明与通商给人类带来的条件表现得更加矛盾的了。旧体制的政府为了提高自己地位而窃取权力;新体制的政府则代表社会共同利益行使权力。前者靠维持战争体系来支撑;后者则推行和平作为富国裕民的手段。一种政府煽动民族偏见,另一种政府则提倡大同社会以实现普遍通商。一个用它勒索来的税收的多寡作为衡量其繁荣的尺度;另一个则以其所需要的少量税收来证明其优越性。

柏克先生谈到新旧辉格党人。如果他能以幼稚的名字和称号自娱,我不打算使他扫兴。我在这一章里不是跟他而是跟西哀士长老对话。我已同西哀士阁下约定要讨论一下君主制政府的问题;由于在把新旧体制作对比时自然会涉及这个问题,我想趁此机会向他陈述我的见解。我在论述中偶尔也会提到柏克先生。

尽管可以证明现在称为"新"的那种政府体制从原则上来说乃是所有已经存在过的政府体制中最古老的,因为它是建立在天赋的人权之上的;然而,由于暴政和君权曾经使这些权利停止行使许多个世纪之久，所以为了便于区别起见，还是称它“新”比由于要求承认权利而称它旧来得好。

这两种体制最主要的区别在于，现在称之为旧的体制是世袭制，不论是全部世袭或部分世袭；而新体制则纯粹是代议制。它排斥一切世袭制政府：

第一，因为世袭制政府是强加于人类的；

第二，因为世袭制政府不适合于必须建立政府的目的。

就这两条的第一条而言——不能证明世袭制政府凭什么权力可以开创；在人的权力范围内也并不存在一种建立它的权利。在个人权利方面，人无权决定后代人的命运，因此，没有任何一个人或一帮人曾经有或能够有建立世袭制政府的权利。纵令我们自己死而复生，不为后代所继承，我们现在也无权从我们自己身上剥夺那些将来会属于我们的权利。那么，我们凭什么可以去剥夺别人的这些权利呢？

一切世袭制政府按其本质来说都是暴政。一顶世袭的王冠，一个世袭的王位，诸如此类异想天开的名称，意思不过是说人是可以世袭的财产。继承一个政府，就是把人民当作成群的牛羊来继承。[①]

至于第二条，即不适合于必须建立政府的目的这一条，我们只要考虑一下政府本质上是什么，并将其与世袭继承制所处的情况比较一下，就可以说明问题了。

---

① 这一段是首席检察官对托马斯·潘恩起诉时引证的八段文字中的第一段；因此，为同年印行的西蒙兹廉价版略去。——原编者

政府应当始终处于充分成熟状态。它的结构应当超越于个人所受制的一切意外事件;世袭继承制是受制于一切意外事件的,因而是一切政府体制中最不正规和最不完善的体制。

我们听到有人把人权叫做拉平制;但是唯一真正适用拉平这个字眼的制度乃是世袭君主制。这是一种智力上拉平的制度。它不加区别地让各种人掌权。无论贤与不肖,智与愚,一句话,无论品质好坏,都一视同仁。国王不是作为有理性的人,而是作为野兽相继即位。这并不表明他们具有什么智能或道德品质。如果政府本身是建立在这样一种卑劣的拉平制度上的,那么,我们对君主制国家中人们卑劣的心理状态还有什么可惊异的呢?这种政府没有固定性。今天是一个样子,明天又是一个样子。它随着各个继承人的性情而改变,并且完全受制于每一个继承人的变化莫测的性情。它是凭感情冲动与偶然事件统治的。它带着幼稚、老朽和昏聩等特征出现在人们面前;是一种要吃奶、要人牵着走或拄着拐杖走的玩意儿。它把生气勃勃的大自然秩序弄颠倒了。它经常叫幼儿顶替大人,把乳臭小儿的狂想当作智慧与经验。一句话,我们再也想象不出一种比世袭继承制在各方面表现出来的更加荒谬可笑的政府形象了。

倘若自然界出一个告示或上天发布一道敕令,说美德和智慧非世袭继承制莫属,而这种告示或敕令又能让凡人知道,那么,对世袭继承制的反对就可以撤销;但是,当我们看到大自然对世袭制活像采取否定和戏谑的态度;看到在一切国家中,继承人的智力都低于一般水平,看到继承人当中一个是暴君,另一个是白痴,再有一个是疯子,还有一些则是三者兼备,就不可能对这一制度寄予信

任了,如果人的理智还在起作用的话。

我无需将这一见解就教于西哀士长老;因为他已对此发表过意见,省了我的事。他说,“如果问到我对世袭权利有什么意见,我可以立刻回答,按照正确的理论,靠世袭方式移交任何权力或官职是绝对不符合真正代议制的法则的。在这种意义上说,世袭制不啻是对原则的玷污和对社会的蹂躏。”他接着又说,“可是,让我们看一看所有由选举产生的君主国和公国的历史吧:在这些国家中,难道有一个国家的选举方式不比世袭继承更坏吗?”

要辩论君主世袭制和君主选举制何者更坏,应该承认二者都坏:对这一点我们两人是意见一致的。这位长老所偏爱的正好是他所谴责的。对这样的问题用这样的推论方法是不能容许的,因为这样做等于责怪老天,仿佛就政府而言,老天只允许人们从两害之中选择其一,对两害中为害最甚者他也承认是“对原则的玷污和对社会的蹂躏”。

暂时撇开君主制在世界上造成的一切罪恶与祸害不谈,没有任何东西比把文官政府变成世袭方式更能证明它的无用了。难道一个需要智慧与才能的职位也可以世袭吗?而凡是不需要智慧与才能的职位,不论是什么职位,都是多余的或无足轻重的。

世袭继承制是对君主政体的讽刺。它把君主变成一个任何儿童或白痴都能担任的职位,从而使君主政体显得再荒唐可笑也没有。当一个普通技工也需要具备一些技能;但是当一个国王却只要有一个人的模样一种会呼吸的木头人就行了。这种迷信也许会再持续几年,但是它却不能长期抗拒觉醒了的人们的理智和利益。

至于柏克先生,他是坚决拥护君主制的,他的身份不完全是一个领年金者(如果是的话,而我相信他是的),而是一个政客。他看不起人民,人民反过来也看不起他。他把人民看作是一群无知之徒,必须由骗子、木偶和丑类来统治;在他看来,把偶像作为君主的形象同把人作为君主的形象没有什么两样。不过,我也要替柏克先生说句公道话,他对美国一向是非常赞赏的。他经常争辩说(至少我亲耳听到过),美国人比英国人或欧洲任何一个国家的人都要来得开明,因此在他们的政府中,弄虚作假是没有必要的。

尽管长老就世袭君主制和选举君主制所作的比较是没有必要的,因为代议制对两种君主制都排斥;但如果要我来作比较的话,我是会作出同他相反的结论的。

因争夺世袭王位而引起的内战比因选举而引起的内战,次数要多得多,而且更为可怕,持续的时间也更长。法国的历次内战都是世袭制引起的;这些战争的产生不是由于争夺王位世袭权,就是由于世袭方式不完善,即承认摄政或儿皇制。拿英国来说,它的历史上也充满了同样的灾难。约克家族和兰加斯特家族争夺王位的战争历时整整一世纪;此后,其他性质相同的战争也反复发生。1715 年和 1745 年的战争就属于这一类。争夺西班牙王位继承权的战争席卷了几乎半个欧洲。荷兰的历次骚乱也是由省长世袭制所引起的。一个自称自由而采取世袭职位的政府,有如肉中之刺,非把脓汁挤掉不得安宁。

但是,我还可以进一步把无论什么样的外国战争也归结到同一根源。永久性的王族利益是通过把罪恶的世袭继承加诸罪恶的君主制而建立起来的,其一贯目标在于领土与赋税。波兰虽然是一个国王由选举产生的君主国家,但它发生的战争比那些王位世袭的国家要少一些;而且其政府是唯一的一个自愿尝试(尽管程度有限)改善国家状况的政府。

在约略谈了旧的或世袭制的政府的少数几个缺点之后,我们再来把它同新的或代议制的政府比较一下。

代议制以社会和文明作为基础;以自然、理性和经验作为指导。

一切时代和一切国家的经验已经证明,要控制大自然对智能的分配是不可能的。大自然随心所欲地赋予人以智能。她按什么规律把智能撒播到人间,这对于人还是一个秘密,要想把人类的美貌与智慧用世袭术固定下来同样都是荒谬的。不论智慧是怎样构成的,它好像是一束没有种子的植物;如果它生长出来,可以加以培育,但却不能任意去生产。在社会的一般群众中总是有足够的智慧去实现一切目的;但就社会的各个部分而言,智慧却在不断改变位置。它今天体现在这个人身上,明天又体现在另一个人身上,很可能轮番来到地球上的每一个家庭,然后又销声匿迹。

自然界既然如此安排,政府也必须循此前进,否则,政府就会如我们看到的那样,退化为愚昧无知。因此,世袭制对人类的智慧正如它对人类的权利一样是互相抵触的;既荒谬又不公道。

正如文坛要出最优秀的文艺作品,就得给天才作家以公平而又普遍的机会,政府的代议制要制定最明智的法律,就得尽其所能广罗人才。每当我想到倘若文学和一切科学也都成为世袭的,它们将会变得多么荒唐而微不足道,就不禁哑然失笑;我对各国政府的看法也是如此。一个世袭长官和一个世袭作家一样,都是不称职的。我不知道荷马和欧几里得有没有儿子;但是我敢说,假定他们有儿子,又留下了未竟之作,他们的儿子是不能续完这些著作的。

看到那些曾经在各行各业中闻名遐迩的人物的后裔的情形,难道还需要更有力的例子来证明世袭政府的荒谬吗?后裔的德才截然相反的例子还嫌少吗?仿佛智能之潮尽可能远地流进某些渠道,然后舍弃了原来的路线,而在别的渠道里泛滥起来。世袭制建造权力的渠道,智慧之水却不愿在那里流通,这是多么不合理呀!让这种荒唐事儿继续下去,人就会永远自相矛盾;他可以把一个人奉为国王、元首或法官,实际上连选他当警察都不情愿。

据一般的观察,好像革命可以创造各种人才;但实际上不过是把人才提拔出来。人头脑中有大量意识处于蛰伏状态,除非有什么东西促使他活动起来,就会在这种状态中同他一道进入坟墓。由于把社会的全部才能都发挥出来对社会是有好处的,政府就应当沉着而有规律地起用革命中一定会涌现的人才。

在世袭政府死气沉沉的状态下,这一点是做不到的,这不仅是因为世袭政府不要人才,而且还极力使人才麻木不仁。当国民的心智被对其政府的诸如世袭继承制等政治迷信压服时,它就对其他一切主体与客体失去相当一大部分力量。世袭继承制要求人们对愚昧就像对智慧一样地服从;而一旦心智使自己表示这种不分青红皂白的尊崇,它就降低到成年的智力水平之下。它只是在小事情上堪称伟大。它背叛自己,将鼓励去了解真情的感觉加以扼杀。

虽然古代的政府在我们面前展现出人类处境的一幅悲惨画面,可是有一个政府却与众不同。我指的是雅典人的民主制。在那个了不起的伟大民族身上,值得赞扬的地方多,应该谴责的地方少,这是古往今来历史上所没有的。

柏克先生对政府的组成原则知道得实在太少,以致把民主制和代议制混为一谈。古代的民主制国家根本不知代议制为何物。按照这种民主制,大多数人会集在一起,以第一人称制定法律(从文法上来说)。简单的民主制不过是古代人的公共会堂。它既体现政府的公有原则,又体现了政府的形式。当这些民主国家的人口增长和领土扩大之后,这种简单的民主形式就行不通了;由于不知有代议制,结果它们不是突然退化为君主制,就是被当时存在的那种君主制国家并吞。要是代议制像今天这样为当时人所熟知,就没有理由认为现在称之为君主制或贵族制的政府会破门而出。只是由于社会变得人口太多和幅员太大,不适合于简单的民主形式,而又缺乏把它的各部分统一起来的办法,再加上世界其他部分的牧民分散独居,才使得那些不自然的政府体制有机可乘。

由于有必要清除在政府问题上存在的各种错误言论,我将进一步对另一些论点加以评论。

辱骂他们称之为的共和政体,这是廷臣和宫廷政府一贯的政治手腕;但究竟什么是共和政体,他们却从来不想说明。现在,就让我们在这方面稍稍考察一下。

民主制、贵族制、君主制和现在所说的代议制,是政府仅有的几种体制。

所谓共和国并不是什么特殊的政府体制。它完全体现了政府应当据以建立与行使的宗旨、理由和目标:res - publica 意为公共事务或公共利益;或可直译为公共的事。这个词儿原来的含义很好，指的是政府应有的性质和职责；从这个意义来说，它自然同君主国这个词儿对立。君主国原来的含义很坏，指的是个人擅权，在行使这种权力时，目标是他本人，而不是公众。

任何一个政府，如果不按共和国的原则办事，或者换句话说，不以公众的利益作为其独一无二的目的，都不是好政府。共和政府是为了个人和集体的公共利益而建立和工作的政府。它无需同任何特定的形式相联系，但是它却很自然地同代议的形式结合起来，因为代议制最适合于达到国民要付出代价来支持的目标。

各种不同形式的政府总是自命为共和政府。波兰自称为共和国，实际上是世袭贵族制，国王是由选举产生。荷兰也自称为共和国，实际上主要是贵族制，省长是世袭的。全部建立在代议制基础上的美国政府才是在性质上和实践上现存的唯一真正共和国。它的政府的目的只是处理国家的公共事务，因此它确实是一个名副其实的共和国；而且美国人已经注意到他们政府的目的应该永远是这个而不是另一个，他们抵制一切世袭的东西，把政府仅仅建立在代议制基础上。

那些说共和国这种政府体制不适用于幅员广大的国家的人，首先是把政府的职责误认为政府的体制；因为 res - publica 对无论多大领土和多少人口都是适用的。其次，如果他们是指体制而言，指的乃是像古代民主制那样一种政府体制，即简单的民主形式，这种形式是不具备代议性质的。因此，问题不在于共和国的范围不能扩大，而在于它不能在简单的民主形式基础上扩大；这就自然而然地提出一个问题：在共和国变得领土过大和人口过多而不适用于简单的民主形式之后，什么是管理这个 res - publica 或国家的公共事务的最好的政府体制呢？

这个政府体制不能是君主制，因为君主制受到的反对同简单的民主制所受到的反对程度相同。

也许可以由个人定出一套原则，幅员无论多么广大的国家都可以根据这些原则来建立政府。这无非是根据个人的能力开动脑筋的结果。但是，把那些原则付诸实践，运用于一个国家的为数众多的各种情况，如农业、制造业、手工业、商业等等，却需要另一种知识，这种知识只能从社会各部分取得。这是实际知识的综合，非个人所能独有；因此，在实用上，君主制由于知识不足所受的限制同民主制由于人口增加所受的限制一样大。一个因领土扩大而趋于混乱；另一个则变得愚昧无能，所有大的君主国就是明证。因此，君主制不能代替民主制，因为它同样不合适。

一旦君主制成为世袭的，就更不行了。因为世袭制是杜绝知识最有效的一种形式。具有高度民主意识的人不会甘受儿童和白痴以及形形色色下贱角色的统治，后者参加了这种十足兽性的体制，简直是理性与人类的奇耻大辱。

至于贵族制，它同君主制具有同样的罪恶和短处，只是在起用人才方面，从人数比例看，机会要多一些，但是在人才的合理使用方面还是没有保障。①

把君主制和贵族制同原始的简单民主制相提并论，就提供了政府得以大规模创始的真正论据。简单民主制不能扩大，不是由

① 关于贵族制的特征，读者可参阅《人权论》第一部分第62页（即本中文版第159至第160页。——译者）。——作者

于它的原则，而是由于它的形式不利；而君主制和贵族制则是由于无能。那么，把民主制作为基础保留下来，同时摈弃腐败的君主制和贵族制，代议制就应运而生，并立即弥补简单民主制在形式上的各种缺陷以及其他两种体制在知识方面的无能。

简单的民主制是社会不借助辅助手段而自己管理自己。把代议制同民主制结合起来，就可以获得一种能够容纳和联合一切不同利益和不同大小的领土与不同数量的人口的政府体制；而这种体制在效力方面也胜过世袭政府，正如文坛胜过世袭文学一样。

美国政府就是建立在这种体制之上的。它把代议制同民主制结合起来。它用一种在所有情况下都同原则的分量相称的尺度把形式固定下来。雅典人小规模实行过的，美国将大规模推行。一个是古代社会的奇迹；另一个则正在成为现代社会人人赞美的目标和典范。这是所有的政府形式中最容易理解和最合适的一种，并且马上可以把世袭制的愚昧和不稳以及简单民主制的不利一扫而空。

代议制一经推行，立刻就能在那么广大的国土上和利害圈子里奏效，再要设计出一种像它那样的政府体制，是不可能的。法国尽管幅员广大，人口众多，在这种浩瀚无际的制度中，不过区区一个小点。甚至在领土有限的国家中，代议制也比简单的民主制可取。雅典如采用代议制，就会胜过原有的民主制。

那个叫做政府的，或毋宁认为应当是政府的那种东西，不过是使社会各部分团结的一个中心。要做到这点，除了采用能增进社会的各种利益的代议制以外，别无他法。代议制集中了社会各部分和整体的利益所必需的知识。它使政府始终处于成熟的状态。

正如已经看到的那样,它永远不年青,也永远不老。它既不年幼无知,也不老朽昏聩。它从不躺在摇篮里,也从来不拄拐杖。它不让知识和权力脱节,而且正如政府所应当的那样,摆脱了一切个人阿偶然性,因而比所谓的君主制优越。

一个国家不是一个其形象可用人体来代表的主体,而是像包含在一个圆圈以内的主体,有一个共同的中心,所有的半径都在那里会合;这个中心就是由代议制形成的。把代议制同所谓的君主制相结合,政府就会不伦不类。代议制本身便是一个国家的被委派的君主制,它不能同别人分享权力而贬低自己。

柏克先生在他的议会演说和著作中曾经有两三次用了一些调子好听而毫无意义的话语。在谈到政府时,他说:“用君主制为基础而以共和制为纠正的手段,要比以共和制为基础而以君主制为纠正的手段来得好。”如果他的意思是说,以智慧去纠正愚昧比以愚昧去纠正智慧为好,我就不想同他辩论,而只想对他说,把愚昧统统扫除掉可要好得多了。

但是柏克先生称为的君主制究竟是什么东西呢?他可以来解释一下吗?所有的人都能理解代议制是什么,懂得它必须把各种组织和才能兼收并蓄,但君主制对这些美质有什么保证呢?或者说,当君主是个小孩时,哪里还有什么智慧可言呢?他对政府懂得什么?这时究竟谁是君主,或者说哪里还有什么君主制?如果君主要由摄政来代劳,那就未免太滑稽了。摄政是一种虚假的共和制,整个君主制也就不值一提。它是一种稀奇古怪想象不出的东西。它完全没有政府所应有的那种稳定性。每一次继承就是一次革命,每一次摄政是一次反革命。整个君主制乃是一幅宫廷不断搞阴谋诡计的图景,柏克先生本人就是一例。要使君主制符合政府的需要,下一个继承人生下来就不应是个孩子,而应该立刻是个成人,而且还应当是一个所罗门。要国家等到孩子长大成人,并使政府中断,这真是荒谬绝伦。

不论我是所见过微还是了解过多而不易受骗;不论我是过于自豪还是过于自卑,或者还有什么其他缘故,这都不成问题;但是可以肯定的是,所谓的君主制,在我看来总归是可鄙而又愚不可及。我把它比作一种隐藏在幕后的东西,四周喧哗忙乱,表面上却庄严肃穆,但如果幕布偶然打开,大伙看到它的真相,就会捧腹大笑。

在代议制政府中,这样的事是不可能发生的。代议制像国民本身那样,在身心两方面都具有无穷的力量,并以正直和威严的姿态出现在世界舞台上。不论有什么优缺点,全都一目了然。它不靠欺诈和玄秘生存,也不凭漂亮话和诡辩办事;但它灌输一种开诚布公的语言,这种语言使人理解而深受感动。

我们必须闭眼无视理智,我们必须卑鄙地降低悟性,才能不看到那所谓君主政府做的蠢事。大自然的一切都是井井有条的,但是君主制这种政府形式却违反自然。它把人类智能的发展颠倒了。它让长者受幼儿管制,智者受愚人管制。

与此相反,代议制则始终同大自然的秩序和规律并行不悖,并且在各方面与人的理性相适应。例如:

在美国联邦政府里,授予美国总统的权力要比授予任何其他国会议员的权力大。因此,三十五岁以下的人不能当选总统。人到了这个年龄,判断力已臻成熟,对于人和事有充分了解,而国家对他也已有所了解。但是,按照君主制(每个人出世后在人类智能抽彩中获奖的种种侥幸性除外),下一个继承人,不论是什么样的人,只要满十八岁,就可以成为国家或政府的首脑。难道这是明智之举吗?这能同一国国民天然的尊严和丈夫气概相适应吗?这样一个孩儿配称国父吗?在任何情况下,一个人要到二十一岁才成年。在此之前,不能让他管理一英亩土地,或祖宗遗留下来的一群羊或一窝猪;可是说来多么怪,十八岁就居然让他去治理一个国家。

不论从哪一方面来看,君主制显然(至少对于我个人)完全是一个骗局,不过是诈取金钱的宫廷诡计。在合理的代议制政府基础上,不可能开出像君主制这个骗局所容许的数额那么巨大的费用单。政府本身并不是一个花费大的机构。正如我已经讲过的那样,建立在代议制基础上的美国联邦政府,其国土面积比英国将近大十倍,其全部经费不过六十万美元,等于十三万五千镑。

我想没有一个头脑清醒的人会把欧洲各国国王的品德同华盛顿将军的品德相提并论。然而,在法国,同样在英国,为了供养一个人,仅王室费用就比美国联邦政府的全部经费多八倍。要找到说明这种情况的理由几乎是不可能的。大多数美国人,尤其是穷人,要比大多数法国人或英国人交得起税。

然而,实际情况是,代议制把大量关于政府问题的知识普及全国,从而扫除了愚昧,杜绝了欺骗。在此基础上无法施展宫廷的鬼蜮伎俩。这里没有秘密;也无从产生秘密。那些不当代表的人对事情的性质了解得就同当代表的一样透彻。故意卖弄玄虚会遭到讥笑。国家不能有什么秘密,而宫廷的秘密,正如个人的秘密一样，总是它们的短处。

在代议制下，随便做哪一件事都必须把道理向公众说清楚。每一个人都是政府的经管人，把了解政府情况看作是他分内之事。这关系到他的利益，因为政府的所作所为影响到他的财产。他审查政府的费用，并比较其利弊；最重要的是，他从来不采取盲目跟从其他政府称为“领袖”的那种奴才作风。

只有堵塞了人的悟性，使他相信政府了不起和不可思议，才能攫取超额的税收。君主制百般盘算，就是要达到这个目的。这是政府的教皇制度，一种用来逗弄愚人，叫他们乖乖交税的手段。

严格地说，一个自由国家的政府不在于人，而在于法律。制定法律无须巨大的费用；法律执行了，整个文官政府的任务也就完成了——其他一切统统是宫廷的巧机关。

第四章 关于宪法

当人们谈到宪法和政府时，他们指的显然是两种各不相同的东西；否则这两个名词的用法为什么各不相同呢？宪法并不是政府的法令，而是人民组成政府的法令；政府如果没有宪法就成了一种无权的权力了。

一切管理国家的权力必定有个开端。它不是授予的就是僭取的。此外别无来源。一切授予的权力都是委托，一切僭取的权力都是篡夺。时光并不能改变二者的性质。

在考察这一问题时，美国的情景宛如在世界开创时期那样呈现在人们面前；我们对政府起源的考察也可以通过当代发生的事情找到一条捷径。我们无需到古时阴暗的角落里去寻找材料，也不必冒险去胡乱猜测。我们一下子就被带到能看清政府初创的地点，好像我们曾经生活在创始期一样。没有被阴谋诡计或传统的错误弄得残缺不全的真实书卷——不是历史的书卷而是事实的书卷——就直接摆在我们面前。

我想在这里简要地阐述一下美国宪法的起源：这样，宪法与政府之间的区别就可以看得很清楚了。

不妨提醒一下读者，美利坚合众国包括十三个州，在1776年7月4日宣布独立后，每一个州都成立了自己的政府。每一个州在组成自己的政府时都脱离其余各州独自行动；但是同一总的原则却全国通用。在许多州政府组成之后，就着手组织联邦政府，这个政府管理全国一切有关全体利益的事务，同时处理各州之间相互往来或对外事宜。我想先举一个州政府（宾夕法尼亚州政府）为例，然后再谈联邦政府。

宾夕法尼亚州虽然面积同英国差不多，当时却只分为十二个县。在刚同英国政府发生争执的时候，每一个县都已经选举出一个委员会；由于费城——它也没有自己的委员会——是情报最集中的地点，它于是成为同好几个县委员会联络的中心。等到有必要着手成立政府时，费城委员会就提议在该城召开各县委员会大会，这个大会于1776年7月底举行。

虽然这些县委员会当初是由人民选举的，但选举的目的并不是专门为了制定宪法，也不曾授予它们这样的权力；由于按照美国的权利观点，这些委员会不能擅自行使这样的权力，它们只能就此事进行协商，并开始一系列的工作。因此，与会者仅限于说明情况，并向各县建议，每县选举六名代表赴费城出席代表大会，这些代表有权起草宪法并将其提交公众讨论。

这次会议——本杰明·富兰克林担任会议主席——在讨论并一致通过一部宪法之后，就下令予以公布，不是作为已成事实，而是提供全体人民讨论，征求赞成或反对意见，然后休会到一定的时间。休会期满，又重新开会，由于这时民意已一致赞同宪法，这部宪法就根据人民的权力予以签署、盖章和公布，并将原本作为档案保藏起来。然后会议规定了普选组成政府的代表的日期和时间；在做完这些事情之后，会议就解散了，代表们各自回到他们的老家去干他们的本行。

这部宪法中首先制定了一项人权宣言；其次规定了政府应有的形式及其应有的权力——高等法院和陪审员的权力——选举的方式和代表与选民人数的比例——每届代表大会的期限，以一年为期——征税的方式与公款支出的核算——公务人员的委任等等。

政府要保证这部宪法实施，不得任意更改或违反其中任何一条。这部宪法对政府来说就是法律。但是由于排除经验的教益是不明智的，同时也是为了防止错上加错——如果发现任何错误的话——以及使政府随时与该州的形势协调一致，宪法规定每过七年应选举一次代表大会来修改宪法，如果有必要的话，将其中的条文加以更改、增订或废除。

这里我们可以看到一种有条不紊的程序——政府公布一部根据人民意愿制定的宪法；这部宪法不仅是一种权力，而且是一种对政府加以控制的法律。它是这个州的政治圣经。几乎每个家庭都有一本宪法。政府人员则人手一册;每当对一项法案的原则或对任何一种权力的应用范围有争论时,政府人员便从口袋里取出这本印就的宪法,把有关争议中的事情的章节念一遍,这是司空见惯的事。

在举出一个州为例后,我再来说明一下美国联邦宪法提出和形成的过程。

国会在1774年9月和1775年5月召开的头两次会,不过是一些地方性的即后来的州的立法机关的代表会议;而且除经公认的和作为一个公共团体所必须具有的权力外,别无其他权力。一切有关美国内政的问题,国会只向地方议会提出建议,由它们任意取舍,国会一点都不强迫;然而,在这种情况下,国会比任何一个欧洲的政府受到更加真诚的爱戴和服从。这个例子像法国国民议会的例子一样足以表明,政府的力量并不在于它自身,而在于国民的爱戴以及人民觉得支持它是有好处的。如果不具备这个条件,政府就无异是儿童掌权,它虽然像法国的旧政府那样,可以鱼肉人民于一时,但最后只能促使自己倒台。

在《独立宣言》发表后,就可以规定和确立国会的权力了,因为这是符合代议制政府据以建立的原则的。至于这种权力应当比当时国会任意行使的权力大还是小,那是另一回事。这只不过是措施是否正确的问题。

为了这一目的,提出了叫做邦联条款的法案——这是一种不完善的联邦宪法——经过长时期的审议之后,于1781年通过。这项法案并不是国会的法案,因为它是同代议制政府关于一个团体不应赋予它自己以权力的原则相抵触的。国会先通知各州,它认为必须赋予邦联哪些权力,以便邦联能履行需要它履行的职责;各州彼此取得一致意见后,就将这些权力集中于国会。

不妨指出,在这两个例子里(一个是宾夕法尼亚的例子,另一个是美国的例子),并不存在以人民为一方和以政府为另一方之间的契约概念。人民之间相互产生并组成一个政府,这就是契约。认为任何政府都能作为同全体人民订立契约的一方,等于承认政府在能够取得存在的权利之前就已经存在了。人民与那些行使政府职权的人之间唯一能够发生契约关系,乃是在人民选中和雇用这些人并付给他们报酬之后。

政府不是任何人或任何一群人为了谋利就有权利去开设或经营的店铺,而完全是一种信托,人们给它这种信托,也可以随时收回。政府本身并不拥有权利,只负有义务。

在举出一部宪法最初形成的两个例子之后,我想说明一下自它们制定以来所发生的变化。

经验证明,由各州宪法授予各州政府的权力过大,而由邦联条款授予邦联政府的权力则过小。这个缺点不在于原则,而在于权力的分配。

许多小册子和报纸刊登了关于改组邦联政府的适当性和必要性的问题的文章。通过报刊和会谈进行了一段时间的公开讨论之后,弗吉尼亚州感到贸易方面有些不便,提议召开一次大陆会议;结果,由五六个州议会派出代表于 1786 年在马里兰州安纳波利斯市举行会议。这次会议鉴于本身不具备从事改革的充分权力,只就这一措施的适当性发表了一般的意见,并建议于次年召开一次由全国所有各州参加的大会。

这个大会于1787年5月在费城召开，华盛顿将军当选主席。他当时同任何州政府或国会都没有关系。独立战争一结束，他就解甲归田，过着平民的生活。

大会深入讨论了所有的问题；在进行了种种辩论和调查研究之后，就联邦宪法的各部分取得了一致意见，下一步就是如何批准和实施这部宪法了。

为了做到这一点，他们并不像一般廷臣那样去迎请一个荷兰省长或一个德国选侯；而是把整个事宜交给这个国家的民意和利益去决定。

他们首先指示应将这部拟定了的宪法公布。其次，他们指示各州选出一个会议来专门研讨这部宪法，加以批准或否决；并指示一经任何九个州认可与批准，这些州就应立即着手按比例选举他们的新联邦政府议员；这时新的联邦政府[①]应开始工作，旧联邦政府[②]就此结束。

据此，有几个州就着手选举它们的代表会议。其中有些会议以压倒多数批准了宪法，有两三个州则一致通过。其他几个州的代表会议发生了许多争论和意见分歧。在波士顿召开的马萨诸塞州的代表会议，大约三百人中，占多数的不过比半数多十九或二十人；但是代议制政府的特点正就是心平气和地按多数决定一切问题。在马萨诸塞州代表会议的辩论结束并付诸表决之后，那些投票反对的议员起立宣称："虽然他们对宪法有过争议并投票反对，

① 即1789年根据新宪法建立的以乔治·华盛顿为首任总统的联邦政府。——译者

② 即1781—1789年间的邦联政府。——译者

因为他们对宪法某些部分的看法与别的议员不同;然而,鉴于表决的结果赞成这个拟定了的宪法,他们就应该用实际行动支持宪法,就像投过赞成票一样。”

一经九个州一致同意(其余各州在选出州代表会议之后也接连表示同意),邦联政府的旧结构就被撤销,新联邦政府成立,由华盛顿将军任总统。在此我不禁要指出,这位先生的品德和贡献足以使所有这些叫做国王的人汗颜。当这些家伙从人们的血汗劳动中攫取同他们的能力和贡献毫不相称的巨额薪俸时,华盛顿将军却在尽其所能作出一切贡献,而不要任何金钱酬报。他担任总司令时不要酬报,担任总统时也不要。

新联邦宪法生效之后,宾夕法尼亚州感到它自己的宪法的某些地方需要修改,因而选出了一个州制宪会议。拟就的修改条文公布出来了,人民一致同意,这些条文就宣告生效。

在制定或修改这些宪法的过程中,很少或根本没有遇到什么麻烦。事情的正常进展并未受阻挠,得益却很大。对一国的绝大多数人民来说,事情错了把它纠正过来,总要比让它继续错下去来得好;而公共事务经过公开辩论和自由公断之后,是不会作出错误的决定的,除非决定得太仓促。

在修改宪法的两个例子中,当时的政府都没有参与。在关于宪法的形成或修改的原则或方式的辩论中,政府无权使自己作为辩论的一方。宪法(政府是由宪法产生的)并不是为了那些行使政府职权的人的利益而拟订的。对所有这些事情,有权作出决定和采取行动的是那些出钱的人而不是那些得钱的人。

宪法归一国国民所有,而不是执政者所有。美国所有的宪法都宣称建立在人民的权力之上。在法国,用国民而不用人民这个字眼;但就这两个国家而言,宪法总是居于政府之前,而且始终是同政府区别开的。

不难看出,在英国,除国家外凡事都有章程。每一个社会团体成立,先要对一些原始条例取得一致意见,然后整理成文,这就是该社团的章程。然后,它就按章程中所规定的职权委派一些办事人员,该社团的管理工作就开始了。这些办事人员不论其职称如何,都无权对原始条文加以增添、修改或删减。这种权力只属于章程制定者所有。

由于不懂得宪法与政府之间的区别,约翰逊博士以及所有像他这一类的作家总是把他们自己弄糊涂。他们当然知道在某个地方必然存在着一种管辖的权力。他们就把这种权力给予执政的人,而不是给予国民制定的宪法。如果把权力给予宪法,它就会受到国民的支持,自然的和政治上的管辖权也就合而为一。政府颁布的法令只能把人们作为个别的人来管辖,而国民通过宪法却可以管辖整个政府,而且天然有能力这样做。因此,最后的管辖权和最初的制宪权乃是同一种权力。

约翰逊博士当然不能在任何有宪法的国家里提出这样的立场;他本人就证明英国根本没有宪法。可是,有一个问题也许值得提出来研究一下:既然没有什么宪法,又怎么会普遍地认为是有宪法的呢。

要解答这个问题,必须从两方面来考虑宪法:——首先是从建立政府并赋予它以种种权力方面,其次是从调整和限制所赋予的权力方面。

倘若我们从诺曼底的威廉开始考察，我们就会发现，英国政府原本是一种靠侵略和征服这个国家而建立的暴政。承认了这一点，就可以看到，这个国家在不同时期为减轻暴政，使它不至于那么不堪忍受所作的努力，一向是归功于宪法的。

所谓的大宪章（它现在像一部同时代的年鉴），不过是迫使政府放弃它所掌握的一部分权力。它并不像宪法那样创立权力并把权力赋予政府；而至多是具有一种收复政权的性质，但并不是宪法；因为如果英国也像法国推翻专制主义那样彻底取消了篡夺来的权力，那它当时就会制定出一部宪法来。

爱德华王朝和亨利王朝，直至斯图亚特王朝开始的历史提供了数不清的在国民限制的范围内所能实行的暴政的例子。斯图亚特王朝曾力图超越这些限制，其命运是众所周知的。在所有这些例子中，我们看不到宪法，而只看到对篡夺的权力所施加的限制。[①]

此后，来自同一家族并自称血统相同的另一个威廉获得了王位；对詹姆士和威廉这两害，国民选取了他们认为较轻的一个；因

① 这一段和以下三段组成首席检察官起诉书的第三部分，西蒙兹版略去并附有如下说明："以下在原版第五十二页有四段文字，占有像本版同样紧凑的字体约十八行。这些段落继续论证对最初篡夺来的权力的限制怎样被误认为宪法。但是由于这些段落已收入起诉报告，当起诉结束后将在诉状上公开发表，故此处不再逐句引用，只有第一段放在附注里，以表明原告一方的真意以及从原著中选供起诉的是哪些东西。注意——为起诉目的从原著中摘取的若干段落不到如本版同样字体的两页，这些段落凡在原版中出现的本版均加以指出。"在注释中引用了第一段之后，潘恩接着说："请问：原告是想否认爱德华王朝和亨利王朝推行暴政的事例吗？他是想否认斯图亚特王朝力图超越国民所规定的限制吗？他是想证明凡是说他们这样做过的人就是诽谤吗？"——原编者

为,根据当时情况,非接受一个不可。于是出现了叫做“权利法案”[①]的法案。这个法案不是政府各部门为了瓜分权力、利益和特权所作的交易又是什么?你可以到手这么多,其余的都归我;至于国民,这个法案说,你们可以有请愿权,这就是你们的一份。既然如此,“权利法案”还不如叫做邪恶法案和侮蔑法案更恰当些。至于所谓的自由议会,则是一种先自行成立,然后产生由它去行使的权力的东西。少数人集合在一起,并用那个名称来称呼自己。他们当中有许多人根本不是选举产生的,没有一个人是为此目的选举的。

从威廉执政时起,一种类型的政府从这个联合权利法案产生出来了;而且由于汉诺威王室继位由沃尔波尔执政所带来的政治腐败,这种情况更是变本加厉,以致只能称之为专制立法。尽管各个部分可以互相掣肘,整个政权却不受任何约束;它唯一承认的权利是请愿权。那么,哪里还有什么授予或限制权力的宪法可言呢?

并不因为政府的一部分是由选举产生的就可以使它少专制一些,如果当选的人后来作为议会议员拥有无限权力的话。在这种情况下,选举便同代议制分开,候选人也就是专制主义的候选人了。

我不能相信,任何一国国民在考虑自身的权利时会想到把这些东西叫做宪法,如果宪法的叫喊声不是由政府发出的话。宪法这个词由于记录在议会的演说辞中,就像张贴在百叶窗和门柱上

① “权利法案”系1689年颁布的英国资产阶级确立君主立宪制的宪法性文件之一,法案限制了王权,保障了资产阶级和新贵族的权力。——译者

的“厌烦”和“嘲弄”等词语一样流行起来；但是，不论宪法在别的方面是什么东西，它却无疑是**历来发明的最多产的收税机器**。法国在新宪法下每人纳税不到十三先令[①]，而英国在所谓现在宪法下，每人（包括男人、女人和儿童）要纳税四十八先令六便士，总共将近一千七百万镑，为数达一百万以上的征税费用还不算在内。

在像英国这样一个国家里，全部民政工作由市和郡通过区长、市长、季度法庭、陪审团和巡回审判员执行，无需烦劳所谓的政府，除法官的薪俸外任何其他费用都无需从国库支付，因此，怎么能使用这样大量的税收，实在令人不解。甚至这个国家的内部防卫费用也不由国库支付。在各种情况下，不论是真是假，总是不断依赖新的同情和新的捐税。这就无怪乎要把一架对宫廷拥护者如此有利的政府机器捧上天了。无怪乎圣·詹姆斯或圣·斯蒂芬之流要同宪法的不断呼声起共鸣了！无怪乎法国革命要遭到非难，**共和国**要受到谴责了！英国的**红皮书**像法国的红皮书一样会说明其原因的。[②]

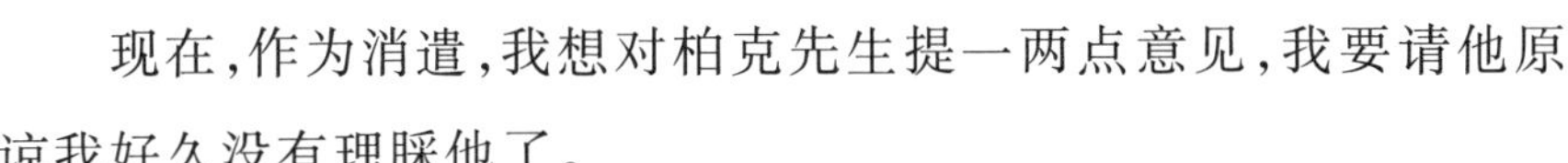

现在，作为消遣，我想对柏克先生提一两点意见，我要请他原谅我好久没有理睬他了。

---

① 法国今年征税总数为三亿利弗，等于一千二百五十万镑；临时税估计为三百万镑，两者合计一千五百五十万镑；这个数目，按两千四百万人口分摊，每人不到十三先令。法国自革命以来已经减了税，每年减少将近九百万镑。在革命前，巴黎市对所有进入市内的东西交百分之三十以上的关税。这种税款是在各城门口征收的。去年5月1日取消了这种税，城门也拆掉了。——作者

② 法国称为“红皮书”的同英国的宫廷日程表并不完全相同；但是已足够表明极大部分的税款是怎样挥霍掉的。——作者

他在关于加拿大宪法法案的演说中说道："美国做梦也没有想到过像《人权论》这样荒谬的学说。"

柏克先生可真是一个勇于设想的人，他提出的论断和前提是如此缺乏判断力，以致不用我们费力去研究哲学或政治学的原则，仅仅这些话所得出的逻辑结论就是荒谬可笑的。例如：

按柏克先生的说法，倘若政府不是建立在人的权利上，而是建立在无论什么样的权利上，那么，政府结果就必须建立在某种不是人的东西的权利上。那么，这种东西又是什么呢？

总的说来，地球上除了人和野兽之外，再没有其他动物；在只有两种东西而必须采取其一的情况下，无论否定哪一种，也就等于肯定另一种；所以，柏克先生通过论证反对人的权利，证明他是赞成野兽的；从而也就证明政府是野兽；而且，由于难易有时是可以互相说明问题的，我们现在懂得了把野兽保养在伦敦塔中的原由；因为它们唯一的用处当然就在于展示政府的起源。它们处于宪法的地位。啊！约翰牛[①]，你因为不是野兽而丧失了多少荣誉呀。按照柏克先生的体制，你得一辈子待在伦敦塔里。

如果柏克先生提出的论据还不足以使人认真对待的话，那么，错处也多半在于他而不在于我；而且，由于我愿意因为出言不逊而向读者道歉，我希望柏克先生也因惹出这件事而表示歉意。

在向柏克先生致敬表示没有忘记他之后，我再回到本题上来。

由于缺乏一部宪法来限制与调节权力的疯狂冲动，英国的许

① 约翰牛系英国或英国人的绰号。——译者

多法律是蛮不讲理的,而且这些法律的实施也是含糊不清而又成问题的。

英格兰政府(我宁愿用这个名字而不愿称之为英国政府)的注意力,自从它同德国发生政治关系以来,似乎已完全醉心于对外事务和增税手段,好像它就是专门为这两个目的而存在似的。国内事务被忽视了;正式的法律就更谈不到了[①]。

现在几乎每件事都必须由某一先例来决定,不论这个先例是好是坏,也不论是否应用适当;这种做法如此普遍,叫人疑心它是否起因于一种比乍看起来更加深谋远虑的政策。

自美国革命以来,尤其是自法国革命以来,这种宣扬按照引自那些事件发生之前的时代与环境的先例办事的学说已经成为英国政府的蓄意做法。大多数的先例是以适得其反的原则和见解为依据的;而且这些先例的时间越早就越不可靠。但如果把那些先例同对古物由迷信引起的敬畏联系起来,正如僧侣指着圣徒的遗物称之为神物,大多数人就会受骗堕入圈套。现在各国政府的所作所为好像是唯恐启发人动一点脑筋。它们悄悄地领着他走向先例的坟墓,以便麻木他的才智并将他的注意力从革命的场地引开。它们感到他迈向知识的速度比它们所希望的要快,而他们按先例办事的政策就是他们心怀恐惧的标志。这种政治上的教皇制,像古时候的教会教皇制一样,曾经盛极一时,现在正加速趋于灭亡。破烂的遗物和过时的先例,僧侣和君主,都将同归于尽。

按先例办事而不顾先例的原则如何的政府是一种坏透了的政

① 这一段是对潘恩起诉书中的第四条。——原编者

府。在许多情况下,应当把先例作为殷鉴,而不应作为范例,要避免而不要仿效;但事实适得其反,先例被照单全收,并立即拿来当宪法和法律来使用。

按先例办事要么是一种使人处于愚昧状态的政策,要么就是实际上承认政府由于年老而智能退化,只能拄着先例的拐杖蹒跚而行。那些本应被认为比前人聪明而感到自豪的人,怎么看上去只不过是像一群丧失了头脑的幽灵呢?对待古代的态度是多么奇怪呀!为了某种目的,可以把古代说成是黑暗和愚昧的时代,可是为了达到其他目的,它又一跃而为光明睿智。

如果信奉按先例办事的学说,政府的费用就无需照旧。干吗要花那么多的钱给什么事也不做的人呢?如果一切可能发生的事情都已经有了先例,立法就没有必要了,先例像一部字典一样可以解决一切问题。因此,政府要么是已经年老昏聩,需要革新,要么就是发挥它的聪明才智的大好时机已经到来。

现在,我们可以看到全欧洲特别是英国出现一种国民与政府背道而驰的怪现象——一个是向前看,另一个是向后看。如果政府继续按先例办事,国民则继续进行改革,它们最后必将趋于决裂;它们越快而且越文明地解决这个问题就越好①。

在一般地谈论了与实际政府不同的宪法之后,我们再进一步

① 英国在农业、手工业、制造业和商业方面的进步是在违背政府按先例办事的精神的情况下获得的,全靠个人创办的企业和工业以及他们为数众多的联合组织,政府对它们(套句俗话)是一毛不拔的。当一个人在计划或执行改进工作时,根本不把政府放在心里,也不问谁在政府里,谁不在政府里;他对政府所抱的全部希望就是政府不要去管他。三四家非常愚蠢的官方报纸总是不断地伤害国民的进取精神,把进步归功于某一个大臣。它们也可以煞有介事地把这本书归功于某一个大臣。——作者

来研究宪法的各个组成部分。

对这个问题比对整个宪法问题意见更加分歧。一个国家照理应当有一部宪法来指导它的政府,这是一个除廷臣外所有的人都会同意的简单的问题。只是在宪法的组成方面,问题和意见才多了。

可是,这个困难像任何别的困难一样,只要加以正确理解就可以克服。

首先,一国国民具有制定宪法的权利。

一国国民是否一开始就能以最恰当的方式去行使这一权利,这完全是另一回事。它按照它的判断力来行使这一权利;而且只要一直这样做下去,一切错误到头来都会得到改正。

一旦这种权利在一个国家中确立了之后,就不怕它被利用来损害它自己。因为国民对错误是不感兴趣的。

尽管美国所有的宪法都是依据一个总的原则,但在它们的各个组成部分或在它们分配给现政府的权力方面,却没有两部宪法是完全相同的。有的宪法规定得多些,有的则简单些。

在制定宪法时,首先必须考虑成立政府的目的何在?其次,什么是实现那些目的的最好而又最省的方法?

政府不过是一个全国性的组织,其目的在于为全体国民——个人的和集体的——造福。每个人都希望和平而又安全地并以尽可能少的费用来从事他的工作,享受他的劳动果实和财产所得。这一点做到,成立政府的全部目的也就达到了。

通常总是把政府分为三大部门来加以探讨。这就是立法、行政和司法。

但是，如果我们的判断力不受名目繁多的术语的习惯牵制，我们就可以知道文官政府只由两部分权力组成，即立法或制定法律的权力和执行或实施法律的权力。因此，文官政府的一切事务都隶属于这两个部门中的一个或另一个。

至于执行法律即司法权，严格和确切地讲，乃是每个国家的行政权。任何人都必须诉诸这种权，也就是这种权使法律得以执行；此外我们对法律的正式执行再没有其他明确的概念。在英国，同样也在美国和法国，这种权力由地方行政官开始行使，一直上溯到司法机关所属一切法院。

把君主政体叫做行政权究竟用意何在，这一点我想让廷臣们去解释。这不过是政府用来推行其法令的一个名义；再没有其他任何名义适合这个目的。在这方面，法律并没有多少权力。法律必须靠原则的公正以及国民对它感兴趣才能获得支持；如果法律另有所求，那就表明政府的制度有毛病。凡是难以执行的法律，一般都不是好的法律。

至于行使立法权的机构，不同国家采取不同方式。美国一般系由两院组成。法国则只有一个院，但是两个国家推行的全是代议制。

问题在于，人类由于受到僭取的权力的长期残暴统治，很少有机会对政府的各种模式与原则做必要的试验以找出其中最好的一种，以致直到今天人们对政府才开始有所认识，但对于许多细节仍缺乏经验去加以确定。

对两院制提出的反对理由是：第一，整个立法机构的各部分缺乏一致性，因为在对某一问题通过投票作出最后决定时，该问题对该整体来说，这时还在进行审议中，结果就很容易接受新的解释。

第二，两院作为独立的机构各自投票表决，这就总是有可能出现少数支配多数的情况（实际上也往往如此），在某些情况下甚至达到非常不合理的程度。

第三，两院任意相互进行制约或控制也是不合理的；因为无法根据公正的代议制原则，来证明一个院比另一个院要高明些。它们可能制约得对，也可能制约得不对——因此把权力交付给我们不能同时给以智慧去运用这种权力而且也不能保证权力得到正确运用的机构。这就至少是等于提出了危险的预告①。

对一院制的反对理由是，它常常会过快地做出有碍自己声誉之事。但是也应当记住，如果有一部宪法来规定权力并制定出几

① 至于说到两院——英国议会就是由两院组成的——它们似乎被有效地收买而合为一体了，并且作为一个立法机构已经失去它自己的特性。不论谁在什么时候当首相，就像用鸦片棒似的轻轻碰它一下，它就迷迷糊糊地服从了。

但是如果我们看一看这两个院各自的能力，就可以看出其差别是如此之大，以致暴露出把权力交给无确实的判断力去运用的那个院之不合理。英国代议制的状况尽管不行，同称为贵族院的比起来却健康得多；而且人们对这个诨名贵族的院漠不关心，任何时候都不去过问它在干什么。看来，它被收买的程度最严重，而且同国民的普遍利益离得最远。在关于参与俄土战争的辩论中，贵族院里表示赞成的多数达九十多票，而另一个院人数多一倍以上，多数则为六十三票。

关于陪审团权利的福克斯先生法案的进行情况，也值得引起注意。那些叫做贵族的人并不是该法案的目标。他们获得的特权已经比该法案给予别人的还要多。他们自己就是陪审团，如果该院的任何一个成员因诽谤罪被起诉，即使被定了罪，也不会因初犯而受到惩罚，这种在法律面前不平等的现象不应在任何国家中存在。法国的宪法规定，不论是保护还是处罚，法律对每一个人应一视同仁。在法律面前，人人平等。——作者

这一脚注的头十二或十三行为对潘恩的起诉书的第二条（即从“至于说到两院……而且同国民的普遍利益离得最远”这一部分译文。——译者）。——原编者

条立法机构据以行事的原则，那就已经有了一种制约办法，比任何其他制约办法都更有效，实行起来也更为有力。例如：

如果有一项类似英国议会在乔治一世即位时通过成为法令的议案——该议案要求延长议会集会期限——提到任何一个美国立法机构面前，美国宪法中就有条文加以限制，意为：到此为止，勿再超过。

为了消除对一院制的反对——其理由是行动过于匆促鲁莽——同时又避免两院制造成的不合理现象甚至荒唐事情，特提出下述方案作为对二者的改进。

第一，全体代表不分院。

第二，通过抽签把全体代表分为两三个组。

第三，对每一个提出的议案先依次在这些组里进行辩论，让它们各自旁听，但不投票表决。此后，全体代表聚会进行总的辩论并投票决定。

为了使代表经常更新，这个改进方案还增加一项：每个国家三分之一的代表在任期满一年之后就要离职，通过选举产生新的代表，另外三分之一的代表于次年任期满后也以同样方式予以更换，每三年举行一次普选①。

但是，不论宪法的各个部分是如何安排的，都有一个区分自由与奴役的总原则，这就是：所有统治一国人民的世袭政府乃是对人民的奴役，而代议制政府则是自由。

---

① 英国代议制的情况是无理可喻的。几乎所有有代表的地区，人口都在下降，而无代表的地区，人口却在增长。因此，有必要召开一个全国代表大会来考虑政府的整个情况。——作者

按政府应作为“全国性社团”加以考虑的这一唯一标准去考虑，它就应当这样地组织，不致因各部分发生意外事件而引起混乱；因此，不应把足以产生这种恶果的特殊权力交给任何个人去掌握。政府中任何一个人的死亡、生病、缺席或失职，对于这个国家来说，都不应比英国议会或法国国民议会一个议员发生同样情况造成更大的影响。

再没有什么事情比因个人遭遇或行动而使国家陷入混乱更可以暴露出国家的高尚精神趋于退化了；而且其荒谬程度往往由于造成这种局面的那个人的天生卑劣而更加严重。如果一个政府是这样组成的，在上院除非有一个雌鹅或雄鹅[1]出席它就不能继续工作下去，那么，一旦这个雌鹅或雄鹅飞走或生病，它所造成的困难就像鹅被叫做国王一样地严重而又现实。我们往往嘲笑那些自找苦吃的人，却没有看到最荒唐可笑的事情都是政府干的[2]。

美国的所有宪法都根据这样一种计划，排除了君主制国家中发生的种种麻烦。不论发生什么情况，政府都不能片刻停止行使职务。代议制为一切事情作好了准备，它是唯一能使国家和政府总是能够表现其特征的制度。

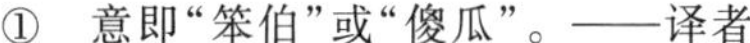

① 意即“笨伯”或“傻瓜”。——译者

② 据说在瑞士的伯尔尼州，自远古以来一直有用公费饲养一头熊的习俗，而且教老百姓相信，如果没有这头熊，他们就全都要遭殃。几年前，这头熊因病突然死去，来不及立即用另一头熊来代替。在此中断期间，老百姓发现五谷丰登，葡萄茂盛，日月起落如常，一切都同以往一样进行，他们从中获得了勇气，决心不再养熊；他们说，因为“熊是一种非常贪吃而又费钱的畜生，过去我们不得不斩断它的爪子，免得它伤人。”

在路易十六逃亡时，一些法国报纸谈到这个熊的故事，用它来影射君主制，这在法国是不会引起误解的；可是，伯尔尼的贵族老爷们似乎把这个故事用到他们自己头上了，从此就不准人们读法国报纸。——作者正如不应把特殊的权力交给任何个人去掌握一样，也不应拨给任何个人以超出他对国家所做贡献的价值的公款。无论一个人叫做总统、国王、皇帝、参议员或者任何其他起得恰当或不恰当或傲慢自矜的名字，这并不说明什么，而只不过表示他在国内所能做的某种贡献；而在日常职务中——不论这种职务叫做君主的、总统的、参议院的或别的什么名字或称号——任何人所作贡献的价值都不可能超过一年一万镑。世界上所有伟大的贡献都是由不计报酬的人自动作出的；但是日常职务总是调整到这样一种普遍的能力标准，每个国家都有足够的人可以胜任，因此不能给予过高的报酬。斯威夫特说，政府工作是一种简而易行的工作，许多人都能胜任。

每年从一个国家的公共税款中提取一百万镑来供养一个人，而千百万被迫贡奉的人则因缺吃少穿而形容枯槁，在苦难中挣扎，这是不人道的。政府并不存在于监狱与宫殿、贫穷与富贵的对比中；政府的建立不是为了去掠夺穷苦人仅有的一点东西，使苦人更苦。但这方面的问题，我以后再说，现在只以政治上的考察为限。

一旦将特殊的权力和特殊的报酬给了政府中的任何一个人，他就会变成各种腐败现象在其周围发生和形成的中心。给一个人每年一百万镑，再给他设立和分配各种其费用由国家负担的职位的权力，那么，那个国家的自由就不再有保障了。所谓帝王宝座的辉煌壮丽不过是国家的腐化堕落。这种现象是由一帮靠公众交纳的税款过着奢侈淫逸生活的寄生虫所造成的。

这样一种罪恶的制度一旦建立，就会成为一切弊风陋习的守卫者和保护者。那个每年接受一百万镑的人是最不愿意提倡革新精神的，生怕到头来引火烧身。保卫弊风陋习始终是他的利益所在，正如用许多外围工事来保护一座城堡；对于这种政治上的要塞，各个部分都共同依赖。永远别指望它们会相互攻击①。

如果君主制不曾保护种种弊病，它就不会在这个世界上存在这么多年代。它是头号骗子，庇护着所有其他的骗子。它通过允许分到一份赃物而交了许多朋友；如果它不这样做下去，它就不再是廷臣崇拜的偶像了。

由于目前宪法据以制定的原则摒弃一切对政府的世袭继承权，它也就摒弃通称特权的种种臆说。

倘若有哪个政府显然很放心地把特权交给任何个人的话，那就是美国联邦政府。美利坚合众国总统的任期仅为四年。他不但在一般的意义上负有总统的责任，宪法中还规定了一项特定方式来考验他。不满三十五岁不得当选为总统；而且还必须是本国人。

把这些情况同英国政府相比，后者就显得荒唐透顶。在英国，那个行使特权的人往往是个外国人；总是个半外国人，而且总是同

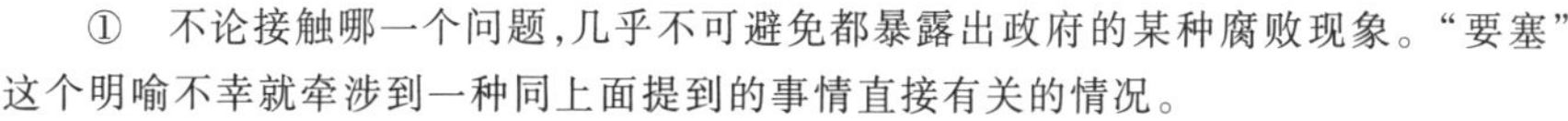

① 不论接触哪一个问题，几乎不可避免都暴露出政府的某种腐败现象。“要塞”这个明喻不幸就牵涉到一种同上面提到的事情直接有关的情况。

在由政府实行或保护的许多陋习中，不论古代还是近代，最大的陋习莫过于让公众来安置一个人及其继承者，用公款来供养他们。

人情要求给穷苦人一份口粮；但政府有什么道义上或政治上的权利胆敢说，那个叫做里奇蒙公爵的人得由公众来供养呢？然而，如果公共报告属实，没有一个伦敦的乞丐能买到可怜的一点点煤而不偿付里奇蒙公爵的年俸。即使这种赋税每年总数只合一先令，也仍然是一种不公正的原则；何况总数据说每年不少于两万镑，这种罪行未免太严重，不能让它再继续下去了。这乃是君主制和贵族制所留下的恶果之一。

在陈述这种情况时，我并不为我个人的好恶所左右。虽然我认为任何人靠公众过活是可鄙的，但毛病的根子还在于政府；这种弊端已如此普遍，不论那些政党，是在朝抑或在野，都毫无区别：它们肯定是官官相护的。——作者外国人结婚。他同这个国家向来没有充分的自然的或政治上的联系，不对任何事情负责，并且十八岁就成人；然而，就是这样一个人，却允许他在国民甚至都不知道的情况下同外国签订同盟条约，并且不经国民同意就可以宣战和媾和。

但问题还不止于此。尽管这样一个人不能像立遗嘱者那样处置政府，他却可以指定婚姻关系，这实际上也就达到了大部分同一目的。他不能把半个政府直接赠与普鲁士，但他却能撮合一种几乎能够产生同样效果的婚姻合伙关系。在这种情况下，幸而英国不位于欧洲大陆，不然它也可能像荷兰那样沦为普鲁士的专政对象。荷兰通过婚姻关系，已完全为普鲁士统治，就仿佛是通过遗嘱奉送政府这种强制手段所做到的。

在美国，总统的职位（或者，有时叫做行政官）是唯一不让外国人担任的公职，而在英国，它却是唯一可以让外国人担任的公职。一个外国人不能当国会议员，却可以当所谓的国王。如果有什么理由要排除外国人的话，那就应当从那些最容易干坏事，并且通过联合各种利益和情感最能保证履行职守的职位中把外国人排除出去。但当国民进行制定宪法这件大事时，他们是会对那个叫做行政机构的部门的性质和任务更加认真地加以审查的。每个人都知道立法和司法部门是怎么一回事；但是，在欧洲，区别于立法与司法而称为行政的部门，不是政治上的多余品，就是一种叫不出名堂的乱七八糟的东西。

唯一需要的就是设立一个办理公务的部门，这个部门接收全国各地和国外的报告，再提交国民代表；但把这个部门叫做行政部门是不合理的；而且也只能把它看作是比立法部门低一级的部门。

任何国家最高的权是制定法律的权,其他都是公务部门。

对宪法几部分的原则与组织作了安排之后,接下来就是受国民委托行使宪法权力的那些人的待遇问题。

国家可以在任何部门中雇用或委任任何一个人,但无权免费占有他的时间与劳务;也没有任何理由供养政府某一部门的人而不供养另一部门的人。

即使荣任政府职务本身就可以认为是一种足够的报酬,那也应该对每一个人都一视同仁。如果某一国家立法机构的成员自费供职,那么,无论是叫做君主制的或任何其他名称的行政机构也应同样如此。给一个部门钱,另一部门却让他们白干,这是不合理的。

在美国,政府每一个部门都得到相当不错的待遇;但是没有一个人收入过高。国会和州议会每位议员的收入都足够他们开支。而在英国则是:政府的一个部门待遇特别优厚,另一个部门却一无所得,结果是一个部门贪污腐化有行贿的手段而另一部门则处于受贿的地位。像在美国所实行的那样,只要从这笔开支中提取不到四分之一,就可以革除大部分的贪污受贿行为了。

美国宪法的另一项改革是取消一切对个人效忠的誓言。在美国只对国家宣誓效忠。把个人奉为国家的形象是不妥的。国民的幸福是最高目标,因此,宣誓的目的绝不可被任何个人的形象或名义抹杀。法国称为公民宣誓的誓言,即对“国民、法律与国王”宣誓,是不妥的。要宣誓,就应当像美国那样,只对国民宣誓。法律可能好,也可能不好;但在此处它的含义只在于增进国民的福利,因而可以包括在内。誓言余下一部分之所以不当,是因为一切对个人的宣誓都应当废除。它们乃是暴政为一方和奴役为另一方的残余;"造物主"的名字不应当拿来作为他的创造物堕落的见证;或如果像上面已经提到的,拿它当作国家的象征来宣誓,在这里就是多余的。对于政府初建时的誓言不管怎样分辩,以后绝不许再搞什么宣誓。如果一个政府需要誓言的支持,这就表明它不配受到支持,因而也不应受到支持。只要政府做它应做的事,它就能自己支持自己。

关于这个问题这一部分的最后一句话:——为使宪法规定的自由得到永久保障和进步而作出的最大改进之一,乃是新的宪法规定要经常修正、更改和补充。

柏克先生据以构成他的政治信条的原则,即"永远约束和控制子孙后代,并永远否定和放弃子孙后代的权利",现在已如此令人憎恶,不配再拿它当作辩论的题目;因此,除了揭露它一下之外,我就略而不提了。

人们到现在才开始对政府有所认识。过去,它光是行使权力,不许过问它是否有权利,而是大权独揽。当自由之敌充当裁判时,它在原则上的进步必然是微小的。

美国宪法,还有法国宪法,不是附有加以修正的期限,就是规定了据以改进的模式。要制定一部使原则同各种意见与实践相结合的宪法,而且经过多年形势变化始终保持不变也不产生矛盾,这也许是不可能的;因此,为了防止不利因素累积起来,以至于有碍改革或引起革命,最好规定一些办法在这些因素发生时就加以控制。人权乃是世世代代的人享有的权利,不能为任何人所垄断。凡是值得遵循的事都是因为它本身具有价值而受到遵循的,它之所以有保障,原因即在于此,而不在于任何会使它受到阻碍的条件。当一个人把财产遗留给他的继承人时,他是不会以他们必须接受它作为条件的。那么,在宪法方面,我们为什么要反其道而行之呢?

现在能设计出的符合目前情况的最好的宪法,也许再过几年就会大大失去其优越性。在政府问题上,人们正在产生前所未有的新的想法。在现存旧政府的野蛮状态消逝后,国与国之间的道德标准就会改变。人将不会受到把自己的同类视为仇敌那种野蛮思想的培育,因为出生的偶然性使得人们生活在名称各异的国家里;而且由于宪法总是同国外和国内形势有某种关系,每种宪法都应设法从国内外形势的变化得益。

我们已经看到英法之间相互的民族感情有了改变,只要我们回顾一下几年前的情况,这本身就是一场革命。谁能预见或谁能相信法国国民议会竟然会在英国受到普遍的祝贺,或者这两个国家的友好同盟竟然会成为共同的愿望呢?这就表明,如果不受政府的干扰,人和人天然是朋友,人性本身也并不是恶的。两国政府因为要达到征税目的而挑起的忌妒和残暴心理,现在正转而服从理性、利益和人道的支配。宫廷做的交易正开始为人们识破,而神秘的伪装以及它们强加于人类的一切妖术也都在衰退。它受到了致命伤;尽管还可以苟延残喘一段时间,但终归是要消灭的。

像人间一切事物一样,政府本来也应该随时加以改进,可是世世代代以来,它却一直为最愚昧最坏的人所垄断。关于他们的弊政,除了各国国民不胜负担的沉重借款和赋税以及这帮人把世界投入种种争端之中以外,难道还需要提出任何其他证据吗?

政府刚刚从这样一种野蛮状态中挣脱出来,要断定它可以改进到什么程度还为时过早。我们所能预见的是,整个欧洲也许会组成一个大规模的共和国,而所有的人都将获得自由。

第五章 改善欧洲现状的途径,并杂陈各种意见

在思考一个包括人类整个领域这样巨大范畴的课题时,把思路单单限制在一个方面是不可能的。它要立足于人所具有的各种特征和条件,并将个人、国家和世界融成一体。

在美国点燃的星星之火已经燎起一片扑灭不了的巨焰。它像战火一样永不熄灭,烧遍了一国又一国,不声不响地进行着征服。人感到自己变了,但几乎察觉不到是怎么变的。他通过正当地照料自己的利益而了解到他的种种权利,并且终于懂得专制主义之所以有力量和权势,完全在于不敢对它进行反抗,懂得要"获得解放,只要它要求解放就行。"

在本书前几部分中力求阐明作为政府应据以建立的基础的一系列原则之后,我将在这一章里谈谈把这些原则付诸实践的途径。但是,为了把这部分的问题讲得更恰当,效果更强,就得先来谈一些可以从这些原则中推断出来的或者同它们有关系的初步看法。

不论政府的形式或组织如何,其唯一目的应是谋求普遍的幸福。如果政府不是这样,而是在社会的任何部分制造与助长罪恶,那么,它一定是建立在一种错误的制度上,非加以改革不可。

一般说法把人的处境分成文明生活和不文明生活两类。它把

一类说成幸福与富足;另一类说成困苦与匮乏。但是,无论我们的想象力受到何种粉饰与比拟的影响,事情的真相却是,在所谓文明国家中,有一大部分人却生活在贫穷和不幸之中,处境远远不如印第安人。我说的不只是一个国家,而是所有的国家。英国如此,整个欧洲亦复如此。我们不妨探讨一下其中的原因。

这并不是因为文明的原则有什么天然的缺陷,而是因为不让这些原则普遍实施;其结果就成为连绵不断的战争和耗费,使国家元气大伤,并破坏了文明所能带来的普遍幸福。

所有的欧洲政府(现在法国除外)不是建立在普遍文明的原则基础上,而是建立在相反的基础上。就这些政府的相互关系而言,它们都处于我们所设想的那种不文明的野蛮生活状态,它们不受上帝和人的法律的约束,在原则和相互行为方面,就像许多人在原始状态下表现得一样。

在法律的教化下,每一个国家的人民是容易文明起来的,可是政府却依然处于不文明的状态,而且几乎接连不断打仗,它们破坏文明生活所产生的丰硕果实,使不文明部分的范围更加扩大。政府把野蛮作风强加给国家的内部文明,从这个国家,尤其是从穷人身上榨取本应用来维持他们的生计与舒适的大部分收入。撇开所有道德和哲学观点不谈,可悲的事实是,四分之一以上的人类劳动果实每年让这种野蛮的制度白白耗费掉了。

这种罪恶行径之所以能继续存在下去,是由于所有的欧洲政府都具有金钱上的有利条件来保持这种野蛮状况。它给政府提供了攫取权力和税收的借口,如果文明扩大到每个地方的话,这种种借口就无机可乘,无法辩解了。单是文官政府或法治政府是无从制造许多征税的借口的；因为它在国内众目睽睽下进行工作，欺骗的可能性不太多。从而排除了征收大量赋税的可能性。但如果在各国政府野蛮争斗的情况下，借口的范围扩大了，国民不再能判断，这就为政府可以随心所欲地征集各种税收开了方便之门。

英国征收的税为了文官政府而征收或用于文官政府的不到三十分之一，简直不到四十分之一。不难看出现政府在这方面实际上所做的全部工作就是制定法律，而国民则除了付税之外，还要拿出更多钱来通过地方行政官、陪审员、法庭、巡回审判来实施和执行这些法律。

由此观之，有两种不同性质的政府；一种是对内行使职权的文官政府或立法机关，另一种是按照不文明生活的粗暴方式对外行使职权的宫廷或内阁政府；一个费用很少，另一个则极度挥霍；二者差别如此之大，可以打个比方说，如果后者因突然山崩地裂而消失无踪，前者却安然无恙。它还会继续工作下去，因为这符合于国民的共同利益，所有的办法也都是行得通的。

因此，革命的目的在于改变政府的道德面貌，有了这种改变，公众的捐税负担就可减轻，文明也就可以使人们享有那种现在被剥夺的富裕生活。

为了探讨这个问题的全貌，我准备把我的看法扩充到商业部门。在我的所有著作中，只要有可能，我一直提倡通商，因为我对通商的效果有好感。它是一种通过国与国、个人与个人之间的互助互利而使人类相亲相爱的和平体制。至于纯属理论上的改革，我是从来不赞成的。最有效的做法是从人的利益出发去改善他的处境；这就是我所采取的立场。

如果让通商达到它所能达到的全球范围，它就可以根除战争体制并在政府的不文明状态中引起革命。自从那些政府开创以来，就已经发明了通商，而通商乃是非直接出自道德原则的各种方法中最有助于达到全球文明的一种。

任何倾向于通过互利以促进国与国之间民间交往的事物，都是同哲学和政治一样值得探讨的课题。通商也就是两个人以记数法增加的交易；大自然为两个人在交往中规定的法则，也同样是为所有的人规定的。为此目的，她把制成品和商业分布在一个国家以及全世界各个遥远地区；由于这些制成品不能通过战争像通过通商那样便宜或方便地取得，她就使通商成为消灭战争的手段。

由于二者是近乎对立的东西，所以欧洲各国政府的不文明状态对通商是有害的。各种破坏或阻挠都会造成贸易额的减少，至于从商业界的哪一部分开始减少是无关紧要的。好比血液，它从人体任何一部分抽出，也必然等于从整个循环系统抽出，结果使整体都蒙受损失。当任何国家的购买力受到破坏时，同样会连累卖主。倘若英国政府能够破坏所有其他国家的商业，她也就最有效地毁了自己的商业。

一个国家可能给世界输送货物，但不能成为贸易商。她不能是自己的商品的卖主和买主。购买力必须存在于她自身之外；因此任何商业国的繁荣都受制于其余国家的繁荣。倘若其余的国家都很穷，这个国家是富不起来的，因此，她的景况不论如何，乃是其他国家商业形势的一个指标。

通商的原则及其普遍运用无须了解它的实践就可以理解，这是常识所不能否认的立场；而这也就是我讨论这个问题所持的唯一立场。原则在账房里是一回事,在世界市场上又是另一回事。至于原则的运用,就必须把它作为一种有来有往的东西来考虑;它的权力只有一半在国内,破坏在国外的一半实际上就破坏了整体,就好像这种破坏是针对国内那一半进行的;因为各方都只有通过对方才能起作用。

在上次战争中也如同在以前多次战争中一样,英国的贸易下降了,因为贸易额到处都减少了;现在它又上升了,因为每个国家的贸易都在上升。倘若英国当前的进出口比以往任何时期都有所增长,同她做买卖的国家也必然如此;她的进口就是它们的出口,反之亦然。

世界上绝没有单独一个国家在贸易上兴旺发达的事情;她只能参加各国之间的贸易;任何部分的贸易遭到破坏必然会影响到全体。因此,各国之间发生战争时,首当其冲的就是共同的商品存货,结果就好比每个国家对自己的存货发动进攻。

当前贸易的增长不能归功于大臣们或任何政治谋略,而应归功于它本身由于和平的缘故自然而然所起的作用。正常的市场曾经遭到破坏,贸易的渠道被切断,海上通途为各国强盗所侵扰,全世界的注意力转向其他目标。现在这些不正常现象已经中止,和平已经使搅乱了的事情恢复正常。①

值得注意的是,每个国家都认为贸易差额对自己有利;这就说

① 在美国,贸易增长的比例大于英国,目前比独立革命前任何时期至少增加一倍半。在战争开始前,结关后离开费城港口的船只数最多在八九百艘之间。1788 年,数目上升到一千二百多艘。由于宾夕法尼亚州的人口估计占美国总人口的八分之一,美国目前拥有的船只总数必定在一万艘左右。——作者

明一般人对这个问题的看法有出入。

然而,按照差额的观点来说,这个论据还是可靠的;而且通商之所以受到普遍支持就是出于这个原因。各国都感觉到通商是有利的,否则它就会舍弃通商;但是毛病却出在做账的方式以及把利润归诸错误的起因。

皮特先生常常根据海关的账簿来显示他称为的贸易差额,聊以自慰。这种计算方法非但没有提供一个正确的法则,反而提供了错误的法则。

首先,每一件离开海关的货物都是作为出口货入账的;根据海关的平衡,海上损失和国外滞销全都计在利润一栏,因为这些货物是作为输出品入账的。

其次,因为通过走私输入的货物并不登在海关账上以便与输出品抵消。

因此,从这些文件中得不出适应于最高利益的平衡;而且,如果我们观察一下贸易的自然运行情况,就可以知道这种想法是错误的,如果真是这样,很快就会是有害的。对贸易的最大支持在于能够在所有国家间保持一种利益均沾。

不同国家的两个商人在一起做买卖,两人都发了财,两个人都有赚头;因此他们都不是靠对方发财致富的;对于他们所在的国家来说,情形亦复如此。事实必然是:每个国家必须靠自己发财致富,并且借助从另一国交换来的某种东西来增加财富。

假使一个英国商人把一件在国内花一先令买进的商品输往国外,并且进口某种可售两先令的货物,那他就可以赚一先令;可是这个赚头并不是从外国或外商得来的,因为外商也拿他所收到的货物依法炮制,因而谁也没有占对方的便宜。这两种货物在他们各自国家中原来不过值两先令,但换了地方之后,它们获得了高于原价一倍的新的价值观念,这种增值由双方分享。

国内贸易的差额和对外贸易并无不同。伦敦和纽卡斯尔的商人按同样的原则做买卖,好像他们是属于不同的国家,并以同样方式获得赚头;然而,伦敦并不靠纽卡斯尔致富,纽卡斯尔也不靠伦敦致富;是纽卡斯尔的商品——煤在伦敦增了值,伦敦的商品也在纽卡斯尔增了值。

尽管一切贸易的原则都是相同的,但从一国的观点来看,国内贸易是最有利可图的;因为,对买卖双方而言,全部利益都留在国内;而对外贸易则只有一半。

在全部贸易中最无利可图的是同国外领地有关的贸易。对少数人也许有好处,原因仅仅在于它是贸易;但对国家则是损失。维持领地的经费大大超过贸易所获利润。它不会增加世界贸易总额,而只会使之减少,而且由于放弃领地可以使更大数量的货物流通,所以在没有耗费的情况下参加对外贸易比有耗费的较大贸易额更有价值。

要通过领地垄断贸易是不可能的,因此这样做更加错误。贸易不能在狭窄的渠道中存在,必然要为正常或不正常的手段突破,以挫败这种企图;再干下去就会更糟。法国自革命以来,对国外的殖民地更冷淡了,如果别的国家就贸易这方面的问题进行调查研究,也会采取同样态度。

在领地的经费上还要加上海军一项,如果把这两笔开支从贸易所获利润中扣除,那么所谓的贸易差额,即使承认有差额的话,也不会让国民分享,而都被政府独吞了。

用海军来保护贸易的想法是不可靠的。这是把破坏的手段当作保护的手段。贸易需要的保护仅在于每个国家都感到要给予支持的互利,它是共同的股份,它靠一种对大家都有利的差额而存在;它所遇到的唯一障碍乃是现政府的不文明状况,改革这种状况是共同利益之所在①。

现在我要搁下这个问题,进而探讨别的问题。鉴于在展望普遍的改革中有必要把英国包括在内,对英国政府的短处进行考察是应当的。只有通过每个国家对自己的政府进行改革,整个世界才能得到改善,从而享有改革所带来的充分利益。部分改革只能产生部分好处。

法国和英国是欧洲仅有的两个可以成功地着手改革政府的国家。一个受到海洋的屏障,另一个则由于国内力量雄厚,可以反抗外国专制主义的罪恶行径。但是,当革命与贸易二者成为普遍现象时,收益就会增加,而且比一方单独得到的好处加倍。

鉴于一种新制度正在世间展现,欧洲各国宫廷正阴谋策划来反对它。正在发起种种与所有以往的制度相反的同盟,一种反对人类共同利益的各国宫廷的共同利害关系正在形成。这种联合画出了一条贯穿整个欧洲的线,并且提供一种难以从以往的情况作出推测的崭新的事业。当专制主义同专制主义作战时,人们对这

① 当我看到皮特先生在他的一篇议会演说中对贸易差额所作的估计时,我认为他对贸易的性质和利益一窍不通;而且没有人比他对此更加肆意歪曲的了。贸易在和平时期遭到了战祸那样的严重破坏。它三次处于停滞状态,而且在不到四年的和平年月里,商船被迫减员了。——作者

种争斗是不感兴趣的;可是,对于把士兵和公民以及国家和国家联合起来的事业,各国宫廷的专制主义尽管感到危险,要想报复,却不敢动手。

在历史的记载上还不曾提出过当前那样紧迫的问题。问题不在于是这个党还是那个党掌不掌权,是辉格党还是托利党,高级或低级廷臣得势不得势;而在于人要不要继承他的权利,普遍的文明要不要出现?人的劳动果实为他自己所享受,还是让政府挥霍掉?要不要把盗窃行为从宫廷中清除干净,把贫困从各国消灭光?

当我们在号称为文明的国家中看到老年人进济贫院,年轻人被绞死时,政府制度就一定出了毛病。这些国家从外表看,似乎一切都是幸福的;但是在一般眼光观察不到的地方,却隐藏着一大堆除了在贫穷或屈辱中死去别无出路的悲惨情景。一条生命一出世,它的命运就预定了;除非这种情况得到纠正,光实行惩罚是无济于事的。

文官政府的职责并不在于判处死刑,而在于教育青年和供养老人,以便尽可能不使一种人荒淫无耻,而另一种人悲观失望。可是,现在情形却正好相反,国家的财力都浪费在国王、宫廷、雇佣、骗子和娼妓身上;连那些衣食无着的穷苦人也不得不去支持那种压迫他们的欺骗行为。

为什么被判处死刑的几乎都是穷人呢?这个事实连同其他许多情形证明穷人的处境是多么悲惨。他们在缺乏教养的环境中长大,来到这个没有指望的世界,极易成为罪恶与野蛮法律的牺牲品。把白白浪费在政府方面的数以百万计的金钱用来铲除这些弊害，并改善宫廷领域以外的每一个人的条件，是绰绰有余的。关于这一点，我在写作本书过程中将会提到。

联想起灾难是同情心的特征。在探讨这个问题时，我不求酬报，也不怕后果。我满怀成败不计的豪情壮志来提倡人权。

我在生活中受过磨炼，这对我是有好处的。我懂得道德教育的价值，也看到了反面的危险性。

早年，我刚十六岁，乳臭未干而又鲁莽大胆，被一个曾经在军舰上服役的校长[①]的假英雄主义所刺激，就自作主张，登上了死亡船长的私掠船"恐怖号"。幸而由于受到一位好教士深情厚谊的劝阻，我才没有参加这次冒险活动，这位教士出于担任贵格教会[②]圣职所养成的生活习惯，想必认为我已误入歧途。这种印象尽管当时对我影响很深，慢慢就消失了，我后来又上了孟德兹船长的私掠船"普鲁士国王号"，随船出海。然而，从这样一个开端，以及早期生活对我的一切不便，我可以自豪地说，我以不畏困难吓倒的坚毅精神和令人起敬的公正态度，不仅对在世界上建立起一个以新的政府制度为基础的新帝国作出了贡献，而且在所有专业中最难获得成功和优胜的政论界取得了贵族阶级凭其一切助力都未能达到或堪与匹敌的卓越的成就。

既然现在我知道自己的思想感情已超越党派的一切小冲突以及心怀偏私或观点错误的论敌的顽固立场，我就不必对谬论或谩骂作出回答，而径自来指出英国政府的缺点[③]。

---

① 威廉·诺尔斯牧师，诺福克郡撒特福德中学校长。——作者

② 贵格会又译为公谊会、教友派，系基督教的一个教派。——译者

③ 政治和私利是这样始终如一地连结在一起，世人由于经常受骗而有权对社会活动家持怀疑态度，但是就我自己来说，我在这方面是完全心安理得的。将近十七年

我想从特许状和公司谈起。

说特许状赋予权利，这是曲解词义。它的效果适得其反——把权利剥夺了。权利本来是全体人民固有的，可是特许状用排挤手段取消了大多数人的权利，而把权利交给了少数人。如果特许

前，当我初参加公共生活时，我并不曾从利己的动机出发来考虑政府问题，我从那时迄今的行为可以证明这一事实。我遇到我认为可以做些好事的机会，就按照我心里所想的去做。我既没有读过书，也没有研究过别人的见解。我光是独立思考。情形是这样的：

当战争爆发前后美洲旧政府中止活动期间，我为一切事情进行得井然有序和得体所打动，并且深深感到政府所必须做的一切工作不过是稍稍多于社会所自然而然地完成了的事情，而君主制与贵族制则是强加于人类的骗局。根据这些原则，我出版了《常识》一书。这本小册子获得的成功，是印刷术发明以来绝无仅有的。我把版权赠与了联邦的每一个州，销数竟不下十万册。我以同样方式在题为《危机》的小册子中，继续探讨这个课题，直至革命完全胜利。

在《独立宣言》公布后，在我事先毫无所知的情况下，代表大会一致同意任命我为外交秘书。我对这一任命是乐于接受的，因为它给我机会去了解外国宫廷的才能以及他们办事的方式。但是由于代表大会和我之间对他们当时派驻欧洲的一位特派员赛拉斯·迪恩先生发生了误会，我就辞去了这项职务，同时还谢绝了法国和西班牙两位大臣吉拉德和坦·朱安·米拉勒所给予的金钱上的资助。

此时，我已经彻底博得了美国人民的好感和信任，我的独立自主也如此明显，以至于在政论界获得了一种超过也许是任何国家任何人所曾经获有的活动范围，而且，特别了不起的是，到战争结束我照样保持这个地位，直至今天依然如此。由于我的目的不是为了自己，所以我着手工作时决意（也幸而有这种气质）不为褒或贬、友好情谊或造谣中伤所左右，也不让任何私人争论转移我的意向，而凡是不能做到这一点的人是不配做社会活动家的。

独立战争结束时，我从费城前往特拉华州东岸的波尔登镇，我在那里有一所小住宅。代表大会当时在十五英里外的普林斯镇，华盛顿将军则把他的总部设在邻近代表大会的洛基希尔，以便辞去他的职务（因为他接受这一职务的目的业已达到），并退居平民生活。他在进行这项事宜时，曾写给我一封信，现附录如下：

“自抵此后，获悉阁下在波尔登镇。我不知阁下迁居该地是为了退隐还是为了节省开支。不论出于哪种原因，还是两种原因都有，或者还有其他原因，如果阁下愿来此间和我共处，我将不胜高兴之至。

“阁下的光临可使代表大会想起您以往对这个国家所作的贡献，并且如果我能影

状的用意可以这样直截了当地来表达，“非公司成员不得行使投票权”，这样的特许状就显然不是权利的特许状，而是剥夺权利的特许状。在现有形式下，其效果是一样的；这些特许状只对那些受它们排挤的人起作用。那些其权利没有被剥夺而受到保障的人所行使的权利，也只不过是他们作为该社团成员所应有的权利，与特

响代表大会的话，还可以随意差遣我，我是非常乐意为您效劳的，因为我深刻理解您的著作的重要性，并且非常高兴地署名为您的真挚的朋友，

乔治·华盛顿

1783 年 9 月 10 日于洛基希尔”

在 1780 年末的战争期间，我曾打算前往英国，并把这个意图通知了格林将军，当时他正在经过费城南下的途中，而华盛顿将军则因相距太远，不能立即取得联系。我强烈地感到，如果我能够在不为人所知的情况下到达英国，并且只要我能在出版一本书之前确保人身安全，我就可以打开英国人民的眼界，让他们知道他们的政府是多么疯狂和愚蠢。我看出议会中各个党派已经斗得不可开交，彼此都不能再施加什么新的影响。格林将军完全同意我的看法，可是后来恰巧发生了阿诺德和安德烈事件，他改变了主意，在极其担心我的安全的心理支配下，从马里兰州安纳波利斯市给我写了一封情意恳切的信，劝我放弃这个计划，我也就勉强同意了。此后不久，我陪同劳伦斯先生——他当时被囚禁在伦敦塔中——的公子劳伦斯上校到法国为代表大会办事。我们在洛利昂（法国西海岸一港口，临大西洋。——译者）登陆，当我留在该地，他继续赶路时，出了一件事，使我又打算恢复原来的计划。一艘从福尔基斯到纽约的邮船载着政府文件被迫在洛利昂靠岸。把邮船扣起来并不稀奇，但政府文件同邮船一起被扣留却令人难以置信，因为文件总是吊在船舱窗口的一个口袋里，里面装着炮弹，随时准备沉入海底。可是，我所说的却是千真万确的事实，因为这些文件落到了我手里，我亲眼看了。听说，这批文件是用这样一个计策弄到手的：“夫人号”私掠船船长会讲英语，他在赶上邮船后，冒充一艘英国护航舰的舰长，邀请邮船船长上私掠船，目的达到后，他就派遣他手下的几个人返回，把文件弄到手。但是，不管这次缴获的经过情形究竟如何，我所说的政府文件是确实的。这些文件送往巴黎交给了维尔日拿伯爵，当劳伦斯上校和我本人返回美国时，我们把原件交给了代表大会。

从这些文件，我看透英国内阁的愚蠢的深度，要远远超过没有这些文件，因此我又打算恢复我原先的计划。但是劳伦斯上校不愿独自一人回去，而且除了别的原因外，特别是由于我们负责经管一笔二十多万镑的款子，我只好对他让步，终于放弃了我的计划，但我现在可以肯定，如果我当时能执行这个计划，是不会毫无成就的。——作者

许状无涉;因此,所有的特许状只起一种间接的消极作用。它们并不赋予某甲以权利,而只不过是通过剥夺某乙的权利使某甲有利,结果便成了不公道的手段。

但是特许状与公司不仅仅涉及选举,另外还有更加范围广泛的恶劣影响。它们是它们所在地争执不休的根源,并且减少了全国社会的公共权利。在这些特许状和公司的操纵下,一个英国老百姓不能算是一个名副其实的英国人。他不能像法国人在法国和美国人在美国那样在本国自由行动。他的权利只限于他所居住的城镇,在某些情况下只限于他出生的教区;至于所有其他地区,尽管在他本国,对他说来,却不啻是外国。要在这些地方居住,他必须出资取得地方籍,否则就会被禁止迁入或被驱逐出境。保持这种封建制是为了通过使城镇破产来扩大公司的势力;其恶果是显而易见的。

大多数公司所在城镇都处于荒凉衰落状态,这些城镇之所以免于进一步没落只是由于它们的某种地理环境,例如有一条可通航的河流,或者有富饶的郊区。由于人口是财富的主要来源之一(因为没有人,土地本身就无价值可言),一切阻碍人口增加的措施必然要降低地产的价值;由于公司不但有这种倾向,而且直接造成这种后果,因此它们只能是有害的。如果要规定什么政策来取代像在法国或美国所实行的给予每个人以选择定居地的普遍自由的政策,那么比较合理的办法就是鼓励新来者入境,而不是通过勒索金钱来阻止他们入境①。

① 要说明特许状与公司城镇的起源是很难的,除非我们假设它们是产生于某种防务或与防务有关。它们产生的时代证明这个想法是正确的。大多数这些城镇都曾

对废除公司制最感迫切的是那些建立了公司的城镇居民。通过对比,曼彻斯特、伯明翰和谢菲尔德的例子表明了这些中世纪的组织对产业和贸易所造成的危害。可以找到少数例子,比如伦敦,由于它位于泰晤士河上,拥有天然的和贸易上的有利条件,才抵抗得住公司政治上的恶势力;但是,在几乎所有其他情况下,灾难过于明显,不容置疑或否认。

尽管整个国家并不像居民本身那样受到公司城镇中产业不景气的直接影响,但它多少也分担着这种后果。产业跌价,全国的贸易额也减少了。每个人都是按自己的购买力购货的顾客;由于全国各地相互通商,任何一地受到影响必然要波及全国。

既然英国议会的一个院的大多数席位是从这些公司中选出的;而且既然浊泉中流不出清水,那么,议会的罪恶不过是它的罪恶泉源的延续而已。一个具有道德荣誉感和好的政治原则的人绝不能屈从于这种选举所使用的卑鄙无耻的伎俩。要当一个成功的候选人,他绝不能有一个公正的立法者所应有的品质;而且在进入议会的方式上既然经过如此这般营私舞弊的训练,那就不能期望一个人当了议员会比未当议员前高尚一些。

柏克先生在谈到英国的代议制时曾提出像骑士时代那样勇敢的挑战。他说,“我们的代议制完全适合于人民代议制所能企求

经是要塞,在没有驻军期间,由公司负责看守城门。它们不许或准许外人进城就形成了给予和买卖自由出入权的惯例,此举更多地具有驻防当局而不是文官政府的特点。士兵在全国范围内不受公司管束,也不受任何防区管束,其他人则不在此例。士兵得到他的长官同意,可以在全国任何一个公司城镇从事任何工作。——作者

和设想的一切目标。”他接着说:“敌视我们宪法的人要是能提出相反意见,就让他们试试看吧。”这种话出自一个在其整个政治生涯中——只有一两年除外——一贯反对议会所有措施的人之口,这是非常令人感到意外的;而且,把他所说的和他的为人比较一下,就只能证明他的行为违反了他作为议员的见解,或者作为作者说了相反的话。

但是,毛病并不仅仅出在代议制,因此下一步我就要谈到贵族制。

所谓贵族院是在一种非常类似在别的情况下有法律与之对抗的基础上建立起来的。它等于是具有共同利益的人结党营私。为什么一个立法院要全部由以出租地产为业的人组成,就同它为什么要由那些雇用酿酒师傅、面包师傅或任何其他行业师傅的人组成,同样都是解释不通的。

柏克先生称这个院为“保障土地利益的强大基地与支柱”。就让我们来检验一下这个观点吧。

保障土地利益需要什么比保障国家任何别的利益更多的支柱呢?或者说它有什么权利拥有一种与一国的普遍利益截然不同的代表权呢?这种权力的唯一用途(而且是经常用到的)无非是要逃避地产税,而把负担转嫁给它本身受影响最少的消费品。

这就是把政府建立在结党营私基础上一贯产生的后果(而且永远会产生这种后果),这一点从英国的税收史来看是十分清楚的。

尽管每一样普通消费品的税都提高了并成倍提高了,对这个“支柱”有特殊影响的土地税却减少了。1778 年的土地税为一百九十五万镑,比大约一百年前少五十万镑[1],尽管从那时以来许多地方地租已加了一倍。

在汉诺威人来到之前,土地税和消费品税的比例相仿,而且倒不如说土地税的份额最大;但是自那时起,消费品每年增加新税将近一千三百万镑;其结果是穷人的数目及其处境的悲惨有增无已,济贫税也随之增加。然而,这种税也不是由贵族和社会上其他各种人按同样比例负担的。贵族的宅邸不论是在城里还是在乡下,都不同穷人的住房混在一起。他们住在远离穷困和需要花钱去救济的地方。这些负担在工业城镇和劳动农村中压得最重,好些地方是一帮穷人周济另一帮穷人。

有许多最苛重而又油水最大的捐税之所以开征,是为了使这个支柱能够豁免,以此来保护其自身的利益。对酿制供出售的啤酒征税并不影响贵族,因为贵族自己酿酒根本不用交税。啤酒税只落在那些不便或不能自己酿制啤酒而必须少量购买的人身上。单是这一项税收——贵族常常可以豁免——就接近1788年土地税的总额,现在也不少于一百六十六万六千一百五十二镑,再加上麦芽税和啤酒花税还不止此数,如果人们知道这种情况,他们会对税制的公平合理作何感想呢?单是对这样一种为劳动人民爱好,主要由他们消费的商品抽的税竟然等于一个国家全部土地税,这在税收上也许是史无前例的吧。

这是一个在共同利益相结合的基础上组成的立法院产生的后

① 参见约翰·辛克莱爵士:《税收史》。土地税1646年为二百四十七万三千四百九十九镑。——作者

果之一；因为，不论他们就各个党派来说所持策略如何不同，在这一点上都是一致的。不论一种结合是否使任何出售的商品涨价或工资率上升，或者不论它是否把捐税从它自身转移到社会的另一个阶级，其原则与效果都是一样的；如果某一种捐税是不合法的，那么也就难以证明另一种捐税应当存在下去。

说什么各种税收首先由下院提出是无济于事的；因为另一个院拥有否决权，总是能够保护它自身的利益；而且如果认为在提出各种措施时事先不曾得到上院默许，这种想法也是荒唐的。此外，上院还通过享有特权的城市交易获得很大势力，还同下院两派有许多勾搭，所以，除了在本院拥有绝对的否决权之外，在另一院中在所有共同关心的事情上也占有优势。

所谓土地利益的含义是难以弄清楚的，如果它不是意味着贵族地主勾结起来，为了他们自己金钱上的利益同农民以及工商各种行业作对。实际上，土地是唯一无需特别加以保护的利益。它受到全世界一致保护。所有的人不论地位高低，对农作物都是关心的；所有不同年龄和不同身份的男女和儿童都宁愿出来帮助农民而不愿让庄稼烂在地里；而对于任何其他产业他们却不愿这么干。这是人类所作的唯一共同祈求，而且是唯一可以使人类免于匮乏的祈求。这是涉及人类生存而不是涉及政策的利益，这种利益完了，人也就完了。

在一个国家中，没有别的利益受到这样一致的支持。商业，制造业，艺术，科学和其他一切比较起来只受到部分的支持。它们的兴衰没有这样普遍的影响。在山村丰收时节，不仅农民欢唱，万物也都高兴。这是排除一切妒忌心理的繁荣景象；任何其他事物都不能比拟。

那么,为什么柏克先生把贵族院说成是土地利益的支柱呢?如果这个支柱沉没了,地产仍会继续存在,耕耘、播种和收获也会照样进行。贵族并不是在田里劳动和提高生产的农民,只不过靠地租过剥削生活;同生气盎然的世界相比,他们是一窝雄蜂,既不采蜜,也不营巢,活着只是为了过骄奢淫逸的生活。

柏克先生在他的第一篇论文中称贵族为"上流社会的科林斯首府[①]"。为了使这一比喻更加完满,他现在又加上了支柱;但还是缺少基础:只要一个国家决意像参孙[②]那样,不是盲目地而是勇敢地行动起来,大衮[③]庙就会倒塌,贵族老爷和市侩们也将同归于尽。

如果一个阶级的人为了保护一种特殊利益而组成一个立法院,那么,所有其他的利益也应同样这样做。捐税不平等和苛重就是因为只许一方这样做而不许大家这样做。倘若有个农民院,就不会有狩猎规则了;或者有个商人与制造商院,捐税就不会这么不平等,也不会这么繁重了。捐税之所以猛增而不受限制,是由于征税的权力掌握在那些能够把很大一部分税从自己肩上卸掉的人手中。

中小业主因消费品加税而受到的损失,要比他们因免除地产税而受到的好处来得大,其原因如下:

首先,按他们的财产的比例来说,这些人消费的纳税品比那些拥有大量地产的人来得多。

---

① 科林斯为古希腊著名的奴隶制城市。——译者

② 参孙,《圣经》中描写的人物,以身强力大著称。——译者

③ 大衮,为古代腓力斯人的国神,以人首人身鱼尾为标志。——译者

其次，他们主要住在城镇上，他们的产业多半是房产；而且由对消费品抽税而引起的济贫税的增加在比例上要比土地税的受益大得多。在伯明翰，每镑要抽不少于七先令的济贫税。上面已经说过，这种税贵族大半是豁免的。

这些还仅仅是贵族院的卑鄙伎俩带来的一部分危害。

作为一个结合体，它总是能够把相当一部分捐税从自己身上免除；而作为一个对任何人都不负责的世袭院，它类似居民少却具有同等选举权的衰败的自治城市，由于利害关系还要企求它的同意。在这个院的议员当中，很少有人不以这种或那种方式分享或吞没公款。一个贵族院的议员可以当掌烛者或侍臣；另一个当王室卧房侍臣或仆从，或者无论什么挂名的小差使，薪俸都从公共税款中支付，这样就不至于把贪污行为直接暴露出来。这种做法是有损于为人的道德的；他们在哪里屈膝，哪里就无廉耻可言。

除了所有这一切之外，还要加上数不清的食客，一大批小辈和远亲，这些人也都由公费供养；总之，如果估计一下一个贵族阶级加给国家的负担，数目几乎同贫民的救济费相等。单是里奇蒙公爵（还有许多同他类似的情况）一个人花费的公款就可以养活两千贫民和老人。试问，在这样一种政府制度下，赋税增加到目前的程度又何足为奇呢？

我用坦率无私的话来谈论这些，不是感情用事，而是出于人道主义。对我来说，我不但拒绝了种种赠款，因为我认为赠款是不应该的，而且也谢绝了我可以受之无愧的种种报酬，这就难怪卑劣与欺骗的行径会引起我的恶感。我的幸福在于独立自主，我是按事物的本来面目来看待事物，而置地位与显贵于不顾；我把整个世界当作我的祖国，而以行善为我的信仰。

柏克先生在谈到贵族长子继承法时说："这是我们土地继承的常备法；当然，它具有一种倾向性，"他继续说，"我认为这是一种维护重要而又影响深远的品德的好的倾向。"

柏克先生爱把这个法律叫做什么都可以，但是人性和公道思想却管它叫野蛮的非正义法律。如果我们不是对这种日常的做法已经司空见惯，而只是听到世界上遥远的地方有这个法律，我们就会断言这种国家的立法者还没有达到文明的水平。

至于谈到它维护"重要而又影响深远"的品德，我看事实恰恰相反。它玷污了人类的品德；是一种掠夺亲属财产的行为。它也许对食客具有重要性，但在全国范围内却毫无重要性，世界范围内就更谈不上了。至于我自己，我的父母除了给我受教育之外，无力多给我一个先令；为了使我受教育，他们自己吃尽了苦；然而，我在世界上所具有的影响，却比柏克先生贵族名单上任何一个人都来得大。

这样看了看议会两院的一些缺点之后，我想非常扼要地谈一谈称为王位的东西。

①它意味着一年一百万镑收入的挂名职位，其任务就是拿这

① 西蒙兹版略去了这一段和下一段，并加如下评语："这里，在原版第107页接着有两段，大约像本版同样的字体共十一行。这两小段作为可起诉的材料收入起诉书；但是这一起诉究竟根据什么理由，我就不清楚了。政府的每一组成部分都应该容许大家进行充分的检验与审查；哪里的情形不是这样，就说明那个国家不自由；因为只有自由而又合理地行使这一权利，才能从各个部分或从整体发现错误、欺骗和荒唐行径并加以补救。如果政府里有一个部分，国民必须坚持对其行使这种权利，胜于对任何其他部分，这个部分就是国民花钱最多的部分，在英国就叫王位。"——原编者

笔钱。至于拿这笔钱的人是聪明还是笨,正常还是不正常,本国人还是外国人,那都无关紧要。每一届内阁都按柏克先生笔下的观点行事,即必须让一些怪物来蒙蔽人民,使人民处于迷信和愚昧的状态;而所谓王位正好适合这一目的,因而它也适合有待它去完成的一切目的。至于其他两个部门,就更不在话下了。

在所有国家中,这个职位面临的危险,不是坐在这个位置上的人会出什么事,而是国民会出什么事,也就是国民有开始醒悟之虞。

人们习惯于把王权叫做行政权,现在还继续叫下去,尽管这样叫的理由已不复存在。

称王权为行政权,这是因为它所象征的那个人过去一向扮演实施或执行法律的法官的角色。当时,法庭是宫廷的一部分。因此,现在称为的司法权在当时就叫做行政权;结果,两个名词中有一个是多余的,两项职务中也有一项不起作用。现在我们谈到国王时,它是毫无意义的;它既不象征法官,也不象征将军;此外,统治国家的是法律,而不是个人。旧的称呼被保留了下来,以便给空洞的形式装点门面;至于它们的唯一作用,则不过是增加开支而已。

在我开始探讨使得各国政府比目前更能增进人类普遍福利的途径之前,不妨先对英国税收的发展情况作一次考察。

通常认为,一项税一旦开征,就绝不会再取消。不管这种情况近年来是如何确实,但过去并非总是如此。因此,要不是从前时代的人比现在的人对政府监视得紧,就是政府的开支不像现在这样漫无节制。

自从诺曼征服并建立所谓王权这种制度至今,已有七百年。

以每百年为一期，将这段时间分为七个时期，那么，每一时期的年税收总额如下：

征服者威廉征税年总额（自1066年开始） … 400,000镑
征服后一百年每年税收总额（1166年）……… 200,000镑
征服后两百年每年税收总额（1266年）……… 150,000镑
征服后三百年每年税收总额（1366年）……… 130,000镑
征服后四百年每年税收总额（1466年） …… 100,000镑

这些以及下列报表引自约翰·辛克莱爵士所著《税收史》；从中可以看出，四百年间税收不断下降，到期末竟减少了四分之三，即从四十万镑减少到十万镑。现代英国人有一种传统的和历史的概念，认为他们的祖先是勇敢的；但是不论他们有过什么样的功过，他们肯定不会轻易受骗，即使不是在原则上至少也在税收上使政府心怀恐惧。尽管他们未能铲除君主制篡权，他们却把它限制在共和制的税收经济范围之内。

现在让我们再来考察一下其余三百年的税收情况。

征服后五百年每年税收总额（1566年）……… 500,000镑
征服后六百年每年税收总额（1666年）…… 1,800,000镑
目前每年税收总额（1791年） ………… 17,000,000镑

头四百年和后三百年的差额如此惊人，以致可以断言英国人的民族性已经变了。要迫使过去的英国人接受现在这样繁重的捐税是不可能的；如果考虑到陆军、海军和所有税吏的薪金现在同一百多年前一样，而当时的税收却不到目前的十分之一，看来不把这种巨大开销归咎于铺张浪费、贪污腐化和搞阴谋诡计[1]是不可

① 最近有几家宫廷报纸常常提到瓦特·泰勒。他的英名遭到宫廷一批马屁鬼和所有那些靠侵吞公款为生的人的恶意中伤，是不足为奇的。然而，他却是制止他那个

能的。

1688年革命，特别是汉诺威王朝继位之后，带来了大陆各国要弄阴谋诡计的有害做法，对外战争和争夺国外领地成风；这种做法不可思议，花钱不计其数；单是一个方面就要花几百万镑。如果不是法国革命打破了这种做法并制止了种种口实，赋税究竟会激

时候赋税猖獗和不公的媒介，国民要多么感谢他的英勇行为。这段历史大致如下：——在理查二世时期，对年龄在十五岁以上者，不论身份条件，不分贫富，每人征人头税一先令。如果法律有所偏袒的话，那也是偏袒富人而不是偏袒穷人，因为法律规定，尽管一家人口众多，包括本人、家庭和仆人在内，征税不得超过二十先令，而人数在二十以下的所有其他家庭，则要按每人一先令交税。人头税一向是讨厌的，可是这种规定由于同样苛刻不公，必然在穷人和中产阶级中普遍引起不满。通称瓦特·泰勒的人，原名沃尔特，是个瓦匠*，住在岱普特福特。一个收人头税的来到他家，要收他的一个女儿的税，泰勒说他的这个女儿还不到十五岁。税吏硬要收税，而且动手对女孩进行检查，恣意轻薄，这种行为激怒了父亲，他用榔头猛击税吏，把他打倒在地，就此一命呜呼。

此事发生后，群情激愤。邻里居民都支持泰勒，据一些历史学家的记载，几天之内就有五万多人参加泰勒的队伍，并且拥泰勒为领袖。泰勒于是带领这支队伍开往伦敦，要求废除人头税并纠正其他弊端。以理查为首的宫廷在孤立无援和无力抵抗的情况下，只得同意与泰勒在史密斯菲尔德会谈，讲了许多漂亮话，假意今后不再对人民进行压迫。但当理查与泰勒各自骑在马上就这些问题进行谈判的时候，伦敦市长沃尔华尔兹和宫廷的一个家伙看中一个机会，像怯懦的暗杀者一样，用匕首刺中泰勒，另外又有两三个人向他扑来，这样，泰勒就牺牲了。

泰勒是一个无私无畏的人。他向理查提出的一切建议比过去贵族诸侯向约翰**提的那些建议要公平合理得多，而且尽管有历史学家的吹牛拍马以及像柏克先生那种企图通过诽谤泰勒来把宫廷的卑劣行径搪塞过去的人，泰勒的名声必将胜过他们的谎言而永世长存。如果值得为贵族诸侯在龙里梅德***立纪念碑，那就也值得为泰勒在史密斯菲尔德立一个纪念碑。——作者

* 英语 Tyler(泰勒)既作姓氏，又可解释为瓦匠，后人为纪念以瓦匠为业的沃尔特，故称他瓦特·泰勒，有双关意。——译者

** 指英国国王约翰，在位期间为1199—1216年。——译者

*** 英国地名，在伦敦西南泰晤士河畔，1215年6月大宪章在此签署。——译者

增到什么程度，那是难以估计的。如果把法国革命视作减轻两国赋税负担的幸运手段（革命应当起这个作用），那么，它对英国就同对法国一样重要；而且，如果适当改进革命能够和已经带来的一切好处，那就值得为两国人民同样庆贺。

在探讨这个问题时，我将从一件首先呈现在我们面前的事，也就是减轻赋税负担着手，然后再提出目前形势证明有可能的涉及英、法、美三国的事情和建议。我指的是三国同盟，其目的将在适当章节论及。

已经发生过的事也许还会发生。从上列税收演变的报表可以看出，税收曾减少到原来的四分之一。尽管目前形势不允许减少到这个地步，然而，已经有了这样的开端，也许能在比过去情况下较短的时期内达到这个目的。

截至1788年米迦勒节[①]为止的年税收额如下：——

土地税	1,950,000镑
关税	3,789,274镑
国内消费税（包括新陈啤酒）	6,751,727镑
印花税	1,278,214镑
其他各种杂税与附加税	1,803,755镑
	共计15,572,970镑

自1788年以来，除彩票收入外，已征收了一百万镑以上的新税，而且由于从那时起所征的税一般比以往收入多，总数大约达到一千七百万镑。

注意——将近二百万镑的征集费和退款已从总数中扣除，上

① 米迦勒节系英国四大结账日之一，在每年的九月二十九日。——译者

述数字系交付国库的净数。

这笔一千七百万镑的款项有两种用途，一是用来偿付国债利息，一是用作当年开支。大约有九百万镑拨给了前一项，其余近八百万镑拨给了后一项。至于据说用以减少债务的那一百万镑，就像一手付出一手拿进一样，是不值得多加理会的。

法国幸而有国有领地来偿付国债，因而可以减轻赋税，但是，英国没有国有领地，要减税就只能减少常年的开支，按目前情况，每年可以减少四五百万镑，这一点看下文自明。如果做到这一点，就可以抵消对美战争的巨大耗费而有余，而且这种节余是从引起祸害的同一根源来的。

至于国债，不论在税收方面利息多么重，但由于它有助于保持一笔对贸易有利的资本，可以通过其效能来减轻它本身很大一部分负担；并且，鉴于英国的金银数量由于某种原因未能保持适当的比例①（应为六千万镑，现在不超过两千万镑），所以，除了不公平之外，把一笔可以弥补缺陷的资本白白放弃乃是下策。但是，就经常开支而言，不论节省多少，总是一项收益。节余过多也许会使贪污盛行，可是，它像国债的利息一样，不会对信用和贸易产生反作用。

英国政府（我不是说英国国民）现在很可能对法国革命怀敌意。凡是通过减税来揭露宫廷的阴谋和削弱它的势力的措施，总归不受那些以分赃自肥的人欢迎。当有关法国的阴谋，擅权，天主

① 对外搞阴谋诡计，对外战争，以及占有国外领地是造成亏空的主要原因。——作者

教，以及木鞋的喧嚷声甚嚣尘上之际，国民是容易受骗受惊，甘愿缴税的。现在，那些日子已经过去了；骗局可望告终，两国和全世界的好时光大有希望。

如果认为英、法、美为了下面将谈到的目的而结成联盟是理所当然，法国与英国的国家开支就会减少。两国都没有必要保持原有的海陆军，每一方都可按一对一的比例减少船只数目。但是，要达到这些目的，两国政府必须按一致原则办事。如果任何一方还抱着敌意，或一方以暧昧隐秘来对待另一方的诚恳坦率，信任就不可能建立起来。

在肯定这些说法之后，为了树立先例，国家的开支也许可以减少到法国和英国互不为敌的那个时期的水平。这必然要在汉诺威王朝继位以前，也在1688年革命之前[①]。在这两个时期前出现的

① 庆祝1688年革命一百周年时，我恰巧在英国，威廉和玛丽的为人我一向认为是可恶的——他们为了自己掌权，一个想方设法干掉他的叔父，另一个则谋害她的父亲——然而，由于英国国民倾向于重视这一（革命）事件，我是感到不痛快的，因为国民把这一事件的全部荣誉归于一个借此营私的人，而这个人除了另有所获外，还为那支把他从荷兰接来的小舰队勒索六十万镑。乔治一世像威廉一样小气，他用从英国捞到的钱购置了不来梅公爵领地，地价二十五万镑，而且不是用国王的薪俸支付的。他就这样用英国的钱置了这块领地，为了私人利益在他的汉诺威领地之外又添了一块。实际上任何一个不能自治的国家都会作为一种假公济私之物为人所统治。英国自革命以来一直是囊中之物。——作者

由于上述注解是对潘恩起诉书的一部分，潘恩将它从西蒙兹版略去，并代之以下面几段话：

"在本书原版第116页有一个注脚，对威廉和玛丽的为人——一个是斗争他的叔父，另一个是斗争她的亲生父亲——提出批评，这些批评同其他作者提出过的差不多。约翰逊博士甚至当他还是现王朝的雇佣时，就用过比我所用的还要强烈的不满词语。那么，现在为什么要改变做法，过去被允许而且显然加以鼓励的，现在却要受到起诉，这只有知情人能解释清楚。在同一注释中还提到，威廉为把他从荷兰送来的荷兰舰队

第一个例证乃是查理二世的极度挥霍时期；当时英法是作为盟邦行动的。我选择了一个极其奢靡浪费的时期，就可以证明现代奢靡浪费的变本加厉；特别是因为从那时以来，海军、陆军和税务员的薪俸并没有增加过。

当时的平时编制如下（参见约翰·辛克莱爵士：《税收史》）：——

海军	300,000 镑
陆军	212,000 镑
军用品	40,000 镑
王室开支	462,115 镑
	共计 1,014,115 镑

可是，议会将当时全年的平时编制定为一百二十万镑[①]。如果我们退回到伊丽莎白女王时代，那时全部税收额只有五十万镑，可是英国国民却看不出在那个时期有哪一点可以斥之为没有成果。

勒索了六十万镑，乔治一世则用他从英国捞到的二十五万镑购置了不来梅和维当两处公爵领地，借此扩大他的汉诺威领地，供他私用。含有这些内容的注释已收入起诉书中；但这样做目的何在，我就不得而知了。

“据约翰·辛克莱博士的《税收史》（第三部分第四十页）所载，为荷兰舰队提出的账单是六十八万六千五百镑，后来被议会减为六十万镑。从 1701 年下院通过的一项决议来看，威廉在花费英国的金钱方面是不大审慎或小心的。该决议如下：——‘众所周知，数以百万计的钱付给了国王陛下（指威廉）作为公用，但用途迄未说明。’（参见英《议会议事录》）

“至于乔治一世用从英国获得的钱购买不来梅和维当领地一事，《议会议事录》可以证明，此事在议会中遭到的反对表明各个派系普遍对它所持的看法。”——作者

① 查理与他的前任和继承者一样，发现打仗对政府大有好处，于是同荷兰打了一仗，这次战争把当年的开支增加到一百八十万镑（1666 年结账），而平时的编制只有一百二十万镑。——作者

如果把法国革命、英法两国趋于协调与互利，双方宫廷不再搞阴谋，以及管理科学的知识的进步等等因素综合起来，全年的开支也许可以减少到一百五十万镑，即：——

海军	500,000 镑
陆军	500,000 镑
政府开支	500,000 镑
	共计 1,500,000 镑

即使此数也比美国政府的开支多六倍，然而英国的民政（我指的是由地区法庭、陪审团和巡回审判所行使的民政，这其实几乎全部是由国民行使的）需要国家的开支，要比美国同样性质和规模的民政所需要的来得少。

现在是各国国民应当懂道理，不让人骑在自己头上，像牲畜一样受摆弄的时候了。谁要是读一遍帝王史，都会把政府视同猎鹿，各国国民每年要付给猎人一百万镑。人们应当有足够的自尊或耻辱心理，对于这样受欺侮感到惭愧，而等他意识到自己应有的人格时，他是会感到羞愧的。对于所有这类性质的问题，他脑子里经常会掠过一些他还不习惯于加以鼓励和表达的念头。由于小心谨慎心理的约束，他对自己和对别人都扮演了伪君子的角色。然而，看到这种着迷状态能消失得多么快，也真叫人稀奇。一句大胆地想出来和说出来的话常会使整整一批人心理恢复正常；全体国民也同样受到影响。

至于用什么名义去称呼那些组成文官政府的职位，那倒无关紧要。上面讲过，在例行公事中，一个人无论称为总统、国王、皇帝、议员或别的什么，他所作的贡献的价值绝不可能超过每年从国

家领取一万镑;而且正如不应付给任何人以超过他的贡献的报酬,每一个正直的人也不愿接受过多的酬金。应当以最审慎的道德心来动用公款。公款不仅是财富的产物,而且是劳动和贫困的血汗收入。它甚至是从匮乏凄惨的苦难生活中获得的。一个乞丐在街上走过,或倒毙街头,他身上仅有的一个铜板都会投入公款。

倘若美国国会玩忽职守,置选民利益于不顾,竟然付给美国总统华盛顿将军一年一百万美元,华盛顿是不会也不能接受的。他另有一种荣誉感。英国几乎已经花费了七千万镑来供养一个从国外引进的家族,其才能远远不及千千万万老百姓;而且几乎没有一年不提出一些新的金钱要求。即使医疗费也要公家支付。这就无怪乎狱中人满为患,赋税与济贫税有增无减。在这种制度下,除了已发生的事情外,别无指望;至于改革,不管何时进行,必然只能来自国民,而不能来自政府。

为了表明五十万镑之数支付除海陆军之外的全部政府开支绰绰有余,我替任何一个其幅员与英国相同的国家作出以下预算。

首先,三百名公平选出的代表足以胜任立法机关的一切任务,而且只有比人数多来得好。这些代表可以分为两三个院,或者像法国那样在一个院开会,或者按宪法规定的任何方式议事。

由于在自由国家中,代表是所有身份中最光荣的,发给的津贴仅仅用来支付代表履行职责所需要的费用,而不是作为一个官职发给的。

如果每个代表每年发给五百镑津贴(缺席扣除),

每年有六个月全体代表出席,则费用总数为……75,000 镑

官方各部门连同薪俸在内,按理不得超过以下数目:——

三个官职,每个以一万镑计算,共 …………… 30,000 镑
十个官职,每个以五千镑计算,共 …………… 50,000 镑
二十个官职,每个以两千镑计算,共 ………… 40,000 镑
四十个官职,每个以一千镑计算,共 ………… 40,000 镑
二百个官职,每个以五百镑计算,共 ………… 100,000 镑
三百个官职,每个以二百镑计算,共 ………… 60,000 镑
五百个官职,每个以一百镑计算,共 ………… 50,000 镑
七百个官职,每个以七十五镑计算,共 ……… 52,500 镑

共 497,500 镑

如果一国国民愿意的话,可从所有官职减去百分之四,这样每年就可节省两万镑。

所有税务员的薪金从他们征集的税款中支付,因此不包括在这个预算之内。

上述预算并不是作为各官职的精确划分,而只不过表明五十万镑所能维持的级别和薪俸数;而且根据经验,要找到充分的职务来证明这笔开支合理也是办不到的。至于现在的办公方式,有些部门如邮政和财政等部门的首脑,一年除了三四次签个名什么也不干;全部公务都是下级职员办理的。

因此,假定足以应付政府一切正当用途的平时编制为一百五十万镑,此数比查理二世极度奢侈浪费时期(虽然前面已讲到过,陆、海军和税务员的薪金仍然同那个时期的相同)的平时编制还多三十万镑,那么,当前的日常经费还可以剩余六百多万镑。于是,问题是如何处理这笔余款?

凡注意到贸易与税收混在一起的情形的人,一定会感到硬要把它们分开是不可能的。

首先，因为现有的货物已经纳了税；所以现有存货不能减税。

其次，因为所有这些货物都是大批抽税的，如按一桶、一大桶、一百一十二磅或二千二百四十磅计算，免去的税不能分得那么细，以减轻消费者的负担，因为消费者是按品脱或磅来购买的。最近一次对浓啤酒和淡啤酒征收的税为每桶三先令，如果取消此税，每品脱只能减价半个法寻[①]，因此无补于实际。

大部分的赋税情况既是如此，就有必要想别的办法来摆脱这种障碍，以收到直接和明显地减轻负担的效果，并且能够立即推行。

那么，首先，济贫税是每个户主都感受到的一种直接税，他对他付出的每一个小钱都知道得很清楚。虽然全国济贫税的总数不能确切知道，但是可以查到。约翰·辛克莱爵士在《税收史》中说是二百一十万零五百八十七镑。其中相当一部分用在诉讼上，穷人在这方面不但得不到救济，反而受到损失。然而，诉讼的费用对教区是一样的，不管它起因何在。

在伯明翰，济贫税一年为一万四千镑。这个数目虽大，但同人口相比还是适中的。据说伯明翰有七万人，按七万对一万四千济贫税的比例，如英国人口为七百万，则全国济贫税总数仅为一百四十万镑。因此，对伯明翰人口很可能是估计过高了。济贫税全国总额既为二百万，则一万四千镑乃是对五万人所征之数。

然而，不论如何，这总之是赋税过重的结果，因为，在赋税很轻

① 法寻：英国最小的铜币名，等于一便士的四分之一。——译者

的时期,穷人是能够养活自己的;当时并没有济贫税[①]。今天,一个有妻子和两三个儿女的男劳工,每年纳税不下七八镑。他并不意识到这一点,因为这种税是包藏在他所买的货物中的,把他瞒过去了,他只觉得东西太贵;但是,由于捐税至少拿走了他一年收入的四分之一,结果他就养不活一家人,特别是他自己或家中任何人生了病的话。

因此,实际救济的第一步就是要彻底废除济贫税,而代之以对穷人免税,免除的数额为目前济贫税的一倍,即每年四百万镑,从剩余税款中调拨。通过这一措施,穷人可得益二百万,户主也得益二百万。单是这一项就等于减少一亿两千万的国债,结果等于对美战争的全部费用。

现在要考虑的是,如何最有效地来分配这四百万豁免了的税。

不难看到,穷人一般是大家庭,儿童多,失去劳力的老人也多。如果儿童和老人得到赡养,大部分问题就可以解决,留下的只是些次要问题,大多可由福利会来解决,福利会虽然地位低微,但堪称最佳现代公共机构。

英国有七百万人口;如果其中五分之一属于需要救济的贫民阶层,人数即为一百四十万。其中有十四万是年老的贫民(这一点下文将要叙及),对他们建议给予特殊照顾。

其余的一百二十六万人,按一家五口计算,共有二十五万两千个家庭因子女的负担与赋税的沉重而陷于贫困。

① 济贫税约始于亨利八世时代,当时开始增加赋税,此后,济贫税一直随着赋税的增加而增加。——作者

在这些家庭中,十四岁以下的儿童数,大约每两家有五个;有些家庭两个,有些家庭三个;有些一个,有些四个;有些一个也没有,有些则有五个;但是有五个以上的十四岁以下儿童的家庭是极难得的,因为超过这个年龄,这些儿童就能干活成为学徒了。

假定每两家有五个(十四岁以下的)儿童,那么,

儿童数为 ………………………………………… 630,000

父母数(如果他们都健在)为 ……………………… 504,000

可以肯定的是,如果儿童得到抚养,父母就减轻了负担,因为他们的贫困是由抚养儿童的开支所造成的。

在这样确定了因小孩多需要补助的最大人数之后,就可以探讨救济或分配的方式了,这就是,

从剩余的税款中,作为免税,并代替济贫税给每个穷苦家庭每个十四岁以下的儿童每年四镑,让这些儿童的父母能送他们上学,去学习读书、写字和普通算术;并让每个教区、每个教派的牧师共同保证这项任务完成。这项开支为:

六十三万儿童每人每年四镑 ……………… 2,520,000镑

采取这个方法,不但可以使父母摆脱贫困,而且可以消除新的一代人的愚昧无知,穷人的数目也会逐渐减少,因为借助教育,他们的才能将会提高。许多天资聪敏的青少年——这些人正在学一门手艺,如学做木匠、细木工、磨轮机工、造船工、铁匠等等——就因为小时候缺乏一点普通教育而终身不得上进。

现在,我要谈谈老年人的情况。

我把老年分为两个阶段。首先是接近老年的阶段,从五十岁开始。其次是老年阶段,从六十岁开始。

五十岁的人虽然智力高度发达，判断力比以前任何时候都强，但从事劳动的体力则趋于下降。他不能像早期那样经受同样强度的劳累。他挣的钱少了，也经不起风霜；对于那些需要眼力的细活，他越来越对付不了，并且眼看自己像匹老马一样开始无依无靠。

到了六十岁，他应当停止劳动了，至少从直接的需要来说是如此。看到在号称文明的国家中，老年人为了一日三餐而操劳至死，实在令人痛心。

为了对五十岁以上的人数作出统计，我好多次计算过我在伦敦街头遇到的人，包括男人、女人和儿童，发现平均每十六七人中有一个。如果说老年人不常上街，那么婴儿也不常上街；而大部分年龄较大的儿童则在学校读书或在工厂当学徒。那么，以十六为除数，英国五十和五十岁以上的人，包括男人、女人及穷人、富人在内，总共有四十二万。

在这个总数中，要赡养的是农民、普通工人、各行各业的工匠和他们的妻子、水手和退伍士兵、年老力衰的男女仆人以及穷苦的寡妇。

还有相当数量的中等商人，这些人前半生日子过得还不错，现在由于年纪老了，买卖差了，终于一蹶不振。

除了这些人之外，还不断有一批从事各种行业或投机活动的人被无人能阻挡或控制的命运所抛弃。

有些人年过五十后，在他们生活中的某一时期，觉得有必要受到赡养，或者觉得受赡养比自己养活自己来得舒适，而且认为这并不是受恩赐和优待，而是应得权利。为了应付种种意想不到的情况，我把这些人的数目定为总数的三分之一，亦即第305至306页中所说的十四万，并已建议对他们给予特殊照顾。如果这类人的数目还要多，那么，尽管政府粉饰太平，英国的社会情况未免太可悲了。

在这十四万人中，我把半数即七万人列为五十岁以上和六十岁以下，另外一半列为六十岁和六十岁以上。这样确定了老年人数的大致比例之后，我着手拟定使他们过舒适生活的方案，这就是，

从税收余款中给每个五十岁到六十岁的人每年六镑，六十岁以上直到去世，每年十镑。这笔费用为，

七万人，每年每人六镑	420,000镑
七万人，每年每人十镑	700,000镑
	共计1,120,000镑

上面已经说过，这种赡养费不具有施舍性质，而是一种权利。英国的每个男人和女人，从他（或她）出生那天起，平均每年交税两镑八先令六便士；如果把征集费加上去，就要交两镑十一先令六便士；这样，他到五十岁时已交了一百二十八镑十五先令，六十岁时已交了一百五十四镑十先令。要是把他（或她）个人交的税款折成通廷式养老金[①]，五十年后他拿到的钱只不过比他付出的净额的合法利息稍多一点；不足之数从那些其境况无需领取这种赡养费的人补足，而在这两种情况下的资金可以用来支付政府的经

① 一种类似互助性质的养老金或公积金，参加的人每年可从投入的总资金与利息中取得一份年金。——译者

费。我就是根据这个理由给这个国家三分之一的老人提出这个有可能办到的要求。让十四万老人度过舒适的晚年，岂不比把一年一百万的公款花在一个人身上好，何况这个人又往往是个最无能的饭桶？让理性和正义，让荣誉和人道，甚至让伪善、谄媚和柏克先生，让乔治、让路易、利奥波德、腓特烈、凯瑟琳、康沃利斯，或铁普塞布来回答这个问题吧①。

这样，发给穷人的钱数将为：

发给包括六十三万儿童在内的

二十五万二千贫苦家庭 ……………… 2,520,000 镑

发给十四万老年人 ………………………… 1,120,000 镑

共计 3,640,000 镑

这样，四百万还剩下三十六万镑，其中的一部分可作以下用途：——

在对上述所有各种情况的人作了安排之后，仍然还有许多家

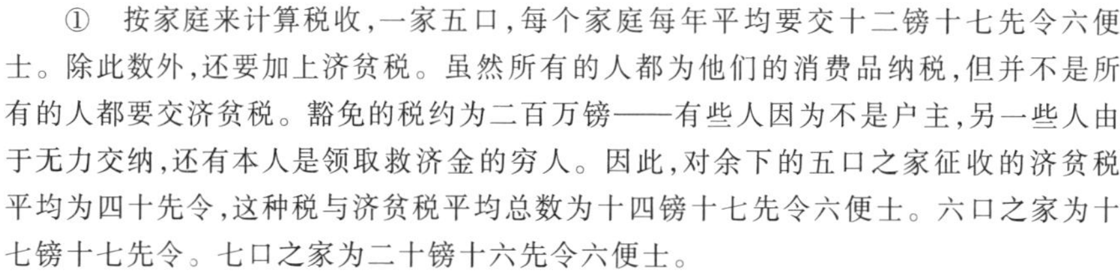

① 按家庭来计算税收，一家五口，每个家庭每年平均要交十二镑十七先令六便士。除此数外，还要加上济贫税。虽然所有的人都为他们的消费品纳税，但并不是所有的人都要交济贫税。豁免的税约为二百万镑——有些人因为不是户主，另一些人由于无力交纳，还有本人是领取救济金的穷人。因此，对余下的五口之家征收的济贫税平均为四十先令，这种税与济贫税平均总数为十四镑十七先令六便士。六口之家为十七镑十七先令。七口之家为二十镑十六先令六便士。

在新的或代议制政府下，美国的平均赋税，包括战时举债的利息在内，如以现有人口四百万（人口且在日益增加）计算，则男女和儿童每人为五先令。因此，两国政府的差异如下：

	英国			美国		
	镑	先令	便士	镑	先令	便士
一家五口	14	17	6	1	5	0
一家六口	17	17	0	1	10	0
一家七口	20	16	6	1	15	0

——作者

庭尽管不能划为穷人一类，但要使子女上学都感到困难；而这种情况下的儿童的处境要比他们的父母真正是穷人更糟，一个在组织良好的政府治理下的国家不应当容许有一个人不受教育，只有君主制和贵族制的政府才需要用愚民政策来维持自己的统治。

那么，假定有四十万儿童处于这种情况——这个数字比在提供赡养费后应当假定的数字要高一些——则将采取如下方案：

给这些儿童每人每年十先令补助，供为期六年的每年上学费用，这就可以使他们每年受到六个月的学校教育，另外每人每年发半克朗[①]以购买纸张和拼写本。

这笔费用每年[②]将为二十五万镑。

这样还剩下十一万镑。

虽然组织最健全和原则性最强的政府也讨可以订出一些大规模的救济方案，但是还有一些较小的事例，国家对其给予考虑既是上策，也是一种恩惠。

如果在每个婴儿出生时，立即给每个提出申请的妇女二十先令（那些处境并不需要这笔钱的人当然不会提出申请），这也许可以解救很多的燃眉之急。

---

① 克朗：英国古银币名，每个值五先令，半克朗为2.5先令。——译者

② 公立学校不符合穷人的一般要求。这些学校主要设在公司城中，乡镇和农村的儿童不得入学，或者，如果入了学，路远也造成时间上的很大浪费。为了便利穷人，学校应设在当地，要做到这一点，我认为最好的办法就是让父母自己能付得起学费。在每个村庄里都可以找到一些胜任这项工作的男人和女人，特别是上了年纪的。二十个儿童，每人交十先令（每年不超过六个月），这个数目足以在英国的边远地区维持生活，而且往往有一些穷苦的牧师的寡妇愿意有这笔收入。为儿童作出的这种安排可以达到两个目的：对他们来说是受到教育，对那些教育他们的人来说则是一种生计。——作者

英国每年约出生二十万个婴儿,如果有四分之一提出申请,

总数为 ……………………………………… 50,000 镑

还可以给按同样方式提出申请的每对新婚夫妇二十先令。这笔钱总共不会超过两万镑。

另外也要为那些外出谋生,可能在远离亲友的地方死去的人拨两万镑作安葬费。教区减轻了这笔负担,在异乡生病的人就可以得到较好的医疗。

我将提出一项适合于像伦敦那样的大都市的特殊情况的计划,来结束本题的这一部分。

大都市里不断发生不同于乡间所发生的种种情况,为此,有必要提出一种不同的或毋宁是额外的救济方案。在乡间,即使在大的城镇,人们都彼此熟悉,困苦绝不会达到在大都市往往达到的那种极端。乡间从来没有人真正活活饿死或因无住处而冻死。然而,冻饿而死以及其他类似的悲惨情景在伦敦却经常发生。

许多青年满怀期望来到伦敦,身上只有一点点钱或分文莫名,除非马上找到工作,他就已经一半完蛋了;而那些生长在伦敦又无任何生计的少年,往往由于父母行为不端,处境更加糟糕;长期失业的仆人也好不了多少。总之,无数细小的事情不断发生,这些事情是过着忙碌和富裕生活的人所不知晓的,但它们却打开了通往苦难生涯的第一扇大门。在各种困苦中,饥饿是拖延不得的,一天,甚至几个钟头饿肚皮,往往就此害了一条生命。

这些情况是产生小偷小摸并导致大规模盗窃行为的总根子,而这是可以避免的。因为,四百万剩余税款中还剩下两万镑,加上下文将提到的那笔两万多镑的基金,拿来充当这个用途再好也没

有。方案如下:

首先,建造两处或更多处厂房,或者就用现成的厂房,其中至少可以容纳六千人,并在每一处尽可能设置多种行业,以便任何一个前来的人可以找到他或她所能干的活。

其次,收容所有前来的人,而不问他们是谁或是干哪一行的。唯一条件是,每人干了多少活或多少小时的活,就可以吃到多少顿合乎卫生的饭和住上暖和的房子,条件至少像兵营一样好。把每人劳动所得的一部分储存起来,在他们离开的时候发给他或她;并且,根据这些条件,每个人待长待短,或时来时去,悉听自便。

如果每个人待三个月,那么,每年就可以轮流帮助两万四千人,尽管一年四季实际人数只有六千人。建立这种收容所,可以使那些遇到暂时困难的人得到恢复元气的机会,以便能够找到更好的职业。

把他们劳动所得的一部分为他们自己贮存起来后,假定他们的劳动只能支付他们生活费用的一半,另外那四万镑还可以支付甚至比六千人还要多的人数的所有其他费用。

除了前一笔基金剩余的两万镑外,还有一笔钱很适宜改换来派这个用场,那就是煤税款,这笔款子是如此不公正和没有道理地用于供养里奇蒙公爵。令人震惊的是,尤其在现在煤价高涨之际,有人居然靠社会上的困苦来享乐;任何允许这一弊端存在的政府理应解散。据说这笔钱每年约为两万镑。

现在我要列举以上各项来结束这一计划,然后再探讨其他问题。

列举事项如下：

第一，废除两百万镑济贫税。

第二，为二十五万贫苦家庭提供赡养金。

第三，使一百零三万儿童受教育。

第四，为十四万老年人提供过舒适生活的赡养金。

第五，给五万婴儿每人赠送二十先令。

第六，给两万对新婚夫妇每对赠送二十先令。

第七，以两万镑作为外出谋生、在远离亲友的地方死去的人的安葬费。

第八，为伦敦和威斯敏斯特等大城市无业游民随时提供就业机会。

实施这个计划，那些作为折磨平民的工具的济贫法就可以取消，耗费在诉讼上的费用也可以防止。人们不会因衣不蔽体和面有菜色的儿童以及七八十岁的老人沿街乞食的惨状而惊心动魄了。临死的穷人不会因教区对教区相互报复而被从这处拖到那处直到断气。寡妇将可养活她们的子女，而不会在她们的丈夫死去时像罪犯一样被用车子送走；儿童也不再被认为增加他们父母的苦难。穷苦人常到的地方将为人们知道，因为这会对他们有利，而穷困所产生的小窃盗罪的次数也会减少。到那时，穷人和富人一样乐于支持政府，暴动和骚乱的起因没有了，恐惧心理也随之消失。你们这些安安稳稳地坐着过富足生活的人——这样的人在土耳其、俄国就像在英国一样有的是——还自己对自己说，“我们的日子过得多好啊？”你们曾经想到过这些事情吗？一旦你们想到这些事情，你们就不再会光对自己说话，光为自己着想了。

这个计划是容易实行的。它不会因突然打乱税收而使贸易发生困难,而是通过改变税收的用途来达到救济的目的;所需款项可以从国内消费税中拨出,这种捐税在英国各商业城镇每年要征收八次。

这个问题已经谈完,我现在要接着谈下一个问题。

假定目前的经常开支是七百五十万镑——这是目前所定的最低金额——那么,在扣除一百五十万镑新的经常开支和四百万镑上述用款之后,还剩下两百万镑,其中一部分可供如下用途。

由于同法国结盟,海军和陆军尽管多半无用了,但是那些因在军中服务故而不适合于从事别的职业的人,不应因此而让别人享福自己吃苦。他们同那些在朝或依附于朝廷的人是不能相提并论的。

一部分陆军要保存下来,至少要保存几年,海军也如此,对于他们,本计划的前一部分已为他们提供一百万镑,此数比查理二世挥霍无度时期的陆海军平时编制几乎多五十万镑。

现在,假定要遣散一万五千名士兵,并按发给切尔西慈惠院抚恤金领取者的同样方式,发给每人终身以每周三先令津贴(一切应扣款项除外),以便这些人转回到他们所从事的职业和朋友们的身边去;再加上给留下来的一万五千士兵每人每星期加薪六便士。全年开支如下:

发给一万五千名遣返士兵每周三先令津贴 ……	117,000 镑
给留下来的士兵加薪 ……	19,500 镑
假定发给遣返军官的津贴数与士兵津贴费相同 ……	117,000 镑
	253,500 镑

为了防止庞大的预算，假定海军遣返费和
加薪与陆军相同 …………………………………… 253,500 镑

共计……507,000 镑

这笔五十万镑的款项（为了便于计算，我略去了七千镑的尾数）由于除增发的三万九千①镑外均系终身年金，所以每年有一部分免付，到时候全部都免付。每免付一笔钱，就可取消一部分税；例如，免付三万镑时，就可以把啤酒花税全部取消；而当其余部分免付时，可以减收蜡烛税和肥皂税，直至全部停征。这样，就至少还剩下一百五十万镑剩余税款。

房屋和门窗税是一种直接税，同济贫税一样，是不同商业相混的，一旦予以取消，立刻可以起到减轻负担的作用。这种税对中产阶级是很重的。

据报 1788 年这种税的总数如下——

房屋与门窗税（据 1766 年
法案）……………………………… 385,459 镑 11 先令 7 便士
房屋与门窗税（据 1779 年
法案）…………………………… 130,739 镑 14 先令 5.5 便士

共计 516,199 镑 6 先令 0.5 便士

如果免去这笔税，那就还剩下约一百万剩余税款；由于保存一笔储备金以备不时之需总是可取的，所以，最初最好不要进一步扩大减税范围，而要考虑用其他改革方法可获得什么效果。

① 在潘恩自己的版本以及几乎所有后来的版本中均为“二万九千”；但是由于所提到的这笔钱是增发薪饷的一倍，即 19,500 镑的一倍，“二万九千”显然是笔误。——原编者

在所有捐税中，最沉重的是代偿税。因此，我想提出一项废除它的方案，用另一种税来代替它，这可以同时达到三个目的。

第一，把这项捐税让最能负担它的人去负担。

第二，通过分配财产在家族中恢复公平。

第三，消除不人道的长子继承制所产生的巨大影响，这种制度乃是造成选举舞弊的主要原因之一。

据报 1788 年的代偿税总数为七十七万一千六百五十七镑。

在提出征税时，国人往往受到是征奢侈品的税这样一种花言巧语的愚弄。一个时候把这样东西叫做奢侈品，另一个时候又把那样东西叫做奢侈品；但是真正的奢侈并不在物品本身，而在于获得物品的手段，这一点却往往是隐而不显的。

我不懂为什么田野里生长的植物或花草在一个国家要比在另一个国家更奢侈一些；可是，一个过度发展的庄园无论在哪个国家中却始终是一种奢侈品，因而是征税的合适对象。因此，应当相信这些仁慈的征税先生所说的话，并根据他们自己所规定的征奢侈品税的原则展开辩论。如果这些先生们或他们的拥护者柏克先生——我担心他像披甲武士一样已经过时了——能够证明一个每年收入两三万或四万镑的庄园不是奢侈品，我就愿意放弃这场辩论。

假定一笔年金，比如说一千镑，是维持一个家庭的生活所必需的，那么，第二个一千镑就带有奢侈的性质，第三个一千镑更其如此，这样一直加上去，最后就会达到一个大可叫做犯禁的奢侈的数额。对工业获得的财产加以限制将会是失策，因此正确的做法是对工业所能扩及的范围以外的财产才加以禁止；但是对遗赠的财产或其积累则应加以限制，这种遗产应该转到别的亲系中去。每个国家中最富有的人都有穷亲戚，而这些人往往在血缘上是极其相近的。

下列累进税表根据上述原则拟订，用以代替代偿税。通过正规推行可以达到禁绝的程度，从而废除贵族的长子继承法。

表　一

在扣除土地税后，对年入五十镑以上的所有产业课税如下：

	先令	便　士
从 50 镑到 500 镑 ………………	0	3（每镑税率）
从 500 镑到 1,000 镑 ……………	0	6（每镑税率）
对第二个一千镑…………………	0	9（每镑税率）
对第三个一千镑…………………	1	0（每镑税率）
对第四个一千镑…………………	1	6（每镑税率）
对第五个一千镑…………………	2	0（每镑税率）
对第六个一千镑…………………	3	0（每镑税率）
对第七个一千镑…………………	4	0（每镑税率）
对第八个一千镑…………………	5	0（每镑税率）
对第九个一千镑…………………	6	0（每镑税率）
对第十个一千镑…………………	7	0（每镑税率）
对第十一个一千镑………………	8	0（每镑税率）
对第十二个一千镑………………	9	0（每镑税率）
对第十三个一千镑 ……………	10	0（每镑税率）
对第十四个一千镑 ……………	11	0（每镑税率）
对第十五个一千镑 ……………	12	0（每镑税率）
对第十六个一千镑 ……………	13	0（每镑税率）
对第十七个一千镑 ……………	14	0（每镑税率）
对第十八个一千镑 ……………	15	0（每镑税率）
对第十九个一千镑 ……………	16	0（每镑税率）
对第二十个一千镑 ……………	17	0（每镑税率）

对第二十一个一千镑 …………	18	0(每镑税率)
对第二十二个一千镑 …………	19	0(每镑税率)
对第二十三个一千镑 …………	20	0(每镑税率)

上表所示系每进一千镑每镑应交纳的累进税率。下表所示系对每一千镑分别征收的税额,最后一栏载明全部分别征收的税款总额。

表　二

	英镑	先令	便士
年收入 50 镑的产业,每镑征收 3 便士,应付	0	12	6
年收入 100 镑的产业,每镑征收 3 便士,应付	1	5	0
年收入 200 镑的产业,每镑征收 3 便士,应付	2	10	0
年收入 300 镑的产业,每镑征收 3 便士,应付	3	15	0
年收入 400 镑的产业,每镑征收 3 便士,应付	5	0	0
年收入 500 镑的产业,每镑征收 3 便士,应付	6	5	0

五百镑以上,再进五百镑每镑征收六便士,结果年收入一千镑的产业应交纳十八镑十五先令。

镑		先令	便士	镑	先令	总额 镑	总额 先令
第一个五百	每镑交	0	3	6	5	……18	15
第二个五百	每镑交	0	6	12	10		
第二个一千	每镑交	0	9	37	10	……56	5
第三个一千	每镑交	1	0	50	0	……106	5
第四个一千	每镑交	1	6	75	0	……181	5
第五个一千	每镑交	2	0	100	0	……281	5
第六个一千	每镑交	3	0	150	0	……431	5
第七个一千	每镑交	4	0	200	0	……631	5
第八个一千	每镑交	5	0	250	0	……881	5
第九个一千	每镑交	6	0	300	0	……1181	5
第十个一千	每镑交	7	0	350	0	……1531	5

第十一个一千	每镑交	8	0	400	0	……1931	5
第十二个一千	每镑交	9	0	450	0	……2381	5
第十三个一千	每镑交	10	0	500	0	……2881	5
第十四个一千	每镑交	11	0	550	0	……3431	5
第十五个一千	每镑交	12	0	600	0	……4031	5
第十六个一千	每镑交	13	0	650	0	……4681	5
第十七个一千	每镑交	14	0	700	0	……5381	5
第十八个一千	每镑交	15	0	750	0	……6131	5
第十九个一千	每镑交	16	0	800	0	……6931	5
第二十个一千	每镑交	17	0	850	0	……7781	5
第二十一个一千	每镑交	18	0	900	0	……8681	5
第二十二个一千	每镑交	19	0	950	0	……9631	5
第二十三个一千	每镑交	20	0	1000	0	……10631	5

到两万三千镑时，税率达每镑二十先令，结果以后的每一千镑就无利可图了，除非把产业分掉。然而，这种捐税尽管看来骇人，但我认为，它所得并不像代偿税那么多；如果它比代偿税收的还要多，那就应当把税额降到年入两三千镑的产业的标准。

对中小产业来说，这种捐税比代偿税轻（原来意图就是如此）。年收入要超过七八千才开始重起来。其目的不在于税收的多少，而在于措施的公正。贵族庇护自己太过分了，这一措施可以恢复一部分失去的平衡。

作为贵族庇护自己的例子，只需回顾一下号称复辟时期或查理二世即位时期最初制定国内消费税法的情况就行了。当时掌权的贵族集团通过对酿制供出售的啤酒征税来折偿它本身所担负的封建义务；就是说，他们同查理勾结起来，用别人交纳的税款使他们自己及其子嗣免除义务。贵族并不购买供出售而酿制的啤酒，而是免税自己酿制啤酒；如果当时需要折偿，就应当由那些要想免除义务的人花钱[1],但是却硬叫完全不同阶级的人负担去了。

但是,这种累进税的主要目的(除了要使税收比目前公平合理之外),正如已经阐明的那样,是要消除不人道的长子继承制所产生的过分影响,而这种制度乃是造成选举舞弊的主要根由之一。

像岁入三四万或五万这样巨大的产业,在工商业还不可能获得这种收益时,怎样发端,要查问这一点是不会有好结果的。要矫正这种弊端,只需用和平手段把产业分配给这些家族的所有男女继承人,把产业重新归还给社会就行了。这样做更其有必要,是因为贵族阶级历来都把他们的幼年子女或亲属安插在无用的岗位、职位或官职上,由公众供养,如果废除这种做法,就会使这些人陷于赤贫,除非同时将长子继承法废除或取缔。

累进税大体可以收到这种效果,并且,从下列表明各宗产业在扣除捐税后的净收益的表格可以看出,这是对最直接有关的各方的利益问题。从表中可以看出,一宗产业每年收入超过一万三千或一万四千,业主的利润很少,结果就会把产业分给他们的幼年子女或其他亲属。

表　三

年入一千镑到两万三千镑产业的净收益:——

每年以千计 (单位:镑)	扣除全部税款 (单位:镑)	净收益 (单位:镑)
1,000	18	982
2,000	56	1,944

① 供出售而酿制的啤酒税(贵族免付)比现在的代偿税几乎多一百万镑,1788 年收入一百六十六万六千一百五十二镑,因此贵族们自己应当承担代偿税,因为已经给他们免去了几乎一百多万镑的税了。——作者

3,000	106	2,894
4,000	181	3,819
5,000	281	4,719
6,000	431	5,569
7,000	631	6,369
8,000	881	7,119
9,000	1,181	7,819
10,000	1,531	8,469
11,000	1,931	9,069
12,000	2,381	9,619
13,000	2,881	10,119
14,000	3,431	10,569
15,000	4,031	10,969
16,000	4,681	11,319
17,000	5,381	11,619
18,000	6,131	11,869
19,000	6,931	12,069
20,000	7,781	12,219
21,000	8,681	12,319
22,000	9,631	12,369
23,000	10,631	12,369

注意:表中尾数先令已略去。

从上表可以看出,一宗产业除去土地税和累进税后,收益不能多于一万二千三百七十镑,因此,考虑到家庭的利益,这些产业势必要分掉。年入两万三千镑的产业,分成六处,其中五处每处年入四千镑,一处年入三千镑,就只需交税一千一百二十九镑,这个数目为原应交纳数的百分之五,但是如果产业为一人所有,就要纳税一万零六百三十镑。

尽管查问这些产业的来历是没有必要的,但是维持它们的现

状却是另一个问题。这是一个关系到全国的问题。作为继承的产业,法律已经造成一个弊端,应当设法补救。应当废除长子继承制,这不仅是因为它是违反自然的和不公道的,而且因为实行这种制度的国家受害。如前所述,由于不让幼年子嗣获得遗产中的应得部分,就让公众出钱抚养他们;选举自由也为这种不公平的家产垄断产生的恶劣影响所侵犯。不仅如此,它还造成国家财产的浪费。由于受到这一法律保护的大面积花园和打猎场的存在,国家相当一部分的土地不能用于生产,而且这种情况发生在谷物年产量不敷国家消费的时候。简言之,贵族制的害处这样大,这样多,这样不合乎公道、智慧、自然和善行,以致一想到这些害处,就应确信许多属于这一类的人也都希望把这个制度废除掉。

这些人想到他们年幼的子嗣处境毫无保障和几乎过着赤贫生活,还能得到什么慰藉呢?每一个贵族家庭周围都有一群依附它的亲系乞丐,这些人在几年或几代时间里就会被撵走,只好在救济院、贫民习艺所和监狱里讲述他们的往事聊以自慰。这是贵族制的必然结局。贵族和乞丐往往是同一家族的人。一个极端产生另一个极端;让一个人富必然要使许多人穷;这种制度是不能靠别的方法来维持的。

有两类人是英国的法律特别仇视的,而且都是些最无依无靠的人:幼童与贫民。前一类人我刚谈到过;后一类人我可以从许多例子中举出一个,以此结束我对这个问题的探讨。

现在有几种规定与限制工人工资的法律。为什么不让工人去自由成交,像立法者自由出租他们的田地和房屋那样呢?个人劳力是工人的全部所有。这一点点东西和他们享有的一点点自由为什么还要受到侵犯呢？但是，如果我们研究一下这些法律的执行及其后果，就会越发感到不公平。一旦工资为一项所谓的法律所规定，这个法定的工资就固定不动，而其他一切东西却都在涨价；而当制定这项法律的人还在通过别的法律继续征收新的赋税时，他们用一种法律提高生活费用，而用另一种法律把收入拿走。

但是，如果那些制定法律和税收的先生们认为理应对个人劳动所得并为全家赖以维持生活的少得可怜的工资加以限制的话，那么，他们必然感觉到对他们自己那笔每年不少于一万二千镑的收入不加限制，还有对他们从未占有（严格地说他们的祖先也未占有）而被他们滥用的财产不加限制，是值得庆幸的。

这个问题已经结束，我把一些主要项目归纳一下，然后再谈其他问题。

头八条是从第三百一十二至三百一十三页开始归纳出来的。

1. 废除二百万镑的济贫税。

2. 给二十五万两千贫苦家庭每个十四岁以下儿童四镑津贴；这笔津贴，再加上二十五万镑，还可使一百零三万儿童受到教育。

3. 给五十岁直到六十岁为止的所有贫民、破产商人和其他的人（估计为七万人）每人每年六镑年金。

4. 给年满六十岁的所有贫民、破产商人和其他人（估计为七万人）每人十镑终身年金。

5. 给五万个婴儿每人二十先令赠金。

6. 给两万对新婚夫妇每对二十先令赠金。

7. 拨两万镑给出外谋生、在远离亲友的地方死去的人作安葬费。

8. 给在伦敦和威斯敏斯特的无业游民提供随时就业的机会。

第二批主要项目如下

9. 废除房屋税和门窗税。

10. 发给一万五千名遣返士兵每周三先令的终身津贴,并给遣返军官以相当的津贴。

11. 对留下的士兵每年加薪一万九千五百镑。

12. 对遣返海军发给同样的津贴,加薪也和陆军相同。

13. 废除代偿税。

14. 实施一项累进税计划,以消除不公正和不人道的长子继承制以及贵族制的恶劣影响。[①]

如前所述,还剩一百万镑的剩余税款。这笔款项有一部分需

① 对贫民的情况加以调查时,很可能会发现贫困程度大不相同,要作出比已经提出的更胜一筹的安排。有家累的寡妇比丈夫还活着的家庭困难更大。不同的州的生活费用也有所不同,在燃料方面尤其如此。

假定有五万个非常情况的人,每人每年付十镑	500,000 镑
十万个家庭,每家每年八镑	800,000 镑
十万个家庭,每家每年七镑	700,000 镑
十万零四千个家庭,每家每年五镑	520,000 镑
本来给儿童每人十先令教育费,现改为给五万个家庭每家五十先令教育费	250,000 镑
十四万老年人,同前所述	1,120,000 镑
共计	3,890,000 镑

这一安排等于第三百一十至三百一十一页所示数字,包括二十五万镑教育费;但是它可以供养(包括老年人)四十万零四千家庭,这差不多占英国家庭总数的三分之一。——作者

本注解的计算以及根据这些计算所作的叙述,显然都有差错;不过潘恩的观点是很清楚的。——原编者

要用来应付未立即出现的情况，这部分钱由于目前不需要，故而可以用来进一步减少同等数额的赋税。

在正义所要求发出的呼声中，低级税务人员的处境是值得注意的。任何一个政府把一大笔国家的收入花费在闲职以及挂名的和莫须有的官职上，而不让那些实际从事税务工作的人过哪怕是像样的生活，都应受到谴责。低级税务人员的薪金一百多年来一直停留在每年不到五十镑这个少得可怜的数额上。应当给七十镑。这方面只要有十二万镑，就可以把所有这些薪金提高到相当过得去的程度。

这个建议几乎在二十年前就提出来了，但是当时的财政委员会大吃一惊，唯恐陆海军也提出同样要求；结果是国王或某人替国王提请议会将他本人的薪俸每年增加十万镑，国王薪俸是加了，其他一切都无人过问。

至于另一类人即低级教士，我不想夸大他们的困难处境；但是，撇开种种赞成或反对不同形式的宗教偏爱与成见不谈，共同的正义感将判定一个人是否应当每年收入二三十镑，而另一人则收入一万镑。大家知道我不是长老会教徒，所以我可以更加自由自在地谈论这个问题；因此，宫廷马屁鬼为了欺骗和迷惑国民而就教会和礼拜会讲的那套假仁假义的话，是不能用来反对我的。

在这个问题上持正反两种意见的糊涂人呀，你们难道还没有看穿宫廷的鬼蜮伎俩吗？如果你们在教会和礼拜会问题上再争吵下去，你们就正好中了廷臣的奸计，因为他们这班人是靠贪污税款过活的，把你们的轻信当笑柄。所有劝人为善的宗教都是好的；据我所知，还没有一个宗教是劝人为恶的。

按上述全部核算,在除去海关和国内消费税收局征税费用和退款之后,假定只有一千六百五十万镑税款交付国库;这样,交付国库的总额如果不到一千七百万镑,也非常接近此数了。在苏格兰和爱尔兰征收的税都是用在这两个国家的,因此它们的节余也出自它们各自的捐税;如果其中有一部分要交付英格兰国库,可以把它汇来。其差额每年还不到十万镑。

现在只剩下国债问题有待考虑。1789 年国债的利息,通廷金不计,为九百一十五万零一百三十八镑。从那时起,这笔资金减少了多少,只有财政大臣知道得最清楚。但是,在偿付利息,废除房屋与门窗税、废除代偿税和济贫税,并加上救济贫民、教育儿童、赡养老人和津贴陆、海军遣返人员以及给留下来的人员加薪之后,还有一百万镑剩余。

在我这个局外人看来,目前这种偿还国债的方式,如果不是错误的,也是不协调的。国债之重不在于它为数达数百万或数亿,而在于因偿付利息而每年征集的税额。如果税额保持不变,那么,不论本金多少,国债的负担实际上还是照旧。只有减少因偿付利息而征收的税,公众才能知道国债减少了。因此,对公众来说,尽管已交过数以百万计的税款,国债一点儿也不曾减少;现在比计划开始实行时还需要更多的钱来收回这笔国债。

现在先说几句闲话,以后再言归正传,我要回顾一下任命皮特先生为首相这件事。

当时我在美国。战事已经结束;仇恨虽已消失,但记忆犹新。

当联合政府组成的消息传来时,尽管我作为一个美国公民,此事与我无涉,但作为一个人我还是有所感触的。这则消息确有令人震惊之处,因为它即使不是拿原则,也是拿礼仪来公开开玩笑。这说明了诺恩勋爵的厚颜无耻,也说明福克斯先生缺乏坚定性。

当时,皮特先生可谓在政界初露头角。他头脑绝非陈腐,也没有学会宫廷耍弄的那一套阴谋诡计。各方面条件都对他有利。对联合政府的愤恨情绪对他说来是一种友好的表示,而他人格上没有缺点则被当作美德。随着和平的恢复,贸易与繁荣自会上升;就是这种增长也归功于他。

当他开始掌权时,风浪已经平息,没有什么东西阻止他贯彻他的方针。犯错误甚至也要有些小聪明,而他却成功了。不久就暴露出来,他同他的前任都是一路货色。他非但没有从那些积累了举世无匹的沉重捐税的错误做法中吸取教益,反而寻找——我几乎可以说他招徕——敌人,并且想方设法去增加赋税。为了连他自己也不知道的某种目的,他冒险劫掠欧洲和印度,并在舍弃了他开始时的正当抱负之后,成了一个现代的骑士式的人物。

看到一个人自暴自弃是不愉快的。看到一个人自欺欺人更其如此。皮特先生没有作出什么成绩,但是他前途本来很有希望。种种迹象表明他的思想比宫廷的卑鄙龌龊要高尚得多。他那明显的直率使人对他寄予厚望;为党派的纷争弄得头昏、厌烦和惊慌失措的公众又恢复了信心,对他深有好感。但是,他把国民对联合政府的厌恶错当作他本人的功劳,冒失地采取了一个受到较少支持的人所不敢采取的措施。

所有这一切似乎表明,首相的更换是无关紧要的。一个下台,另一个上台,推行的都仍然是同样的措施、弊政和奢侈浪费。谁当首相都没有关系。毛病出在制度上。政府的基础和上层建筑是腐朽的。不管你怎么支持,它会不断地堕落到宫廷政府的地步,并且永远如此。

我要践约再回过头来探讨国债问题——这是荷英革命的产物,它的侍女就是汉诺威继位。

但是现在要查问国债是怎么开始的,已经为时过晚。那些主其事的人已经预支了这笔钱;而且不论这笔钱花得对不对,或中饱了私囊,都不是他们的罪过。然而,显而易见的是,当国民开始研究政府的性质与原则,对赋税有所了解,而且把美、法、英三国的情况加以比较时,再要把国民像过去一种蒙在鼓里就几乎是不可能的了。由于形势需要,非立刻着手改革不可。在当前,不是这些原则能发生多少力量的问题。它们已经公之于世了。它们已在全世界传布,没有任何力量可以阻止它们。像一个已经泄露出来的秘密,不可能再收回;只有瞎子才看不到形势已经开始发生变化。

九百万呆税是件严重的事;这不仅因为是坏政府的缘故,而且多半是因为外国政府的缘故。把发动战争的权力交给那些前来恣意掠夺的外国人,那么,除了已经发生的事而外就不能期望什么别的了。

本书已经列举种种理由,说明对税收不论进行什么改革,都应当从政府的经常开支着手,而不应当从支付国债的利息部分着手。豁免穷人的税,他们就会如释重负,他们的不满也会统统消失;并且,通过减免已经提到过的那些捐税,国家就能弥补疯狂的对美战争的全部费用而绰有余裕。

那么,现在只剩下国债这样一个令人不满的问题;为了消除或毋宁是防止这种不满,一个好的方针就是要债券持有者本人把它当作财产,同所有其他财产一样,担负一部分捐税。这样,就可以使国债受欢迎和具有保障,而且由于它目前很大一部分不便已为它保持的本金所抵消,采取这种措施还可以进一步平息反对的声浪。

要做到这一点,可以通过渐进的办法,最轻松方便的完成必须办的一切。

最好的办法不是对本金征税,而是对国债的利息按累进率征税,当利息减少时则按同样比例减收公众的捐税。

假定对利息抽的税第一年每镑为半便士,第二年要多纳一便士,并按一定比例递增,但递增数总要比任何别的财产税少。这项捐税可在偿付息金时从中扣除而无需支付任何征集费用。

每镑抽税半便士可以减少息金从而减税达两万镑。货车税与此数相等,所以第一年可以免去这项税。第二年可免去女仆税或其他某种同等数额的税,按此方式进行下去,始终用从国债抽的税来取消其他各种税,而不作日常用途,到头来各种税就都可免除。

尽管国债券的持有者需要交这种税,但是他们交纳的各种税比现在交的税要少。他们因免除济贫税、房屋与门窗税以及代偿税而节省下来的钱的数目,要比这种缓慢然而固定地征收的税所达到的数目大得多。

在我看来,找出一些足以应付任何不测事件的措施是势在必行。眼下欧洲事务中正出现一种危机,需要这样做。未雨绸缪是明智之举。赋税如果一旦放松,要复原就难了;救济也只有通过一定的和逐步的减缩才最有效。

政府的欺诈,伪善以及种种骗局正开始为人们所熟知,它们的日子不会长了。各国君主制和贵族制的丑剧正在步骑士制丑剧的后尘,柏克先生也正在穿上送葬的衣服。那么,就让它悄悄地进入其他一切蠢事的坟墓,让送葬者得到安慰吧。

派人去荷兰、汉诺威、策尔或布伦斯瑞克迎请一些人来,每年花一百万镑,这些人既不谙英国的法律和语言,又不顾英国的利益,他们的能力连当一个教区警察也不配,英国嘲笑自己这种做法已为期不远了。如果可以把政府交到这样一些人的手里,那么,事情的确挺便当,英国的每一个城镇和乡村都找得到适合所有这些条件的货色。①

世界上哪一个国家能够这样说:我国的穷人都是幸福的;他们中间既无愚昧也无贫困;监狱里没有囚犯,街道上没有乞丐;老年人不愁衣食;捐税并不繁重;理性世界和我亲昵,因为我和幸福亲昵:一个国家能够说出这些话,就可以为它的宪法和政府自负了。

在短短几年时间里,我们已经看到了两次革命,即美国革命和法国革命。在前一次革命中,斗争的时间长,冲突激烈;在后一次革命中,国民团结一致,在没有外敌对抗的情况下,革命一开始就掌握了政权。从这两个事例中,可以明显地看到,能够注入革命领域的最大力量就是理性和共同利益。凡是这两者能有活动机会的地方,反对势力就在恐惧中死去,或因定罪而灭亡。它们现在已普遍获得主要的地位;我们今后有希望看到一些革命或政府的更迭以同样安详的方式产生,任何可由理性和协商决定的措施都赖以贯彻。

① 这一段和前一段被收入对潘恩的起诉书中。——原编者

当一个国家的舆论和思想习惯改变了的时候，就不能再像以往那样来治理它了；但是，想用暴力去完成应当用理智去完成的事，这种做法不但是错误的，而且是恶劣的。叛乱是由一个政党或政府用暴力违抗国民的公共意志而造成的。因此，每一个国家都应当设法随时了解公众对政府的舆论动向。在这一点上，法国旧政府比英国现政府要高明得多，因为在非常时期它可以求助于当时称为的三级会议。但是，英国却没有这样的临时机构；至于那些现在叫做议员的，他们大多数不过是宫廷的傀儡、命官和附庸而已。

我敢说，尽管英国全体人民都交税，可是有选举权的还不到百分之一，而议会的一个院的成员除了他们自己之外不代表任何人。因此，只有人民的自由意志才有权利对有关普遍改革的事宜采取行动；根据同样的权利，两个人可以就这种问题进行商讨，一千个人也可以。所有这些初步做法的目的在于了解民意，并对它服从。如果民意宁可要一个坏的或有缺陷的政府而不要进行改革，或者情愿付十倍于所需要的税，那么，它是有权这样做的；而且，只要多数人不把不同于他们自己的条件强加给少数人，那么，尽管可能犯许多错误，却谈不上不公平。错误也不会长期存在下去。不论开始时是多么错，经过讲道理与协商，很快就会把事情纠正过来。这样去做，就不怕闹事。既然所有的改革都把各国穷人的利益和幸福包括在内，他们自然会安分守己，满怀感激。只是因为忽视并排斥他们，他们才会闹事。

现在公众最关心的就是法国革命以及各国政府可能普遍发生变革。在欧洲所有国家中，没有一个国家像英国那样对法国革命

感到莫大关切。过去世代相仇,耗费浩大,却没有任何讲得通道理的目的,现在有机会来友好地结束这种局面了,两国可以共同努力来改革欧洲的其余部分。这样做,它们不仅可以防止进一步流血和增税,而且正如已经讲过的那样,还可以减轻它们目前很大一部分负担。可是,长期的经验表明,这种改革不是旧政府所愿意提倡的;因此,这些问题应当向各国国民而不是向这样的政府提出来。

在本书的前一部分,我曾经谈到英、法、美三国联盟,并声明其目的下文再谈。尽管我没有资格直接代表美国,但我有充分理由可以断定它是乐于考虑这种措施的,只要它要与之联合的政府是代表国民而不是代表包藏祸心的宫廷。法国作为一个国家和代表国民的政府,愿意同英国联盟,这是毫无疑问的。国家同个人一样,在相互缺乏了解或不知原因何在的情况下长期为敌,一旦发觉自己上当受骗,犯了错误,就会结成密友。

因此,假定有这种联合的希望,我愿意谈一谈这样的联盟(包括同荷兰的联盟)可以做哪几件不仅对直接有关各国而且对全欧洲都有好处的事情。

我认为,如果把英、法、荷三国的舰队联合起来,它们就肯定可以按商定的某种比例,有效地把欧洲全部海军加以限制和普遍裁减。

第一,欧洲任何强国包括英、法、荷自己在内,不再建造新的战舰。

第二,把现有的全部海军削减到假定现有力量的十分之一。这就可以使法国和英国每年至少各节省两百万镑,而它们的相对实力仍将保持现有的比例。如果人们好好想一想,正如有理智的人应当想的那样，就会明白，花了那么多钱造军舰，把军舰装满士兵，然后把它们开往海洋，较量一下哪一艘军舰能以最快的速度把对方击沉，这实在是再荒唐可笑不过的事。和平是不费分文的，它的好处，要比花巨大代价获得的任何胜利带来的好处多得不可胜计。但是，这尽管最符合各国国民的要求，却不能满足宫廷政府的要求，因为它们的一贯方针是为捐税、地盘和官职制造借口。

我认为，还有一点可以肯定的是，上述同盟国同美利坚合众国一道，可以有力地对西班牙提出建议：让南美洲各国独立，并像现在的北美洲一样，把那些幅员广大、资源丰富的国家向世界贸易开放。

一个国家竭尽全力将世界从奴役下解救出来并为自己获得许多朋友，它这样做给自己带来的体面和利益，要比它如果使用那些力量去加重制造破坏、荒凉和不幸大多少啊。眼下英国政府在东印度群岛所造成的恐怖情景堪与哥特人①和汪达尔人②匹敌，这些人不讲道理，对他们不能赏识的世界横加摧残掠夺。

南美洲的开放可以开辟一个无限广大的贸易场所和制成品的现金交易市场，这是东方世界所不具备的。东方已经充斥制成品，输入制成品不仅会损害英国的制造业，而且会使它的硬币枯竭。英国在这一贸易中的逆差通常达到每年要用东印度公司的船运出价值五十万镑以上的银币；这种情况再加上德国的阴谋和德国的

① 哥特人，属古代日耳曼族的一支，在公元3至5世纪侵入罗马帝国。——译者

② 汪达尔人，属古代日耳曼族的另一支，在公元4至5世纪侵入高卢、西班牙、北非等地，并曾攻占罗马。以上两个支系的日耳曼人，均系野蛮民族，所到之处，对当时的文化艺术破坏很大。——译者

津贴，就是英国银币那么少的症结所在。

但是战争对这样一些政府却是一本万利，不论它对国家会造成多大的损害。战争有助于保持虚假的希望，不让人民看破政府的弊病。它用“瞧这儿！瞧那儿！”这样的话来逗弄和欺骗人民大众。

美法两国的革命给英国和全欧洲提供了前所未有的大好机会。美国革命使西方世界有了一个争取自由的民族优胜者，法国革命则是欧洲的优胜者。再有一个国家同法国联合，专制主义和腐败政府就不敢再冒头。用句老话说，整个欧洲现在可以趁热打铁了。被侮辱的德国人和被奴役的西班牙人、俄罗斯人和波兰人都在动脑筋了。当前的时代将来大可称之为“理性的时代”，而现代人在后代看来不啻是新世界的亚当。

一旦欧洲所有的政府都建立起代议制，各国就会相互了解，宫廷的阴谋诡计所煽起的仇恨和成见也会消除。受压迫的士兵将成为自由民；受折磨的水手将不再像重罪犯一样在街上拖着脚步走，而会安全地出海经商。各国发给士兵终身津贴并将他们遣散，让他们恢复自由并回到他们的亲友中去，并且停止募兵，这样做要比用同样的开销使这么多人处于对社会和对他们自己都毫无用处的状态来得好。由于士兵在大多数国家里一向受到的待遇，可以说他们连一个朋友也没有。公民们担心他们与自由为敌而避之不及，而长官又经常打骂他们，因此他们遭受双重压迫。但是，只要自由的普遍原则在人民中占上风，一切就都会恢复正常；士兵也会因受到礼遇而变得通情达理。

在研究革命时，很容易看出它们可由两种不同的原则引起；一种是为了逃避或摆脱某种巨大的灾难；另一种是要取得巨大的实际利益；这两种革命可以用积极的革命和消极的革命的名称加以区别。在由前一种原因所引起的革命中，情绪慷慨激昂；冒险取得的补偿往往被报复行为付诸东流。但是，在由后一种原因所引起的革命中，心情与其说是激动不如说是活跃，可以冷静地对待问题。讲道理与协商，劝导与说服，成为斗争的武器，只有对那些要加以镇压的人才使用暴力。一件事，只要人们一致同意它是好的，是可以办到的，例如减轻赋税负担和消灭贪污行为，那么，目的就已经一半达到了。他们赞成了一个目标，就会努力促使其实现。

在目前捐税过多、如此沉重地压在穷人肩上的情况下，从税款中给十万零四千户贫困家庭每年五镑，有谁会说这不是一桩好事呢？他会说给另外十万户贫困家庭每年七镑，给另外十万户贫困家庭每年八镑，给五万户贫困和寡妇的家庭每年十镑不是好事吗？在这个高度上再进一步，为了救济人生的种种不幸遭遇，给所有从五十岁直至六十岁的贫苦落魄的人每年六镑，六十岁以上每年十镑，他会说这不是好事吗？

他会说废除对户主征收的两百万镑济贫税以及全部房屋和门窗税与代偿税不是好事吗？或者他会说杜绝贪污是桩坏事吗？

所以，如果所要获得的好处值得进行一场消极的、合理的和无需付出代价的革命，那么，舍此而坐等硬是引起一场暴力革命的灾难来临实乃下策。考虑到目前整个欧洲正在进行各种改革，我不相信英国会甘居末位；而且，一旦时机成熟，最好不要等待一种非闹事不可的局面。以英勇和冒险行为去取得补偿，可能被视为人的动物机能的光荣，但是以理智、调解与普遍同意去达到同一目的

却是人的理性机能更大得多的光荣①。

改革也好，革命也好，不论你叫它们什么都可以，一旦在各国扩大，那些国家就会友好往来，相互协商，而当少数几个国家结成联盟之后，将迅速发展，直至把专制主义和腐败政府彻底铲除，至少是从世界上的两个地区即欧洲和美洲铲除。那时，阿尔及利亚式海盗行为将被制止，因为这种行为所以能够存在，只是由于旧政府相互争斗的罪恶政策。

我在本书中提出和探讨的问题名目众多，但只有一段话是涉及宗教的，那就是“凡是劝人为善的宗教就是好的宗教”。

我小心翼翼地避免畅谈这个问题，因为我倾向于认为，那个所谓的现内阁是希望看到宗教上的争斗继续进行下去，以防止国民把注意力转移到政府问题上。他们仿佛要说，“往那边看，或者往任何一边看，可千万别往这边看。”

但是，由于宗教已经非常不恰当地被当作一种政治机器来使用，从而破坏了它的真实性，因此，我在结束本书之前要阐述一下我对宗教的看法。

---

① 我知道，在法国，不但在人民大众中间，而且在前国民议会的许多主要成员中间，有许多最开明的人士（总是有一些人对时间的看法比别人远大）都认为君主政体的计划在那个国家中是维持不了多少年的。他们发现，聪明才智不能世袭，所以权力也不应当世袭；并且认为，一个人每年从一个国家领取一百万镑，应当小至原子，大到宇宙，无所不知；如果他确有这样的才智，他就不屑拿这笔钱。可是他们并不愿意使国民前进的步子快于他们自己的理智和利益所限定的速度。在我出席讨论这个问题的所有场合，人们的想法总是这样的，即全体国民普遍认为，一旦时机成熟，一个体面而宽大的办法就是给当时坐在王位上的那个人（不管他是什么人）送一大笔钱，让他带着他那一分普通的权利和特权舒舒服服过隐居生活，而对于公众，他的所作所为不用比任何一个公民多负一点责任。——作者

如果我们设想一下，有一个大家庭的孩子们，在特定的日子或特定的情况下，照例要送一些礼物给他们的父母，表示他们的热爱和感激之情，每个孩子送的礼物不会相同，送的方式也很可能不同。一些孩子用诗文来表示祝贺；另一些孩子按他们的聪明所及或根据他们自以为会博得父母欢心的方式做点小玩意儿；有个孩子最不行，什么都不会做，他会跑到花园或田野里去采一朵他能找到的他认为是最美丽的鲜花，尽管这实际上也许只是一根野草。父母看到这些丰富多彩的礼物，会比看到如果所有的孩子预先讲好每人都送完全相同的东西格外高兴。因为后一种做法是人为安排的，缺少热情，或者叫人感到机械生硬。但是在所有不愉快的事情中，最使父母伤心的莫过于看到，孩子们事后为了争论哪件礼物最好或最坏，竟然大打出手，兄弟姐妹相互辱骂扭抓，闹得不可开交。

为什么我们不可以设想伟大的上帝喜欢受到多种方式的礼拜呢？而最大的冒犯行为不就是想法子互相折磨，使大家都倒霉吗？就我个人而言，我是在尽力使人类和解，使他们生活幸福，使一向敌对的国家团结起来，消除战争的恐怖行为和砸碎奴役与压迫的锁链，这一切在上帝看来是可取的，因此我感到十分满足；这是我所能尽的最好义务，我心甘情愿地去履行。

我并不认为，任何两个肯动脑筋的人，对于所谓学术论点，想法会完全相同。只有那些不动脑筋的人，才表现得意见一致。在所谓的英国宪法问题上，情形就是如此。一向认为英国宪法理所当然是好的，所以就用颂词去代替真凭实据。但是，一旦英国国民着手审查它的原则和它所包含的弊病，就会发现它的毛病比我在本书和前一部书中所指出的还要多。

至于谈到所谓国教，我们倒不如把它叫做国神。每个国家都有各自特定的神，那要么是政治手腕，要么是异教体系的残余。在所有论述过宗教这一普遍主题的英国教会作家中，没有一个人胜过当今的兰道夫主教[①]；我非常高兴借此机会来表达我对他的敬意。

现在我已经把整个问题探讨过了，至少在我目前看来是如此。在我旅居欧洲五年期间，我一直希望能有机会在我返回美国之前向英国人民谈谈政府问题。柏克先生给了我这个机会，我要谢谢他。在三年前的某一场合，我曾力促他建议召开一次公平选举出来的全国代表大会，以便研究国家形势；但是我发现不管议会当时怎样强烈地倾向于反对他与之采取一致行动的那个党，他们的指导方针是继续保持贪污腐化，并且相信不测事件。长期的经验表明议会总是服从大臣们的任何更迭，并把希望和期待寄托在这上面。

从前，当政府发生分裂时，就诉诸武力，于是爆发内战。那种野蛮的惯例已被新的制度打破；方法就是召开全国代表大会。问题通过商讨与公共意志得到裁决，个人意见欣然服从裁决，社会秩序乃得以维持。

有些先生喜欢把本书的这一部分以及第一部分所依据的各项原则称作“新流行的学说”。问题不在于那些原则是新的还是旧的，而在于它们是否正确。假定它们是正确的，那就可以用一个易懂的比喻来表明它们的效果。

现在已是 2 月中旬。如果我到乡间去蹓跶蹓跶，就会看到树

---

① 蒙丘尔 · D. 康韦在他最近出版的潘恩著作中评论说，“1792 年向这个作家表示敬意值得注意，因为该作家的成名主要是基于他对潘恩的《理性时代》一书所作的驳斥（《为圣经辩护》，1796 年）。”——原编者

木还光秃秃的,一片冬季景象。人们一路走的时候往往攀折细小的树枝,我可能也会这样做,并且可能碰巧看到树枝上有一个嫩芽已在萌发。我可能勉强讲一番道理,或者根本不讲道理,就认为这是在英国长出的独一无二的一个嫩芽。但我不这样决定,而要立刻断言:同样的嫩芽正到处在萌发,或就要萌发;尽管植物的冬眠期各不相同,有些树木长些,有些短些,有些也许两三年都不开花,可是,除了已经枯死的之外,所有的树木在夏季都会枝叶茂密。政治上的夏季怎样才能跟上自然界的夏季,这不是人所能预见确定的。然而,不难看出,春天已经来了。据此,我衷心祝愿所有的国家都获得自由和幸福,从而结束《人权论》第二部分。

附　　录

由于本书的出版超过了原定计划,考虑到各方面情况,我认为应当把延期出版的原因说明一下。

读者也许会发现,本书中有关减税计划的一些部分同皮特先生在一月三十一日(星期二)本届议会开幕词中的某些部分非常相似,以致认为不是作者得到了皮特先生的启示,就是皮特先生得到了作者的启示。——我先来指出那些相似的部分,然后说明我所了解的情况,让读者自己去作结论。

提出免税建议几乎是空前未有的事;同样出奇的是,这样一种方案竟然由两个人同时提出;更有甚者(考虑到捐税名目之繁多),这两个人竟然都会看中同一些特定税。皮特先生在他的演说中提到了**货车**税——**女仆**税——降低**蜡烛**税,以及免除对七扇窗以下的房屋征收的三先令税。

这些特定税的每一项都是本书所列计划的一部分，并且也都建议予以免除。诚然，皮特先生计划的减税额不超出三十二万镑；而本书建议的减税额则将近六百万镑。我是根据岁入仅为一千六百五十万镑来计算的，还是断定“如果不是一千七百万镑，也非常接近此数”。皮特先生说是一千六百六十九万镑。我可以有把握地说，他并没有说过了头。在讲了本书和皮特先生的演说雷同的地方之后，我想摆一些可以说明问题的事实。

作为法国革命带来的影响，关于减税的最初暗示见诸1791年8月20日在茅舍酒店集会的先生们所发表的“演说与宣言”。那篇演说中提到许多问题，其中有一段话是向反对法国革命的政府人士提出质问：“他们不是因征收沉重新税的借口和继续征收许多旧税的机会行将结束而感到遗憾吗？”

众所周知，那些经常光临茅舍酒店的人都是同宫廷有瓜葛的，他们对这个涉及法国革命和减税的“演说和宣言”深恶痛绝，以致酒店老板不得不通知这些组织了8月20日的会并且准备召开另一次会的先生们，说他不能接待他们[1]。

---

① 签署“演说和宣言”的先生是会议主席霍恩·图克先生，一般人都认为文件就是他起草的，而且他对文件又倍加赞扬，因此大家都怪有趣地骂他自我吹嘘。为了使他摆脱这种尴尬局面，免得他一再解释原作者是谁，我可以直截了当地声明，由于法国革命给予我的便利，该文件是我起草的，并拿给会议主席和其他几位先生过目；他们完全同意这个文件，开了一个会，决定把它公布，并且捐助了五十金币作为宣传费。我相信，目前英国有更多一批人正在按照公正原则办事，决心亲自研究政府的性质和各种措施，而不是像以往那样，盲目地普遍信任政府或议会，或议会中的反对党。如果一世纪以前就这样做了，贪污和赋税就不致严重到现在这个地步。——作者

在“演说和宣言”中只作过暗示的赋税和政府原则，在本书中已成为一种正式的制度。但是，由于皮特先生的演说中关于赋税部分有雷同的地方，我现在就把上面提到过的情况提供出来。

事情是这样的：这本书原来是打算在议会开幕前夕出版的，为此，在9月间就把一大部分稿子交到了印刷商手里，而其余直至第二百四十四页的稿子——其中包括同皮特先生演说相似的那些部分——则于议会召开前整整六个星期就交给了他，并且把出书的时间也通知了他。他在议会开会前约两星期就几乎将全部稿子都排好了，而且已经印刷到第一百八十六页，还把直到第二百十五页的清样交给了我。按当时情况来看，是完全可以在预定的时间出版的，因为另有两大张清样已准备付印。我事先曾告诉他，如果他认为时间来不及，我可以把一部分稿子交给另一家印刷所去印，他表示希望我不要这样做。这是星期二议会召开前两周的排印情况，可是在事先毫无通知的情况下——虽然前一天晚上我还同他见过面——他突然派了一名工友把从第一百八十六页开始的所有其余底稿退还给我，表示不愿再排印下去，并且无商量的余地。

这突如其来的举动，使我简直不知所措，因为他正好在论述政府体制和原则的部分已结束而论述减税、教育儿童和赡养穷人和老人的计划刚开始的地方停了下来；尤其因为是，他在着手印刷时和看到全部底稿之前，曾提议出一千镑购买《人权论》本部分的版权以及第一部的未来版权。我对那位带来这个提议的人说，我不想接受，也不希望重订合同，理由是尽管我相信这位印刷商是个正人君子，但我绝不愿让任何一个印刷商或出版商因拥有版权而得以停止发行或篡改我的著作，也不许他有权把我的著作卖给任何

一个大臣或其他任何人，或者把我原想作为原则来运用的东西仅仅作为一种商品来做交易。

他买不到我的著作，就拒绝完成印制任务，我只得去另找一个印刷商，结果就把出版期推迟到议会开幕之后，否则便会显得皮特先生也只研究了我已经更加充分阐述过的计划的一部分。

那位先生或别的先生是否事先看了我的著作或看了其中的一部分，我是不能乱说的。但是，从这部著作被退回的方式，而且在关键时刻退回，外加又在他提出要购买版权遭到拒绝之后，这些都叫人起疑。我知道书商和出版商对这种事是怎么看法的，至于我自己的看法，我决意不加披露。在一部著作公开发行前，旁人可以有许多办法把清样拿到手；对此我想补充一点：

在皮卡迪利大街[1]有一位代理书商，过去经常在我所使用的同一个印刷所印书。据说，这位书商受一个与内阁有密切关系的部（霍克斯伯里为首的商务和垦殖部）的一位秘书之雇，发行他称为的我的《一生》[2]这本书（但愿他自己的一生和全体阁员的一生都同样美满）；但是，当《人权论》第一部分出版后，他怒冲冲地取走了他的书；在印刷商退还我的底稿前一周或十天左右，他又去找这位印刷商，重新把书交给他印，后者答应了。这样他就可以自由进入本书清样当时所在的那个印刷车间；而且由于书商和印刷商交往很随便，他就有机会看到本书的排印过程。——然而不论情况如何，如果本书按照与印刷商约定的时间出版，那么，皮特先生

① 皮卡迪利大街是伦敦的一条繁华的街道，系商业区。——译者

② 指诽谤性的《托马斯·潘恩的一生》一书，作者是乔治·查默斯，用的是宾夕法尼亚大学文学硕士“弗朗西斯·奥尔狄斯”这一假名。——原编者

的本来就微不足道的计划就会显得十分尴尬了。

我已经说明了使本书延期出版的详细情况——从提出收买版权到拒绝付印。如果所有这几位先生都是无辜的，那么，对他们来说，极其不幸的是，这么多可疑的事情竟会那么巧都自己凑到一起来了。

在讲完这一部分情况之后，我想再谈一件事来结束本文。

在议会召开前大约两三星期，给士兵增发了一小笔薪饷，每年约为十二先令六便士，或者毋宁说少扣了他们这么多的钱。有些先生耳闻我的书中有一项关于改善士兵受虐待情况的计划，希望我在书中加一个注释，说明有关这个问题的那一部分手稿在提出加薪之前几星期就已经交到印刷商手里了。我拒绝这样做，免得人家以为我自命不凡，或力图叫人疑心（这也许是毫无根据的）政府中的某些先生曾经用各种手段探知本书的内容：而且要不是本书的排印工作突然中断以致延期出版，本来也就不会有附录里的这些话的。

托马斯·潘恩

理性时代

——对于真假神学的探讨

张师竹　译

献给美利坚合众国的公民同胞

我把下列的论著置于你们的保护之下。这篇作品是我对于宗教的意见。希望你们能公正地想到:我一向极力主张人人有保持他的意见的权利,不管他的意见如何与我不同。凡是否认别人有这种权利的人,会使他自己成为现有意见的奴隶,因为他自己排除了改变意见的权利。

对付任何一种错误的最有力的武器就是理性。我一向未曾用过其他武器,我深信今后亦复如此。

你们的亲爱的朋友和公民同胞。

托马斯·潘恩

1794 年 1 月 27 日于巴黎卢森堡监狱

第一部分

在几年以前,我已经有一个意思要想发表我的宗教思想;我很明白处理这个题目的困难,所以经过这样考虑之后,决定留到年纪大一些来做。我想把它当作我对于世界各国公民的最后贡献,而且在那个时候,引导我写作的动机的纯洁,就是在不赞成这个作品的人,也不会有所怀疑。

现在法国所发生的情况,就是完全废除了全国性的僧侣体制和一切强迫性的宗教制度有关的东西,废除了有关信仰的一切强迫性的东西,这种情况不但促使我的写作意图急转直下,而且使这样一种作品成为非常必要,因为恐怕在迷信、虚伪的政体和虚伪的神学整个地破灭之后,我们会看不见道德,看不见人道和真正的神学。

正像我的同事之间已有好几个人,并且在法国的公民中间也有人给我做出榜样,把他们个人的信仰自愿地揭露出来,我也要这样做;并且我在这样做的时候,要完全出于坦白真诚,好像一个人在脑子里自己对自己所说的一样。

我相信一个上帝,没有其他的;并且我希望在这一生之外还有幸福。

我相信人类是平等的;并且我相信宗教的职责在于做正义的事情,爱仁慈,和力图使我们的同胞得到幸福。

但是为了免除误会以为我在这些事情之外，还相信许多其他的东西，所以我在写这本书的中间要声明我所不相信的事情，以及我为什么不相信的理由。

我不相信犹太教会、罗马教会、希腊教会、土耳其教会、基督教和我所知道的任何教会所宣布的信条。我自己的头脑就是我自己的教会。

一切国家的教会机关，不论是犹太教的，基督教的或是土耳其教会的，在我看来，无非是人所创造出来的，建立的目的是在于恐吓和奴役人类，并且借此来垄断权力和利益。

我这样的说法并没有意思要谴责那些有相反的信仰的人；他们对于他们的信仰正像我对我的信仰有同样的权利。但是为了人类的幸福，一个人在思想上必须对于自己保持忠诚。所谓不忠诚不在于相信或不相信；而在于口称相信他自己实在不相信的东西。

思想上的谎言在社会里所产生的道德上的损害，是无法计算的，如果我可以这样说的话。当一个人已经腐化而污辱了他的思想的贞洁，从而宣扬他自己所不相信的东西，他已经准备犯其他任何的罪行。他做宣教师是为了利益；并且为了获得做这个职业的资格起见，他必须从撒大谎开始。试问我们能否设想还有什么事情比这一个对于道德的破坏更大呢？

自从我在美国出版了那个小册子叫做《常识》以后不久，我就看到很有可能在政治制度的革命以后会跟着来一个宗教制度的革命。教会和国家一旦勾搭起来，发生了龌龊的关系，不论是犹太教、基督教或土耳其教会，就会非常有力地用痛苦和处罚的方法来绝对禁止议论已确立的信条，以及宗教上的主要原理；除非等到政治制度有所变革的时候，这些问题就不能适当地和公开地在世界面前提出来；但是不论何时，如果能够做到这点，就会跟着来一个宗教制度上的革命。人为地创造出来的东西和僧侣的诡计就会被发觉出来；因此，人就会回到纯洁、没有掺杂也不受污染地信仰一个上帝，而没有其他。

每一个国家的教会或宗教，都是假装着遵循上帝付托给某些个人的特别使命而建立起来的。犹太人有他们的摩西；基督教徒有他们的耶稣基督，他们的使徒和圣徒；土耳其人有他们的穆罕默德，好像通到上帝的道路是各不相同的。

那些教会各有一套书籍，他们叫做启示录或圣经。犹太人说他们的圣经是由上帝当面传给摩西的；基督徒说他们的圣经是通过圣灵而来的；土耳其人说他们的圣经（《可兰经》）是一个天使从天上带来的。那些教会互相指责别的教会的不信神；就我自己来说，我对它们全都不相信。

按理说应该把正确的观念放到言词里去，所以我在进一步讨论到本题以前，我先提供一些关于“启示”这个词的不同的看法。“启示”这个词用于宗教时，意味着由上帝直接传授给人的某些东西。

谁也不会否认或争论“全能的上帝”有权力来作这样的传授，如果他喜欢这样做的话。但是，即使承认有这样的事例，就是说有些事情曾经启示给某一个人而不曾启示给任何其他的人，那么这个启示只是给某一个人的。当他把这个启示告诉了第二个人，第二个人又把这启示告诉了第三个人，第三个人再告诉第四个人，这样的传过去，并不等于说这是一个给其他一切人的启示。这仅仅是一个对于第一个人的启示，至于其他的人只是听到人家的传闻罢了，所以他们没有一定要相信它的义务。

如果任何一件事情，是从第二手传到我们的，不管是口头的或书面的，而称它为启示，都是在术语和观念之间存在着矛盾。所以启示必须限于第一手的传授——在此以后，只是听别人传述据说是对他的启示；虽然他本人可以认为有相信的必要，但是我没有义务要像他一样地相信；因为这个启示不是对我而发的，我只不过听他说他曾经得到那样的启示。

当摩西告诉以色列儿女们说他从上帝的手里接到了两张十诫的表，他们没有一定要相信他的义务，因为除了他这样的说法以外，没有其他的根据；至于我除了某些历史家这样告诉我以外，也没有其他的根据。十诫本身并没有内在的证据来证明它们是属于神的；它们含有某些好的道德的教训，但这是任何合格的法律颁布者或立法者都订得出来的，不必依靠超自然的干预。

当有人告诉我《可兰经》是在天上写好以后，由一个天使带给穆罕默德的，那样的说法跟上面所讲的那种传闻的证据和第二手的根据太相像了。我没有亲身看到那个天使，所以我有不相信它的权利。

当又有人告诉我说有一个女人叫做圣母玛利亚，据说她没有跟男子同居就生了一个孩子，她有一个未婚夫叫约瑟，而这些又据说是一个天使告诉他的。我有权利相信或不相信；这种情况，除语言以外，应该有更有力的证据，但是我们甚至连约瑟或玛利亚自己所写的东西也没有；只凭别人的报道说人们曾经这样说过——这是传闻的传闻，我是不准备把我的信仰寄托在这样的证据上面的。

虽然,我们不难了解说耶稣基督是上帝的儿子这样一个故事的意义。当耶稣出生的时候,异教的神话在世界上还相当流行,那样的神话可以期望人民会相信这样一个故事。一切生活在异教神话之下的非常的人,都会被人看作是他们的诸神中间某些神的儿子。所以在当时相信一个人是从天上降生下来,并不是一件新奇的事情;神和妇女交媾在当时是一种惯常的说法。据他们的传说,丘比特曾有几百个妇女和他同居过;所以这一个故事一点也不新奇或猥亵;在一般所谓异教徒或神话学者当中,这一个故事是跟他们中间流行的意见相符合的,也唯有那些人才会相信它。犹太人严格地只相信一个上帝而不信其他,他们永远不相信异教的神话,也绝不相信这个故事。

我们如果把所谓基督教教会的理论怎样从异教神话的残余中产生出来研究一下,那是一件新奇的事情。把它直接采用进去的第一个例子就是把传闻的创始人说成是从天上降生下来的。三位一体的说法只是多神论的缩减罢了,以前的神大约有二万到三万之多;玛利亚的形象只是继承了以弗所的女神狄爱娜的形象;英雄的封神转变为使徒的被列为圣徒;神话学者说每一事物都有神,基督教的神话学者则说每一事物都有圣徒:教会里充满着这一种圣徒,正像万神庙里充满着另一种神一样;罗马这一个地方两者都有。基督教的理论比之古代神话学者的偶像崇拜相差无几,其目的都是为了权力和收入;所以还需要理性和哲学来除去这双重性的欺骗。

这里所说的话,即使以最不敬的态度来说,也绝对不适用于耶稣基督的真正的品格。他是一个有德行而和蔼可亲的人物。他所宣传而实践的道德是最慈善的一种；虽然在他多年以前有孔子和某些希腊哲学家也曾宣传类似的道德体系；以后又有教友派和历代以来的许多好人，但是任何人没有胜过他。

耶稣基督关于他本身的事情，像他的出生、父母或任何其他事情，没有写过什么记载的东西；在所谓《新约》中，没有任何一行是他亲自写的。他的历史完全是别人的作品；关于他的复活和升天的记载那是他出生故事的必然的配合部分。写他历史的人既已把他从超自然的方式带到世界里来，就不得不从同样的方式把他重新带出去，否则故事的第一部分就变为一败涂地了。

这故事的后半部分的叙述，在各方面都比前半部分要拙劣得多。前一部分是一个奇迹的概念，不是一件容许公开的事情；所以讲述这一部分故事的人占这一个便宜，就是说他们虽然不一定能取得人家的信任，人家也无从发觉他们的不对。因为这不是一件容许证明的事情，所以也不能期待他们加以证明；而且也不可能叫他们讲到的人自己来证明。

但是一个死人从坟墓里复活转来和他从空中升天，这和可以容许的证据大不相同，和看不见的胎儿在母体里怀胎的情况也不相同。复活和升天，假定有过那样的事情，应该有公开而看得见的证据，像气球的上升或像中午的太阳一样，至少在全耶路撒冷都看得到。一件事情要使人人都相信，应该具有使大家普遍可以看到的证明和证据；这后半部分所描写的故事有了大家可以看到的证据，才可以前半部分得到承认，正因为后半部分从来没有提出证据，所以整个故事就站不住了。没有证明，只把一小撮的人，不超过八九个人，介绍出来作为全世界的代表，据说他们曾经看到过而要全世界其他的人都相信它。但是看起来多马对于复活并不相信;而且据他们说,他不是亲眼看到,亲身接触到就不会相信。所以*我也不相信*,其理由正和多马不相信的理由和任何人不相信的理由是一样的。

要把这件事来加以掩饰或伪装是没有用的。这个故事,关于超自然的部分,在它的面上到处都有欺骗和隐瞒的烙印。究竟谁是它的作者,我们现在无法知道,正像没有人可以向我们证明记载这种故事的书确实是由书中有他们名字的那些人写的一样;我们现在所有的关于这一件事的最好的存在着的证据就是犹太人。他们是当年据称复活与升天发生时生存着的人们的正式的子孙,而他们却说*这不是真实的*。我久已觉得要引用犹太人来证明这个故事的真实性是一个奇怪的矛盾。正像一个人说我可以证明我所告诉你的话是真实的,却举出了一些说它是假的人。

当时有耶稣基督这样一个人存在着,而且是被钉在十字架上,在那时候确有这种处死的方法,这些历史关系是严格地在可能范围之内的。他宣传了最优良的道德和人类的平等;但是他也宣传反对犹太僧侣的腐化和贪欲,因此引起了整个僧侣阶层对他的仇恨与报复。那些僧侣们对他提起的控诉是指控他对于罗马政府的阴谋叛变,当时的犹太人是向罗马政府称臣纳贡的;而罗马政府对于他的主张所发生的效果,或者和犹太僧侣一样,暗中有所恐惧也不是不可能的;而在耶稣基督方面要想把犹太民族从罗马人的束缚中解放出来也不是不可能的。无论如何,这一个有德行的改良家和革命家在这两者之间丧失了他的生命。

在这样一些记叙明白的事实上和以后我要提起的另一种事例

上,那些基督教的神话家自称为基督教会,曾经建立了他们的寓言,其荒诞与夸大在古代神话中是没有能胜过它的。

古代的神话家告诉我们巨人族跟丘比特打仗,他们中有一个人一次就掷在他身上一百块石头;丘比特用打雷来击败他,并且后来把他关在埃得纳山下,那个巨人每次转一个身的时候,埃得纳山上就喷出火来。

这里容易看到由于山的情况是一个火山就引出了这个寓言的思想;而这个寓言是与这情况相适合并且以这种情况为终结的。

基督教的神话家告诉我们,他们的撒旦跟全能的上帝打仗,上帝把他打败,后来把他关在地狱里而不是关在山下。这里容易看出第一个寓言引起了第二个寓言的思想;因为丘比特和巨人的寓言是在撒旦的寓言好几百年前就有了。

这样说来,古代的神话家和基督教的神话家彼此之间的区别是很小的。但是后者打算把事件竭力加以扩大。他们打算把耶稣基督故事的寓言部分和从埃得纳山发生的寓言结合起来;并且,为了使故事的各部分联系起来,他们就设法利用犹太人的传说;因为基督教的神话一部分来自古代的神话,另一部分来自犹太人的传说。

基督教的神话家,已经把撒旦关在地狱里之后,为了使寓言继续下去,又不得不把他放出来。把他变为一条蛇或毒蛇放到伊甸乐园里去,在这样的形态之下,他跟夏娃作了相熟的谈话,夏娃毫不惊奇地听这条蛇的讲话;经过这场密谈,他引诱她吃一个苹果,而一吃那个苹果之后,就使得全人类遭殃。

自从给撒旦对于整个创造的这个胜利以后,有人以为教会的神话家总要仁慈一些把他送回地狱:若不这样做,也得把一座山镇压在他上面(因为他们说过他们的信仰能够移山),或者像以前的神话家所做的那样,把他关在山的底下以防他再混入妇女中间造成更大的危害。但是这一切都没有做,他们让他自由,甚至于也不教他具一个结——这里边的秘密在于他们少不了他,当他们不再能驾驭他时,竟行使贿赂来留住他。他们允许给他一切犹太人,还预先允许给他一切土耳其人,十分之九的世界和穆罕默德以作为条件。这样以后,谁还会怀疑到基督教神话学的宽大无边。

所以起初在天上经过叛变和作战以后(在这场战争中,作战的双方都没有受到伤亡),——就把撒旦关入地狱——又让他跑出来——使他对于整个创造得到胜利——又因为他叫人吃了苹果使全人类有罪,这些基督教的神话家把寓言的两个头联结起来。他们把这个有德行而和蔼可亲的人耶稣基督在一个时候代表着上帝和人,又代表着上帝的儿子,自天上降生下来,专诚为了牺牲而来的,据他们说因为夏娃在想望之中吃了那个苹果。

现在把一切因荒诞而引起发笑或因亵渎而引起厌恶的事情搁置不谈,让我们只把故事的各部分加以审查,我们觉得不可能想出另外一个故事比这个故事对于全能的上帝诽谤得更厉害,对于他的智慧更不符合,对于他的权力更相矛盾。

为了要把它形成一个上升的基础,编造故事的人不得不使他们所称为撒旦的这样一个角色具有和上帝同样大的权力,如果他不比上帝更有权力的话。他们不但使他在他们所谓失败以后有权力把自己从地狱里放出来,而且以后的权力越来越大,大至无穷。在他失败以前,他们只把他当作一个天使,他的存在范围是有限的，跟其他的天使一样。但是据他们的叙述，他自从经过失败以后，变成无所不在的了。随时随地都有他。他占据了整个无边无际的空间。

他们把撒旦加以这样的神化还不满足，所以又叫他以被创造的动物之一的形态用策略来战胜全能的上帝的一切权力和智慧。他们把他说成已经迫使全能的上帝有迫切的需要或者把全部创造交给这个撒旦去管理和统治。或者亲自降临地上以人的形态暴露自己于十字架上以表示投降赎罪。

假如故事编造者作相反的说法，就是说，全能的上帝迫使撒旦以一条蛇的形态把它本身暴露于十字架上，作为重新犯罪的惩罚，那个故事就比较不会那样荒谬——矛盾少些。但是他们不这样做，而让犯罪者得胜，全能的上帝失败。

我并不怀疑，已有许多好人相信这一个奇怪的寓言而在这种信仰之下过着很好的生活（因为轻信是不犯罪的）。第一，他们是受到教育来相信它的，而且他们会以同样的方式来相信任何一件事。也有许多人因为想到上帝对人的无穷尽的爱，牺牲了自己，所以发生这样热情的狂喜以致为了这个狂热的思想而禁止或阻碍自己去审查这个故事的荒谬性和污辱性。任何一件事情，越不自然，越容易成为惨淡欣羡的对象。

但是如果感激和羡慕的对象是我们的愿望，它们是不是每一小时都呈现在我们的眼前？我们能不能看到美丽的创造在我们一生下来的时候就准备迎接我们——一个世界送到我们手上，什么也不用花费？是不是由我们来使太阳发光，把雨灌下来，并且使土地得到丰收？不论我们是在睡眠或醒着，宇宙的大机器仍旧在那里运行。这些事情和它们所指出的将来的造福是不是跟我们无关呢？我们的总的感情，除掉悲剧和自杀以外，能不受其他题目的激动吗？或者人的暗淡的骄傲是不是变成这样的不能容忍，以至于除了牺牲造物主以外就没有别的东西能奉承它吗？

我知道这个大胆的研究将会惊动许多人，但是如果为了这个缘故就放弃不做，那对于他们的轻信，未免恭维过分了；时代和题目本身要求这样去做。怀疑所谓基督教会的理论是出于捏造的，这在各国已经非常普遍了；对于那些在怀疑之下摇摆不定，不知道什么应该相信和什么不应该相信的人，现在看到这个题目的自由研究将得到一种安慰。所以我接着要审查称为《新约》与《旧约》的书。

这些书，自《创世记》起到《启示录》为止（所谓《启示录》是一本谜语书，它本身就需要一种启示来加以解释），据人家告诉我们，就是《圣经》。所以我们应当知道谁这样告诉我们的，使我们可以明白这样的报道有多少可信。这个问题的回答是没有人能够说明的，除了我们彼此相互转告以外。虽然如此，这件事情，在历史上看起来好像如下面所叙述的：

当教会的神话学家建立他们的体系时，他们把能够找到的文件全部收集起来，然后照他们的意思加以处理。究竟现在被称为《新旧约全书》中的作品就是这些收集者所说由他们找到的原物呢，还是已经由他们增删、改换或加以粉饰了的，这是一件完全不能肯定的事。

如果事情是这样的：他们由投票来决定，在他们所收集的书中间，哪些属于《圣经》的，哪些却不是。他们抛弃了若干种；还有些经投票决定是有疑问的像他们称为“伪经”的书;而那些得到大多数票的,就被认为是《圣经》。如果他们的决议是另一种,那么一切自称为基督教徒的人,就得有另一种信仰——因为一个人的信仰是由别一个人的投票而来的。究竟谁干了这一切事情,我们一点也不知道,他们把自己总称为教会;关于这件事我们所知道的就尽在于此了。

除出我所提到的以外,我们既没有其他外界的证据或根据使我们相信这些书就是《圣经》,而上面所提到的也绝对算不得什么证据或根据,我在下面就要审查这些书本身所包含的内在的证据。

在这篇文章的前一部分,我曾经谈到启示——我现在要进一步讨论这个题目,以便把它运用到所要讨论的各书。

启示就是告诉被启示的人一件他在以前所不知道的事情。因为我如果已经做了一件事情,或者看见过做这件事,那就不需要启示来告诉我,我已经做了或已经看到了,也不需要它来使我能够讲出来或写出来。

所以启示不能适用于地球上所做的任何事情,关于那种事情,人自己就是演员或证人;因此在《圣经》中几乎占全部的一切历史性的或奇闻逸事的部分都不在启示一词的含义和范围之内,所以也不是上帝的启示。

当参孙拿了迦萨的城门柱子而跑的时候,如果真有其事,(他曾否这样做,与我们无涉)或当他去探望他的大利拉,或捉到他的狐狸,或做任何其他事情的时候,这些事情跟启示有什么相干?如果它们是事实,他自己能说出来;或者他有书记,可以让书记写出来,如果真有讲出来或写出来的价值的话;如果是虚构的,启示也不能使它们成为真的;至于究竟是真是假,我们在了解这些事情方面,不比别人更好些或更聪明些。当我们默察到上帝的无穷无尽,他是在指导和治理一个不可思议的整体,而我们人类对于这整体的认识,充其量也只能发现了一部分,我们把这些不足取的故事称为《圣经》,应当自觉惭愧。

关于创造的叙述,《创世记》就用它来开头的,从表面上看起来,完全像以色列人在进埃及以前在他们中间流行的传说;自从他们离开那个国家以后,他们就把它作为他们历史的开端,也没有说明(那是很有可能的)他们自己也不知道是怎样得来的。根据记事开端的方式,显出它是出于传说。它的开头是很突然的:没有说话的人,也没有听讲的人;不是对什么人讲的;没有第一人称,也没有第二人称或第三人称;它完全符合传说的规格,它也没有凭证。摩西在开始讲到自己的时候不曾用像在别处常用的一种套语,就像:"主吩咐摩西说。"

为什么把它叫做摩西的创造记事,我想不出来。我相信摩西对于这些题材是非常善于鉴别的,绝不会把他的名字放在那个记事上面。他曾经在埃及人中间受过教育,埃及人和当时其他民族一样,很擅长科学,特别在天文学方面;摩西对于这种记事守着沉默而谨慎,不肯予以证实,就是一种良好的反证,证明他既没有讲过,也不相信它。——事情是这样的,每一个民族都曾经是世界的创造者,以色列人和任何其他民族有同样的权利来建立创世的事业;摩西既然不是一个以色列人,他可能没有意思去反驳这个传说。这个记事显然没有什么害处;而这句话对于《圣经》中的许多其他部分,却不能这样说。

不论何时,我们读到那些猥亵的故事,放荡淫逸,残酷而折磨的处死方法,无情的报复,《圣经》中一半以上充满了这些记载,与其称它为上帝之道,不如称它为魔鬼之道较为贴切。那是一部邪恶的历史,曾经用来使全人类变为腐化和野蛮;就我自己来说,我真诚厌恶它,好像我厌恶一切残酷的东西一样。

直要等到我们读到《圣经》中混杂的部分,我们所遇到的,除了少数成语不计外,除掉使我们发生厌恶或轻视的东西,就很少有别的东西了。在那些不具名的作品里,《诗篇》和《约伯记》,特别在后者里面,我们可以找到许多崇高的感情,恭敬地表达了上帝的权力和仁慈;但是比起同样题目的许多前前后后的其他作品来;它们并没有高出一着。

《箴言》据称是属于所罗门的,虽然很可能是一种汇编的作品(因为人们发现一些生活上的知识,按照他的处境,他是不会知道的),是一连串的道德上的格言。它们在敏锐方面比不上西班牙人的格言,在聪明和简约方面也并不能胜过美国富兰克林的格言。

《圣经》中其余一切部分,大家知道都是用"先知"的名字来命名的,它们是犹太诗人和巡回传教者的作品,他们把诗、轶事和祈祷混合在一起——那些作品虽然在译文之中,仍旧保持着诗的气氛和风格。①

在整部称为《圣经》的书中,没有一个字描写我们所称的诗

① 因为有许多读者认为一篇文字非押韵不能称为诗,为使他们了解起见,我添上这个注。

诗主要包含着两种东西——想象力与组合。诗的组合和散文不同,它的方式是把长的和短的音节混在一起。如果从一行诗里把一个长音节拿出来而把一个

人,也没有一个字描写我们所称的诗。事情是这样的,“先知”(prophet)这一个名词后来人们赋予它以新的意义,而在《圣经》中这个名字的意义就是诗人,而“预言”(prophesying)一字的意义就是作诗。“预言”也可当作把诗谱成曲调用乐器来演奏的技术讲。

我们读到用箫管、小鼓和号角来演奏的预言——用竖琴、用弦乐器、用铙钹和其他一切当时流行的乐器来演奏的预言。假使我们现在谈到用小提琴或用箫笛或用小鼓来演奏的预言,这样的说法将成为毫无意义,或者将使人发笑或者将受人轻视,因为我们已经把这个名词的意义改变了。

《圣经》上告诉我们扫罗在先知中间,并且说他作了预言[①];但是没有告诉我们他们说了什么话,也没有提到他说了什么话。事

短音节代进去,或者应该用短音节的地方而放一个长音节进去,那一行就会失去它的诗的和谐。这样发生的效果好像在一支歌里放错了一个音符。

在这些以“先知”的名字命名的书里的想象力是完全属于诗的。它是虚构的,常是夸大的,而且除诗以外,在任何其他的写作中是不能容许的。

为了指出这些写作是由诗的组成部分所构成的,我要拿出书中的十个音节,写成一行音节数目相同(大胆的措施)而末一字应该押韵的。这样可以看出那些书的组合是诗的方式。我所要举的例子是从“以赛亚书”里来的:——

“听啊,喔,诸天,听啊,喔大地!”
这是上帝本身唤起注意。

另一个我要引述的例子是从“耶利米哀歌”中来的,为了完成那个比喻,而指出诗人的真意,我又增加了另外两行。

喔! 我的头上是水而我的眼睛
泪如泉涌正像天空的澄明;
于是我要让有力的巨流奔放,
为人类哭成洪水的波浪。——作者

① 《旧约·撒母耳记》中说:扫罗“在先知中受感说话”。——译者

情是，没有什么话可说；因为这些先知是一班音乐家和诗人，扫罗加入了这个乐队，这就是所谓作预言。

这件事的记载见于称为《撒母耳记》的一书中，书中说扫罗遇见一班先知；整个的一班先知！他们带着一个弦乐器、一个鼓、一支笛和一把竖琴一起来，说了预言，并且扫罗也和他们一起说了预言。但是后来显出扫罗说预言说得不好；就是说，他演这个角色演得不好；因为据说有一个"从上帝那里来的恶魔"①附在扫罗身上，而他就说了预言。

假如在称为《圣经》的书中，除此以外，没有别的章节指出我们已经失去了"预言"一词的原意而被另一种意义所代替，单是这个也就够了，因为我们如果照后来加上去的意义而使用这个词，就不可能把"预言"这个词用在这个地方。按照它在这里的用法，是完全剥夺它的宗教上的意义，而表示在那时候一个人可以成为先知或者可以说预言，正像现在说起来，他可以成为一个诗人或音乐家，而同他品质方面的道德或不道德毫无关系。这个词原来是个科学上的术语，可以随便应用于诗或音乐，而且不论诗和音乐的题目是属于哪一种。

底波拉和巴拉被称为先知，并不是因为他们预言了什么事，而是因为他们做了有他们名字的诗或歌来庆祝一个已经做到的行为。大卫是属于先知之列的，因为他是一个音乐家，并且是有名的"诗篇"的作家（虽然说不定是十分错误的）。但是亚伯拉罕、以撒

① 那些自称为神学家和注释家的人，很喜欢彼此迷弄，我让他们去争辩那个语句的第一部分，就是关于"从上帝那里来的恶魔"。我仍旧守住那个题目——我不放弃"预言"一词的意义。——作者

和雅各不叫做先知;据我们所有的任何记载,都没有说他们会唱歌,会演奏音乐,或者会作诗。

他们告诉我们先知有大先知和小先知。照这样说起来,他们也可能告诉我们上帝也有大小之分;因为照现代的意义来说,预言不能分大小。——但是诗是有程度上的不同的,所以那个语句是跟当时的情形相符合的,当我们了解它为大小诗人的时候。

自此以后,完全没有必要再来提出对于那些称为先知的人所写的东西的评论。马上就把斧头斩到根,就是要指出那个词的原意被人误解,因此在那错误的意义之下从那些书中所得到的一切推论,对于它们所表示的虔诚的尊敬,和辛苦地为它们而作的注释,都不值得加以争辩。虽然如此,在许多事情上,犹太诗人的作品应该有一个较好的命运,而不是像现在那样滥用圣经的名称,把这些作品和一些伴随着它们的废物结合在一起。

如果我们要我们自己对于事物有正确的观念,我们不但必须把不变的观念,而且要把用任何手段及经过任何意外都绝对不会发生变化的观念,放到我们尊称为圣经的那种东西里去;所以圣经不能存在于任何著作或人的言语之中。

文字的意义不断地发生新的变化,因为缺乏一种全世界通用的语言,使翻译有其必要,而翻译又可能有错误,抄写者和印刷者的错误又在所不免,再加上故意窜改的可能,这些事情的本身就足以证明人类的语言无论讲出来或印出来,都不能成为传达上帝之道的工具。圣经存在于另一些东西里。

那被称为《圣经》的一部书,在思想和表达的纯洁方面是不是胜于世界上现有的一切书籍呢,依照我的信仰的法则来说,我不能认为它是圣经,因为使我受骗的可能仍旧存在。但是当我看过这部书的绝大部分,除了是一部粗野的罪恶史,和最卑鄙无聊的故事的搜集以外,很少有别的东西,因此我不能称呼它为圣经以亵渎我的造物主。

对于《圣经》[1]已经讲得多了;现在我要继续讨论那部叫做《新约》的书。新约就是新的旨意,好像造物主有两种旨意。

如果耶稣基督有建立一个新宗教的目标或意图,他无疑地会亲自把那个体系写出来,或者在他活着的时候用著述的形式把它介绍出来。但是没有一种现存的版本可以证实是用他的名义写的。一切称为《新约》的书是在他死后写出来的。他生来是个犹太人,他也自称是个犹太人;他是上帝的儿子,正和任何其他人一样——因为造物主是一切人的父亲。

最前面的四本书,叫做《马太福音》、《马可福音》、《路迦福音》和《约翰福音》。这四本书没有交代耶稣基督的一生的历史,只讲到一些他的不相连接的轶事。从这些书看来,他作为一个传道者的全部时间不会超过十八个月;而且只在这短短的时间里,那些人跟他熟悉起来。他们提到他时,他已十二岁,他们说他坐在犹太的博士中间,向他们提出问题和回答问题。因为这件事发生在他们开始认识他的许多年以前,很可能这个轶事是他们从他的父母那里得来的。从这个时候起大约有十六年没有关于他的叙述。他住在哪里,或者他在这一段时期里做些什么,都不知道。很可能他在搞他父亲的行业,就是以木匠为业。看起来他不曾受过什么

① 此处系指《旧约》。——译者

学校教育,而可能他不会写字,因为他的父母是极端贫穷,因为看来当他出生的时候,他们连一张床都买不起。

这件事有些奇怪就是世界上最有名的三个人,他们的家庭出身都不大明白。摩西是个弃儿;耶稣基督是生在马房里的;穆罕默德是一个赶骡子的。他们中间第一个和第三个是不同的宗教体系的创立者;但耶稣基督并没有创立新的体系。他号召人实践道德的行为和信仰一个上帝。他的品性的最大特点是博爱。

根据他被捕的情况,可以看出他在当时是不大为人所知道的;也可以看出他和门徒的集会是秘密举行的;并且说明那时候他已经放弃或停止公开传教。犹大没有别的方法可以把他出卖,只有供给情报说他在什么地方,并且在去逮捕他的官吏面前指出了他。至于为什么要利用和收买犹大来做这一件事情,其原因所在就是上面所已经提到的,他不大为人所知道,而且他的行踪是隐蔽的。

关于他的隐蔽的观念,不但跟他的被称颂的神性极不相称,而且带有一些卑怯的意味。而且他的被出卖,换一句话说,他的被捕是由于他的门徒之一供给了情报,这说明他并不要被捕,因此他也并不要被钉于十字架上。

基督教的神话家告诉我们,基督是为了世界的罪孽而死的,并且说他就是为了死而来的。那么他如果死于热病,死于天花,死于年老,或因任何其他事情而死,是不是会一样呢?

据他们所说,对于亚当所宣告的处分是如果他吃了苹果,并不是你必定要死在十字架上,而是你必定要死——只是判定死罪,而没有说明死的方式。所以死在十字架,或任何一种特殊的死法,并不是亚当所要受的死罪的一部分;因此,就是依他们自己的策略来说,也不能说基督的代亚当而死是所定的死罪的一部分。患热病而死将和死于十字架上无所区别,只看机会如何。

照他们所告诉我们的,对于亚当所宣告的死罪,它的意义必不出于两者之一;或者指自然死亡,就是生命停止,或者指神话家所称的定罪;因此耶稣基督就死的一个行为,按照他们的体系来说,一定为了防止临到亚当和我们头上的上述两种事件之一。

那显然不是为了防止我们的死亡,因为人人要死;如果他们的关于长寿的故事是真实的话,自从十字架事件以后,人却比以前死得快些,至于第二个解释(包括耶稣基督的自然死亡在内,作为全人类永久死亡或定罪的替代),很不适当地表示造物主因死的一字作双关戏语或作曲解而取消或收回所处的罪刑。双关语的制造者,圣·保罗,如果用他的名义的书是他写的,对于这个双关语起了帮助作用,因为他在亚当一字上面,又作出了双关语。他造成了两个亚当;一个事实上犯罪而由他人代为吃苦;另一个代人受罪而事实上吃苦。一个宗教这样地混有曲解、遁词和双关语,容易使宣传宗教的人学会这一套本领来加以运用。他们学得了这种习惯而不知道它的原因。

如果耶稣基督真是像神话家所告诉我们的那样一位人物,说他到这个世界上来是为吃苦的(这个词的意义,他们有时用来代替去死),那么他真正要忍受苦楚的话将是活在世上。他活在世上等于从天上被放逐或流亡下来,他要回到他原来的国家里去,只有死的一条路。——总之,在这一个奇怪的体系里面,每一件事情跟它所要假装出来的效果,适得其反。它是真理的反面,而我对于检查出它的矛盾和荒谬,已经感到非常厌倦,所以急于要把它结束，才可以进一步讨论些更好的东西。

在称为《新约》的书里面，究竟有多少或哪几部分是由用他的名字作为书名的人所写的，我们一点也无法知道，我们也无法肯定它们原来是用什么语言写的。这些书里现在所包含的东西，可以分为两类——轶事和书信往来。

前面已经提到过的四种书，《马太福音》、《马可福音》、《路迦福音》和《约翰福音》，完全是轶事体裁。他们讲述已经发生过的事迹。他们叙述耶稣基督所做的和所说的，也讲到别人对于他所做的和所说的；而且在有些事例方面，他们对于同一事件用不同的方法讲出来。那些书断然谈不上启示；不仅因为作者之间的见解不同，而且因为启示不适用于由亲自看见的人来叙述的事实，也不适用于亲自听见的人来叙述或记载的任何谈话或会话。称为《使徒行传》的一本书（一本隐名的著作）也属于轶事部分。

《新约》中一切其他部分，除了那本称为《启示录》的谜语书以外，是收集的书信，总称为书信的书。书信的伪造在世界上是很普通的一种习俗，所以究竟是真是假，至少有各占一半的可能。虽然，有一件事情不用多疑，就是从那些书中所包含的事件，加上某些旧故事的帮助，教会已经建立起一个宗教的体系，这体系跟教会所标榜的那个人的品格十分矛盾。它所建立起来的宗教是注重于豪华与收入，而假装着要效学一个生活谦虚和贫穷的人。

涤罪的发明，依靠祷告及用钱从教会那里赎罪，把灵魂从那里释放出来；出卖赦罪符、免罪符和特赦等等都是税收的法律，虽然名称上和形式上并不如此。无论如何，事情是这样的，那些花样都起源于十字架事件的发作，而从那里所得出的理论是：一个人可以代替另一个人,并且能够为他做功德。所以,所谓赎罪(据称已由一个人代替了另一个人的行为而得到完成)的全部理论或教义也许原来就是故意捏造出来,以便引出和虚构出其他一切次一等的和金钱上的赎罪;而且赎罪理论的观念所由建立起来的书中各章节。也是为了那个目标而制造和捏造出来的。当教会告诉我们那些书里的每一部分都是真的,为什么我们对于这件事情要比它所告诉我们的其他一切事情,或比它所说的已经做到的奇迹,给予更多的信任呢?说教会能够捏造写作是肯定的,因为它能够写;而且讨论中的作品的写作,是任何人都能做到的一种;至于说这些作品确是出于教会的捏造,比较它告诉我们它能够并且已经做出奇迹,是具有同样的可能性的。

从那个时候起,经过这样长的一段时间,迄今没有能够提出外界的证据来证明究竟所谓“赎罪论”是不是出于教会的捏造(因为这样的证据,不论是正面的或反面的,同样可以怀疑它是出于捏造的),所以这件事情,只能参考事情本身里面存在着的内部证据;而这方面可以提供很有力的推定,认为它是出于捏造的。因为这个内部证据证明,作为赎罪的理论或教义的基础的观念,是金钱的正义,而不是道德的正义。

如果我欠了一个人的钱而不能还他,他就以让我去坐牢来威胁我,另外一个人能够承担这笔债务而代我去还;但是如果我犯了一个罪,那情形就完全不同;道德上的正义不能把无辜的人来代替有罪的人,即使无辜的人自己挺身而出也不行。如果以为正义可以这样做,就破坏了它自己存在的原则本身;这样就不成其为正义;它就变为不分皂白的复仇。

经过这样的简单思考之后可以看出赎罪论是仅仅建立在金钱的观念上，相当于欠债的情况，可以由另一个人代为偿还；而且这种金钱上的观念既然又可以适应于第二种赎罪的制度，即把金钱付给教会来购买免罪符，可能就是同一班人捏造了这两种理论；而实际上并没有像赎罪那样的事情；那是虚构的，人和他的创造者之间所处的相互地位，还是跟自有人类存在以来一样，人作这样想就是他的最大的安慰。

让他相信这一个，比较相信任何其他的体系，他会活得更和谐一致而富有道德。教导一个人的时候，如果要他把自己想成为一个法纪以外的人，一个被逐出的人，一个乞丐，一个被抛弃于粪堆上的人，跟他的造物主相隔得无穷的遥远，如果要与造物主接近，一定要向中间人卑躬屈膝，匍匐而行，露出畏缩卑怯的状态，那么，这样或者使他对于宗教上的一切事情怀着蔑视的念头，或者变为冷淡，或者转变成为（像他所说的）虔诚。在后者的事例中，他把他的生命消磨于忧伤憔悴之中，或者是过着假装的生活；他的祈祷是谴责；他的谦逊是忘恩；他把自己称为蛆虫，把肥土称为粪堆；把对于生命的一切祝福，统以忘恩的名称，叫做虚空；他瞧不起上帝所赋予人的最好的东西——**天赋的理性**。他力图把理性所反对的一种体系的信仰强加在自己身上，他忘恩负义地把它叫做**人的理性**，好像人能够把理性给予他自己。

虽然他有了这样一切奇形怪状的谦逊和这样地看轻人类的理性，他却冒险进入于最大胆的推断；他在一切事情方面吹毛求疵；他的自私自利永远不会满足；他的忘恩也永无止境。他自己起来指挥全能的上帝做些什么，甚至于在宇宙的治理方面；他的祈祷是

独裁式的;当阳光照耀的时候,他祈祷下雨;当下雨的时候,他祈祷出太阳;他在祈祷每一件事情的时候都循着同一的观念;他的一切的祈祷究竟是什么内容呢?只是试图使全能的上帝改变他的意思,而做和他现在所做的相反的事情。他好像要说——你没有我那样懂得透。

但是有些人恐怕要说——是不是我们不会有上帝的道——没有启示!我回答说:有的,有上帝的道;有一个启示。

上帝的道就是我们所看到的创造:而且在这个道里面,没有人的创作能够加以伪造和改变;上帝说话是对着全世界的人而说的。

人类的语言是地方性的,而且是常在改变的,所以不能用作传达不变的和普遍的消息的手段。据他们说,上帝差遣耶稣基督从大地的这一端到那一端来报告大喜的信息给世界各国,这种想法仅仅是与某些人的愚昧相一致的,这些人不懂得世界的范围有多大,或者相信(像那些世界救主们所相信的)而且经历几个世纪之久仍继续相信(这和哲学家的发现及航海家的经验有矛盾),认为大地是像盘子一样平的可以从这一头走到那一头的。

但是耶稣基督怎样能使任何事情为一切国家的人民所了解呢?他只能说一种语言,就是希伯来语;而世界上共有几百种语言。两个国家说同一种语言或是彼此了解的是很少的。讲到翻译吧,凡是懂得一些外国语的人都知道从一种语言译成另一种语言不可能不把一大部分的原意失去,而且往往把意义弄错;除这一切以外,在基督活着的时候,还完全不知道什么叫做印刷术。

这是永远必要的:完成一个目标的手段应和那个目标的完成相符,否则目标就不得完成。就在这里边可以找出有限的与无限的能力和智慧之间的区别。人往往因为对于某种目标缺乏自然的能力，并且也往往因为缺乏适当地运用固有能力的智慧，而不能达到他的目的。但是无限的能力和智慧不可能像人那样会失败。它所用的手段是永远和目的相符合的；但是人类的语言，特别由于没有一种普遍的语言，不能用作传达一种不变和统一的消息的普遍手段，因此上帝不会把它当作手段来向全世界的人表现自己。

唯有在创造之中，可以把我们对于上帝的道的一切观念和概念统一起来。"创造"说出一种普遍的语言，人类的说话和语言尽管是多种多样的，都与它无涉。这是一个永远存在的原本，每一个人都能读的。它不能被伪造；它不能被冒充；不会遗失；不能改变；也不会被禁止发行。它不是根据人的意志来决定要不要出版；它把自己发表出来，从地球的这一端到那一端。它向一切国家和一切世界宣扬出去，而这种上帝的道把人类对于上帝必须知道的一切都启示给人。

我们要不要想到他的能力？我们从"创造"的广大无量可以看出。我们要不要想到他的智慧？我们从支配着不可思议的整体的不变的秩序中可以看出。我们要不要想到他的慷慨？我们从充满地上的丰富物资可以看出。我们要不要想到他的仁慈？我们从对于忘恩的人也不拒绝给他丰富的物资可以看出。最后，我们要不要知道上帝是什么？不要去查那本称为《圣经》的书，那是随便什么人的手都可以写得出来的，应该去研究那称为"创造"的《圣经》。

人可以和上帝的名称联系在一起的唯一的观念，就是关于第一原因的观念，即一切事物的原因。虽然什么叫做"第一原因"是不可思议而难以叫人想得明白的，但人们终于相信了它，由于不相信它的困难还要大到十倍。要想象出空间不能有止境,其困难是无以形容的;但是要想象出有一个止境却更为困难。我们称之为时间的东西会永久延续下去,这也不是人的能力所能想象出来的;但是要想象出一个没有时间的时间,却更加不可能。

在同样的推论之下,我们所看到的每一件事物都有一个内在的证据,证明它不是它自己所造成的。每一个人对于他自己来说就是一个证据,证明他不曾造成自己;也不是他的父亲,他的祖父,甚至于他的同类里的任何一个人所能造成他的;也没有任何一棵树,或任何一只动物能够自己造自己;就从这样一种证据所产生出来的信念,使我们像过去一样不得不信仰一个永久存在着的"第一原因",这个信仰的性质跟我们所知道的任何物质的存在完全不同,并且一切事物都凭着它的能力而存在;而人把这个"第一原因"叫做上帝。

人唯有依靠运用理性,才能发现上帝。离开了理性,他将什么东西也不能了解;在这种情形之下,即使读了那本称为《圣经》的书,一个人和一匹马并没有什么不同的地方。那些人怎么会假装把理性抛弃掉呢?

在那本称为《圣经》的书里,能使我们得到一些上帝观念的唯一的部分是《约伯记》里的几章和《诗篇》第十九篇,据我所记得的,没有其他的了。那些部分是真正的自然神教的作品;因为它们是通过上帝创造的东西来论究上帝的。他们把"创造"的书当作上帝的道,而不用其他的书,并且一切的推论都从那本书里得出来的。

在这里,我插上爱迪生把《诗篇》第十九篇译成的一篇英文诗。那散文我记不得了,而且在我写这本书的地方我也没有机会可以看到它。

广阔的穹苍高高在上，
碧蓝的天空一片无量，
灿灿的诸天,光耀的框框，
他们的伟大的元始的宣扬。
不厌不倦的太阳,一天又一天，
施展着他的造物主的威权；
把全能的上帝手创的杰作，
传布到地上每一个角落。
不久茫茫的暮色笼罩大地。
嫦娥开始述说她的奇异故事，
夜夜说给大地仔细听，
她出生的故事,反复没有停。
群星围月似火烧燃，
诸大行星轮番更换，
边转边证实嫦娥的消息，
把真理从这一极传到那一极。
虽说是一片庄严的寂静，
围着这个黑暗的地球驰骋；
虽说是无声与无音，
在他们的发光体中无物可寻。
然而理性的聪耳听来都喜悦，
发出了光辉的音节。
当他们照耀着就永远歌唱，

创造我们的手属于至高至上。

除出造这些东西的手或能力是属于神的，是全能的，人还有什么事情需要知道？如果他容许他的理性活动起来，让他凭不可抗拒的力量来相信这一点，他的道德生活的规则自然会跟上来。

《约伯记》中的暗示全部跟这诗篇有同样的倾向；就是从已知的真理中演绎出或证明一条真理，而不如此就不会知道这条真理。

《约伯记》中的章节我记忆不清，不能在这里正确地摘引出来：但是我想起有一节对于我现在所讨论的题目是适用的。“你考察，就能测透上帝么？你能尽情测透全能者么？”

我不知印刷者怎样标点这一节，因为我手边没有《圣经》；但是这里面包含两个不同的问题，应该有不同的回答。

第一，你能依靠寻求来找到上帝么？是的；因为首先我知道我不曾造自己，然而我现在活着；而且探求其他事物的本质时，我发现没有一样东西能够造自己；然而千千万万的东西存在着；因此从这样的探求所得出的正面的结论，我知道有一种超越于一切事物之上的能力，而那种能力就是上帝。

第二，你能完全了解上帝么？不；不仅因为我所看到的上帝在创造的结构方面所表现出来的能力与智慧，对我来说是不可思议的，而且因为就是这个表现，虽然伟大，可能还只是他的无限的能力与智慧的一小部分。这种无限的能力与智慧创造出至今还继续存在的千千万万的其他世界，因为离开得遥远，使我不能看到。

显然这两个问题都是向着在想象中被询问的人的理性发出的；而且只在容许第一个问题作正面回答时，第二个问题才能跟上来。如果第一个问题已作否定的回答，而把比第一个问题更难的第二个问题提出来，那将成为不必要，甚至于变为荒谬了。这两个问题的对象不同；第一个讲到上帝的存在，第二个讲到他的属性；理性能够发现其中的一个，但是要发现另一个对象的全部，还相差得无穷之远。

在号称为使徒的人所写的一切东西里面，我想不起有任何一节可以表达出上帝是什么的观念。那些作品主要是有辩论性的；他们所讨论的题目是一个人在十字架上死于痛苦之中，这样的题目是更适宜于一个具有惨淡的天才的住在斗室中的修道士（同任何一个呼吸“创造”的室外空气的人比较来说），而那些作品未尝不可能就是那样的修道士所写的。我所能想起的仅有的一节有一些讲到上帝的创造，可以从中知道上帝的能力与智慧，这一部分据说是出于耶稣基督之口，借以消除恐怕人家不相信的顾虑。“你想野地里的百合花，怎么长起来，他也不劳苦，也不纺线。”虽然，这一个远不如在《约伯记》和在《诗篇》第十九篇中的暗示；但是在观念上是相类似的；而且想象上的谦逊是和那个人的谦逊是相应的。

关于基督教的信仰体系，在我看来像是无神论中的一种——一种宗教上的否定上帝。它所宣扬的是相信一个人而不是上帝。它是一种混合物，主要是吗哪教（Manism），并会有很少的自然神论的成分。所以它的接近于无神论好像朦胧的光接近于黑暗一样。它在人与他的创造者之间引入一个叫做救世主的不透明体，正像月亮把它的不透明的自身引入到地球与太阳之间一样，通过这样的方法而产生一种宗教的或非宗教的晦暗的光。它使整个理性的发光体罩上一层阴影。

这种阴暗作用的效果曾经搞乱一切东西，使它们以相反的姿态表现出来；由它这种魔术般地产生出来的革命之中，也产生了神学的革命。

现在叫做自然哲学的，包括科学的全部范围在内，其中以天文学占主要地位，自然哲学就是研究上帝所创造的东西，和上帝在他所创造的东西里的能力与智慧，而这个才是真正的神学。

至于现在代替自然哲学来进行研究的神学，只是研究人的意见和人关于上帝的幻想。这不是从上帝所创造的东西，而是从人所创造的东西或所写的作品来研究上帝本身；而且基督教体系对于世界所造成的危害不能算为极小，它抛弃了原始的和美丽的神学体系，像把一个美丽无辜的人抛入于痛苦和耻辱之中，而留出空地以容纳迷信的妖魔。

《约伯记》和《诗篇》第十九篇，就是教会也承认它们比现在在《圣经》中所占的历史程序还要早，它们是神学的演说，合乎原始的神学体系。那些演说的内部证据证明：对于上帝创造出来的东西和从这些东西里体现出来的上帝的能力与智慧的研究和思索，在这些文件写作的时候，形成了一大部分的宗教热诚；就是这个热诚的研究和思索引导到我们现在叫做科学的基本原理的发现；并且由于这些原理的发现，使对于人类生活的便利有帮助的几乎一切技术得以成立。每一种主要的技术都是由某些科学的母体里产生出来的，虽然一个机械地做这种工作的人不能经常地而只是很难得地看出这种关系。

基督教的体系把科学叫做人类的发明是骗人的；只有科学的应用是属于人的。每一种科学都有一套原理作为它的基础，这些原理像调节和支配宇宙的那些原理一样地固定不变。人不能创造原理,只能发现原理。

例如,每一个人看了一本历书,就可以看到上面记着在什么时候要有日蚀和月蚀,他也知道日蚀和月蚀一定照着记载行事,没有失错。这说明人已经熟悉了天体运动的规律。但是地球上任何一个教会如果说那些规律是人类的发明和创作,这种说法就比无知还要坏。如果说帮助人能计算和预先知道何时会有日蚀和月蚀的科学原理是人类的发明,那也是无知或者比无知更坏。人不能发明任何永久和不变的东西;但他为了这个目标而运用的科学原理必然是永久的和不变的,好像天体运动的规律一样,不然的话就不能把他们像现在一样用来确定一次日蚀或月蚀在什么时候和以什么方式发生。

人用来预告一次日蚀或月蚀或预告任何一件有关于天体运行的科学原理,主要是包含在一部分的科学里,它叫做三角学,或者说是关于三角形的性质的科学。这种科学用于研究天体的时候,叫做天文学;用于指导海洋上船只航线的时候,叫做航海学;用于以直尺和圆规来作图的时候,叫做几何学;用于建筑大厦的设计的时候,叫做建筑学;用于丈量一部分土地面积的时候,叫做土地测量学。总之,它是科学的灵魂;它是一个永久的真理;它含有人所说的数学上的证明,至于用途的范围究竟有多大还不知道。

有人会说,人能够制作或绘画一个三角形,所以三角形是人的一件发明。

但是画出来的三角形不过是原理的一个图像;它是一个原理的反映,先对于眼睛起作用,然后再从眼作用于脑,不然的话,那个原理是看不见的。那个三角形不会造出原理来,正像一支蜡烛带到黑暗的房间里并不会制造出以前所看不见的椅子和桌子一样。三角形的一切性质是不依靠图形而独立存在的,在人画出或想到任何一个三角形以前,它们已经存在。人在形成那些性质和原理方面的无能为力,正像他在形成天体运动的规律方面的无能为力一样;所以这两者一定有同样的神的起源。

像有人会说人能够做一个三角形,同样有人会说他能够做一个叫做杠杆的机械工具;但是杠杆作用的原理和工具不是一回事,工具如果不存在,原理仍旧可以存在:原理是在工具制成以后才结合上去的。所以工具的活动不能有另一种的活动方式,人即使尽他最大的发明的努力也不能使它做另一方式的活动——在一切这样的事例之中,人所说的效果,不是别的,只是原理本身成为感觉器官所能看得见的东西罢了。

人既然不能制造原理,那么他从哪里得到关于原理的知识,因而不但能够把它们应用于地球上的事物,而且对于离开他这样无限遥远的一切天体的运动也可以测定?我问,除出从真正神学的研究以外,他能够从哪里得到那种知识?

那是宇宙的结构把这种知识教给了人。那个结构是数学科学的每一部分所由建立起来的每一原理的万古长存的展览。这个科学的子孙是机械学;因为机械学无非是科学原理的实际应用。一个人把一架磨粉机的各部分装配起来,就运用同样的科学原理,好像他有能力来构造一个宇宙一样;但是他既不能造出那种看不出的作用力,那种作用力使宇宙这部无限大的机器的一切组成部分相互影响,而在运动之中能一致行动,又不需有看得出的任何接触，人把它称为吸力、引力和拒力，于是他只能从事于卑微的模仿，利用牙齿和齿轮来代替那种作用力。——人的小宇宙里的一切部分必须有看得出的相互接触：但是他如果能得到那种作用力的知识因而能够在实际中加以运用，那么我们可以说：另一部记载上帝之道的真正的圣经已经找到了。

如果人能够改变杠杆的性质，同样地，他也能改变三角形的性质：因为一个杠杆（拿杠杆中叫做杆秤的一种来讲）在运动中形成一个三角形。杠杆下降时开始的一条线（这条线的一点是在支点上），下降后达到的一条线和杠杆末端在空中所画成的一个弧的弦，就是一个三角形的三条边。杠杆的另一臂也能画出一个三角形；这两个三角形的对应边，用科学来计算或按几何学来量度：从那些角所作成的正弦、正切和正割也同样按几何学来量度：彼此之间的比例，和在杠杆上互相平衡的不同重量之间的比例相同，如果我们撇开杠杆本身的重量不计的话。

也可以这样说，人能够造一个轮和轴，他能够把大小不同的轮子配合在一起而造成一具磨粉机。这样的事例仍旧回到原来的一点，就是他不曾造出使那些轮子发生能力的原理。这个原理像前一个例子中的原理一样是不可改变的，或者可以说是在眼中看来具有不同形态的同一个原理。

两个大小不同的轮子彼此之间作用的力，具有与下述的杠杆相同的比例，如果我们把这两个轮子的半径连接在一起而形成我前面所形容的那种杠杆，吊在两个半径的连接部分；因为那两个轮子在科学上研究起来无非是由复杠杆的运动所作成的两个圆。

我们的一切科学知识是从研究真正的神学中得来的，而一切技术是从那种科学知识产生出来的。

那全能的讲师[1]在宇宙的结构中展示出科学的原理。他凭这个来号召人们从事研究和模仿。好像他已经跟我们的地球（我们是这样称呼它的）上的居民们说过，“我已经创造了一个地球给人居住，并且我已经使各种灿烂的天体可以看得出来，这样来把科学与技术教给人。他现在能够为自己提供舒适的生活，并且学习我对于一切的宽厚慷慨，做到彼此仁慈相待”。

一个人的眼睛，有天赋的能力，可以在无限遥远的距离之外，看到在空间的大海之中旋转的广大无边的许多世界，如果他不能从这种能力中得到一些教益，试问有什么用处？或是说人能够看见这广大的万千世界有什么用处？人能看得出金牛星、猎户星、天狼星和所谓北极星，以及一些运动着的星球，即称为土星、木星、火星、金星、水星等的星球，如果仅仅看得出而没有什么用处，对于人有什么关系？如果人现在所具有的无穷目力，只像过去一样浪费于一片广大无边的显出星光闪烁的空中荒漠，倒不如目力差些，也就够了。

人唯有把他称为群星的天体看作科学的书籍和学校，他才能发现能够看出它们有什么用处，或者从他的无穷目力可以得到什么好处？但是当他把这个题目作这样的想法的时候，他觉得说“没有一样造出来的东西是无益的”这句话另有一种动机；因为这种看得出的能力也将变为无用，如果对于人没有什么教益的话。

基督教的信仰体系既已造成了一个神学的革命，它也同样在

① 指上帝。——译者

知识方面造成了一个革命。现在所称的知识并不是原始的知识。知识并不像现在的学校那样把它限于语言的知识,而是语言所命名的事物的知识。

希腊人是一个有学问的民族,但是他们学讲希腊语,比起罗马人讲拉丁语,法国人讲法语或英国人讲英语来,并不需要更多的学习。据我们所知道的关于希腊人的情况,看不出他们除本国的语言以外。还知道或研究过任何其他的语言,而且这是他们所以成为这样有学问的原因之一;因为这样使他们有更多的时间来做更好的研究。希腊的学校是科学与哲学的学校,而不是语言的学校;学问也就存在于科学和哲学所教给的关于事物的知识之中。

几乎现有的一切科学知识是从希腊人或说希腊语的人传给我们的。——所以其他语言不同的国家的人民有必要使他们中间的若干人学习希腊语,以便把希腊的科学和哲学书译成各国的本国语言,而使那些国家里的人能够了解希腊人的学问。

所以希腊语的研究(拉丁语也是如此)无非是一个语言学者的苦工;而这样得来的语言,无非是一种手段,或工具,用来获得希腊人所有的学问,那不是学问本身的一部分;而且跟学问显然是两回事,以至于很有可能有些人对于希腊语有充分的研究,可以翻译那些著作,像欧几里得的《几何原理》,但对于那些著作的内容,一点也不了解。

从那些已死的语言中,现在已经不能学到什么新的东西,一切有用的书都已译出来,那些语言已经变为无用,因此把时间用于教和学它们已成为浪费。所谓语言的研究可以帮助知识的进步和交流(因为这跟知识的创造没有关系),只限于活的语言,才可以从中得到新的知识;一般说来,一个青年在一年当中从活的语言学到的东西要比在七年当中从死的语言学到的东西还要多;而且教师自己懂得很多的人也很少。学习死的语言的困难不在于语言本身有什么特别的深奥,而因为它们是已死的了,它们的读音已经完全失传。任何一种语言,它变为已死之后,都是如此。现在的最好的希腊语学者所懂得的希腊语不如过去的一个希腊农夫,或一个希腊的挤乳女工:在拉丁语方面,和罗马人中间的一个农夫或挤乳女工比较起来也是如此;所以废除死的语言的研究,而像最初一样,致力于科学知识的学习,对于学习是有利的。

有时候为继续教授死的语言而辩护说:在某一时期教授这些语言是因为一个儿童在这个时期除了记忆以外,不能运用其他脑筋;但那种说法是完全错误的。人类的头脑对于科学知识以及与科学知识有关的事物有一种自然的倾向。一个儿童最初爱好的娱乐,甚至于在开始游戏以前,就是模仿成人的工作。他用纸牌或木条造房子;他用纸做船在当作海洋的一碗水中航行;或在沟水中筑坝,或想做一些称为磨粉机的东西;而且对于自己做成的东西命运如何十分留心,近于挚爱。以后他进了学校,他的天才为无益地研究一种死的语言而消灭,于是哲学家消失于语言学家之中。

但是现在为继续教授死的语言所作的辩解,并不是把学习贬到狭隘而低微的语言学范围的最初原因;所以必须在别的地方去找它的原因。在所有这类的研究里面,能提出的最好的证据,是事物里的内在的证据,以及和它相结合的外界的证据;在这个事例中,这两种证据都不难发现。

那么,暂且不谈对于上帝的道德正义的亵渎(即把上帝说成使无辜者为有罪者受苦,又如由于不道德和卑劣的计划而使他自己化为人形,借以原谅自己不曾执行对于亚当所定的所谓罪刑),而留作以后另作考虑;我说把那些事情暂搁一边,作为另行考虑以外,可以肯定所谓基督教的信仰体系里面,包含着奇怪的创造的故事,关于夏娃的奇异的故事,那条蛇与那个苹果,一个模棱两可的“人—神”的观念,一个关于神的死亡的具体观念,一个神的家庭的神话观念和基督教体系的算术,就是三而一,一而三,这一切都是矛盾的,不但跟上帝给予人类的天赋的理性相矛盾,而且跟人的知识也是矛盾的,这知识是人由于科学的帮助,和由于研究上帝所造的宇宙结构,而从上帝的能力与智慧所得到的。

所以,基督教信仰体系的建立者和拥护者不会不预见到:人类由于科学的帮助,能从体现于宇宙的结构中和一切创造物中的上帝的能力与智慧,得到不断进步的知识,而有了这种知识就会对于他们的信仰体系的真理加以反对和发生怀疑;因此为了达到他们的目标,有必要把学问缩小到对于他们的计划较少危险的范围内,而且他们依靠把学问只局限于死读已死的语言来做到这一点。

他们不但把科学的研究排斥于基督教学校的门外,而且加以迫害;因此科学的研究在最近的二百年里才复兴起来。迟到1610年,佛罗伦萨人伽利略发明和介绍了望远镜的使用,而且用它来观察天体的运动和形态,提供了用来确定宇宙的真实结构的新的手段。他为了那些发现,不但没有受到尊敬,反而受到审问,终于被判放弃那些发现,否则从这些发现所产生出来的见解将被当作罪恶的异教。在这以前,费吉力斯因为主张对蹠地——换句话说,大地是一个球体,在每一个有陆地的地方都可以住人——而被判处烧死;虽然这个真理在今天已经为大家所熟悉,甚至于不必谈了。

如果错误的信仰在道德上没有不好也没有危害,那么人就没有一种道德责任来加以反对和把它们除去。例如,相信地是扁平的像一个盘子比起相信地是圆的像一个球,在道德上并没有善恶之分。又如相信造物主除这个世界以外并未创造其他世界,比起相信他创造了几百万个世界,而无穷的空间充满了世界,在道德上也没有什么分别。但是一个宗教体系如果产生于一个不实在的、杜造的创造体系,而两者结合一起,几乎成为不可分离,在那种情形之下所采取的立场就完全不同。那时候的错误虽然也不是道德上的不好,但是因为它们充满了危害,好像道德上的不好一样。那时候,真理,虽然在另一种情况之下视为与它无关,已经由于变为一种评判的标准而成为一种重要的东西,根据相应的证据来证实或根据相反的证据来否定宗教本身的真实性。从这样的观点来看这个事例,人就有道德上的责任从天体的结构或从创造的任何其他部分来获得关于宗教体系的每一个可能的证据。但是基督教体系的支持者或党徒,对于这件事好像害怕它的结果,所以不断地加以反对,不但排斥科学,并且迫害教授们。如果牛顿或笛卡尔生在早三四百年以前,而做他们所做过的同样的研究工作,很有可能不等他们研究完毕就已经不在人世。如果富兰克林在同样的时候从云里引出闪电,可能也有被烧死的危险。

后来的时代把一切谴责放在哥特人和汪达尔人头上;但是基督教体系的党徒,无论他们怎样的不愿相信或不愿承认这件事,但这样一个事实是千真万确的,即愚昧的时代是与基督教体系同时开始的。——在这个时期以前比这个时期以后的许多世纪中,有

着更多的知识。至于讲到宗教的知识，那么，正像已经讲过的，基督教的体系只不过是神话的一个变种；而且它所继承的那种神话是古代一神论体系腐朽的产物。①

由于科学上有这个长期的间断，而不是由于其他原因，使我们现在不得不透过几百年的一大段空白时期，才能看到那些我们称为古代人的可敬人物。——如果知识的进步，是依据以前积累的知识多寡按比例地进行，那么那个空白时期一定会充满了在知识上各有特长的人物；而我们今天这样羡慕的那些古代人可敬地退入到背景中去了。但是基督教体系把一切都加以毁坏；如果我们置身于16世纪的开端而通过那个长期的间断回顾到古代，就好像越过一片辽阔的沙漠，没有一棵树来挡住我们的视线，一直望到那一边丰产的山上。

有一种矛盾简直无法可以相信，就是有些托名于宗教的事情

① 我们现在无法知道异教的神话在什么时候开始；但是从它内在的证据可以肯定它兴起和灭亡的情况是不同的。那种神话里的一切神，除了农神以外，都是出于现代的创作。所谓农神的统治是在所谓异教的神话以前的时期，并且可以说是一神论的一种，它只容许信仰一个上帝。据说农神让位与他的三个儿子和一个女儿，就是丘比特（主神）、柏鲁图（冥府之神）、隶泼吞（海神）和茹诺（天后）；从此以后，还有几千个神和半神在想象中被创造出来，因此神的名目和圣徒的名目增加得一样快，而宫廷的名目也从此增加起来。

神学中和宗教中所发生的一切腐化事情，都从容许一种人所称为启示的宗教中产生出来。神话家所假托的启示宗教比较基督徒为多。他们有他们的神谕和僧侣，据说他们在几乎一切事情上都可以接受和传达上帝口授的道。

从那时起一切腐化的事情，从摩洛克（火神）直到现代的宿命论，以及从异教徒的人身献祭到基督徒的上帝的牺牲，都是从容许所谓启示的宗教中产生出来。防止这一切罪恶和欺骗的最有效办法，就是只承认一种体现于创造的书中的启示，而不承认任何其他的启示，并且认为创造是上帝所做的唯一真实的工作，或永远存在的工作；至于其他一切号称为上帝的道的东西，都是假的和骗人的。——作者竟然会存在,它们认为研究和思考上帝所创造的宇宙的结构就是不信宗教。但是事实太真确,不容否认。打破这专制愚昧的长链条中的第一环节的事件,以有名的路德的宗教改革最为有力。从那个时候起,虽然不像出于路德或其他号称为改革家的意思,科学开始复兴起来了,而且宽容大度,本是与科学伴随一起的东西也开始出现。这是宗教改革所做的唯一的公益好事;因为就宗教上的好处来说,倒不如不发生这件事。神话仍旧继续下去;从基督教教皇的衰落之中,又生长出多样的各国的教皇。

已经这样从事物内在的证据来指出是什么原因产生了学问状况的变化,和由于什么动机而把死的语言的研究来代替科学,我现在,在这个作品的前半部分所提出的应注意的几点之外,要进一步把宇宙的结构所提供的证据跟基督教的宗教体系加以比较或对比。但是,我着手于这一部分的时候,最好是先谈我早期生活中所发生的思想,并且我确信几乎每一个人不免在此一时或彼一时也多少有过这样的思想。我要叙述一下那些思想是什么,并且要加上从这个题目里产生出来的一些别的东西,用序言的方式使整个东西有一个简短的介绍。

我的父亲是教友派的信徒,我幸运地有一个很好的道德教育,并且积有相当广博的有用知识。我虽然到拉丁语学校去上学①,我不曾学习拉丁文,并非因为我不想学习语言,而是因为教友派反对教授这种语言的书。但是这个没有阻止我熟悉校中所用的一切

① 这学校就是诺福克的底特福学校,现在的顾问官敏盖曾在同一校长任内在这个学校上学。——作者

拉丁文书籍的科目。

我心中自然的倾向在于科学。我有一点才能,我相信有一点诗才;但是这个我宁加以遏制而不加以鼓励,因为这个将会过度地导入到想象的境界中去。我一有力量的时候,就买了一套地球仪,并且参加了马丁和弗格森的哲学讲座,后来又认识了那个号称皇家学会的皮维思博士,那时他住在教堂里,是一个优越的天文学家。

我不喜欢所谓政治。在我看来,政治不会比骑马术一词的含义具有更多的意义。所以当我的思想转向政府的事情时,我得形成一种与我在教育中所学到的道德与哲学原理相吻合的自己的体系。我看到或者至少我自以为看到,在美国的事务里有一个极广阔的场面展现在世界面前;并且在我看来,美国人除非改变他们所追求的关于英国政府的计划而宣布独立,他们不但会遭遇许多新的困难,并且闭塞了当时通过他们的力量能为人类提供的前途。从这些动机出发,我出版了我的作品叫做《常识》,那是我所出版的第一部作品。以我自己来评判,如果不是为了美国的事务,我相信在这个世界里,不论在什么题目上面我永远也不会以一个作家的身份而闻名。我的《常识》是在 1775 年年底写成的,到 1776 年 1 月 1 日出版。美国独立就是在那年的 7 月 4 日宣布的。

凡是对于人类思想的状态和进步有过研究的人,凭他对自己思想的研究,必然会注意到所谓思想可以很清楚地分成两类;第一类是通过回顾和思维的行为而产生的;第二类是它们自己突然跳到头脑里边来的。我经常守着一条规则,对于那自动的来客,以礼相待,尽力做到仔细审查是不是值得款待它们;而且几乎我所有的一切知识都是从它们那里得到的。至于任何人从学校教育所得到的学问,只能当作一点小资本,作为他以后自己学习的一个开端。——任何一个有学问的人,到后来他自己就是他的老师,理由是:原理和情况具有显然不同的性质,所以不能铭刻在记忆上面;它们在思想的住所里的位置是理解,而且它们从来没有像当它们以概念开始的时候那样的经久。这点引言部分已经说得够了。

从我能够抱有一个思想并依靠思考来行动的时候开始,我或者怀疑基督教体系的真理,或者把它想成是一件奇怪的事情;我不知道究竟是哪一种;但是我记得很清楚,大约在七八岁的时候,我听过我的一个亲戚的一次讲道,他是教会的一个热心的拥护者,这篇讲道的题目就是所谓“依靠上帝的儿子的死来赎罪”。讲道完毕,我走到花园里去,当我走下花园里的台阶的时候(因为我完全记得那地点),我想起了听到的东西,发生了反抗,我自己想到这样是把全能的上帝的行动说成像一个狂热的人,他不能用别的方法来报仇的时候,就杀了他的儿子;我深知一个人做了这样一件事就要被处死刑,所以我不懂他们讲这样的道,究竟他们的目的是什么。我的这个想法,并不是含有那种儿童轻浮的思想;对我来说,这是一种严肃的思考,从我的一种观念产生出来的;我认为上帝太好了,他不会做这样的事,他也是那样全能的,没有必要这样做。到现在我还是有同样的想法;而且我更相信任何一种宗教体系如果其中含有使儿童的心灵受到震惊的东西,不可能是一个真实的体系。

自称为基督徒的父母们,看起来好像自觉惭愧,不愿把有关他们宗教原理的任何事情告诉他们的儿女。他们有时候在道德上教导他们。并且告诉他们关于他们所称为神的仁慈;在基督教的神话中有五个神——圣父、圣子、圣灵、神和自然女神。但是基督教中圣父把他的儿子弄死或是用人民来弄死他的儿子(因为那故事中明白地这样说)的故事,做父母的不能把它告诉他们的孩子;如果告诉他这样做是为了使人类更幸福与更好,这样就使故事变为更坏,好像人类能依靠谋杀的例子而获得改进;如果告诉他这一切都是神话,只是说明这故事是不可信的掩饰之词。

这和直截了当地宣称相信自然神教有何等的不同!真正的自然神教者只有一个上帝;而且他的宗教存在于从上帝的创作中来思索他的能力、智慧和仁慈,并且在一切道德的、科学的和机械的事物方面努力模仿他。

跟其他一切宗教相比较,在道德上和在仁慈方面最接近于真正的自然神教的,就是教友派所信仰的宗教;但是他们把上帝创造的东西放在他们的体系之外,因此把自己拘束得过分了。我虽然敬重他们的慈爱,但是我禁不住要笑他们的自作聪明,如果在创造的时候,根据他们的爱好来办事,那创造出来的世界将会变成怎样的无声无色!没有一朵花会开出美丽的颜色,也不会让一只鸟唱出它的歌声。

我现在离开了这些思考来讨论别的事情。自从我掌握了地球仪和太阳系仪[①]的用途之后,对于空间的无穷和物质的永久可分

① 读这本书的人,可能有人不知道什么叫做"太阳系仪",为供他们的参考,我在这里加一个注释,因为单看名称,并不能了解这样东西的用途。它的名称是从它的发明者而来的。它是一个钟式的机器,具体而微地代表着一个宇宙。在它里面,地球自转并且绕着太阳转,月球绕着地球转,行星绕着太阳转,以太阳为整个体系的中心,它们对于太阳,各有一定的距离,而且它们彼此之间也有一定的距离,它们的犬小也各有不同,总之,把它们像真实存在的天体一样表示出来。——作者

性有了一个观念，而且对于所谓自然哲学至少获得了一般的知识，于是我开始把那些事情所能提供的外界证据，跟基督教的信仰体系作一比较，或像我以前所说的把它们作一对比。

虽然在基督教的体系里，没有一条信条直接说明我们所居住的世界就是全部创造出来的有居民的世界。但是从被称为摩西作的关于创世的记载、关于夏娃和苹果的故事以及这个故事的配合部分——上帝的儿子的死中，可以看出它在这方面用了这样一番工夫，而相反的信仰，就是相信上帝曾经创造了多数的世界，至少创造了像我们称为星的那样多的世界，这就会使基督教的信仰体系立刻显得渺小和可笑，而且像空中的羽毛一样在人的头脑中飞散了。这两个信仰不能同时并存于一头脑里面；凡是自以为两者都相信的人，对于任何一个都没有好好地思考过。

虽然关于多数世界的信仰，对于古代人是熟悉的，但是我们所住的这个地球的大小和体积，只不过最近三个世纪以内才被确定下来。曾经用几条船循了海洋的路线把世界完全绕了一周，好像一个人循着一个圆圈走，经过相反的一面而回到了出发的一点。我们的世界的圆周的长度，以最宽的部分来说，正像一个人量度一个苹果或一个球的最宽的一圈一样，以赤道上每度作69½英里计算，只有二万五千零二十英里长，航行一圈大约需时三年①。

这样大小的一个世界，起初一想，我们或许会觉得它的伟大；但是我们如果把地球和它悬在其中的广漠无垠的空间来比较，地

① 假定一条船，平均每小时行三英里，而它能循着一个直接的圆来行，那么不到一年就可以环绕世界一周；但是它必须循着海洋的航线而航行。——作者

球就像悬在空中的肥皂泡或气球那样，它就跟一粒沙子和这个世界相比较或一颗最小的露珠和整个海洋相比较那样，在比例上还要小无数倍，所以地球是其小无比；并且以后还要指出它只是宇宙创造所组成的一个世界体系中的一个世界。

我们如果跟踪思想前进，对于我们这个以及其他世界悬在其中的空间是怎样的广漠无垠，不难得到某种模糊的观念。当我们想到一个房间的大小和面积的时候，我们的观念把它们局限于墙壁以内，它们就以墙壁为止境；但是当我们的眼睛，或我们的想象投入到空间去的时候，就是说，当我们抬头向所谓开阔的空中看出去的时候，我们不会想到它有什么墙或界限。我们如果为了使我们的观念有一个着落，而设想有一个界限；就会立刻产生一个新问题，就是要问界限那一边是什么？照这样接连地问下去，那疲倦的想象终于回过头来说，那是没有止境的。当然，造物主创造这个世界，没有造得比现在的更大些，但他并不局限于一个房间；所以我们应该从别的事物里找出根据来。

我们如果窥测一下我们自己的世界，或者说造物主在广大无边的创造体系里分配给我们的部分和让我们使用的世界，我们看到了它的每一个部分，陆地、水和四周围的空气，它是和以前一样充满了生命，从我们所知道的最大动物到我们肉眼所能看得见的最小的昆虫，而且还有比昆虫更小的东西，非用显微镜完全不能看见。每一棵树，每一种植物，每一片树叶，不但是地球上的一个居民，而且是包括无数种族的一个世界，直等到动物的存在变为这样地极端微细，以致一片草的气味可以作为几千动物的食料。

我们的地球既然没有一个部分不被占据，那么为什么认为广漠的空间是一片空虚,永远处于荒凉之中呢?在这样的空间里,可以容纳几百万像我们的世界一样大或者还要大些的世界,而且它们之间彼此的距离有几百万英里之远。

我们已经谈到这个地步,如果把我们的思想再推进一步,也许可以看到真正的理由,至少一个良好的理由,说明造物主为了我们的幸福为什么不创造一个极大的世界,布满在广大无边的空间,而偏要把那大量的物质分成几个单独而分离的世界,就是我们称为行星的那些世界,而我们的地球就是其中之一。但我在解释我关于这个题目的观念之前,有必要(不是为了已经知道的人,而是为了不知道的人)指出宇宙的体系是怎样一回事。

宇宙中间有一部分叫做太阳系(是指我们的地球所属的世界体系,就是以太阳为中心的体系),除太阳以外包含六个独立的星球,或者叫做行星,此外还有次一等的星球叫做卫星或月球,我们的地球就有一个月亮跟随着它每年绕太阳旋转一周,正像其他的卫星或月球追随着它们各自所属的行星或世界一样,这利用望远镜可以看得出来。

太阳是中心,那六个世界或行星在不同的距离上围绕着太阳而转,而且所转的圆,彼此同心。每一个世界经常在几乎同一轨道上绕着太阳,而且同时绕着自身在近乎直立的位置上不断旋转,好像一个陀螺在地上旋转时那样的自转,而且稍微有些向旁边倾斜。

就由于地球的这个倾斜度(23½度),所以有冬夏之分,而且日与夜的长短也因而有所不同。如果地球自转时的位置是跟它绕太阳旋转的圆的平面或水平互成垂直,好像一个陀螺笔直地立在地上而旋转,那么日与夜的长短将无所区别,每天将有十二小时的白昼和十二小时的黑夜，而且全年之中的季节也将相同。

任何一个行星（我们的地球就是一个例子）每一次自转就造成我们所称的日与夜；而且每一次它绕着太阳旋转完一圈时，就成为我们所称的一年，因此我们的世界在环绕太阳而转的时候，同时自转三百六十五次①。

前面已经讲过，太阳居中，离太阳最近的那个行星或世界，是水星；它跟太阳之间的距离是三千四百万英里，而且它在一个圆圈里旋转跟太阳永远保持那个距离，好像我们设想一个陀螺循着一匹马带动磨粉机所走的路线而旋转。第二个世界是金星，它跟太阳的距离是五千七百万英里，因此它所转动的一个圆圈要比水星那个圆圈大得多。第三个世界是我们居住的这一个，它跟太阳的距离是八千八百万英里，因此它所转动的一个圆圈比金星那个大。第四个世界是火星，它跟太阳的距离是一万三千四百万英里，因此它所转动的圆圈比地球那个大。第五个是木星，它跟太阳的距离是五万五千七百万英里，因此它所转动的圆圈比火星那个大。第六个世界是土星，它跟太阳的距离是七万六千三百万英里，因此它所转动的一个圆圈包围着其他一切世界或行星的圆圈或轨道。

所以，我们的太阳系为了使那几个世界绕着太阳旋转而在空中或在无限的空间中所占据的空间，可把土星绕着太阳旋转时所形成的轨道或圆圈的直径的长度作为衡量的标准，就是等于它跟太阳的距离的二倍，即十五万二千六百万英里；而它的圆周的长度

---

① 那些认为太阳每二十四小时绕地球转一周的人，在思想上会犯像厨子烤肉时一样的错误，即认为应该把火向肉的四周移动，而不是把肉向火的周围自转。——作者

是近于五十亿英里;而圆球的面积约等于三十五亿乘三十五亿平方英里①。

但是像这样大的体系,也不过是世界体系中的一个罢了。除此以外,在空间隔着一个遥远的距离,远到无法计算,还有其他的星,叫做恒星。把它们叫做恒星,是因为它们没有像我所描绘的那六个世界或行星一样的旋转的运动。那些恒星,彼此之间,永远保持着同样的距离,而且永远处于同一的地点,像太阳在我们的体系中一样。所以每一个恒星可能也就是一个太阳,另有一个世界或行星的体系围绕着它,虽然因为过于遥远而不能发现,并且也在那里旋转,正像我们的世界体系围绕着我们的中心太阳而旋转。

从这样平易的思想引申出去,我们可以看出这广漠无边的空间充满着世界的体系;没有一部分空间是荒废的,正像这个地球或者说土地和水没有一部分是没有人占据一样。

前面已经用浅显而熟悉的措词来说明宇宙结构的大意,我现在要回头来解释我以前所提到的那一点,就是造物主并不只创造一个极大极大的世界,而创造了多数的世界,如像我们的体系含有一个中心的太阳和六个世界,还有卫星,这样做法,结果是对于人

① 如果有人问,人怎样会知道这些事情,我有一个明白的答复,就是说因为人懂得怎样来计算日蚀和月蚀,并且懂得怎样算出当金星绕着太阳旋转时在哪一分钟它会走到我们的地球和太阳之间的一直线上,并且在我们看来大概像一粒大的豆子那样经过太阳的面前。这种事情,大约在一百年里会出现两次,而两次之间大约相距八年。在我们的这一代里已经遇到了两次,而这两次都是预先计算出来的。而且可以算出以后一千年内,或任何一段时间内,在什么时候会再发生这种现象。所以人如果不懂得太阳系和几个行星或世界是怎样旋转的,他就不会做这些事情,而事实上能算出一个日蚀或月蚀或者金星经过太阳面前的时间,正足以证明有这个知识;至于相差几千英里,甚至于相差几百万英里,在这样大的距离上,几乎没有什么重大关系。——作者

类大有好处。

有一个观念，我永远也不会忘记，就是说：我们的一切科学知识是从我们的体系所由组成的那几个行星或世界绕着太阳而旋转而得来的，这旋转展开在我们的眼前，从而为我们所理解。

假如把六个世界所有的质量合并成为一个单独的球，结果是或者没有现在的那种旋转的运动，或者不足以使我们得到现在所有的那种观念和科学知识。一切机器的技术对于我们世俗的幸福和舒适大有帮助，而这些技术是从科学中得来的。

造物主既不会做无益的事情，所以必须相信，他的组成宇宙结构也必然采取对于人类最有利益的方式；而且像我们所看到的和从经验上所感觉到的，我们从现在那种形式的宇宙结构中得到了好处。如果它的结构，就我们的体系来说，是一个单独的球，我们就没有机会享受这些好处——我们至少能找到一个理由。说明为什么创造了多数的世界，而这个理由引起了人的诚心的感恩，同样也引起了他的叹服。

但是，由多数的世界所产出的好处并不局限于我们这些住在这个地球上的人。我们的体系所由组成的各个世界，其中每一个世界的居民，都像我们一样能有享受知识的机会。他们看到我们地球的旋转运动，像我们看到他们的一样。一切行星的运转，彼此能够看到；所以一个同样的普遍性的科学的学校出现于一切世界。

知识也不停留在我们这里。跟我们邻近的世界体系，在它的旋转之中，也对于他们体系里的居民展示出同样的原理和科学的学校，像我们的体系对于我们所做的一样。由此类推，无限的空间全是如此。

我们的观念,不仅是关于造物主全能的观念,而且还有关于他的智慧和仁慈的观念,当我们想到宇宙的结构和范围的时候,这些观念会按比例地扩大。一个关于单独世界的单一的观念,不论这世界在无限的空间的海洋中是转动的或静止的,这一个观念已经让位于一个令人高兴的关于一个多数世界的社会的观念。这个多数世界的社会设计得这样巧妙,甚至于它们的运动也对人有教育作用。我们看到我们自己的地球上充满了丰富的物资;但是我们忘却了研究这些丰富的物资中有多少应该归功于宇宙的大机器所展示出来的科学知识。

但是,在那些思考之中,我们对于基督教的信仰体系有什么样的想法,他们的信仰体系是建立在一个单独世界的观念上面的,而且像前面所指出的,它的范围不超过二万五千英里。这样一个范围,以一个人每小时走三英里,一天走十二小时计算,他如果能继续向一个圆圈的方向走,他在不到两年的时间里,就可以走遍一周。唉!把这个范围跟空间的汪洋和造物主的全能的力量来比,怎样比法!

全能的上帝,他有几百万的世界,同样要靠他来保护,他会放弃了其他一切,而像他们所说的为了一男一女吃了一个苹果就来死在我们的世界里,这种奇突的想法不知从何说起!另一方面,我们是不是认为在这个广漠无边的创造里,每一个世界里都有一个夏娃、一个苹果、一条蛇和一个救世主?如果是这样,那个被不恭敬地称为上帝的儿子,有时又称为上帝自己的人,岂是没有别的事情可做而专门从这个世界旅行到那个世界,继续在死亡之中而没有止境,几乎没有片刻的生存。

只有拒绝上帝在他的道或创造中提供给我们的感觉的证据和放弃我们的理性对于这种证据的反应,才会有这么多荒诞奇异的信仰体系和宗教被捏造与建立起来。可能有许多的宗教体系,非但在道德上没有什么不好,而且在许多方面在道德上是好的:但是只能有一个是真的;而且那个真正的宗教体系,必须永远在一切事情方面跟我们在上帝的创造中所体会到的、上帝的万古长存的道是一致的。但是基督教的信仰体系具有这样奇异的结构,每一天体所提供给人的证据,或者跟它直接冲突,或者使它变为荒谬。

有一种说法是可以相信的,而且我已经常觉得乐于鼓励自己来相信这一说法,就是说世界上有些人相信所谓"方便的谎话"至少在特殊的情况之下,可以产生好处。但是那种谎话一经成立,以后就不能加以解释;因为一个"方便的谎话"正像一个坏的行为一样,会造成一种悲惨的欲罢不能的地步。

那些最初宣传基督教信仰体系的人,多少结合着耶稣基督所宣传的道德,或许自信这样做法要比当时流行的异教的神话好些。由第一批宣传这谎话的人传到第二批,然后传到第三批,直到后来,所谓"方便的谎言"这一个观念已经消失而变为信以为真;而且那个信仰又受到那些以传教为生的人的利益的鼓舞。

虽然这样一种信仰,用这样的手段,可能会在世俗的人中间,做到几乎普遍化,但是几乎不可能说明为什么教会要在几百年之中对于科学和科学教授不断地进行迫害,如果教会没有一些记录和传统,证明最初无非是一种"方便的谎话",或者不曾预见到不能用这样的主张来反对宇宙结构所提供的证据。

已经指出,存在于宇宙中的真正的上帝之道和印刷在一本任何人都能制造出来的书里的所谓《圣经》之间，有着不可调和的矛盾。我现在要谈谈历代以来也许在一切国家里都用来欺骗人类的三种主要的手段。

那三种手段就是神秘、奇迹和预言。前面两个跟真正的宗教是不相容的，第三个应该永远加以怀疑。说到神秘，我们所看到的每一件事情，在某种意义上都可以说对我们是一种神秘。我们自己的生存是一种神秘；整个植物界是一种神秘。我们不能说明一粒橡子种在地里，怎样会自己发育起来变成一棵橡树。我们不懂我们所播的种子怎样会舒展开来，翻成许多倍；为什么用一点点小的资本使我们得到这样大的利息。

虽然，这个事实不同于推动的原因，它并不神秘，因为这是我们所看到的；我们也懂得应该用什么方法来做到这点，无非是把种子放在地里。——所以我们懂得我们所必须懂得的事情；至于我们所不懂的那发生作用的部分，或者就是懂得了也无法做到的部分，是由造物主自行担任下来为我们去做了。所以，这样要比我们参与了这个秘密而让我们自己去做，顺利得多。

虽然每一件创造出来的东西，在这种意义上说起来，是一种神秘，但是神秘这个词，不能用于道德的真理，正像“阴暗”一词不能用于光一样。我们所相信的上帝是一个道德真理的上帝，而不是一个神秘或阴暗的上帝。神秘和真理是对立的。神秘是人所制造出来的烟雾，它模糊了真理，而且以歪曲的姿态把它表示出来。真理从来不把它自己包裹在神秘之中。任何时候，如果它被神秘包裹着，那是反对真理的人所做的工作，而不是它自己要这样。

所以宗教既是对于一个上帝的信仰和道德真理的实践，就不能跟神秘有关系。只有一个上帝的信仰,既不包含任何神秘的东西,在一切信仰之中是最平易的,因为像前面已经谈过的,它对于我们是从必要中发生出来的。至于道德的真理的实践,换一句话,就是实行学习上帝的德行,也就是我们之间的彼此相处要像他仁慈地对待一切人一样。我们侍奉上帝不能像我们侍奉那些非有这样侍奉不可的人;所以我们所应有的唯一的侍奉上帝的观念,是对于上帝所创造的人类的幸福有所贡献。要做到这一点,我们就不能退出这个世界上的社会。而在自私的虔诚中过着一种避世的生活。

宗教的真正的本质和意图(如果我可以这样说的话)证明,甚至于表现出来它必须完全脱离神秘,并且跟一切神秘的东西断绝关系。宗教,当作一种义务,应该对于每一个活着的人,一视同仁,所以应该在同一水平上来理解一切人。人的学习宗教跟他的学习一种职业的秘密和神秘不同。他是凭反省来学习宗教的理论。它从他的头脑对于所见、所闻或所读的东西的反应中发生出来,而实践就跟它相结合。

当人们不论是从政策或"方便的谎言"出发,建立起和上帝之道或上帝在创造中的工作不相容的宗教体系,并且不但超过人类的理解力而且和它有矛盾的时候,就不得不制造出或采用一种道理,借以排斥一切发问、调查研究或猜想。神秘这个词可以合于这个目标之用;所以宗教本身并没有什么神秘,而在堕落后才成为神秘的烟雾。

在一切总的目标方面都用得到神秘,而奇迹跟在后面作为偶然的帮助。前者用来迷惑人的头脑;后者用来迷乱人的感觉。一个是语言，另一个是魔术。

在对这个题目进一步深入研究之前，应当先问究竟什么叫做奇迹。

每一件东西可以说是一个神秘，在同样的意义之下，也可以说每一件东西是一个奇迹，而且奇迹不能分大小，不能说这是大奇迹，那是个小奇迹。一头象虽然比较大，但不能说它比起一个小蜘蛛来是个大奇迹；也不能说一座山比较一个原子是个大奇迹。对于一个全能的权力来说，创造这一个不比创造那一个困难些；因此造一百万个世界并不比造一个世界难些。所以每一件东西，从一种意义来说是一个奇迹，而从另一种意义来说，就没有所谓奇迹这样的东西。把我们的力量和我们的理解来比较的时候，某一件东西是个奇迹；但是跟造这样东西的力量来比，它就不是一个奇迹。但是这样的说法还不足以表达出附属于奇迹一词的观念，所以有必要来作进一步的研究。

人类对自己想出了某些规律，他们认为他们称为自然界的是凭着那些规律来行动的；并且认为奇迹是跟那些规律的作用和效果相违反的东西。但是除非我们了解那些规律和普通称为自然力量的整个范围，我们就无法评判对于我们来说是奇妙的或奇异的任何东西究竟是在自然界的行动力量范围之内、范围之外或者和它相反。

一个人上升到空中达几英里之高，将完全具备条件来构成一个奇迹的观念，如果我们不懂得人能制造一种特别的空气，比普通大气里的空气要轻几倍，并且它有足够的弹性，能防止那个充满轻质空气的气球不致受周围普通空气的压缩，以免气球的体积按同样倍数地缩小。同样,从人体里面引出可以看得清楚好像用钢来打击石片一样的火焰或火星,和不需什么看得见的作用力就能使铁或钢移动,也将产生一个奇迹的观念,如果我们不懂得电和磁性。自然哲学中还有许多其他的实验,对于不懂得这一门的人,也会有如此的感觉。表面上已经死去而被救活的人,像溺水而得救的人,也将成为一个奇迹,如果不懂得呼吸可以暂停而不致殒命。

除这些以外,还有其他的作为,或出于一举手之劳,或由若干人的合作,表面看来,似乎奇迹,而懂得以后,就不足为奇。并且除此以外,还有机械方面和光学方面的错觉。现在,在巴黎有一个鬼或妖怪的展览会,虽然并不强使观众信以为真,在表面上看来却使人惊奇。所以我们如果不知道自然或技术所能达到的范围,我们就没有标准来决定一个奇迹是什么;而且人类由于相信外表,在把它们看作奇迹的观念之下,可能不断地受到欺骗。

由于外表的容易使人受骗,假的东西看起来很像真的,而矛盾的事情莫过于认为上帝会运用所谓奇迹那样的手段,因此使做出奇迹的人被疑为是骗子,而讲述那些事情的人被疑为是撒谎,并且要想借此来支持的教义被疑为是荒诞的伪造。

在企图用来为称为宗教的任何体系或见解获得信仰的一切证据之中,唯有奇迹的矛盾最大,不论它在发生欺骗作用上怎样地得到成功。因为第一,任何时候,目标在于获得信仰而要用炫饰作为手段(因为一个奇迹,不论它的意义怎样终究是个炫饰),足见所宣传的教义含有缺陷或弱点。第二,它把全能的上帝降格成为一个变戏法的人,玩弄诡计来供人娱乐,并且使观众瞪目称奇。它也是能够建立起来的一种最可疑的证据;因为信仰不在于称为奇迹的东西,而在于自称看到奇迹的传述者的信用。所以那件事情如果是真的,并不比说谎更容易被相信。

假如我说,当我坐下来要写这本书的时候,有一只手在空中出现,拿了那支笔而写下了这本书里所写的每一个字;试问有人相信我么?当然人家不会相信。如果那是事实,那么他们会多相信我一些么?他们当然不会。因此一个真的奇迹,即使出现,它将和假的遭受同样的命运;而且矛盾变得更大,如果设想上帝会用那样的手段,即使是真的,也不能达到它们所趋向的目标。

如果我们认为一个奇迹是完全处于所谓自然界的常轨以外的东西,要完成一个奇迹必须离开那常轨,而且我们看到自称目击这种奇迹的人关于那种奇迹的记载,那就在人的脑子里发生一个很容易解决的问题,究竟哪一种情况更有可能,是自然界离开它的常轨呢,还是这个人说谎?在我们的时代里,我们从来没有看见过自然界越出它的常轨;但是我们有充分的理由相信在同一时期说过好几百万个谎话,所以报道一个奇迹的人,他的说谎与不说谎的比例至少是几百万比一。

《圣经》中鲸鱼吞约拿的故事,虽然鲸鱼很大;足以做这样的事情,非常接近于神奇;但是如果说约拿吞了鲸鱼,对于奇迹的观念,当更为接近。在这里,也同样适用于一切奇迹的事例,如前所述,事情可以由它本身去决定,究竟哪一个可能性大,是人吞鲸鱼呢,还是人说了一个谎。

但是假定约拿果真吞了鲸鱼,而肚子里带着那条鱼到尼尼微去,使那里的人相信这是真的,而且当着他们面前把一条照原样大小的鲸鱼吐出来,他们岂不要相信他是一个魔鬼而不是一个先知?

或者,如果鲸鱼把约拿带到尼尼微,同样地当众把他吐出来,人们岂不要相信鲸鱼是个魔鬼,而约拿是它的小魔鬼之一。

在一切称为奇迹的事情里,最奇特的一件见于圣经的《新约》中,就是魔鬼带着耶稣基督逃走,把他领到一个高山的顶上;又把他领到最高的殿顶上,把天下万国指给他看,并应许给他。为什么他没有发现美洲;还是只限于黑暗的魔王所注意的那些王国?

我对于基督的道德品质,非常尊重,所以不相信他会亲自说出一个关于鲸鱼的奇迹;也不容易说明这奇迹是为着什么目标编造出来的,除非为了欺骗那欣赏奇迹的人,好像有时候欺骗安娜女王的古物鉴赏家以及遗物和古董的收藏家一样;或者用更荒诞的奇迹来使奇迹的信仰成为可笑;好像堂吉诃德胜过武侠一样;或者故布疑阵使人怀疑究竟是凭什么力量产生奇迹,上帝呢,还是魔鬼,这样来使对于奇迹的信仰受到窘迫。无论如何,必须对魔鬼有极大的信仰,才会相信这一个奇迹。

那些称为奇迹的事情,无论放在哪一个观点上来研究,它们的真实性是没有把握的,而且它们也没有存在的必要。正像以前所说的,即使它们是真的,也没有什么用处,因为要人信仰一个奇迹要比信仰一个没有奇迹而显然属于道德的原则困难得多。道德上的原则是普遍地不言而喻的。奇迹只不过是暂时的东西,而且只能为少数人所看到,在此以后,它要求从信仰上帝转移到信仰人,根据人的报道去相信一个奇迹。所以不应该把奇迹的陈述当作任何宗教体系的真实性的证据,而应该把它们当作那种体系的虚伪的象征。真理具有完全而正直的性质,所以它必须抛弃拐杖;而寓言要借助于真理所抛弃的东西,也是和它的性质相符合的。对于神秘和奇迹我们已经说得很多了。

像神秘和奇迹管到过去和现在，预言则管到未来，而使信仰的三个时态得到圆满。它不能知道过去的事情，但可以知道未来的事情。被人认为是先知的人，就是被认为是未来的历史家；如果他偶然挽着千年的长弓而射击千里以内的一个目标，后代的创造可能使它成为射中的目标；如果碰到完全错误，就只好认为像约拿和尼尼微的事例，上帝已经发生后悔而改变原来的意图。虚假的体系怎样把人当做愚人来玩弄！

在这个作品的前一部分里，已经摆出先知和预言两个词的原意已经起了变化，并且所谓先知，按现在所用的意义来说，是现代发明的一个玩偶；由于语言的意义有这样的变化，所以犹太诗人的奇想和隐喻，以及由于我们不熟悉在他们运用时的当地情况而变成晦涩的成语和措辞，都被搬用到预言之中，并且听凭某派门徒、解释者和注释者的意志和奇想来作解释。每一件不了解的事情都是预言的对象；而每一件无关紧要的事情都被当作一个预兆。每一个错误当作一个预言；而每一块揩碗布当作一个预兆。

如果所谓一个先知就是指一个人，上帝告诉了他将来会发生某一件事情，或者真有这样的人，或者并没有这样的人。如果有这样的人，那么应该相信这样传授的事情一定用可以理解的语言来说的，不会用那样散漫和晦涩的语言来讲，以至于那些听到的人不能懂得，也不会那样地模棱两可，几乎对于后来可能发生的任何情况都可适用。假定认为上帝会用这样儿戏的态度来对待人类，这种想法就是对上帝的大大的不敬。但是在那叫做《圣经》的书中，一切所谓预言的事情，都属于这样的一类。

但是,预言正和奇迹一样;即使是真的,也不能达到希望的目标。如果有人把一个预言告诉了某些人,他们说不出来究竟那个人说的是预言还是谎言,究竟是确曾对他作了启示,还是他自己想出来的。如果在日常发生的许许多多事情中出现了他所预言的或想要预言的事情,或某些类似的事情,谁也不再能分辨出究竟是他预见的呢,猜出来的呢,或是偶然出现的呢。所以先知是一种没有用而不必要的角色。为了妥善起见,不要去相信那些说法以防上当。

整个来说,神秘、奇迹和预言都是假的宗教而不是真的宗教的附属物。它们是手段,凭这些手段,在这世界上传播了许许多多"你瞧这里!""你瞧那里!"的谎话,而宗教变为一种职业。一个欺骗者的成功鼓励了另一个,而且用"方便的谎言"来"做点好事"的泰然自若的口实,使他们免于懊悔。

我已经把题目引申得比我初时所想的长得多,现在我要从全部内容中作出一个提要以结束这个题目。

第一,存在于印刷、写作或言辞中的关于圣经的观念或信仰,说明它本身不能自圆其说,其理由已在前面指出。除了其他许多理由之外,有着这样一些理由:没有一种普通的语言;语言的容易变动;翻译上可能有错误;可能完全不发表这样一种道;可能加以窜改或整个出于伪造以欺骗世人。

第二,我们所看到的创造就是真的和永存的上帝之道,在那里我们不会受骗。它宣扬了上帝的力量,它显示了上帝的智慧,它体现了上帝的善良和仁慈。

第三,人的道德责任在于仿效体现在上帝的一切创造物中的上帝的美德和仁慈。我们每天看到的上帝对于一切人的慈爱,这就是一个示范,号召一切人同样做到彼此相爱;因此人与人之间每一件迫害和报复的事情和每一件虐待动物的事情,是违反道德责任的。

关于将来存在的方式我不去操心了。我就满足于相信,甚至于肯定地确信:给我生存的那种权力,可以随意采取任何方式方法,使它继续下去,或者有这个身体,或者没有;而且在我看来,今后我将继续存在的可能性,比在那种存在到来以前,我现在存在的可能性还要大。

有一点是地球上一切国家和一切宗教都肯定会同意的;大家都相信一个上帝;他们所不同意的是附属于那个信仰的多余的东西;所以如果一旦有一个盛行于全世界的宗教,那不是信仰什么新的东西,而是相信人们最初的信仰而抛弃多余的东西。如果真有亚当这样一个人,他就是被作为一个自然神论者创造出来的;但是,同时让每一个人都有权利信奉他所喜欢的宗教和崇拜。

自　　序
——关于第二部分

在《理性时代》的第一部分中，我已声明过，我久欲发表我的宗教思想；但我原来想把它保留到我一生的后期，作为我最后从事的著作。然而在1793年的最后阶段，在法国发生的形势，使我决定不再拖延。自从哲学首先被搞散以后，于是革命的公正和仁慈的原则随着发生。对于社会经常有危害性，对于万能的上帝亦同样有毁损作用的思想，就是说僧侣能够赦免罪孽似乎已经不再存在，却使人类的感觉，大为混乱，认为一切罪恶，都可做得。教会方面令人不堪忍受的迫害精神已经自行改变为政治，以革命形式的法庭，使审查一件事情有了场所；于是断头台和火刑柱胜过了教会中的火烧和柴把。我看到过许多极亲密的朋友遭到了毁灭；每天还有别人被系入狱；我有理由相信，也有人暗中告诉我说，我自身也将有同样的遭遇。

我在这些不利的情况之下，开始写作《理性时代》的第一部分；我虽然对于《圣经》的《旧约》和《新约》都有所驳斥，但我手边新旧约都没有，我也无法取得。尽管如此，我已写成一书，使《圣经》的信徒在自己的书库之旁和利用教会图书馆的藏书，从事写作，仍不能驳倒我的作品，就在那年12月底，有人动议，并实行排斥外人于国民议会之外。被排斥者只有二人，一个是阿那嘉昔斯·

克罗茨,另一个是我。我知道在那次动议会上作演讲的巴东·特渥西特别指出了我。

此后,我想到我仅有几天的自由了,我便坐下来尽快把我的作品作一结束。不超过六小时我已写好,且已为世人所知。于是在半夜三时就有一个卫兵,带了公共安全和安全保障委员会所签发的命令,把我作为外国人加以拘捕,并把我送到卢森堡监狱中去。在去监狱的途中,我设法访问了嘉尔·拜罗,便把原稿放在他的手中,这比较我在狱中带在身边要安全得多。我不知作者和作品在法国的命运如何,所以我吁求美国公民们的保护。

我要说句公道话,就是前面所说的那个执行命令的卫兵和安全保障委员会的那个译员,随从他们检查我的身份证的人,对我不但很有礼貌而且表示恭敬。卢森堡监狱的看守贝努瓦也是一个好心人。他在权力范围之内,处处对我表示友好。他在任期间,他的家属也待我很好。后来他被解职,遭到逮捕,并且被恶意控告,带到法院接受审问,结果被释放了。

我在卢森堡监狱大约被关了三星期之后,那时在巴黎的美国人,集体到国民议会去申请说我是他们的同胞和朋友;但是当时的总统凡特,也就是安全保障委员会的主席和签发拘捕我的命令的人,说我生于英国。从此以后,直到热月[①] 11 月 9 日—1794 年 7 月 27 日罗伯斯庇尔的失败为止,我从未听到过监狱以外来自任何人的消息。

① 热月在历史上指 1793 年制定的法兰西共和历 11 月,相当于公历 7 月 19—20 日至 8 月 18—19 日。——译者

在这个事件大约两个月以前,我发起烧来,在发烧的过程中,种种症状显示我将死亡,从病的后果来说,我并无起色。正在那时,我又满意地想起,我为了已写完《理性时代》的第一部分而祝贺自己。那时我对于再活下去的期望很小。在我周围的人对我的希望更小。所以我根据经验体会到对我自己的原则的真实考验。

那时和我同室的还有三个同志:即布吕热的约瑟夫·旺厄尔,鲁万的沙尔·巴斯蒂尼和米歇尔·吕班。这三位朋友日日夜夜对我不断的和深切的关怀,我想起了便觉得感激,提到了便觉得愉快。碰巧一位内科医生格拉安博士和一位外科医生邦恩先生是奥·阿拉将军的随员的一部分,当时驻在卢森堡监狱。我也没有自问,他们既是英国政府人员,我向他们表示感谢是否适当;但是我如果不这样做,我得引为自咎;对于卢森堡监狱的医生麦可斯基博士来说,亦复如是。

我有某种理由相信,因为我不能发现其他原因,就是这场病保全了我的生命。在一个由代表组成的委员会所送请议会审查的罗伯斯庇尔的文件中,有一份罗伯斯庇尔的亲笔短简,其文如下:

"为了美国的利益,同样也为了法国的利益,要求通过一项对托马斯·潘恩起诉的法令。"

这种意图,没有付诸实行,其原因何在,非我所知,所以连我自己也说不明白,只能说由于这场疾病而变为不可能。

国民议会尽它的权力所及,为我所受的不公待遇补偏救弊,一致同意公开邀请我返回国民议会。于是我接受邀请,表示我能够忍受伤害而不影响我的原则或性情。正确的原则,并不因受到违反而被放弃。

从我恢复自由以后,我已看到好几种刊物,有些出在美国,有些出在英国。这些刊物对于我的《理性时代》的第一部分作了答复。如果这些文章的作者这样做了,能以此自娱,我不打算加以干涉。他们尽可随心所欲,对于我的作品和我本人加以批驳。他们对于我的帮助比他们所想望的更大,而且我不反对他们继续写下去。然而,在我未曾写出第二部分作为对他们的答复时,他们会觉得必须重读他们的作品,而把他们的"蛛网"重新结织。那么他们初次的写作,偶然之中改过来了。

现在他们会发觉我已得到了一本《圣经》和一本《新约》;而且我也可以说我已发觉它们是比我以前想象中更坏得多的书。假如我在《理性时代》第一部分中犯了什么错误,那是由于我对于那些书中某些部分说得过分好了。

我观察到所有我的对手方面,为解除他们的困难起见,多少乞灵于他们所称的经文证据和《圣经》权威。他们对于所讨论的问题,知识十分浅陋,甚至把真实性的争辩和教义上的争辩混为一谈;虽然我要向他们指正,假如他们再要有所写作的话,也许知道怎样开始。

托马斯·潘恩

1795 年 10 月

第 二 部 分

人们常说,任何事物可用《圣经》来证明,但任何事物在用《圣经》来证明之前,《圣经》本身必须先被证明是真实的;因为《圣经》如果不真实,或其真实性有疑问,它就没有权威,也就不能用作任何事物的证明。

一切解释《圣经》的基督教人士,一切基督教教士和传教师,常在实践中把《圣经》作为一堆真理和上帝之道强加于世间;他们为了《圣经》中的特定部分或某些章节的值得揣想的意义,彼此辩驳,争吵,甚至诅咒;有人坚持某节经文应作如是解释;另一人认为其意义恰恰相反;而第三人则认为前面两人的见解都不对,而另有一种意义;他们所谓了解《圣经》,就是这样一回事。

巧得很,我所看到的关于《理性时代》第一部分的一切答复,都出于教士的手笔;而这些虔诚的人士,像他们的前辈一样,长于辩驳,争吵,并且装作懂得《圣经》;人人所了解的彼此不同,但各人认为自己懂得最好;他们没有相同之点,但是他们都对读者说托马斯·潘恩不懂此道。

现在为了避免浪费他们的时间和加剧他们关于《圣经》教义的不可控制的争吵,他们应该懂得,如果不懂,礼貌上也应该告诉他们,首先应该明白的是,究竟有没有足够的权威使人相信《圣经》是上帝之道?

在那本书里，有些事情，据说是由于上帝的明令做出来的。这些事情对于人类和对于我们所有的道德、正义的观念来说，都是骇人听闻的，恰如罗伯斯庇尔、卡里尔和约瑟夫在法国所做的事情，以及英国政府在东印度群岛的所作所为一样，或者同现代任何暗杀事件如出一辙。当我们读到所谓出于摩西、约书亚等人的书，说起他们(以色列人)偷偷地侵犯了所有国家的人民，按历史的昭示，那些人民并没有开罪他们；而他们对那些国家动兵用武，白发黄口均在所不免。男、女、幼童，全遭屠杀；他们不让一人活着。这些记述，一再重复见于那些书中，而且残暴程度越来越深；我们能确信这些是事实么？我们能确信这些作为是出于创造者①的命令么？我们能确信记载这些事情的书是由于他的权威而写成的么？

年代的久远不能作为故事真实的证据。相反，这是难以相信的象征；因为任何历史越是托始于古远，就越显出它是一种寓言(或神话)。一个民族的起源往往用一种神话式的传说来加以掩盖，犹太人的起源，也和其他民族的起源同样可疑。把一切的行动归咎于全能的上帝，而按他们自己的本性和道德正义的每一准则来看，都是罪行，正像一切暗杀一样，尤其是暗杀婴孩，其罪更重。《圣经》告诉我们，那些暗杀行为是出于上帝的明令。所以相信《圣经》是真实的，我们就必须推翻我们对于上帝的道德正义的一切信仰；因为婴孩的一哭一笑，哪里可以并行不悖？复次，读了《圣经》而不生怖畏，我们必须把人心中一切温良的、同情的和仁慈的思想，全部放弃。就我来说，如果我相信《圣经》是真实的，必

① 指上帝。——译者

须作出牺牲，那么即便没有其他证据来证明它是虚假的，已经足以使我决定应取什么，舍什么了。

但是除了一切道德上反对《圣经》的证据外，我在这本作品中，还要提出其他证据，即使一个教士也不能否认；并且指出从那种证据看来，《圣经》是无权作为上帝之道的。

但是，在我进行这样的查考以前，我要指出《圣经》和其他古代著作，在哪一点上不同，以及用以确立其真实性的证据的本质。这样做是比较适当的，因为《圣经》的拥护者，在对于《理性时代》前一部的答案中，所据以立论，而且加以强调的是《圣经》的正确性和其他古代作品相同；好像是既然相信了这一种，依据准则，就该相信那一种。

虽然，据我所知，只有一种古代著作有权威，可以博得全世界的同意和信从，那就是欧几里得的《几何原理》[①]，其理由是这本著作有自明的论证，作者绝无依傍，亦不涉及与时间、地点、环境等有关的一切事物。那本书中所包含的事物，假使是由任何别人所写，或是隐名者所写，或由无人知道的作者所写，那本书将享有与现在所享有的同样威信，因为确定谁是作者的问题，和我们相信书中所包含的事物无关。但是这和被称为摩西、约书亚、撒母耳记等的著作大不相同，那些书是属于证明的书，它们所证明的是天然不可相信的，所以我们对于那些书的真实性的全部信仰，首先寄托于认定它们是摩西、约书亚和撒母耳所写的；其次是，认为他们的证言是

① 欧几里得按照编年史，活在耶稣基督三百年以前，大约在阿基米德之前一百年；他是从埃及的亚历山大城来的。——作者

真实的。我们可以相信第一点，就是说，我们可以相信著作权是属于他们的，然而不是相信他们的证言；同样方法，我们可以相信某人为某一案件作证，但是并不相信他所提出的证据。假使一旦发觉以前认为是摩西、约书亚和撒母耳所写的书并不是他们写的，于是那些书的权威性和正确性即时全部完蛋，因为伪造或虚构出来的东西是不可能有的；也不会有隐名的证言，尤其是天然不可相信的东西；例如与上帝当面对话，或如人可以命令太阳和月球停止行动。至于其他古书，绝大部分是天才的作品，其中如世所称为荷马、柏拉图、亚里士多德、德摩斯梯尼及西塞罗等诸家之作品。这里，又要说到我们所以重视这些作品中的任何一种与作者为谁，并无多大关系；因为凡是天才的作品，即使作者不具姓名，它们也会享有盛名，像现在它们所享受的一样。没有人相信荷马所叙述的特类城的故事是真的——因为人们所赞赏的只是那个诗人；故事虽假，而诗人之优点长存。但是我们不信《圣经》作者（例如摩西）所叙述的事情正如我们不信荷马所描写的故事一样，那么依我们的评价，摩西不会留下别的东西，只是一个骗子罢了。至于古代的历史家，从霍莱铎得斯到塔西佗，我们称赞他们只限于他们所描写的事情，是很可能发生的和可信的，我们的相信以此为度。因为我们如果逾此限度，那么我们必须相信塔西佗所描写的惠思葩西安所做的两件奇迹，就是医好一个跛者和一个盲人，正和基督的历史家们描写基督所做的事情和方式完全相同。我们也得相信约瑟福斯所引证的打开旁非利亚海让亚历山大和他们的部队通过的奇迹，这和《出埃及记》中所述红海一事，正复相同。这些奇迹和《圣经》中的奇迹同样被证为真实，然而我们不信它们；因此为使我们

相信天然不可信的事物所必备的证据,无论在《圣经》中或在别处,其程度比我们相信天然可信的事物要大得多;所以《圣经》的拥护者不能因为我们相信其他古书中所叙述的事物,而要求我们相信《圣经》,由于我们相信其他古书的叙述也只限于可能的和可信的,或者因为他们是自明的,像欧几里得那样;或者赞美它们的优美艺术,像荷马那样;或者赞成它们因为他们是肃穆的(安详的)像柏拉图;或者他们是有判断力的,像亚里士多德。我已提议了这些事情,现将进而考查《圣经》的可靠性,首先要讨论被称为属于摩西的五篇:即《创世记》、《出埃及记》、《利未记》、《民数记》和《申命记》。我的意图是要指出那些书是伪造的,并且要说明摩西不是那些书的作者;更有甚者,那些书也不是在摩西时代所写的;而且也不是摩西以后数百年内写的;它们无非是试图写出摩西的生活史,和据称是他生活时的历史,也说到他以前的时代,是由于摩西死后数百年,由一个极无知和愚蠢并冒称为作家的人所写的,像现代人写几百年,或几千年以前所发生的或想象中所发生的事物的历史一样。

在这种情况下,我将提出的证据,是从这些书的本身中得来的,而且我一定限制我自己只采取这一类证据。凡我所提供作证的古代作家,就是《圣经》的拥护者称为亵渎的作家,他们会反驳那个权威,像我反驳他们的一样;我将在他们的立场上,同他们周旋,用他们的武器——《圣经》来反击他们。

第一,没有肯定的证据来证明摩西是那些书的作者;说他是作者,完全是一种没有根据的意见,出外旅行,也没有人知道是怎么回事。写这些书的风格和方式也没有令人相信之处,甚至推定它们是摩西写的;因为这完全是另一个讲到摩西的人的风格和方式。在《出埃及记》、《利未记》及《民数记》(因为在《创世记》每一事物都在摩西时代以前,而且这里面丝毫没有提及他)中,我说,这些书全部用第三人称;往往是:神对摩西说,或摩西对神说;或摩西对人民说,或人民对摩西说。这就是历史家在写到那个人的生活和行动时,提到他所用的风格和方式。或者有人可以这样说,一个人在讲到自己的时候,也可以用第三人称,所以可以假定摩西是这样做的;但假定不能证明什么东西。如果有人支持那种信仰,认为摩西亲自写了那些书篇,而除假定以外,不能更好地再进一步,他们不如"免开尊口"。

但是即使依据语法上的权利,摩西可能用第三人称来讲自己,因为任何人可能那样来讲到自己,我们不能因此认为书中的事实是说话者就是摩西,而不使摩西成为真正可笑和荒谬之人:——例如《民数记》第十二章第三节说,"摩西为人极其谦和,胜过世上众人。"如果摩西用这样的话来讲自己,那么他不是最谦和的人,而是纨绔子弟中最自负和最傲慢的一个。于是,那些书的拥护者现在可以就其所好,选取一方,因为双方都跟他们相反对。如果摩西不是作者,那些书就没有权威;如果作者是他,那么作者就不可信任,因为自夸谦和就是谦和的反面,也就是感情上的谎话。

在《申命记》中,写作的风格和方式,比以前各书更明白地显示摩西不是作者。这里所用的方式是戏剧性的:作者用一段简短的介绍式的谈话作为题目的开始,然后在说话的行动中引出摩西,当他让摩西结束了他的长篇大论以后,他(作者)从新讲他自己的话,一直讲下去,等到他再度引出摩西为止,最后叙述摩西丧亡,葬

礼和他的品格，作为这一幕的结束。

说话人的这样互相交替，在这书中共有四处。从第一章第一节到第五节末，是作者说话；然后他引述摩西的大段谈话，这段谈话直到第四章的第四十节的末尾为止。从这里起，作者放下了摩西，而把推定为摩西生时说话以后所做的事，也就是作者把有过戏剧性的重演的事，作了历史的叙述。

作者在第五章的第一节中，再用前法，开始写出题目，虽然仅仅说道：摩西将以色列众人召集一起；然后同以前一样引出摩西，继续讲到他，就像在谈话中一样，直到第二十六章的结尾为止。在第二十七章的开端，他做了同样的事。他继续讲到在说话中的摩西，直到第二十八章的末尾。到了第二十九章，在整个第一节及第二节的第一行，作者再度如此写法，在那里他最后一次介绍摩西，于是又讲到摩西在说话，到第三十三章的末尾为止。

作者既已写完在摩西方面的重演，现在前进一步，在最后一章的全章中有所叙述。他在开头时告诉读者，摩西登上了毗斯迦山顶；他在那里看到（作者说）许给亚伯拉罕、艾萨克和雅各的土地；又说他（摩西）死在那里，就是在摩亚的土地上，但是直到如今——《申命记》作者生存时为止，没有人知道他的坟墓何在。作者又告诉我们摩西活到了一百一十岁而死——那时他的双目犹明，他的自然力也未衰退；他的结论是从此以后，以色列没有产生过一位像摩西那样的先知，而且据这个隐名的作者说，摩西是上帝当面见过而知道的。

就语法上的证据所及，我已指出摩西不是那些书的作者，又从《申命记》作者自相矛盾的地方作了一些观察之后，我要进一步从那些书中的历史和年代上的证据上指出摩西不是,因为他不能是那些书的作者,因此无权教人相信书中所述对男女、儿童进行惨无人道和令人可怖的屠杀,正如书上所说,是出于上帝的命令。这是每个真正自然神教信徒的义不容辞的职责,他们应该出来辨明这是《圣经》对于上帝道德正义的毁谤。

《申命记》的作者不论是谁(因为这是一本隐名的作品),都是不清楚的,并且在他所作的关于摩西的叙述,有自相矛盾之处。

自从告诉人们摩西到了毗斯迦山顶上以后(任何记载中没有出现过他再下山的说法),只告诉我们摩西死在摩亚的土地上,又说到"他"把他埋葬在摩亚土地的一个山谷里,但是由于代名词"他"之前没有一个先行词,所以这里所谓"他"把他埋葬的"他"无人知道是指谁而言。如果作者的意思是指"他"(上帝)埋葬了他,那么"他"(作者)怎么会知道这件事情?或者为什么我们(读者)应该相信他?由于我们不知道告诉我们这件事的作者是谁,因为摩西本人当然不能告诉人家他是埋葬在哪里的。

作者也告诉我们,直到今天(意即在作者生存的时候)没有人知道摩西的坟在什么地方,那么他怎么会知道摩西是葬在摩亚的一个山谷里?因为作者既然生长于摩西之后好长一段时间,显然,根据他用"直到今天"这个措辞,就可知道他的意思是在摩西死后很长时间,他肯定不曾参加摩西的葬仪。另一方面,摩西本人肯定不可能会说,直到今天没有人知道坟墓在什么地方。若然把摩西当作说此话的人,不如同一个儿童做游戏时,把自己躲藏起来而大声叫喊"没有人能找到我",现在改进为"没有人能找到摩西"。

这个作者在任何地方没有告诉过我们,他所说的摩西口里说的话是怎样得来的，所以我们有权作出结论说：要么是他自己编的，要么是由他人口传而由他写出来的。二者之中，必有一种更为可能，由于他在第五章里作出一张命令表，其中他所谓的第四条诫命，与《出埃及记》第二十章中的第四条诫命不同。在《出埃及记》中应守第七日的理由是，“因为（诫命上说）上帝在六日之内创造天、地，第七日便安息”；但是在《申命记》中，其理由是在那一天以色列的儿女们从埃及出来，所以这条诫命说，主，你们的上帝吩咐你们守安息日。这一条没有提到创造，也没有提到从埃及出来。这本书中也记载了许多事情作为摩西的法律；这些东西在其他书中是找不到的；而在他的书中只见到不人道和野蛮的法律；在第二十一章的第十八节、十九节、二十节及第二十一节中授权做父母亲的可以把他们自己的儿童带出来用石头砸死，为了乐于去说的顽强性。但是教士们老是喜欢宣扬《申命记》因为《申命记》宣扬（纳于教区之）年赋，他们又从这本书的第二十五章第四节采取那句短语，并应用于年赋。书上的原文是：“牛在场上踹谷的时候，不可笼住他的嘴”；这句话也许逃不过他们的观察，而且他们已经注意到这一节，依目次来说，是在这一章的开头部分，虽然这句话是在短短不到两行的一节之中。啊！教士们！教士们！为了年赋的缘故，你们是愿意被比作一条牛的。虽然我们不可能完全相同地知道《申命记》的作者是谁，却不难从职业上发现他，认为他是某一个犹太教士。在这本著作中，我会指出他生活在摩西之后，至少有三百五十年之久。

现在我来谈谈历史上和年代上的证据。年代方面，我将采用的是《圣经》的年表；因为我无意超出《圣经》的范围来寻求任何事物的证据。所以我要用的年表,是利用《圣经》本身来作历史和年表来证明摩西不是人们所说的那些属于他的著作的作者。所以我认为适当的办法是告诉读者(至少是对一个或许没有机会了解它的人),在大本子的《圣经》里,也在某些小本子里,在每页的边上印有一串年代的记载,目的在于指出每页所载的历史事件已发生多久了,或者指假定为发生于基督以前的事,以及一种历史环境和另一历史环境之间的时间距离。

我从《创世记》开始。在《创世记》的第十四章中,作者叙述了罗得在四个王对五个王的一场战争中被俘,当罗得被掳的消息传到亚伯兰时,他就武装了全部家人前往,把罗得从掳掠者那里救了出来,并且把他们追逐到"但"。(见第十四节)

为了说明把他们追赶到"但"这个词组如何运用到成为疑问的情况,我要提供两种情况:一种在美国,另一种在法国。在美国的城市现称为纽约,原来称为新阿姆斯特丹。至于在法国的城市,以前称为哈佛尔德格雷斯,后来称为哈佛马拉;阿姆斯特丹是在1664年改称纽约的。至于哈佛德格雷斯改称哈佛马拉,是在1793年。所以如果有任何著作发现,虽然不具日期,纽约的名称是应该提到的,这就是确切的证据,可以证明这种著作不会写在以前的日子里,一定写在阿姆斯特丹改为纽约以后。因此可以说,一定在1664年以后,至少在这一年之中。在同样的方式下,任何不具日期的写作,只要有了哈佛马拉的名称,就可确切地证明这样一种著作一定写在哈佛尔德格雷斯改名为哈佛马拉之后。因此一定写在1793年之后,或者至少在那一年之中。

我现在来引用那些情况,并且指出原来没有"但"这个地名,直到摩西死后好多年才有的。由此可见，摩西不可能是《创世记》一书的作者，这本书里却记着把他们追赶到“但”的故事。

《圣经》上那个叫做“但”的地方，原来是琴泰尔斯的一个城镇，叫做拉亿；后来叫“但”的一个部族占领了这个城镇，就把它改名为“但”，以纪念这一部族的先辈，也就是亚伯兰的曾孙。

为了确立这个证明，必须参考从《创世记》起到《士师记》第十八章。在那里说（第二十七节），他们（但人）进入了拉亿，见到了安居无虑的人民，就用剑杀了他们（《圣经》里充满了杀人事件），又放火烧了那个城镇；他们在那里修城安居（第二十八节），并且用他们先辈但这个名称，把这个最初叫做拉亿的城镇改名为“但”。

但人占领拉亿，把它改名为“但”的记述，在散普逊死后立即见于《士师记》一书。据说散普逊之死发生于基督之前一一二零年，而摩西之死在基督之前一四五一年，所以按照历史的安排，这个地方直到摩西死后三百三十一年，才改名为“但”。

因此《士师记》中在历史和年代的编排之间有着显著的混乱。书中最后五章，即第十七、十八、十九、二十、二十一章，照现在书中的排列，按年代来说，是在以前各章之前，它们是在第十六章之前二十八年，第十五章之前二二六年，第十三章之前二四五年，第九章之前一九五年，第四章之前九十年，第一章之前十五年写成的。这表明《圣经》的不确定性和难以相信的状态。按照编年安排，拉亿的占领和但的命名是在摩西的继承人约书亚死后二十年；按书中所载，依历史的次序，这是在约书亚死后三〇六年，而在摩西死后三三一年；而他们两者都没有说到摩西是《创世记》的作者，因为无论照哪一种说法，都没有提到“但”这个地方存在于摩西时代;所以《创世记》的作者一定是活在拉亿城改为但城之后的人;那个人究竟是谁,无人知道;因此《创世记》的作者是隐名的,是没有权威的。

现在我要进而讲到历史和年代的另一点证据,并且指出这里就像上面所述的情况一样,《创世记》的作者不是摩西。

在《创世记》第三十六章里,记载着以扫的儿子及其子孙的系谱。这些人被称为以扫的后裔,还有一张以东诸位国王的名单,在列举人名之中,第三十一节中说:“以色列子孙受国王治理以前,就是这些人治理以东而称国王的。”

现在假定发现任何没有日期的著作,在著作中谈到任何过去的事件,作者应该说明,这些事情发生于美国有国会以前,或者说发生于法国有国民议会以前。这样就能证明这类著作不可能写在美国有国会或法国有国民议会以前,而只能写在它们以后,情况也许这样。由此说来,这类作品在一个国家里不能由死于有国会以前的人所写;而在另一个国家里不能由一个死于国民议会以前的人所写。

在历史中和会话中,再没有比以事实代替日期更为常见了;这样做极为自然,因为一件事实留在脑海中胜过一个日期。第二点是因为事实包括日期在内,可以一举而两得;这样依据情况说话的方法,就意味着肯定所说的事实是过去的,好像那件事实是十分透彻的。当一个人说到一桩事情时,他说那是在我结婚以前,或者说在我的儿子出生以前,在我去美国以前,在我去法国以前,这样绝对可以明白,而且表达出他打算使人明白的就是,他已结过婚,他已生过一个儿子,他已去过美国,或者已去过法国。语言不容许在任何其他意义上采用这种表达的方式,有时在别处发现这样的表达,只能理解为只有在这种意义上采用这种方法。

所以我在前面所引用的经文——“以色列人未有国王治理以前,这些人就是治理以东的国王”,这只能写在开始治理他们的第一个国王之后;由此可见,《创世记》远非摩西所作,至少亦非扫罗以前之人所作。这是这节经文的正面的意义。但是任何国王这个用语,包含不止一个国王,至少有两个,这个说法一直要引申到大卫时候。倘就一般的意义来说,一直要贯穿着犹太王国的整个时期。

假使我们在《圣经》的任何其他部分遇到这节经文,并公开表示是写在国王们开始治理以色列之后,那就不可能没有见到这句话的运用。就说明碰巧有这种情形;写出以色列一切国王历史的两篇《历代志》,是写在犹太王国开始以后,而我所引述的那节经文以及《创世记》第三十六章其余部分的经文,是逐字记在《历代志》的第一章里,从第四十三节开始。

《历代志》的作者会说,而且他也说过,《历代志》第一章第四十三节所说:“任何君王治理以色列人之先,这些人就是治理以东的君王”,因为他将作出而且已经提供一张治理以色列的国王名单;但是同样词句会用于那个时期以前,是不可能的。同样可以肯定,任何事情可以从历史的语言中得到证明。也就是说《创世记》的这一部分,是从《历代志》中得来的,更可以说《创世记》没有《历代志》那样古远,也许没有像《荷马》一书那样古老,或者不及《伊索寓言》那样古老。按照编年记所说那样,承认荷马是大卫和所罗门的同时代人,而伊索则生活于犹太王国的末期。

从《创世记》抛开摩西是作者这一信念,在这一点上只有一种奇怪的信仰,就是说上帝是这样说的。此外《创世记》就没有什么了,只不过是一本隐名的故事书,内中有故事、有寓言、有传统的或造作的谬论,或者可以说是一本弥天大谎的书。夏娃和蛇,诺亚和方舟的故事降落到《天方夜谭》的水平,而没有引人入胜的长处。至于说到人活到八九百岁,成为神话中巨人那样的长生不死一样的荒唐。

此外,《圣经》中所讲的摩西的性格是人的想象中最可怕的。如果那些记述是真的,那么他是个大恶人,首先借口或伪托宗教之名,开始和继续进行战争;并在那种面具或迷惑之下犯下了任何国家史无前例的暴行。在这方面我来举出一例。

犹太军从一次杀戮和抢劫的出征回来以后,那段记载见于《民数记》第三十一章第十三节。

“摩西和祭司以利亚撒以及会众一切首领,都到营外迎接他们。摩西对打仗回来的军官——千夫长、百夫长——发怒地说,你们拯救了所有妇女的生命么?这些妇女,因巴兰的计谋,叫以色列人在毗珥的事情上得罪耶和华,以致上帝的会众遭遇瘟疫。所以你们要把所有的男孩和所有已嫁的女子都杀掉。但女孩子中,凡没有出嫁的,你们为了自己可以使他们活下来。”

如果这段记载是真的,那么在世界的任何一个时代里,在令人厌恶的坏人中,已经侮辱了“人”这个名称,找不到比摩西更坏的人。这是一道宰割男孩、屠杀母亲和奸污少女的命令。

让任何一个母亲置身于那些母亲的处境之中;一个儿童被杀了,另一个命定要被奸污了,而她自己则在刽子手的手掌之中;让任何一个女儿置身于那些女儿的处境之中,她是杀她母亲和弟兄的凶手的牺牲品，试问她们的感情如何？若把这类事情归于自然，是无益的，因为自然有它的途径，凡是折磨她的社会关系的宗教都是假宗教。

在这个令人厌恶的命令之后，接着记载抢劫得来的东西和怎样分配的方法；这里显出祭司们假冒为善的亵渎行为，增多了犯罪的数目。第三十七节说，“其中归耶和华的贡物羊有六百七十五只；牛共有三万六千只，其中作为耶和华贡物的有七十二只；驴三万匹，其中归于耶和华贡物的有六十一匹；人有三万口，从其中归耶和华所有的有三十二口”。总之，这一章中所包含的人与物，同《圣经》中其他部分一样，使人读了觉得太惨无人道，或者觉得不堪入目因为从这一章的第三十五节起，因摩西的一道命令而遭到污辱的妇女、儿童有三万二千人之多。

一般人不知道冒称上帝之道有什么罪恶。在迷信的习惯中长大的人，他们认为《圣经》之为真实，是当然之事，而且是好的；他们自己不去对它发生怀疑，并且他们一直怀着上帝是仁慈的观念，这类观念记在自幼受教的圣书中，相信《圣经》是凭上帝的权威写出来的。怪哉！事情恰恰相反，《圣经》是一本谎言、罪恶和亵渎（上帝）的书。把人类的罪恶归于（上帝）的命令，试问还有什么更大的亵渎？

但是话归本题，就是要说明摩西不是人们认为属于他的那些书的作者，而且说明《圣经》是伪造的。我举出的两个例子，即使没有其他证据，已经足以破除任何冒充比所述的事物或涉及的事实要早四五百年的任何著作的真实性；因为就这些事实追寻到“但”和治理以色列子民的君王而论，还不可能为不可信的预言托词进行辩解。其中的用语,是过去时态。说一个人能在过去时态中说出预言,那完全是痴人说梦。

但是,还有许多其他章节,散见于那些书中,联合为同一论据。《出埃及记》(另一本被称为摩西的书)第十六章第三十四节说:"于是以色列的儿童们就吃'吗哪'直到进了有人居住之地;他们吃了吗哪直到他们达到了迦南的边界。"

以色列的儿童是否吃了吗哪,吗哪是什么东西,是胜于菌类或小蘑菇之类的东西,还是那个国家里某地常见的蔬菜之类,对于我的论证没有什么关系。我要说明的全在于,描写这段事情的不是摩西,因为这段记事超过了摩西的生命和时代。依照《圣经》(但是这部书是这样一部说谎和矛盾的书,谁也不知,哪一部分是可信的,或者有没有这样一部分)摩西死在荒野之中,从来没有到达迦南的边境;因此讲以色列儿童所做的事,或讲他们到了那里,吃些什么的,不是摩西。这段吃"吗哪"的故事,据他们告诉我们是摩西写的,但是本身延长到摩西的继承人约书亚的时代,从《约书亚记》一书的记载中可以看出,此事是在以色列儿童已经过了约旦河,而且到达了迦南的边境。《约书亚记》第五章第十二节说:"他们吃了那里的谷物,第二日'吗哪'就不复存在了,以色列人也不不再有'吗哪'了,那一年他们却吃迦南地的果子。"

但是有一个比这个更值得注意的事例出现于《申命记》。那个事例,一方面说明摩西不可能是那书的作者,也说明在巨人时代所流行的荒谬的观念。按《申命记》第三章,在所传摩西所得的胜利中,提到了巴珊王"噩",其第十一节说:"因为巨人族所遗留下来的只有《巴珊》王噩;看,他的床是铁的,现今岂不是在亚扪人的拉巴么？铁床的长是九腕尺，阔是四腕尺，都是以人腕尺为度。”这里的一腕尺是一英尺九英寸，因此那只床的长度是十六英尺四英寸，阔是七英尺四英寸，这是巨人的床的尺寸。现在讲到历史部分，虽然证据不是如此直接和正面，像前面的事例那样，而是概括的，而且有推测性的证据，但是比相反一面的“最好”证据还要好。

作者意在证明巨人的生存，提到了他的床，作为古代的遗物，并且说道，岂不是在亚扪人的拉巴么？这里的意思是：就是因为《圣经》中常用这种方法来肯定一种事情。但是摩西不可能是说这种话的人，因为摩西一点也不知道关于拉巴的事，也不知道其中情况，拉巴不是一个属于这个巨人王的城市，也不是摩西所攻克的城市之一。所以这张床是在拉巴和这床的具体尺寸，必须涉及拉巴被攻占的时间，而这件事一定要在摩西死后四百年时开始出现；为此，请看《撒母耳记》下篇第十二章第二十六节，“约押（大卫的将军）攻打亚扪人的京城拉巴而占领之”。

我既无意于指出所谓属于摩西的那些书在时间、地点以及情况方面的矛盾，而这一切都证明那些书不可能是摩西所作，也不是摩西时代的作品：我要进一步提到《约书亚记》一书，并且指出约书亚也不是那本书的作者，还要指出那本书是隐名的，是没有权威的。我所要提出的证据就包含在那本书的本身之中，我不从《圣经》以外取得证明来反对所谓的《圣经》的可靠性。假的证词，常是善于自破其说的。约书亚，依照《约书亚记》第一章，是摩西的直接继承人；而且是个军人，摩西并不是。他继续做以色列人的首领达二十五年，也就是从摩西死亡之日起。那个日子，依照《圣经》的编年记，是在基督以前一千四百五十一年起，直到基督前一千四百二十六年。根据同一编年记,约书亚在那一年去世了。所以,如果我们在这本书里找到记载,说这本书是约书亚写的,而且提供约书亚死后所做的事实,那就证明约书亚不可能是作者;也证明这本书非要等到书中所记的最后事实写出以后,是不会写出的。至于书的性质是令人可怕的。这是一本劫掠和杀人的军事历史,其野蛮和残酷,在毒辣和伪善方面和他前辈摩西的记述是同样的。至于亵渎(上帝)之处,正如在以前的书中一样,把它归咎于上帝的命令。

第一,《约书亚记》一书,如同以前各书一样,是用第三者的语气写的;说话者是历史家约书亚。如果约书亚讲到自己时,像在书中第六章末节所记那样,那岂不是荒谬和自高自大吗?按这一节中的话是:“约书亚的名声传扬遍地。”现在我要更直接地提出证明。

在第二十四章第三十一节说道:“在约书亚在世的日子里以及死于约书亚以后的长老们还在的时候,以色列人侍奉耶和华。”现在试以常识而论,约书亚能否讲述人们在他死后所做的事?这段记述,不仅是约书亚死后的历史家所写的,而且一定是死于约书亚以后的长老们逝世后的历史家所写的。

有些经文,涉及时间方面的一般意义,散见于《约书亚记》一书中。这些记载把写作本书的时间引长到写《约书亚记》以后的一段时间,但是没有标明不包括特定的时间,像上面一节的引文,就是如此。在那一段经文中,介乎约书亚之死及长老们之死之间的时间,绝对没有谈到。所有证据只证明这本书是在最后那批人死后才写成的。

但是我提到的和即将引用的那一段,虽没有用避而不谈的方法指明特定的时间,它们意在指出远远超过约书亚的日子的一个时间,要比约书亚之死和长老们之死两者间的距离,长远得多。我要引的一段就是第十章第十四节。在那里说到,在约书亚的命令下,太阳停在基遍,月亮要停在亚雅仑谷(这种故事只配用来取悦儿童)。经文上说,"在这日以前,这日以后,耶和华听人的祷告没有像这个日子的"。

太阳停在基遍和月亮停在亚雅仑谷的故事,是自身发觉的寓言之一。这样一种情况不会出现而不为全世界所知道的。有半数的人会觉得奇怪,为什么太阳不升起来;还有半数的人不明白,为什么太阳不落下去。这种传说将是世界性的,然而世界上没有一个国家知道这样的事情。但是月亮为什么必须停止?在什么时机,白昼有月光出现,而在日光照耀之下,亦复如此?作为一个诗人,整个东西是很适宜的。这和底波拉和巴拉克的歌很相似,星宿从天上争战,从其轨道上攻击西西拉;但这歌不及穆罕默德在前进的时候对他进行劝告的人所用的比喻的措辞。他说道,假如你们来到我这里的时候,右手带了太阳,左手带了月亮,也不能改变我的事业。为了约书亚,为了胜过穆罕默德,他应该把太阳和月亮分别放在两个口袋里,把它们带在身上,就像嘉埃·福克斯带着那只暗的灯笼一样,当他偶然需要的时候,便拿出作照明之用。

崇高的和可笑的事往往非常接近地联系在一起,甚至难以把它们分开归类。崇高再上升一步,便成为荒谬可笑之事,而荒谬可笑再提高一步,又成为崇高的了。虽然如此,从诗人的想象力中抽出来的东西,说明约书亚的愚昧,因为他应该命令地球停止不动。

此后这一用语所包含的时间,就是那天以后,用来和这天以前已过去的一切时间作比较,为了使这段文字有明确的意义,上面所说那天,意思就是一大段时间;——例如,可笑的说法是,下一天或下一周,下一月或下一年;所以把这一段的意义与它所说的奇事和它提到的以前的时间相比,它一定是指几个世纪而言;虽然,说比一世纪少,那是开玩笑;说比两世纪为少,那是勉强可以接受的。

一个遥远然而是一般的时间,也在第八章中有所说明,那里对夺取艾城之后作了描述。在第二十八节中说道,“约书亚将艾城焚烧,使该城永为高堆和荒场,直到今日”;又在第二十九节中说,“又将艾城王挂在树上,并且把尸首从树上取下来葬在城门口”;继而又说道,“在尸首上,堆成一大堆石头,直存在到今日”;也就是到写《约书亚记》的作者还活着的时候。在第十章中又说到五个国王被约书亚挂在五棵树上以后,把他们投入洞中,据说,“他把大石头堆在洞口,一直留到今天”。

在列举约书亚的几件功勋,和他们征服和企图杀害的地方和部族时,第十五章第六十三节说:“至于住在耶路撒冷的耶布斯人和犹太人,不能把他们赶出去,耶布斯人却在耶路撒冷与犹太人居住在一起,直到今日。”这一节的问题是,在什么时候耶布斯人与犹太人共同住在耶路撒冷?由于此事重见于《士师记》第一章,我要把我的意见留到我接触到那一部分的时候。

不用任何旁证,只凭《约书亚记》一书本身就已证明约书亚不是本书的作者,而且本书是隐名的,因此它是没有权威的。如前所述,我现在要进一步讨论《士师记》。

从表面上就可知道《士师记》是隐名的;所以连上帝之道的假托也没有,连名义上的保证也没有多少;它的生父不明。

这书开头时所用的词句与《约书亚记》一书一样的。《约书亚记》开头第一章第一节说道：耶和华的仆人摩西死了以后，等等。《士师记》的开头是约书亚死后，等等。这一点以及两书在风格上的相似，暗示两书是同一作者的作品。但是这个作者是谁，无人知道。这本书所证明的唯一之点是这个作者生活在约书亚时代很久以后。因为这书在开头时，就像在他刚刚死亡之后；它的第二章是全书的一个缩影或提要，这种提要按照《圣经》的编年记，把历史延伸到三百零六年之久，就是从约书亚的死亡——基督之前一千四百二十六年，到散普逊之死——基督以前一千一百二十年，在扫罗去寻找他父亲的驴子之前，和他为王之日，只有二十五年，但有充分理由相信这书至少是到了大卫时候才写成的，而且《约书亚记》也不是在同一时间以前所写的。

在《士师记》第一章中，作者在宣告约书亚的死亡之后，接着讲到犹大人和迦南土人之间发生的事情。在这句话里，作者在第七节中突然提到耶路撒冷之后，在第八节中紧跟着作为解释，说道，“犹大人攻打耶路撒冷，将城攻取”。因此这书不可能写在耶路撒冷被攻取以前。读者会想起不久前我所引用的《约书亚记》第十五章第六十三节，其中说道，至于住在耶路撒冷的耶布斯人，犹大人不能把他们赶出去，耶布斯人却在耶路撒冷与犹大人同住，直到今日。这些话的意思是《约书亚记》就在这个时候写的。

我已经提出的证据，证明到此为止，我所处理之书并非他人所说是某某人所作，其书写作时间也要在他们死后几百年。如果这些人曾经生存过，已经如此之多，我大可承认这一段要比我理应得到的分量为轻。因为情形是这样的，只要《圣经》能如历史那样可信,耶路撒冷非到大卫时代不曾攻占;因此,《约书亚记》和《士师记》两书,非到大卫开始治理以后,是不会写成的,这是约书亚死后三百七十年的事。

这个城的名称,到后来才称为耶路撒冷,原来称为耶布斯或耶布息,是耶布斯人的首都。大卫攻占此城的记述,见于《撒母耳记》下篇第五章第四节等处;亦见于《历代志》上篇第十四章第四节等处。《圣经》中任何部分,没有提到在此以前攻占的,也没有人说到有人支持这种意见的记载。在《撒母耳记》或《历代志》中,只说到他们把男、女、儿童尽行杀死;又说道,凡是有一息尚存的人,不曾留下一个,像传说的其他征服者一样;这里提到的默不作声,暗示该城是用屠杀取得的,当地的耶布斯人在该城被占以后,继续住在那里。所以《约书亚记》中说道,耶布斯人却在耶路撒冷与犹大人同住,直到今日,除了说在大卫攻占该城以后,没有与之相应的其他时间。

我已经指出《圣经》中的每一本书,从《创世记》到《士师记》,是缺乏真实性的。现在要讨论《路得记》了。这是一本拙劣和无聊的故事书,无人知道是谁讲的,愚蠢地讲到一个流浪的乡村妇女偷偷地爬到她的表兄名叫波阿斯的床上。妙极了,这叫做上帝之道!虽然,这是《圣经》中最好的著作之一,因为书中没有杀人和抢劫的事情。

其次,我要谈谈《撒母耳记》上下两篇,并且要指出那些书不是撒母耳所写,它写于撒母耳死后很久,和以前讲到的所有著作一样,也是隐名的,而且没有权威。

为了使人信服这些书是离撒母耳时代很久以后才写成,而不是撒母耳写的，只需阅读作者所记扫罗出外寻找他父亲的驴子和他同撒母耳会见，探听那些失去的驴子，就像今天的愚人们到魔术师那里去询问失物一样。

作者在叙述扫罗、撒母耳和驴子的故事时，不是当作一桩当时正在发生的事情写的，而是当作这个作者在世时的古老故事讲的。因为他讲述时所用的语言和术语是撒母耳在世时使用的，使作者不得不用作者活着时所用的言辞来解释这个故事。

在《撒母耳记》上篇第九章中讲到撒母耳时，他被称为“先见”，扫罗在讯问时，就用到这个名词。在第十一节说道，“当他们(扫罗和他的仆人)爬上山坡到了城里，发现几个少年女子出来打水，问她们说，‘先见’在这里吗?”然后扫罗就循着女子们所指的方向走去，遇到了撒母耳但不认识他，就对他说，(见第十八节)“请告诉我，先见的寓所在哪里？撒母耳回答说，我就是‘先见’”。

当《撒母耳记》的作者叙述这些问答时，所用的说话时的语言和风格，据说就是当时他们说话时所用的；当这个作家执笔时，那种说话的风格已经过时不用了。他觉得要使人们懂得这个故事，必须把说这些问答中所用术语加以解释；所以他在第九节中说道，“从前，在以色列，若有人去问上帝，他就说，我们去问‘先见’吧；现在称为先知的，从前称为‘先见’”。像我在前面说过的那样，这证明，扫罗、撒母耳和驴子的故事，是写《撒母耳记》时候的一个古代故事，因此，撒母耳没有写这个故事，所以那本书是不真实的。

但是，如果我们再深入那些书中，可以更积极证明撒母耳不是那些书的作者，因为书中叙述的事情要等到撒母耳死后若干年才发生。撒母耳死在扫罗之前，因为《撒母耳记》上篇第二十八章中说：扫罗和那个女巫隐多珥捏造关于撒母耳死后的邪说；然而那些书中所包含的事件的历史，延长到扫罗的余生，并且延续到大卫的晚年。大卫是扫罗的继承人。至于撒母耳之丧葬的记述（这是他自己不能记述的事情）见于《撒母耳记》上篇第二十五章。这一章的编年记断定这是基督以前一千零六十年的事；而本书上篇的历史却记为基督以前一千零五十六年，这就是说，一直到扫罗之死，而不是在撒母耳死后四年。

《撒母耳记》下篇开头所叙述的故事，直到撒母耳死后四年才发生，因为书的开端是在大卫治国之后，而大卫是扫罗的继承人。此书继续说下去直到大卫统治的结束，那时是撒母耳死后四十三年。所以那些书本身就积极证明它们不是撒母耳写的。

我已经把《圣经》第一部分各篇加以审查，并将人名附于书上作为这些书的作者，而自称基督教会的教会，却把它们作为摩西、约书亚和撒母耳的著作强加于世间。我已经查出并证明这种伪造的说法是骗人的。现在，你们各种各样的教士们，曾经通过讲道和写作，来反对《理性时代》的第一部分，你们还有什么可说的？由于这些反对你们的大量的证据注视着你们的面孔，你们是否还有信心走上你们的讲坛，继续把这些书强加于你们的会众，说它们是**受灵感的作者**的作品，而且是上帝之道，而其时已有充分证据表明事实已经明显指出你们称为作者的人，并不是作者，而你们也不知道作者是谁。你们还提得出什么假冒的影射以便继续毁谤性的欺骗？你们还有什么东西可以提出来反对纯粹的和道德上的自然神论（一种宗教），以便支持你们的虚伪的、崇拜偶像的和冒充启示的体系？那些残酷的和杀人的命令充满于《圣经》之中，由于这些命令,无数男、女、儿童被残酷处死,难道这也是出于某个朋友么?这个朋友,你们一想起,便觉得可敬,你们发觉这种虚伪的指控时,便会满意得容光焕发,并且为他受损害的名誉进行辩护感到光荣。这是因为你们已沉沦于残酷的迷信之中,或者说对于敬重你们的创造者不感兴趣。你们听到《圣经》中可怕的故事,或者听了之后,还是顽固地无动于衷。我已经提出的证据和在本书的过程中还要继续提出的证据,是要证明《圣经》是没有权威的。当这样会伤害一个教士的顽固性时,我要使千百万人的心灵感到宽慰并使它冷静。这会使他们从上帝的一切严格的思想中解放出来。这些思想是教士们和《圣经》灌输到他们的头脑中去的,而且在头脑中永远和他们对于上帝的道德、正直和仁慈等一切观念处于敌对的地位。

现在我要从事于两篇《列王记》和两篇《历代志》。那些书完全是历史性的,主要限于犹太国王的生活和行动。这些国王总的说来是一伙流氓;但是我们对于这些事情并不比我们对于罗马皇帝或荷马关于特罗之战的记述更加关怀。此外,由于那些作品是隐名的,我们对于作者既一无所知,也不知道他们的性格,所以我们不可能知道书中的有关事情,应该给以多少信任。像其他古代的历史一样,它们看来像是一堆混乱的寓言和事实,是可能又不可能的事;但是世上时间与地点的远近和环境的变迁,使人觉得过时和不感兴趣了。

那些书,我的主要用途是,在它们之间以及它们和《圣经》的其他部分作出比较,以显示这本冒称上帝之道的书是混乱的、矛盾的,而且是残酷的。

《列王记》上篇以所罗门的治理开始，按照《圣经》年代来说，是在基督之前一千零十五年，而下篇结束于基督之前五百八十八年，在西底家执政以后不久。西底家是在尼布甲尼撒攻克耶路撒冷和战胜犹太人后作为俘虏带到巴比伦去的。这两篇书包括四百二十七年的时间。

《历代志》两篇，是同时代的一部历史，总的说来讲的是同样的人物，是另一作者写的，因为假如说同一作者把历史写了两遍，那就太荒谬了。《历代志》上篇(提供了从亚当到扫罗的家谱，这部分用了前九章)从大卫的治理开始；最后一篇，同《列王记》最后一篇的结尾相同，在西底家治理之后不久，大概在基督之前五百八十八年。其最后一章的最后两节把历史提前五十二年，而成为五百三十六年。但是这几节不属于这本书，当我讲到《以斯拉记》一书时，将予说明。

《列王记》两篇，除治理整个以色列的扫罗、大卫和所罗门的历史以外，包括十七个国王和一个王后的生活纪要，这些人是犹大的尊王，还有十九个尊称为以色列的国王，因为犹太民族在所罗门死后，立即分为两个部分。他们分别选择国王，而且相互进行仇恨极深的战争。

那两篇书几乎全是暗杀、变节和战争的历史。犹太人惯加于迦南人的暴行，迦南人的国家曾在上帝恩赐的借口下，遭受他们野蛮的侵略；后来，他们彼此之间又互施狂暴。他们的国王自然死去的几乎不到一半。在某些例子中，后继者为了取得所有权而使全家被害。然而过了几年，甚至几个月，或者不到几个月，后继者也遇到同样的命运。在《列王记》下篇第十章有一段记载说，有两只筐子装满了七十个儿童的首级，暴露在城门口；他们是亚哈的儿童，他们的被杀是出于耶和华的命令，而传达这个命令的人，是冒称上帝仆人的以利亚，以利亚把耶和华抹膏，立他为以色列王，故意要他犯此血案，并且暗杀他的前任。在马那亨治理的叙述中，说他是以色列国王之一，杀害了统治仅有一个月的沙拉姆。《列王记》第十五章十六节中说，于是马那亨杀进帖夫沙城，因为他们不给他打开城门，就把城内一切孕妇予以撕裂。

我们能容许自己来推测上帝会以他的特选子民的名义区分任何民族的人民么？果有此事，那些人民必定为全世界最虔诚和仁慈的其他民族树立榜样，这个民族绝非一个全是暴徒和凶手像古代犹太人那样的民族；也绝非这样的民族：他们腐化，并且效法像摩西、亚伦、约书亚、撒母耳和大卫等那些妖魔和骗子，以野蛮，作恶，独树一帜称霸于世界。如果我们不是顽固地闭上眼睛，怀着铁石心肠，即使有久已树立的迷信印入我们的脑海，也不可能看不出他的特选子民这种阿谀称号，无非是教士们和犹太领导人制造出来的一种谎言，用以掩盖他们自己的卑鄙品质；基督教的教士们有时同样腐化和残暴，有时也宣称信奉宗教。

两篇《历代志》是同样罪恶的复本，但是这部历史在有些地方是残缺的，这是作者把某些国王的治理情况删节了；在这本书里，像在《列王记》中一样，常有一种过渡，就是从犹大的国王过渡到以色列的国王，也有从以色列的国王过渡到犹大的国王；这些记事令人在阅读的时候觉得模糊不清。在同一书中的历史，有时也自相矛盾，像《列王记》的下篇第一章第八节，以相当模糊的用词中告诉我们，以色列国王阿哈齐亚死后，耶化拉姆或约兰（他出身于

亚哈之家),在耶化拉姆或犹大王约沙法的儿子约兰的第二年继承他为王,而在同书第八章第十六节中却这样说:在以色列王约兰(亚哈的儿子)的第五年,犹大王约沙法开始治理;这就是说:在一章中说犹大的约兰在以色列的约兰的第二年开始治理;而在另一章中说以色列的约兰在犹大的约兰的第五年开始治理。

有几件极不寻常的事件记载于一史书中,说这些发生在他们的某某国王的执政时期,但是在另一本史书中,在同一国王的治理中,却找不到这种记载;例如在所罗门死后,最初竞争的两个国王是罗波安和耶罗波安;而在《列王记》上篇第十二章和第十三章中说耶罗波安献祭焚香,又说那里有一个称为上帝的人,向祭坛呼叫,"啊,坛哪!坛哪!(见第十三章第二节)耶和华如此说,大卫家里必生一个儿子,名叫约西亚,他必将进行祭司,在你面前烧香,人的骨头也将在你面前焚烧。"第三节说:"当日神人设个预兆,说这坛必破裂,坛上的灰必倾撒,这是耶和华说的预兆,耶罗波安王听见神人向伯特利的坛所呼叫的话,就从坛上伸手,说拿住他罢,王向神人所伸的手就干枯了,不能弯。"

有人会想,像这样一种非常的情况(这是作为判断来讲的)发生在一方的首脑身上,又是在以色列人分为两个国家的最初时刻,如果是真实的话,应该两本历史当中都有这种记载。但是后来的人虽然相信先知们告诉他们的一切话,而先知和历史家彼此似乎并不互相信任,他们彼此非常了解。

在《列王记》中,有一长篇关于以利亚的叙述。这段叙述,占了好几章篇幅,在结束时说(《列王记》下篇第二章第十一节),"他们(以利亚和以利沙)正走着说话,忽有带火的马车和带火的马将二人隔开，以利亚就乘旋风升天去了。”哼！这节故事等于奇迹，但没有提到《历代志》的作者，虽然他提到了以利亚的名字；对于《列王记》下篇所记的故事，他也没有说任何事情；也没有谈到一批儿童喊着：以利沙秃顶，秃顶；（二十四节中）那个神人“回头看见就以上帝之名咒诅他们；于是有两个母熊从林中出来，撕裂他们中间的四十二个童子”。故事说道，他又默默走过，（《列王记》下篇第十三章）又说道有人正在埋葬死人，就在以利沙被葬的地方，忽然看见（第二十一节）“死人一碰着以利沙的骸骨，于是他（死人）就复活了，站起来了”。这个故事没有告诉我们，他们是否葬这个人，即使他复活了并且站起来了，或者再把他拉起来。在这一切故事中，《历代志》的作者像今天的任何作者一样，保持缄默。他们并非故意被人斥为说谎，或者至少被斥为言过其实，像这一类的故事一样。

尽管这两个历史家对于各人所叙述的故事可以不同，他们与号称先知的人同样缄默，他们的作品占满了《圣经》的后半部分。以赛亚生活在赫济开亚时代，在《列王记》中曾提到过他，当这些历史家谈到那个朝代的时候在《历代志》中又曾提到过他。但是至多在一两个事例中和那些略一提及的事例之外，其余部分连提也不曾提到，甚至连暗示也没有；虽然依照《圣经》编年记，他们生活在写作那些历史的时期；其中有些人还在这个时期很久以前。如果那些先知就像他们的称呼那样，在当时是如此重要的人物，正如《圣经》编纂者、传教士和经文注释者为他们所作说明那样，那么这些历史中没有一本谈到他们，又将如何解释？

正如我已经说过的那样，《列王记》和《历代志》的历史被提前到基督前五百八十八年，所以检查一下那些先知生活在那个时期以前，是适当的。

依据先知们的每一本书的第一章所附年表，下面附列一表，记载所有先知的名称和他们生活在基督以前的年份，以及他们生活在写成《列王记》和《历代志》以前的年份。

先知表，附他们生活在基督以前的时间和生活在《列王记》和《历代志》写成以前的时间。

名称	基督以前的年数	《列王记》和《历代志》以前的年数	附注
以赛亚	760	172	提到过
耶利米	629	41	只在《历代志》最后一章提到过
以西结	595	7	未提
但以理	607	19	未提
何西阿	785	97	未提
约珥	800	212	未提
阿摩司	789	199	未提
俄巴底亚	789	199	未提
约拿	862	274	未提，参阅注①
弥迦	750	162	未提
那鸿	713	125	未提
哈巴谷	620	38	未提
西番雅	630	42	未提
哈该 撒迦利亚 玛拉基 } 在第588年后			

这张表对于《圣经》历史家或者对于《圣经》中的先知们来说，

① 在《列王记》下篇第十四章第二十五节，讲到耶罗波安收复一片失地的时候，曾提到约拿的名字；但是以后不再提到他了。在《约拿书》中没有提出什么暗示，也没有说到尼尼微去的暗示，他遇到鲸鱼也不是出于他的暗示。——作者

都不是很光荣的；我留给教士们和经文注释者，他们在小事情上很有学问，让他们去解决两者之间的礼仪问题，并且说出理由，为什么《列王记》和《历代志》的作者这样对待这些先知们。我在《理性时代》的第一部分中已经把他们当作诗人，为什么这两书作者予以这样藐视的沉默，像任何现代历史家对待彼得·品得一样。

对于《历代志》，我还要作点评论。之后，我将评论《圣经》中其他各篇。

我在评论《创世记》时，曾从第三十六章第三十一节引了一段经文，其中显然提到一个时间，是在诸王开始治理以色列人民之后；而且我已指出，这一节和《历代志》第一章第四十三节逐字相同，但《历代志》和历史顺序一致，而《创世记》则不然。《创世记》中这一节和第三十六章的大部分取自《历代志》。《创世记》虽然在《圣经》中列于第一位，据称是摩西之作，而是由某个不知姓名的人创作出来的，时间是在《历代志》写成以后；此书之写成至少在摩西时代以后八百六十年。

我为了证实这一点而继续提出的证据是合乎规律的，而在这里面有两个阶段。第一，像我已经说过的，《创世记》中的这节经文在时间上提到《历代志》以供参考；第二，这节经文提供参考的《历代志》至少在摩西时代八百六十年以后才开始写的。为证明这一点起见，我们只需阅读《历代志》上篇第三章第十三节，在这里作者写出了大卫子孙的家谱，提到了西底家；就在西底家的时代，尼布甲尼撒攻克了耶路撒冷，时在基督以前五百八十八年，因此是在摩西之后八百六十多年。有些人迷信地夸大《圣经》的古远，特别对于称为属于摩西的书，不经查考，也没有什么依据，只凭一个轻信之人告诉了另一个人；因为就历史的和编年记的证据而论，《圣经》中真正第一部书也不及荷马之书那样古远，还相差三百年，大概和《伊索寓言》同一年代。

我现在不是为了荷马的道德而提出争辩；恰恰相反，我认为那是一本虚伪的光荣之书，意在鼓动不道德的和有害的光荣观念。至于《伊索寓言》，虽然在道德方面一般是正义的，但是寓言往往是残酷的；寓言的残酷性对于人心的害处较多，尤其是对于儿童，在判断上比道德害多而利少。

现在不谈《列王记》和《历代志》，按照顺序要谈谈《以斯拉记》。

在其他证据中，我先谈一项证据，来说明这种冒称上帝之道的《圣经》在编排上的混乱情形，作者是谁，也难以断定。我们只要阅读《以斯拉记》开头三节和《历代志》的最后两节；因为不知用什么样的割裂和推移的方法，使《以斯拉记》前三节成为《历代志》的最后两节，或者说使《历代志》的最后两节成为《以斯拉记》的开头三节？要么是作者不知道自己的作品，要么是编纂者不知道作者。

《历代志》最后两节

第二十二节，波斯王古列元年，耶和华为要应验借耶利米所说的话，就激动波斯王古列的心，使他下诏通告全国，说，

第二十三节，波斯王古列如此说，天上之神耶和华已将天下万国赐予我，又嘱咐我在犹大的耶路撒冷为他建造殿宇，你们中间凡做他子民的，可以上去，愿耶和华他的上天与他同在。

《以斯拉记》开头三节

第一节，波斯王古列元年，耶和华为要应验借耶利米口所说的话，就激动波斯王古列的心，使他下诏通告全国说，

第二节，波斯王古列如此说，天上之神耶和华已将天下万国赐予我，又嘱咐我在犹大的耶路撒冷为他建造殿宇。

第三节，在你们中间凡做他子民的，可以上犹大的耶路撒冷，在耶路撒冷重建耶和华以色列神殿。（只有他是神）愿神与这人同在。

《历代志》的最后一节突然中断，是在一个短语中随着一个“上”字而终止的，没有表明到什么地方。这种突然中断和在不同的书中出现同样的节数，像我已经讲过的那样，说明《圣经》是在紊乱和无知的情况下凑合起来的，而且编纂人在编纂时没有什么根据，我们也没有任何根据相信他们的编纂。①

在《以斯拉记》中唯一肯定的是，此书写作的时间就在犹太人从巴比伦人的俘虏中回来的时候，大约在基督之前五百三十六年。

---

① 当我一路读下去，我观察到在《圣经》中有好几处中断和无意义的章节，没有想到它们被引入《圣经》以后会发生足够的影响；如《撒母耳记》上篇第十三章第一节中说道，“扫罗治理了一年；当他治理以色列二年时，扫罗选拔了三千人”，等等。这一节的第一部分说扫罗治理一年是没有意义的，由于这句话并没有告诉我们扫罗做了什么事，也没有说明在那一年终了的时候发生了什么事；此外只不过无意义地说他治理了一年，接着在下面一个短语中说他治理了两年；如果他曾治理过两年，那就不可能没有治理一年。

还有一个例子见于《约书亚记》第五章，作者告诉我们一个天使（在那一章的开头的目录中就是这样称呼他的）的故事说，一个天使出现在约书亚面前；故事突然中断，没有结局。故事如下：——见第十三节，“约书亚靠近耶利哥的时候，举目观看，不料对面站着一个人，手持拔出来的刀剑。约书亚走到他那里问他说，你是帮助我们呢，还是帮助我们的敌人呢?”在第十四节中，“他回答说，不是的，我是作为万军之主而来的。约书亚就俯首在地，相拜后对他说，主啊，你对仆人有何吩咐? 万军之主对约书亚说，把你脚上的鞋脱下来；因为你站立的地方是圣地，约书亚就照办了。”后来怎样；没有了。因为故事到此为止，这一章书也就算结束了。

要么这桩故事中断了，要么这故事是由某一个犹太幽默家讲的，来嘲弄约书亚冒称上帝的使命；《圣经》的编者不了解这个故事的图谋，把它当作一件严肃的事情讲出来。作为一个幽默和讥笑的故事，是一件极为重要的事情，因为这故事夸大地在人物形象中引出一个天使来，他手执一把拔出来的刀剑，约书亚就俯首在地下拜，（这是违背第二条诫命的）；而且这个极重要的从天而降的使节，最后对约书亚说，把你脚上的鞋脱下来。也大有可能叫他把裤子也脱下来。

虽然，可以肯定的是，犹太人对于他们领袖告诉他们的事情并不件件都相信，就像他们以傲慢的态度讲述摩西登山的故事那样。“他们说，至于这个摩西，我们不知道他后来怎样了。”《出埃及记》第三十二章第一节。——作者以斯拉（按犹太的注释家，他就是在亚坡克力法中称为厄斯特拉的同一个人）是回来者之一，他可能写了那桩故事的缘由。尼希米亚在以斯拉之后写了一本书，他也是回来者之一；他可能在书上用了自己的名字写了同一事件的缘由。但是那些记述和我们无关，同别人也无关，除非它同作为自己民族史的一部分的犹太人有关；在那些书中，有这么多上帝之道，正像在法国史中，或者像拉宾的英国史中，有同样这么多的上帝之道一样，任何其他国家的历史亦复如此。

但是，即使在历史的记录问题上，这些作家也没有可以依赖的。在《以斯拉记》第二章中，作者把从巴比伦回到耶路撒冷的一切部族和家庭和每户的确切人数列成一表；这本回乡者名册，看来其主要目的在于写这本书；但是这里有一个错误，它破坏了这项工作的意图。

作者在名册的开始采取了下列方式：第二章第三节说，“巴录的子孙二千一百七十四人”。第四节说，“示法提雅的子孙三百七十二人”。在这种方式下，他说到了所有的家庭。在第六十四节中他作了一个总结说，会众共有四万二千三百六十名。

但是如果有人不怕麻烦，把各项人数加起来，会发觉其总数只有29,818人；所以相差12,542人[①]（见446页表）。试问《圣经》在什么事情上准确可靠？

尼希米亚以同样方法，把回去的家庭和每家的人数列了一张表，他像以拉斯一样，在第七章第八节开头说：“巴录的子孙二千三百七十二人；”这样把所有的家庭计算在内，他的表有几处跟以斯拉的表有所不同。在第六十六节中尼希米亚作了一个总计，像以斯拉曾经说过的那样，他说，“会众共有四万二千三百六十人”。但是把这张表逐项计算起来，其总数只有31,089人，所以这里的错误是11,271人。这些作者或许对于《圣经》的编者很有帮助，但是对于需要真实和确切的地方，却没有什么用处。下一本书是《尼希米记》。如果以斯帖夫人认为献身于阿哈秀鲁，做他所收养的情妇，或者作为凡斯蒂王后（她拒绝来到同一群醉鬼为伍的醉君跟前而被人耻笑，因故事中说他们喝酒为乐已有七天）的情敌，是一种荣誉，那么就让以斯帖和莫但恺自己去管那种事吧，它同我们无关；至少和我无涉。除此以外，故事本身大部分看来是假的，而且是隐名的。现在我要研究《约伯记》。

《约伯记》和我们迄今已经研究过的各书有本质上的区别。

① 根据《以斯拉记》第二章所得家庭数目表

第ii章		从上面计算下来	11,577	从上面计算下来	15,783	从上面计算下来	19,444
节数3	2172	节数13	666	节数23	128	节数33	725
节数4	372	节数14	2056	节数24	42	节数34	345
5	775	15	454	25	743	35	3630
6	2812	16	98	26	621	36	973
7	1254	17	323	27	122	37	1052
8	945	18	112	28	223	38	1247
9	760	19	223	29	52	39	1017
10	642	20	95	30	156	40	74
11	623	21	123	31	1254	41	128
12	1222	22	56	32	320	42	139
						58	392
						60	652
	11,577		15,783		19,444	总数	29,818

——作者

阴谋诡计和杀戮等事，在这本书里是没有的；它是一种深印着人生变化的思想的反省，并且交替地处于压力之下，或对压力作斗争。这是一本介乎自愿屈从和非自愿不满之间有高度影响的作品；它表明，人，像他有时候那样，可能存在，但更偏于顺从。书中讲到忍耐在人的品性中仅占一小部分；相反，人的悲痛常常是激烈的；但是他依然力图保持警惕；在积累的疾苦之中，似乎决心维持艰苦的知足心。

我在《理性时代》的第一部分以敬重的方式讲到《约伯记》，但是当时不知道嗣后所学到的东西；这就是从我能够收集到的一切证据看来，《约伯记》不属于《圣经》。

我曾经看到过两个希伯来的经文解释者阿伯索士拉和斯宾诺莎对于这个问题的意见；他们两人都说，《约伯记》没有内在证据说明它是希伯来人的书；写作的天才和作品的戏剧性，不是希伯来人的；那是从另一种语言译成希伯来文的，而且作者是一个异教徒。用撒旦为名所代表的人物这个名字（在《圣经》中第一次提到，而且是仅有的一次）和任何希伯来人的思想是不一致的；再者，推定为神所召集的两次会见，诗中称他们为上帝的儿子，还有据说这个假定的撒旦和神的相知，也都属于同样情况。

再有可以观察到的是，这本书本身表明它是一个头脑受过科学训练的人的作品。在这方面犹太人是远远不足称道的，是无知的。书中对于自然哲学问题的论述是常见的和强烈的，和希伯来人了解的书中的任何事物是不同类型的。天文学上的名称如"七女所化的群星"、"猎人座中三明星"，和"牧牛座中恒星"都出于希腊文，而不是希伯来的名称，在《圣经》的任何记载中都找不到这些名称。若说犹太人懂得些天文学,或者说他们研究过,但是他们没有把这些名称译成为自己的语言,它们只在诗中发见过。

犹太人没有把非犹太民族的文学作品译成希伯来语,也没有把它们和自己的文学混合在一起,这是没有疑问的。《箴言》一书的三十一章中就是这一点的证明。在该书第一节中说,“利慕伊勒王的言语是他母亲教他的真言”。这一节作为全书的序言,书中的话,不是所罗门的箴言,而是利慕伊勒的箴言;这个利慕伊勒不是以色列王之一,也非犹大王之一,而是别国的君王之一,结果是一个非犹太人。虽然犹太人却采用了他的箴言,但是他们不能说明《约伯记》一书的作者是谁以及怎样获得此书;因为此书在性质上与希伯来人的著作不同,所以和《圣经》中任何其他篇章全不连贯。从有关证据看来,原是非犹太人的一本著作①。

《圣经》的编者和那些时间的规定者,年代学家,似乎不知道把《约伯记》放在什么地方,以及怎样处理它;因为这书没有一点历史情况,也没有提到可以用来决定它在《圣经》中的地位的任何

① 《箴言》第三十章的祷告文名为亚古珥,就在利慕伊勒的《箴言》之前,那是《圣经》中唯一明智的、善于设想的和工于表达的祷告文;从表面上看来,很像是从非犹太人那里得来的一篇祷告文。亚古珥这个名称除了这里以外,在别处没有见过;他是和他的祷告文一起被介绍出来的;在后面一章中介绍利慕伊勒和他的祷告文时,所用的方式和介绍亚古珥时所用的方式是相同的,其言语亦几乎相同。第三十章第一节中说:“雅基的儿子亚古珥的言语就是真言;”这里所用真言一词与利慕伊勒的下一章中的用法相同,和预言一词毫无关联。亚古珥的祷告文是在第八和第九两节中:“求你使虚假和谎言远远离开我;使我既不贫穷,也不富足,但要赐我适合需要的饮食;唯恐我饱足而不认你,说耶和华是谁呢?唯恐我贫穷就偷窃,以致亵渎我神之名。”这里一点没有犹太人祷告文中的特点,因为犹太人从不祷告,除非他在困难之中;而且除了胜利、报仇和财富以外,也从不祷告。——作者

事情。但是它没有回答已将他们的愚昧告知人世间的那些人的意图,所以把时间定于公历纪元前的1520年。在这期间,以色列人是在埃及。对在那个时期以前有一千年的说法,他们有同样的权威,但并不比我更权威。然而,这本书比《圣经》中任何其他各篇有可能更为古老;也是唯一令人读后不会感到愤慨和厌恶的书。

我们不知道古代琴泰尔道(照这样的说法)在犹太人以前,是什么样子,只知犹太人的习惯是有诽谤和污辱其他民族的品性;我们就是从学过犹太人的记事以后,才称他们为异教徒的。但是就我们知道的相反情况而论,他们曾是一种公正和有道德的人民,而不像犹太人那样沉迷于残暴和报复之中,但是对于他们信仰的宣扬,我们并不熟悉。似乎他们的习惯是把德行和罪恶都用雕像和画像加以人格化;像现在流行的雕像和绘画一样,但是这样并不是说,他们对这些的崇拜要超过我们的崇拜。现在我要转到对《诗篇》一书的讨论。

《诗篇》,我们不需要多加论述。其中有些是道德的,其他部分是非常具有报复性的;大部分是讲在写作时犹太民族的某些局部情况,这些和我们无关。虽然,把它们称为大卫的《诗篇》是一种错误或谎言,但它们是一种文集,像现在的诗集一样,把不同时代的诗歌作者的作品汇集在一起。《诗篇》第一百三十篇不可能是在大卫时代之后四百多年以前写的,因为它是为纪念把犹太人掳到巴比伦这个事件而写的,这件事非经过那段时间,不会出现。“我们在巴比伦的河边坐下,一想起锡安就哭了。我们把琴挂在那里的柳树上,因为在那里掳掠我们的人要我们唱歌。他们说,给我们唱一首锡安歌吧。”就像一个人对一个美国人、一个法国人,或一个英国人说，为我们唱一支美国歌，或一支法国歌，或一支英国歌吧。关于这首诗创作时代的论述，除了指出（在其他地方已经提到过）关于《圣经》的作者，世界上已受到的普遍欺骗外，没有其他用处。对于时间、地点和环境都不加以注意，至于加在几本书上的人名，不可能是他们写的，就像一个人不可能在他自己的送葬队中和别人走在一起一样。

《箴言》。本书中的箴言，像《诗篇》一样，是一种集子，是从犹太以外，其他国家的作者那里收集而来的，和我在《约伯记》的评论中所指出的一样；此外，有些箴言据称是所罗门的，但在所罗门死后二百五十年以前没有出现过；因为第二十五章第一节说，"这些也是所罗门的箴言，是犹大王希西家的人所誊录的"。从所罗门时代到希西家时代之间有二百五十年之久。当一个人有了名，而且他的名声传到国外时，他就成了他从来没有说过或做过的事情的公认的创始者；所罗门的情况很可能就是这样。看来，创造箴言在当时是风行的，像现在写滑稽书一样，把那些从来没有看过滑稽书的人说成是那些书的作者。

《传道书》，或《传道者》据说也是属于所罗门的，即使不是事实，也颇有道理。写这本书是作为像所罗门那样一个筋疲力尽的放荡者的孤独的回忆。他回想过去的一切，不再有所留恋，而大声疾呼："一切皆空！"许多隐喻和伤感是含糊难懂的，很可能是翻译过来的；但还留下一部分足以表明在原文中是非常明确的[①]。从

① 那些从窗外望出去的人将会发黑，在译文中是一个含糊的比喻，意思是"失明"。——作者

给我们的译文中看到所罗门的性格:他多智,好夸耀,放荡,而最后是忧郁。他过着放荡的生活,临死之前,对于人世厌倦,终年五十八岁。

七百个妻和三百个妾,不如没有;虽然表面上是高度的享乐,而实际是破坏了爱的幸福,因为这样失去了爱的目标;分离的爱终非幸福。所罗门的情况就是这样;如果他以多智为名,而不能预先发觉这一点,那他是咎由自取,不足怜悯,到后来他忍受了耻辱。从这个观点来看,他的传道是不必要的,因为要知道后果,只需要知道原因。七百个妻和三百个妾就可以代替全书。此后也无需说"一切皆空"和精神上的烦恼了;因为要从夺去幸福的队伍中去找幸福是不可能的。

要在晚年享受幸福,我们必须习惯于终身伴随我们头脑的事物而乐其余年。只求享乐的人到了晚年是苦恼的,只在事业上单调乏味地工作的人,也不过少许好些;而自然哲学、数学和机械学是恬静的乐事的不断源泉;除了教士们的阴暗的教条和迷信以外,研究这些事物就是研究真正的神学;这种研究教导人们了解和羡慕"创造者",因为科学的原理在于创造,是不变的,并且是神的起源。

那些知道富兰克林的人们,会想到他的头脑永远是年轻的;他的脾气永远是宁静的;科学从来不会增长白发,永远是他的情人。他永远不会没有一个对象,因为我们没有一个对象时,我们便成为医院里的一个等死的残废者。

《雅歌》是多情的和相当愚蠢的,但是被嘲笑的盲从主义者说它们是神圣的。《圣经》的编者们把这些诗歌放在《传道书》之后;

年代学家确定它们在基督以前 1014 年,根据同一种编年纪,那时所罗门是十九岁,就在那时他设立了妻、妾的后宫。《圣经》编者和年代学家应该把这件事处理得好一些,或者不谈时间,或者选一个时间,跟那些诗歌的所谓神性少些矛盾;因为所罗门在那时正和一千个妖妇度蜜月。

他们也应当体会到,如果他真的写过《传道书》,那么照他所写,远在这些诗歌之后,而且在《传道书》中他曾大声疾呼,一切皆空,精神烦恼;他把那些诗歌包括在那样的形容之中。这是很有可能的,因为他说,或别人代他说(见《传道书》第二章第八节),“我又得到了唱歌的男女(很可能就唱那些歌)和各种乐器;”又在第十一节中说,“看啊,一切皆空,精神烦恼”。虽然,编者只做了一半工作;因为他们既然给了我们歌,就应当给我们曲子,这样,我们可以唱起来。

《圣经》的其余部分充满了称为《预言书》的书篇。共有十六篇,从《以赛亚书》起到《玛拉基书》为止。关于那些书,我在论述《历代志》时,已经给你们列出一张表。在这十六个先知中,除了最后三个,都生活在写《列王记》和《历代志》的时代;只有以赛亚和耶利米两人在那些书的历史中提到过。我将从这两个人开始,而把称为先知的那些人的一般品性,留在本书的另一部分中再谈。

不惮烦琐的人,如果读一读称为《以赛亚》的这本书,会发觉这是一本把狂热和杂乱的文章收集在一起的著作;它没有开始和中段,也没有结尾;除了头两三章有一段简短的历史部分和几段历史概述外,那是一本没有条理、言过其实、充满过头隐喻、运用不当和缺乏意义的书。一个小学生写出这样的东西,也不会获得原谅。

这是(至少在翻译方面)一本缺乏趣味的汇编,称它为发狂的散文是适当的。

历史部分开始于第三十六章,到第三十九章末尾为止。这里讲到一些据说发生于犹大王赫济开亚治理期间的事情,以赛亚就生活在这个时期。这个历史的片段开了一个头,就突然结束;它同前面一章毫无联系,同后面一章也无关系,同本书的其余部分也无关系。这一片段可能是以赛亚自己写的,因为在他论述的环境中,他是一个演员;但是除了这部分以外;仅有两章相互关联:一章是在第一节的开始,称为巴比伦的负担;另一章是摩押的负担;再一个是大马士革的负担;还有一个是埃及的负担;还有一个是海中的特撒耳的负担;还有一个负担是幻想的山谷;像你们说的那样,是火烧山上的骑士的故事、辛德来拉的故事,或树林里的儿童,等等。

我已经指出,在《历代志》的最后两节中和《以斯拉记》的头三节中,《圣经》的编者把不同作者所写的东西糅合在一起。不论其他原因,只此一端,已足以摧毁任何编纂物的真实性,因为这可以证明编者不知道作者是谁的证据,不是推想出来的。一个非常显明的事例见于被称为以赛亚所著的书中,其第四十四章后半部分及第四十五章的开头部分绝非以赛亚所作,只能认为至少是活在以赛亚死后一百五十年的人写的。这几章是歌颂古列的,他允准犹太人从巴比伦的俘虏中回到耶路撒冷,以便重建耶路撒冷和圣殿,像在《以斯拉记》中所说的那样。第四十四章的最后一节和第四十五章的开端中有下面一段话:“古列说,他是我的牧人,将完成我所喜悦的事;必下令建造耶路撒冷,发命奠定圣殿的基础:主这样对古列说,我耶和华说,所膏的古列,我搀扶他的右手,使列国降伏在他面前，我也要放松列王的腰带，使城门在他面前敞开，不得关闭，我对他如此说，我必在你前面行”，等等。

教会何等大胆，教士何等愚昧，竟把这本书作为以赛亚的著作强加于世人。那时，根据他们自己的编年纪，以赛亚在赫济开亚死后不久，也死了，那是基督前698年；而古列的诏令，允准犹太人回到耶路撒冷，根据同一编年纪，是在基督前536年，两者相差162年。我并不认为《圣经》的编纂者造作了这些书，却认为他们捡取几种不相连贯的隐名的文章，把它们汇编成书，并把最合于他们意图的作者姓名作为书的名称。他们鼓舞这样的欺骗，这和自己造作相去不远；因为这是不可能的，但他们也一定注意到这一点。

当我们看到圣经写作者熟练的技巧，使这本具有学童辩才的浪漫著作的每一部分屈从于“圣子”的来历，说那是由圣灵附在一个处女身上而出生的，我们有理由对于一切谎言加以怀疑，并不信以为真。他们的每句话和所说的每种情况，都带有迷信折磨的粗俗手迹，把不可能有的意义硬塞到用词中去。每章的开端和每页的顶端都用基督和教会名义加以宣扬，使不加提防的读者在未读下文以前，已吸收了错误。

《以赛亚书》第七章第十四节中说，看啊，必有童女怀孕生子，这句话被解释为它的含义是那个人名为耶稣基督，他的母亲是玛利亚，在基督教国家中发出的应声已有一千多年；这种意见，大为流行，稍有不同见解，结果就会遭到流血和蹂躏。我虽然无意在这些问题上参加争论，但我只限于指出《圣经》是伪造的；这样，由于把它的基础拆除，建筑在上面的迷信结构就会立即全部推翻。不过，我要暂停一会儿来揭穿这段经文的谬误运用。

以赛亚对犹大国王亚哈斯说了这段经文是否同他开玩笑,这与我无涉。我只打算指出这段经文的错误运用,并且要说明基督和他的母亲不相干,正像我同我的母亲不相干一样。这桩故事不过是这样的:

叙利亚的国王和以色列的国王(我已经提到过犹太人分成两国,一个叫犹大,它的首都是耶路撒冷,而另一个叫做以色列),他们联合起来攻打犹大国王亚哈斯,他们的军队向耶路撒冷进发。亚哈斯和他的人民感到惊慌,据经中第二节说,"他们的心就都跳动,好像林中的树被风吹动一样"。

在这种情况下,以赛亚对亚哈斯说,并且保证是以主的名义(这是一切先知常用的谎话):这两个国王反对他不会成功;为了使亚哈斯满意起见,说情况应该如此,并叫他求得一个兆头。记载中说,亚哈斯不肯这样做,他的理由是他不试探耶和华;这样,说话人以赛亚就说,(见经文第四十四节)"所以主会亲自给你一个兆头","看啊,一个童女会怀孕生子"。在第十六节中说,"在这个孩子不晓得弃恶择善以前,你所憎恶的那二王之地(意思是叙利亚和以色列王国)必将见弃"。

以赛亚所能做的到此为止,但为避免别人说他是个假先知及其后果,他必需设法使这个兆头实现。这事不难,因为世界上随时可以找到一个怀孕的女孩子,或者使她怀孕;或许以赛亚早知有这样一件事;因为我不认为当时的先知比今天的教士更为可信。尽管如此,他在下一章第二节中说,"我要请诚实的证人记下来。乌利亚祭师和耶路撒冷的儿子撒迦利亚和我去到女先知那里,她怀了孕,生了一个儿子"。

这样一个孩子和他母亲的全部故事就是如此，极为愚蠢。根据对这故事的露骨的曲解，《马太福音》以及后代那些厚颜无耻为了卑鄙利益的教士们建立了一种理论，他们称之为福音；并且利用这桩故事来预示他们称他为耶稣基督的这个人；据他们说，基督之生，是由于他们称为圣灵的一个灵鬼和一个许配与人的女子所生，后来这个被他们称为童贞女的妇女，仍旧与人结婚，事情是在讲了这个愚蠢的故事之后七百年。这样一种理论，就我来说，难以置信，正像承认上帝是真的一样的谬误与虚假。①

但是为了说明《以赛亚书》的欺骗和虚假，我们只要注意到这故事的后果；它虽然在《以赛亚书》中略而不谈，但在《历代志》下篇第二十八章中是谈过的。这章中说，这两个国王试图攻击犹大国王亚哈斯，非但没有失败，却像以赛亚冒奉主命所说的预言那样，而是他们胜利了。亚哈斯被打败而且被消灭了；他的人民有十二万五千被屠杀；耶路撒冷被劫掠，有二十万妇女和子女被俘虏。关于这个说谎的先知和欺骗者以赛亚的事情是太多了，而这本说谎的书的作者却用了他的姓名。我再进而研究这本书。

耶利米的书。这个人被称为先知，他生活在尼布甲尼撒围困耶路撒冷的时候，该城当时在犹大国最后一个国王西底家统治之下。人们对他非常怀疑，认为他是尼布甲尼撒的奸细。关于耶利米的每件事情，表明他是个可疑的人物；在陶工和泥土的隐喻中（见十七章），他为保护他的预言，常用一种狡猾的方式，好像永远

① 在第七章第十四节中说，这个孩子给他起名叫以马内利；但是这个名字不用于别的孩子，只用于这个名字所表示的一个人物。女先知所生的叫默罕·沙拉尔·哈许·巴士；而乌利亚所生的叫耶稣。——作者

为自己留着一个门路，以便万一出现同他预言相反的情况时，他可以逃之夭夭。

在那一章的第七节、第八节中，他以万能之主的名义说道，“我何时论到一邦或一国时说，要拔掉它，推翻它，或者毁坏它；我所说的那一邦，若是转身脱离他的罪恶，我就会不将我想要施行的灾祸降与他们。”这里有一个反对一方面情况的附带条件，现在又适用于另一方面了。

在那一章的第七节、第八节中，他使上帝说，“我何时论到一邦或一国说，要建立、栽植他们，若行我眼中认为恶的事，不听从我的话；然后我就必后悔，不将我所说的福气赐给他们”。这里是反对另一方面的附带条件的诺言。依照这种提出预言的计划，即使上帝会犯错误，一个预言家也永远不会犯错误。这种荒谬的遁词和这种讲到上帝的方式，好像一个人会讲到另一个人，是与任何事理不符合的，只是说明《圣经》的愚蠢而已。

至于这书的真实性，只需拿它一读，便可明确断定，虽然其中有些章节或许出自耶利米之口，但他不是此书的作者。其中的历史部分，如果可以用他的名字，大部分也是非常紊乱的；同样事件，多次重复，只不过方式不同，而且有时还是互相矛盾的；这样的紊乱情况，一直到最后一章。在这一章，书中大部分所采用的历史又重新开始，而突然中止。整个看来，全书是不连贯的，关于当时人物的轶事，是用粗鲁的方式将其汇集在一起的，宛似今天从一大包报纸中集拢起来的关于人和事物的记载，而是没有日子，次序和说明的大杂拌，这类例子我将举出两三个。

从第三十七章的记载中可以看到尼布甲尼撒的军队就是称为

迦勒底人的军队,曾经围困过耶路撒冷一些时候,他们一听到法老的军队已经从埃及出来,准备进攻他们,他们就解围而退兵一个时间。为了了解这段混乱的历史,提到尼布甲尼撒在西底家的前任约亚敬统治期间已经围困而且攻下了耶路撒冷,是适当的。西底家由尼布甲尼撒立他为王,或者称为总督;至于这第二次的围攻,据《耶利米书》中说,是由于西底家背叛尼布甲尼撒的结果。这件事在某种程度上说明,耶利米有为尼布甲尼撒的利益而成为背叛者的嫌疑。他在《耶利米书》第四十三章第十节中称尼布甲尼撒为上帝的仆人。

第三十七章第十一节说道,"迦勒底的军队因怕法老的军队拔营离开耶路撒冷的时候,耶利米就杂在民中出离耶路撒冷,要往便雅悯去"。他到了便雅悯的门前,有个名叫伊利雅的守门官抓住先知耶利米说,你是投降迦勒底人吗。耶利米说,"你这是谎话,我并不是投降迦勒底人。"耶利米就这样被阻止了,而且遭到控告,审讯后被关在监牢里,怀疑他是一个叛变者。如本章最后一节所说的那样,他就待在那里。

但是下面一章讲的耶利米被监禁的故事,跟这章中所说的没有联系,而把他的被监禁说是由于另一种情况,为此我们必须回到第二十一章。那一章第一节说道,西底家王打发玛基雅的儿子巴施户珥和玛西雅的儿子牧师西番雅去见耶利米,问他关于尼布甲尼撒的情况,那时他的军队是在耶路撒冷前面;于是耶利米对他们说(见第八节),"耶和华如此说,看哪,我将生命的路和死亡的路摆在你们面前。住在这城里的人,必将死于刀剑、饥荒和瘟疫。但出去归降围困你们的迦勒底人,必得生存,要以自己的命为牺牲品"。

这次的会见和谈论在第二十一章第十节的末尾突然中断。这本书的紊乱就在于,我们必须越过对十六章的其他问题的讨论,才能回到这次会见的继续情况和有关事件。这样就像我已经说过的那样,把我们带到第三十八章第一节了。

第三十八章开始说,"玛坦的儿子示法提雅,巴施户珥的儿子基大利,示利米雅的儿子犹甲,玛基雅的儿子巴施户珥(这里比在第二十一章中提到的人更多)听见耶利米对众人所说的话;他说耶和华如此说,住在这城里的人,必死于刀剑、饥荒和瘟疫,但出去归降迦勒底人的,必得生存,就是以自己的命为牺牲品,而且必得生存。(这是会见时的话)所以,(他们对西底家说)求你让我们将这人处死,因为他向城里剩下的兵丁和众民说这样的话,使他们的手发软,这人不是求百姓的幸福,乃是叫他们受灾祸";在第六节中这样说,"他们就拿住耶利米,把他放在玛基雅的地牢里"。

这两种记事是不同的,而且是互相抵触的。一种说法是,他的被系入狱是因为他试图逃出这城;而另一种说法是,由于他在这城里布道和散布预言;一个说他是被城门官拘捕的;另一个说他遭到了与会者在西底家面前对他的控诉[①]。

---

① 在《撒母耳记》上篇第十六、第十七两章中,我观察到关于大卫和他认识扫罗的方式是相抵触的,正像在《耶利米书》第三十七和第三十八章中关于耶利米的被系入狱的原因是互相矛盾的那样。

《撒母耳记》第十六章中说,上帝的一个恶魔来扰乱扫罗,他的臣仆对他说,(作为挽救)"找一个男子善于弹琴"。在第十七节中扫罗说,"你们可以为我找一个善于弹琴的,带到我这里来"。其中有一个仆人回答说,看啊,我曾见伯利恒人耶西的一个儿子善于弹琴,是大有勇敢的战士,说话合宜,容貌俊美,耶和华也与他同在;于是扫罗差遣使者去见耶西,说,"请打发你的儿子大卫到我这里来"。于是[第二十一节]大卫到了扫罗那里,就侍立在扫罗面前,扫罗甚喜爱他,他就做了扫罗拿兵器的人;当从神那在下一章中(第三十九章)我们又发现这本书的杂乱无章的另一个例子:因为尽管在以前几章中已经讲到尼布甲尼撒围困这个城的问题,特别在第三十七和第三十八章;在第三十九章开始时,好像以前对于这个问题只字未提;又好像关于这个问题的情节以前告诉过读者一样,因为在第一节开始时说,“在犹大王西底家执政后的第九年9月间巴比伦王尼布甲尼撒率领全军进攻耶路撒冷,并围困该城”等等。

但是这个例子在最后一章中(第五十二章)更使人耀眼的是:虽然这桩故事已在前面一而再、再而三地讲过,这一章中仍认为读者关于这件事一点也不知道,因为在这一章的第一节开始说,“西底家是在二十一岁那年开始执政,他在耶路撒冷执政十一年,他的母亲名叫哈慕他,是立拿人耶利米的女儿(第四节)[①],当他执政的第九年10月间,巴比伦王尼布甲尼撒率领全军进攻耶路撒冷,对城安营,四围筑垒攻城”,等等。

说这本书是出于一个人之手,尤其是说耶利米是作者,那是不可能的。任何一个人坐下来写一本作品。不会犯这么多错误。假

里来的恶魔临到扫罗身上的时候,大卫就拿琴用手而弹,扫罗便舒畅爽快,好了起来。

但是下面第十七章所说的一桩关于扫罗和大卫相识过程的故事,与此完全不同。这里说当大卫被他父亲差遣把粮食送到营里弟兄们那里去时,大卫遇到了歌利亚。在这一章的第五十五节中说道,“扫罗看见大卫去攻击非利士人[歌拉勃],他对元帅押尼珥说,这个少年人是谁的儿子?押尼珥说,我敢在王面前起誓:我不知道。王说,你可以问问那个幼年人是谁的儿子。大卫打死非利士人回来,押尼珥领他到扫罗面前,他手中提着非利士人的头,扫罗问他说,少年人哪,你是谁的儿子?大卫回答说,我是你仆人伯利恒人耶西的儿子。”这两段记事,互相说谎,因为两段都认为扫罗和大卫以前是不相识的。《圣经》这本书太荒谬,简直难以批评。——作者

① 中文本《圣经·耶利米书》为第五十二章第一节,作者误作第四节。——译者

使我或任何别人,用这样紊乱的方式来写作,谁也不要读这种东西。人人都要认为作者是在发狂。所以为说明这种紊乱的由来,唯一的方法是说这本书是一种混合物,由某一个愚蠢的作者把不连贯和不可靠的轶事放在一起,而用耶利米的名义出书;因为故事中多次提到他,并且提到他在世时的情况。

在耶利米的谎言和假预言之中,我将提出两个例子,然后进一步评论《圣经》的其余部分。从第三十八章看来,当耶利米坐牢时,西底家派人叫他来,在这次秘密会见中,耶利米力劝西底家向敌人投降。在第十七节中他说道,"你若出去归降巴比伦王的首领,你的命就必然活下来",等等。西底家唯恐这次会见的经过被人知道,在第二十五节中他对耶利米说,"首领(指犹大方面)若听见了我与你的谈话,就来见你,问你对王说些什么话时,不要对我们隐瞒,我们也不会杀你;王对你说什么话,也要告诉我们。你就对他们说,我在王面前恳求不要叫我回到约拿单的房屋并死在那里。随后众首领来见耶利米并且问他,他就照王所吩咐的一切话回答他们"。这样,这个被称为上帝的人,当他认为可以达到他的目的时,就会说谎话或极力搪塞;因为他肯定不到西底家那里去请求,而他也没有这样做,他去是因为被人叫去的,他就利用这个机会劝西底家向尼布甲尼撒投降。

在第三十四章第二节中,耶利米对西底家说了一个预言如下,"耶和华这样说,看啊,我要将这城交付巴比伦王的手,他必用火焚烧,你必不能逃脱他的手,定被拿住,交在他的手中,你的眼要见巴比伦王的眼,他要口对口和你说话,你也必到巴比伦去。你还要听耶和华的话,犹大王西底家啊,你必不被刀剑杀死,你必平安而

死，人必为你焚烧物件，好像为你列祖，就是为你以前的先王；人必为你举哀说哀哉，我主啊；耶和华说，这话是我说的”。

现在，西底家不曾见巴比伦王的眼，也没有口对口和他说话，也不是平安而死，也没有人为他烧香，像为他的祖先丧葬时烧香一样（像耶利米曾经说，耶和华亲自这样说的），按照第五十二章所说的情形，和第三十二章第二节中所说的恰恰相反。在本章第十节中说道，“巴比伦王在西底家眼前杀了他的众子，并且剜了西底家的眼睛，用铜链锁着他，带往巴比伦，将他囚在监里，直到他死的日子”。这些先知，除了称他们为骗子和说谎者以外，我们还有什么可说的？

至于耶利米，他没有受到那些苦难。他受到尼布甲尼撒的宽待，把他交付护卫长，（第三十九章第十二节）说道，“你领他去，好好地看待他，切不可害他，他对你怎么说，你就对他怎么办”。耶利米后来和尼布甲尼撒合在一起，并且到处为他传播预言，反对埃及人。当耶路撒冷被围困的时候，埃及人曾出兵援助该城。对于另一个说谎的先知和他署名的书，已经说了很多了。在处理被称为属于以赛亚和耶利米的书时，我特别注意，因为那两本书在《列王记》和《历代志》中曾被提到，而其他书中没有提到过。关于其他被称为先知的书，我不打算多去操心，而是把号称为先知的品格和他们的书放在一起加以观察。

在《理性时代》的第一部分中，我已经说过“先知”一词在《圣经》的词汇中是作诗人解的，犹太诗人的思想和隐喻已被愚蠢地插入现在所说的预言之中。我这个意见，是十分有道理的，不仅因为这些称为预言的书，是用诗的语言写成的，而且因为《圣经》中的“先知”除了形容我们所说的诗人的意思外，没有用这个词来作预言解的。我也说过这个词表示一个玩弄乐器的人，对此，我也曾举出一些例子：如一伙先知用箫管、小鼓和号角等乐器演奏预言；扫罗也用它们来演奏（见《撒母耳记》上篇第十章第五节）预言。从这一节和《撒母耳记》的其他部分来看，“先知”一词只限于标明诗和音乐；因为“先知”就指对于隐藏的事情具有透彻的见识的人，不是预言家而是一个先见者①（《撒母耳记》上篇第九章第九节）。直到这个词废弃不用时（很可能当扫罗驱逐那些他所称为术士之时），“先见者”这个职业，或“先见”这个技术，才与“先知”这个词结合在一起。

按照“预言家”一词和“提出预言”的现代意义，是指在未来的很长时间以前，预先说出某些事情，所以对于“福音”的创立者在意义上必须给以言论的自由，以便把他们所说的《旧约》的预言运用或引申到《新约》时代。但是依照《旧约》，“先见”说的预言和后来“先知”说的预言，就“先见”一词的意义和“先知”一词相结合而言，只提到当时经过的事情，或和它非常接近的事情；诸如他们准备去进行的一场战争，或一次旅行，或他们准备要做的一件事业，或当时悬而未决的事情，或那时他们遭遇的困难；这一切都直接和他们有关系（像已经提到过的亚哈斯和以赛亚关于下面一句话的情况，说，看啊，必有童女怀孕生子），没有提到遥远的未来时间。那种说预言相当于我们所说的算命；诸如推算命运，预言发财

① 我不知道英文中“先见者”一词在希伯来文中是否有相应的词汇。我注意到在法文中译为 La Voyont，动词 Voix 一词可译为“见”。——作者

和幸运的或不幸的婚姻，以及失物的复得等等；这是基督教会的骗术，不是犹太人的；是现代人的愚昧和迷信，不是古代的；它把那些有诗意的、好音乐的、变幻莫测的、富于梦想的有闲绅士们提高到他们现有的地位。

但是除了一切预言家的一般品质之外，他们还有一种特别的品质。他们是有宗派的，他们提出的预言，有赞成，有反对，这要根据他们所属的派别来决定，像现在的诗歌作者和政治著作家一样，为保卫他们所属的一派而写作，而反对另一派。

自从犹太人分为两国以后，就是犹大国和以色列国；各有各的预言家，他们互相辱骂和揭发对方是假预言家、说谎的预言家和骗子等等。

犹大一派的预言家发表预言反对以色列的一派；以色列的一派则发表预言反对犹大的一派。这种带有派性地发表预言，表明它是直接由于两个敌对国王——罗波安与耶罗波安的分裂。那个预言家诅咒并提出预言反对耶罗波安在伯特利所筑的坛属于犹大一派，而在那里为王的是罗波安；他在回家的路上，遇到以色列一派预言家的阻拦并且对他说，（见《列王记》上篇第十章）“你是不是从犹大来的上帝的人？他回答说，是的”。于是以色列派的预言家对他说，“我与你同样是个预言家（表示是属于犹大的），有一个天使对我说，上帝之命说，你把他一起带到你的家中，使他有面包吃，有水喝；（第十八节说）他对他说了一个谎”，然而，依据故事，这件事是犹大的预言家从未回到犹大，因为他被发现已经死在路上，这是由于以色列预言家的算计。对以色列一派人说来，他当然是自己一派的真正的预言家，而把犹大的预言家说成说谎的预言家。

在《列王记》下篇第三章中有一个故事讲到发表预言或念咒，它表明在某些特殊情况下一个“先知”的品性。犹大王约沙法和以色列王约兰，曾一度消除两派仇恨，订立协约；这两个王联合以东王同摩押王进行一次战争。在他们的军队联合起来向前进行之后，他们没有水喝，大感困苦。于是约沙法说，“这里不是有耶和华的先知么，我们可以托他求问耶和华？”以色列王的一个臣子回答说，这里有以利沙（以利沙是犹大派）。于是犹大王约沙法说，他必有耶和华的话。这段故事接着说，这三个王都去见以利沙；当以利沙（像我说过的那样，他是犹大派的先知）看见以色列王时，就对他说，“我与你有何相干，去问你父亲的先知和你母亲的先知吧。以色列王对他说，不要这样说，耶和华召集我们这三个王，乃是要交在摩押人的手里”。（意思是因为他们遇到缺水的困苦）以利沙听了说，“我指着所事奉的万军之主耶和华起誓，我若不看犹大王约沙法的情面，必不理你，也不见你”。这里是一派先知的恶意和粗俗。现在我们应当看到发表预言的表演和作风。

在第十五节中以利沙说，“给我找一个弹琴的人来，弹琴的时候，耶和华之灵就降在以利沙身上”。这里是变戏法者的蠢事。现在讲到发表预言；“以利沙说，（很可能唱出他所演奏的曲调）耶和华如此说，你们要在这山谷中到处挖沟；”这就是告诉他们：每个乡民，不用提琴，不用滑稽的表演也会告诉人家取水的方法是挖沟。

但是由于每一个变戏法的人对于同样事情不像先知们那样出名；因为虽然他们全体，至少我所提到的那些人，是说谎有名的，其中有些人善于诅咒。我刚才说到的以利沙是这一批说谎者的首要人物。就是他，用了上帝名义诅咒了四十二个儿童，结果两只母熊出来把他们吞掉了。据我猜想，那些儿童是属于以色列一派的；但是由于那些会诅咒人的人也会说谎，关于以利沙的两只母熊的故事，其可信程度，和华特生讲的关于龙的故事是一样的。下面几句就是描写他所说的：

三个可怜的儿童被他吞灭，
他们无法和他格斗；
张口一啜，就把他们消灭，
像人吃一个苹果，只消一歇。

还有一则描写称为先知的人，说他们用梦想和幻想来自娱；但是我们不知道是在夜间或在白天。这些，如果不是完全无害，也是很少有害的。属于这一类的有：

《以西结书》和《但以理书》；关于这些书的第一个问题是，它们是否是真的？就是说它们是否为以西结与但以理所写？

关于这一点，没有证明；但是就我自己的意见来说，我更倾向于相信这些书是真的而不是假的。我这个意见的理由如下：第一，因为那些书没有内在的证据，证明它们不是以西结与但以理写的，就像那些说是属于摩西、约书亚和撒母耳等人的书，却证明它们并非摩西、约书亚和撒母耳等人所写。

第二，因为它们不是在巴比伦俘虏事件开始以前写的；而且有充分理由相信《圣经》中没有一本书是在这一段时间以前写的；至少从这些书本身可以得到证明，像我已经指出的那样，它们是在犹太帝国开始以后才写成的。

第三，因为被称为属于以西结与但以理的书，其写作方式跟这些人写书时的情况是一致的。

无数的经文解释者和教士们曾愚蠢地运用或浪费时间于假装阐述和详细说明那些书籍。假如他们也像以西结与但以理那样成了俘虏，在解释这种模式的写作的理由时，其才智将大获改善，也可以省却麻烦，像他们已经做过的那样，不把脑筋耗费于无益的捏造，因为他们自己会发现他们也是不得已像某些人所做的那样，用一种隐蔽的方法写出关于自己、朋友，或国家的事情。

这两本书和其余的书不同；因为只有这两本书充满了梦想和幻想的叙述；而这种差别起源于作者的状况，像战俘、国家罪犯，身处异国，使他们不得不用含糊或抽象的词句相互传递甚奎极为琐碎的消息和他们的政治计划或意见。他们假托做梦或看到幻象，因为他们如果讲出事实或使用明确的语言，对于他们是不安全的。然而，我们应该认为接到他们信件的人，懂得他们的意思，并不打算让其他人懂得。但是这忙碌的经文解释者和教士们神志糊涂，不明白这不是为使他们理解而写的，而且是与他们不相干的。

以西结与但以理是在约亚敬时代第一次被俘时作为囚犯带到巴比伦去的，第二次被俘是在九年以后，西底家时代。那时犹太人还是为数众多，在耶路撒冷还有相当大的力量，所以当然可以设想，处于以西结与但以理地位的人会策划他们国家的恢复和他们自身的得救；有理由认为这些梦想和幻想的记载充满于两书之中，无非是一种隐蔽的通信方法，以便于达到那些目的，就是把它们用作一种密码或秘密的字母表。如果不是这样，那么便是故事，文饰之词和无稽之谈；至少是一种幻想的方法，借以消除被俘虏的厌倦情绪；但是根据推断，应该属于前一种情形。

《以西结书》开头讲到一种活怪物的异象，又在像中见到轮中有轮，据他说是在被俘地的迦巴鲁河边看到的。试问是否可以这样推断：他所说的怪物，意思是指耶路撒冷的殿宇而言，因为殿里有怪物的像？至于轮中有轮（这是一种比喻，经常理解为政治计划的一种表示）可否解释为收复耶路撒冷的计划和手段？在这本书的后半部分，他揣想自己被送到耶路撒冷，并且进入殿宇，他重新提到在迦巴鲁河边的幻象，并且说（见第四十三章第三节）这个最后的异象，如我在迦巴鲁河边所见的异象；这表明这些伪称的梦境和异象，它们的目标在于收复耶路撒冷，别无其他。

至于浪漫的解释和运用，他们想把梦境和幻象解释得狂热，像经文解释者和教士们对那些书作解释时那样的放荡无羁，想把它们变为他们所谓的预言，还想把它们的时间和环境移得非常遥远，甚至像在今天一样；这表明轻信与教士愚民术的极端愚蠢，已经尽其能事。

假如认为世上会有像以西结与但以理那样处境的人，那真是荒唐得无以复加了，他们的国家被蹂躏，沦陷于敌人之手；亲戚朋友有在国外被俘者，在国内者，或为奴隶，或遭屠杀，常有不测之险；所以我说，如果认为这些人无事可做，而只把时间和思想用于他们死后一二千年关于别国所发生的事情上，再没有比这更荒谬的事了；同时，再没有比他们策划恢复耶路撒冷和自身得救更为自然的事了；而且这些书中所有模糊的和狂热的写作，均以此为唯一目的。

这两本书中所采用的写作方式，也是出于无奈的，没有选择的余地；这种说法，无可非议；但是，如果我们用这些书作为预言，那是虚假的。《以西结书》第二十九章讲到埃及时说道（见第十一节),“人的脚,兽的蹄,都不经过,四十年之久无人居住”。这种情形从来没有发生过,因此这是假的,正像我评论过的一切著作一样。这个题目的这一部分,我就到此作一结束。

在《理性时代》的第一部分,我曾讲到约拿和他的故事,也提到鲸鱼。这个故事假使是写来教人相信的,真可以引人发笑;假使意在试验什么轻信可以忍受,则足供大笑;因为如果能够忍受约拿和鲸鱼,那么任何东西都忍受得了。但是,像我在观察《约伯记》和《箴言书》时已经指出的那样,并非经常可以肯定《圣经》中哪些书原为希伯来文,哪些只是从犹太教的著作中译成希伯来文的;由于《约拿书》和谈论犹太人的事隔得太远,对于那个题目没有说什么话,讲的完全是犹太教的事。更有可能的是,这本书是犹太教中异教徒的书,不属于犹太人的。这是一种寓言,意在揭露胡言并讽刺《圣经》中先知或祭司的恶劣和不良的品质。

约拿首先被描写为一个不服从的先知,逃避使命,躲避在从约帕开往他施的一条异教徒的船上;好像他愚昧地认为凭这种无价值的办法,就能隐藏在一个上帝不能找到他的地方。然而那只船在海上遭到大风的突然袭击;水手们都是异教徒,相信这是一种审判,因为船上有人犯了罪。他们用抽签来发现犯罪者,签落到了约拿手里。但是在此以前,他们为要使船减轻重量,把船上的货物抛在海中,当时约拿像一个笨人,沉睡在底舱里。

这支签指出约拿是犯罪者之后,他们问他是谁,以何为业?于是他告诉他们,他是希伯来人。这个故事的含义是他承认自己是有罪的。但是这些异教徒不像一伙《圣经》上的先知或祭司对待一个处于同样情况的一个异教徒那样,也不像《圣经》中所说的撒母耳对待亚甲和摩西对待妇女和儿童那样，毫不怜悯，立即牺牲。他们却极力冒着自己生命的危险来挽救他，因为记载中说，“虽然（约拿虽然是个犹太人而且是外国人，他们所遭遇的一切不幸和货物的损失，其原因都在于他），那些人竭力荡桨，使船靠岸，但是却不能，因为海浪剧烈地向他们冲击”。虽然如此，他们还是不愿把中签者的命运付诸执行；并且高呼，“啊，主啊，不要为了这个人的性命而使我们灭亡，不要使无辜流血的罪归于我们，因为你耶和华是随自己的高兴行事的”。这样说的意思是，他们认为不去断定约拿是有罪的，由于他可能是无罪的；但是他们想到落到他手中的签是上帝的命令，或者那是上帝所喜悦的。这个祷告词，表明这些异教徒崇拜一个上帝，而不像犹太人那样称他们为偶像崇拜者。但是风浪还是继续不停，危险增多，于是他们实行签决，把约拿抛在海中，根据故事，那里一条大鱼把整个约拿活生生吞在腹中。

我们现在要想到约拿在鱼腹中安全躲避了风浪。这里告诉我们，他曾经祷告过，但是祷词是现成的，是从《诗篇》的各部分抄来的，彼此没有联系，也不一致，对于遇难是适用的，但是对约拿当时的处境并不完全适用。这样的祈祷词，一个对于《诗篇》略有所知的异教徒，便能为他抄写一份。且不论其他，单就情况而言，就足以说明这是一个编造出来的故事。虽然，这个祈祷文被认为已经达到了目的，而故事还是继续下去（同时采取了一个《圣经》中先知的假话）说道：“耶和华吩咐鱼，鱼就把约拿吐在旱地上。”

约拿接到了去尼尼微城的第二个任务，他就动身去了；现在我们要把他当作一个传道者。他所受到的灾难，他回忆起所以有此灾难的原因在于他不服从，以及传说的关于他的脱身的奇迹，使人们这样想,这些经过足以使他在执行他的任务时应该有一个同情和仁慈的印象。但是并非如此,他进城时,满口痛骂和诅咒,并且喊道,“再等四十日,尼尼微必被推翻”。

我们现在要考虑到这个想象的传教士在执行任务中的最后行动。而这里是一种《圣经先知》的恶毒精神,或者是发表预言的一个牧师的恶毒精神,表现了人们称为魔鬼的一切邪恶的品性。

故事说,他发表了预言以后,就退到城的东边。但是为了什么?他在退却中并未想到上帝对他或别人的恩典,只是带着有害的切望等待尼尼微的毁灭。但是故事上说,尼尼微人却信而悔改,于是照《圣经》上的说法,上帝自悔以前所说将降灾于他们之言,并未实现。《圣经》末章第一节说:“这事约拿大大不悦,且甚发怒。”他的铁石心肠宁愿尼尼微全部毁灭,不论老少,人人死于灰烬,而不愿其预言不能实现。为了进一步说明一个先知的品性,耶和华安排了一棵蓖麻在夜间生长在他的引退之地,使他在酷热的阳光下得到荫蔽的舒适;第二天早晨,这棵蓖麻就枯死了。

于是这个先知大为发怒,准备毁灭自己。他说道:“我死了比活着还好。”这就引起了上帝与先知之间的所谓忠告,上帝说:“你因这棵蓖麻发怒合乎理么?”约拿说:“我发怒以至于死都合理;耶和华说,这蓖麻不是你栽种的,也不是你培养的,一夜发生,一夜干死,你尚且爱惜;何况这尼尼微大城,其中不能分辨左右手的人有十二万之多?”

这个寓言的讽刺和教训到此结束。作为讽刺,它冲击了一切《圣经先知》的品性,也冲击了一切对于男、女、儿童不分皂白的判断,这种说谎的书充斥《圣经》,如挪亚的洪水,所多玛和蛾摩拉城的毁灭，迦南人的灭绝，甚至吃奶的婴儿和孕妇都是，因为同样反映，“不能分辨左右手的有十二万人”，意思指幼儿而言；这种反映适用于他们的各种情况。这也讽刺所谓上帝对一个国家而不是另一国家的偏见。

作为一种道德，这是宣传反对预言的恶意精神，因为一个人作了坏的预言，他就肯定有这种倾向。他以自己判断正确而产生的骄傲，使他心肠变得冷酷，最后他以满意或失望的心情看待他的预言的成功或失败。这本书的结尾以同样强烈和正确的论点反对先知、预言和不分皂白的判断，这和本杰明·富兰克林为《圣经》而写的一章讲到亚伯拉罕和陌生人，结尾是反对不能容忍的宗教迫害精神是一样的。对于《约拿书》就到此为止。

《圣经》中诗的部分，就是称为预言的那一部分，我在《理性时代》的第一部分中已经谈到，在这一部分中也已谈过。我在这里已经说过，先知一词是《圣经》用于诗人的词汇；而且那些诗人的思想和隐喻，有许多因时过境迁，变得含糊不清，却被荒谬地确立于所谓预言之列，并且应用于作者从未想到的目的。一个教士引用任何一段经文时，他会解释得合于自己的观点，并把这种解释作为作者意见强加于会众。巴比伦的娼妇成了一切教士的公娼，而且彼此互相指摘对方拥有妓女；而他们的解释则又是非常一致。

现在只剩下少数著作——他们称之为小先知的书。我已指出，那些比较重要的是骗子，若去惊扰小者的安眠，将是一种懦弱的行为。那么让他们睡在保姆——教士们的怀抱中吧，把二者一起忘掉。

我现在已把《圣经》审查一遍，好像一人肩荷斧头到树林里去伐木。树木伐倒后躺在这里;教士们如果能做到的话,也许把它们再种起来,或者把它们插在地里,但是他们绝不能再使它们生长。——我要进一步谈谈《新约》的著作。

关于《新约全书》

他们告诉我们《新约》是以《旧约》的预言为基础的。若是如此,那么它一定会和它的基础具有同样的命运。

一个女人在结婚以前怀孕生子,并把孩子弄死,虽然这样做是不正当的,但这绝对不是异乎寻常的事。我认为没有理由不相信像玛利亚那样的女人和约瑟那样的男人,而且耶稣也是存在的;但是仅仅存在,是无关紧要的,不足以作为信与不信的根据。在普通人的头脑中,这件事可能是这样的;那么又怎样呢?虽然,可能有这样的人,或者至少在局部情况之下有类似他们这样的人,因为几乎一切传奇式的故事都是由一些真实的情况引起的;就像《鲁滨逊漂流记》中没有一句话是事实,而是由于亚历山大·赛尔坎克的情况的启发。

我所关心的不在于这些人存在与否,而在于《新约》中所叙述的关于耶稣基督的寓言和我所反对的其中提出的那种狂热与虚幻的教义。这个故事,照它的说法,是亵渎神灵的淫乱之词。它描写了一个已订婚的年轻妇女,在订婚期间,用通俗的语言来说,被鬼奸污,还用不敬的托词说(《路迦福音》第一章第三十五节),“圣灵要临到你身上,至高者的能力要荫庇你。”尽管那样,约瑟后来仍与她结婚,视为妻子与她同居。这时,是他与鬼为敌的时候了。这个故事用了通俗易懂的语言,用这样的方式讲出来时,没有一个教士不是抱着惭愧之心来听取的。[①]

在信仰问题上的猥亵语言,不管怎样掩盖,总是一种寓言和欺骗的象征;因为我们对于上帝的严肃信仰,切不可把它和这里所说的故事连在一起,以致造成荒唐可笑的解释。这样的故事从其表面来看,和朱庇特与勒大、朱庇特和欧尼巴的故事,或朱庇特的其他恋爱冒险故事,同属一类;并且像《理性时代》第一部分中已经说明的那样,就是基督教的信仰是建立在异教的神话上面的。

至于《新约》的历史部分,关于耶稣基督,只限于不到两年的很短一段时间,并且都在一国以内,几乎在同一地点,其时间、地点和情况的不一致已将发现是《旧约》中的谬误,并且证明它们是骗人的,也不能期望在这里有同样多的篇幅。把《新约》同《旧约》比较,就像一幕滑稽剧没有地位容纳许多违反统一性的东西。然而,某些炫目的矛盾,排斥了那些冒充预言的谬论,足以说明耶稣基督的故事是假的。

我指出一种不容置辩的见解:第一,一桩故事各部分的一致,不能证明这故事是真的,因为各个部分可能一致,而整体可能是假的;第二,一个故事各部分的不一致证明整个故事不会是真的。一致并不能证明真实,而不一致肯定证明是假的。

耶稣基督的历史见于据说是马太、马可、路加和约翰四人的福音书中。《马太福音》的第一章开头就讲耶稣基督的家谱;而在

① 玛利亚被称为耶稣的童贞女母亲,她还有好几个儿女。见《马太福音》第十三章第五十五节、第五十六节。——作者

《路迦福音》的第三章中也有耶稣基督的家谱,两者是否一致,它不会证明这个家谱是真的,因为,有可能是编造出来的;但是它们如果在每一细节上互相矛盾,那就证明绝对是假的。如果马太说了真话,路加说了假话;或者路加说了真话,马太说了假话,由于没有根据证明相信这一个比相信那一个好,所以就没有根据相信任何一个;如果他们所说的第一桩就不可信,那将证明他们后来所说的任何东西都不值得相信。真理是一种一致的东西;至于灵感和启示,如果我们承认其事,那就不可能认为它们是互相矛盾的。要么是被称为使徒的人是骗子,要么就是所谓属于他们的书是由别人根据他们的意思写出来的,正像《旧约》一样。

《马太福音》在第一章第六节中作了一份有姓名的家谱,从大卫上溯到玛利亚的丈夫约瑟以至基督共有二十八代。《路迦福音》中也有一份有姓名的家谱,从基督经过玛利亚的丈夫约瑟到大卫,共有四十三代;此外,只有大卫和约瑟的名字同在两个名单之中。我在这里把两张家谱表平列于后,而且为明了和比较起见,把二者按同一方向排列,就是从约瑟直到大卫。(见478页表)

现在,如果马太与路加这些人一开始讲到耶稣基督的历史,讲到他的出身,他的品性,就在他们中间说上一套谎话(照这两段记载,说明他们是如此做了),试问还有什么根据(像我以前问过的)使人相信他们以后所说的怪事?假使他们所叙述的他的自然年谱不能令人相信,那么他们告诉我们,他是上帝的儿子,系一魔鬼所生;又说,一个天使的宣谕是对他母亲说的一个秘密,这教我们怎能相信呢?如果他们在一个年谱中说了谎,我们为什么相信另一个年谱的说法呢?如果他的自然的事情是编造出来的——肯定如

基 督 家 谱 表

家谱,按照《马太福音》	家谱,按照《路迦福音》	家谱,按照《马太福音》	家谱,按照《路迦福音》
基督	基督		
2.约瑟	2.约瑟	23.约沙法	23.尼利
3.雅各	3.希里	24.亚撒	24.麦基
4.马但	4.玛塔	25.亚比雅	25.亚底
5.以利亚撒	5.利未	26.罗波安	26.哥桑
6.以律	6.麦基	27.所罗门	27.以摩当
7.亚金	7.雅拿	28.大卫①	28.珥
8.撒督	8.约瑟		29.约细
9.亚所	9.玛他提亚		30.以利以谢
10.以利亚敬	10.亚摩斯		31.约令
11.亚比玉	11.拿鸿		32.玛塔
12.所罗巴伯	12.以斯利		33.利未
13.撒拉铁	13.拿该		34.西缅
13.耶哥尼亚	14.玛押		35.犹大
15.约西亚	15.玛他提亚		36.约瑟
16.亚们	16.西美		37.约拿
17.玛拿西	17.约瑟		38.以利亚敬
18.希西家	18.犹大		39.米利亚
19.亚哈斯	19.约亚拿		40.买南
20.约坦	20.利撒		41.玛达他
21.乌西亚	21.所罗巴伯		42.拿单
22.约兰	22.撒拉铁		43.大卫

① 从大卫的诞生到基督的诞生在1080年以上,由于基督的存年不包括在内,那么十足算来,只有二十七代。所以为了求得表中所列的每人的平均年龄,在他生出第一个儿子的时候,只需用27来除1080,每人享年40岁。如果那时人的存年像现在的人一样,那么认为连接的二十七代在未婚以前都是年老的独身者,是荒谬之谈;更有甚者,当我们听说所罗门就是大卫的继承人,在二十一岁以前有一所房屋住满了妻妾。这份年谱非但远非严肃的实情,甚至也不是一个讲得通的谎言。路加的表中说,大约平均年龄是二十六岁,那是太荒谬了。——作者

此，那么我们为什么不推定他的天国家谱也是编造的，而且全部是难以置信的呢？任何认真思考的人，会把未来幸福押在对一件自然不可能的故事的相信上么？押在同一切正派思想不相容，而且查明为某些人所虚构的故事的相信上么？我们止于对朴素而纯洁的一个上帝的信仰（即自然神论）比我们陷于一个不可能、不合理、不健康和互相矛盾的故事大海之中，不是更为安全么？

虽然，在《新约全书》中，像在《旧约全书》中一样，第一个问题是，它们是真实的么？它们是否由被称为作者的人写的？由于有了这样的根据，才可以说书中所讲到的奇事是可以信仰的。在这一点上，没有**正面或反面的直接证明**；而所有的情况都证明是可疑的；疑问就是信仰的反面。所以这些书的情况，就这种证据的倾向来说，证明是相反的。

但是，除此以外，有可以假定的是：这些称为“四福音”的作者，以及属于马太、马可、路加、约翰的著作，都是骗人的。这四本书中历史部分的紊乱情况，一本书对另一本书中提到的事情绝口不提，以及在它们中间可以找到的分歧，意味着这些书是某些没有联系的一些个人的作品，是他们假托叙述的事情的许多年后写的，各人讲自己的故事，而不是密切生活在一起的人的作品，像称为使徒的人们就被认为写过这类作品；总之，这些书像《旧约》中的书一样，不是由书上署名的人编造出来的。

天使宣谕的故事，就是圣灵怀胎一事，在称为马可和约翰的书中没有多谈，与马太和路加的书中所谈的不同。前者说，天使出现在约瑟面前；后者说，出现在玛利亚面前；但是不论约瑟或玛利亚都是他们所能想到的最不好的证据；因为能为他们作证的应该是别人，而不是他们自己。假使一个怀孕的女子说，甚至发誓说，她的怀孕是由于一个鬼，又说这是一个天使对她这样说的，有人会相信她么？肯定没有人相信她：那么，我们为什么要相信从未见过的另一个女子的同样事情，而且是由不知何时，何地，何人所说的呢？这是多么奇怪和矛盾的事情：会削弱甚至对一个可能的故事的相信的同样情况，应当作为信仰这个故事的动机，何况这个故事从表面来看，每一象征都是绝对不可能的和具有欺骗性呢！

希律杀尽两岁以下儿童的故事，完全属于《马太福音》的说法；在其他书中一点也没有提过。假使这种情况是真的，那么它的普遍性一定会使所有的作家都知道；而其他书中却没有提到，岂不令人大为惊骇。这个作家告诉我们耶稣逃避了这场屠杀，因为约瑟和玛利亚受到天使的警告，叫他们带他逃到埃及去；但是他忘了为约翰准备食物，那时约翰不满两岁。约翰虽然留在后面，却吃得和逃走的耶稣一样好；所以这个故事在情节方面就是自欺之谈。

这些作者中没有两个人的叙述是一致的，而且使用完全同样的语言，写就的铭文，虽然简单，却告诉我们，是在耶稣被钉在十字架上时放在他前面的；除此以外，马可说道，他是在第三小时被钉的（早晨九时），而约翰说是在第六小时（中午十二时）①

这些书中提到的铭文有：

马太——这是犹太人的王耶稣

马可——犹太人的王

① 据《约翰福音》，判决书在第六小时（中午）以前没有下来，因此行刑非在下午不可；但是马可说得很清楚，他是在第三小时（早晨九时）被钉在十字架上的。《马可福音》十五章第二十五节，《约翰福音》十九章第十四节。——作者

路加——这是犹太人的王

约翰——犹太人的王拿撒勒人耶稣

这些情况虽然琐碎，但我们可以从此推断，不论那些作者是谁，他们生存于何时，他们当时都不在场。在称为使徒的人中，只有一个好像就在现场附近，此人就是彼得；当时他被指控为耶稣的追随者。据说（《马太福音》第二十六章第七十四节）“彼得就发咒起誓说，我不认得那个人！”然而有人叫我们相信同一的彼得，按照他们自己的叙述，是犯伪证罪的。凭什么理由，有什么根据，要我们这样做？

在这四本书中，他们关于被钉在十字架上的情况的记载各不相同。

在称为马太所作的书中说，“从午正到申初，遍地都黑暗了。——忽然殿里的幔子，从上到下裂为两半——地也震动——磐石也崩裂——坟墓也开了，已睡圣徒的身体，多有起来的，到耶稣复活以后，他们从坟墓里出来，进了圣城，向许多人显现”。《马太福音》的大胆的作者说了这样一个故事，但是他没有得到其他各书作者的支持。

被称为马可所写的书的作者，在描写被钉的情况时，没有讲到地也震动，磐石也崩裂，坟墓也开了，也没有讲到已死的人走出来了。《路迦福音》的作者也没有说起同样的各点。至于《约翰福音》的作者，虽然详细描写被钉时的一切情况，直到基督的安葬，但是他没有讲遍地黑暗，——殿中的幔子——地震——磐石——坟墓——，也没有说起死人。

现在，假使这些出现的事情是真的；假使这些书的作者曾生活在这些事情发生的时候,假使他们真是被提到的那些人,就是被称为使徒的四个人——马太、马可、路加和约翰,作为真正的历史家,即使没有灵感的帮助,他们不可能不把这些事情记载下来。这些事情假定是事实而不为人知,真是臭名昭彰了,置之不谈,也是至关重要的。假使真有地震,所有这些被称为使徒的人应该是地震的证人,因为他们不可能不在场;至于坟墓的开启和死人的复活并走入圣城,比地震还重要。地震是常有可能的,也是自然的,并不证明什么东西;但是坟墓的开启是超自然的,是直接适合于他们的教义、他们的事业和他们的使徒之职的。假使这是真的,那些书中的全部篇章将满载这些事情,并将成为一切作者的选题和异口同声的事情;但是不然,琐屑的事情,单纯的空谈,他说这个,她说那个,冗长乏味,喋喋不休;而这一切最重大的事情如果属实,反被轻描淡写,一笔带过,或只有一个作家谈到,而其他作家却提都不提。

说谎是容易的,但是说出以后,怎样去支持它是困难的。《马太福音》的作者应该告诉我们那些复活的和进入城内的圣徒是谁,后来怎样;也应该告诉我们,是谁看到的,因为他不敢大胆地说是他亲自看到的,也没有说,他们出来时是否裸体,是否全是自然肤色,是男圣徒还是女圣徒;他们出来时,是否衣着整齐,他们的衣服来自何处;他们是否回到老家去重认他们的妻子或丈夫,以及他们的财产;他们受到怎样的接待;他们是否为了重得自己的财物而遭到驱逐,他们是否提出刑事诉讼控告敌对的侵入者;他们是否还留在人间,干他们的传教或工作的本行;他们是否再度死亡,或者活着回到他们的坟墓里去,自己埋葬自己。

的确奇怪的是,一群圣徒会复活,而无人知道他们是谁,也无人知道是谁看到他们的，关于这个问题一句话也没有多说，也没有说这些圣徒有什么事情要对我们说！过去的先知们（像我们听到的）如果在预言中讲过这些事情，他们一定会有许多话要说。他们定会告诉我们每桩事情，我们应该得到附有对于前人的注释和评论的身后预言，至少比我们现在所有的要好一些。假使摩西、亚伦、约书亚、撒母耳和大卫，都不是一个信仰不变的犹太人，就会留在整个耶路撒冷。假使是施洗的约翰和那时的圣徒当时在场，人人都会认识他们，他们会对外传道并使其他一切圣徒名声外扬。但是不然，这些圣徒被突然提起，像《约拿书》中的夜间生出蓖麻，无缘无故在次日早晨枯死。故事的这一部分到此为止。

复活的故事是跟着十字架受难的故事来的；而且在这件事上和在那件事上一样，作者不论是谁，不一致之处如此之多，显然表明他们当中无一在场。

《马太福音》中说，当基督被安放在坟墓里时，犹太人请求彼拉多派一个看守或一个卫兵守卫坟墓，以防他的尸体被门徒盗走。由于这个请求，他们就派看守前往，用石头封闭墓口，将坟墓把守妥当。但是其他书中没有讲到这种请求，没有讲到封闭墓口，也没有讲到守卫或看守；按照他们的记载，都没有这些。然而，马太在故事中关于卫兵和看守之后，就讲到第二部分，我将在结论中予以注意，由于它能帮助我查明那些书的谬误。

《马太福音》继续描写说（第二十八章第一节），安息日将尽，七日的头一日，天快亮的时候，抹大拉的玛利亚和另一个玛利亚来看坟墓。马可说那是在出太阳的时候，约翰说当时还是黑天。路加说，来到墓前的是抹大拉的玛利亚、约亚拿、詹姆斯的母亲玛利亚，还有其他妇女。约翰说，只有抹大拉的玛利亚一人前来。关于他们的第一个证据，是如此一致！可是，他们似乎全都很熟悉抹大拉的玛利亚；她是个交游广阔的妇女；她可能是在闲游，这并非妄加揣测。

《马太福音》第二节继续说，“忽然地大震动，因为有主的使者从天上下来，把石头辊开，坐在上面”。但是其他各书没有讲到地震，也没有讲到什么天使把石头辊开，坐在上面，而且据他们记载，也没有说天使坐在那里。马可说，天使是在坟墓内，坐在右边。路加说，有两个人站在旁边；而约翰说，他们两人都坐下来，一个在头边，一个在脚旁。

马太说，坐在墓外石头上的天使，对两个玛利亚说，基督已经复活了，妇女们已迅速走开。马可说，妇女们看到石头已被辊开，觉得奇怪，进入坟墓时看见一个天使坐在墓穴的右边，这些是天使告诉她们的。路加说，有两个天使站在那里；约翰说，这是耶稣基督亲自告诉抹大拉的玛利亚的；她没有进入墓穴，只是停下来往里边看看。

现在，假使这四本书的作者到一个法院里去作“不在犯罪现场”的证明（因为这里企图证明的实质，就是以凭超自然的手段证明没有尸体），又假使他们用同样互相矛盾的方式提出证据，像这里所说那样，他们将有因作伪证而被割去耳朵的危险，而且罪有应得。然而这就是证据，而这些书已被强加于世人，而且作为出于神的灵感，也作为不可更改的上帝之言。

《马太福音》的作者作了这个叙述后，讲了一个在任何其他书中找不到的故事，这和我刚才间接提到的完全相同。

他说，“现在”，（就是在妇女们和坐在石头上的天使谈话以后），“看啊，有些看守（意思是他曾经说过的派住在坟上的看守者）进城去，将所经历的事都报给祭司长；祭司长和长老聚集商议，就拿许多银钱给兵丁说，你们要这样说，他的门徒夜间进来，在他睡觉的时候，把他偷去了；倘若这话被巡抚听见，我们会劝他保护你们。兵丁受了银钱，就照他们的嘱咐去做；这种说法（他的门徒来把他偷去了）就在犹太人中间流传，直到今日”。

“直到今日”这种说法是一种证据，证明这本书虽被称为马太的著作，而非马太所写，是在这些时间和冒充论述这些事情很久以后才编写出来的；因为这种说法的含义是中间相隔很长时间。用这样的方式来讲我们时代里发生的任何事情，将会前后矛盾。所以要给这种说法提出一种明白易懂的意义，我们必须假定至少已经过了几个世代的时间，因为这样的说法把我们的思想带回到古代去了。

这个荒谬的故事也是不值一提；因为它表明这本《马太福音》的作者是个能力非常浅薄的蠢人。他所讲的故事，在可能性方面就是自相矛盾的；因为看守的兵丁，如果真有的话，会被嘱咐说，当他们睡熟的时候，尸体被偷走了，并且为他们没有出来阻止提供一种理由说，由于熟睡，他们也使他们无从知道这件事是怎样干的，是谁干的；但是又教他们说，那是门徒干的。假使有人要提出证据来证明他说，在他熟睡时，出了事情，这件事是怎样做的，是谁做的，而又说不知其事，这种证据是不会被接受的；这样的证据在《新约》中是充分的证据，但是对任何涉及真理的事情来说，是无用的。

现在我要谈到在那些书中关于这个并不存在的基督复活以后那种虚构的显现的那部分证据。

《马太福音》的作者说，坐在墓口石头上的那个天使对两个玛利亚说（《马太福音》二十八章第七节），“看啊，基督已经在你们以前去到加利利，在那里你们要见到他；看哪，我已经告诉你们了”。就是这个作者，在下面两节中（八、九）又让基督在天使已经告诉了那两个妇女之后，马上为了同样目的又亲自对她们说话。妇女们急忙跑出去告诉他的门徒；在第十六节中说，“十一个门徒去到加利利，到了耶稣约定的山上，他们见到耶稣时就向他礼拜”。

但是《约翰福音》的作者告诉我们的故事与这个故事大不相同，因为他说（第二十章第十九节），“那天就是七日的第一天晚上（据说就是基督已经复活的那天）在门徒聚集的地方，因为害怕犹太人把门都关上了，耶稣来了却站在他们当中”。

依照马太说法，十一个门徒已在向加利利行进，要到耶稣亲自约定的山上去；就在那个时候，照约翰说法，他们正聚集在另一个地方，并非出于约定，而是秘密行动，因为害怕犹太人。

《路迦福音》的作者同《马太福音》作者的矛盾，比约翰所说的更为尖锐；因为他明确地说，会见是在耶路撒冷，就在他（基督）起来的那天晚上，十一个人是在那里（见《路迦福音》第二十四章第十三节和第三十三节）。

现在看来，这是不可能的，除非我们承认这些称为门徒的人有权故意撒谎，就是说这些书的作者可能是十一个称为门徒中的一分子；因为如果依照马太说法，这十一个人到加利利去，按照耶稣自己的约定在一个山上去见他，时间就是他复活的那一天，那么路加与约翰肯定是这十一个门徒中的两个了；然而《路迦福音》的作者明白地说，约翰也有同样的意思说，会见是在同一天，地点是在耶路撒冷的一所房屋里；然而在另一方面，如果依照路加和约翰的说法，这十一个人聚集在耶路撒冷的一所屋子里，马太一定是十一个当中的一个了；然而马太说，会见是在加利利的一座山上，因此那些书里提出的证据，是相互否定的。

《马可福音》的作者一点也没有提到加利利的会见；但是他在第十六章第十二节中说，基督在复活以后，门徒中有两个人走到乡下。走路的时候，耶稣变了形象向他们显现，他们就去告诉其余的门徒，其余的门徒也都不信。路加也讲了一个故事，在故事中他使基督在冒称为复活日的那天忙了一整天直到晚上。这个故事使到加利利的山上去的记述完全失效。他说他们中间的两个人，但没有说哪两个，往一个村子里去，这村子名叫以马忤斯，离耶路撒冷约有二十五英里半，耶稣在伪装中和他们在一起，直到晚上，并且与他们同吃晚饭，后来不见了；在同一晚上，在耶路撒冷的十一个人会见中他又重新出现了。

在这种矛盾的方式之中，把这个冒称为基督重现的证据说出来了；作者们唯一同意之点，是那躲躲闪闪的重现的秘密；因为隐藏处究竟是在加利利山上，还是在耶路撒冷一所关门的房屋内，还是躲躲闪闪。我们应该把这种躲躲闪闪的原因归于什么呢？一方面，这是与假定的或冒称的目的直接抵触的——就是要使世人相信耶稣是复活了；另一方面是公开宣扬这件事，将使那些书的作者们暴露于大众的检查之下，所以他们有必要把它作为一种秘密事件。

至于后来有一次耶稣被五百多人看见的故事，只有保罗是这样说的，并非五百个人自己说的。所以这只是一个人的证言；而且依照同一记载，连这一个人在事情发生时也会不相信。他的证据，假定他是《哥林多书》第十五章的作者，就是这段记载的出处，就像一个人到法院去宣誓说，他以前宣誓时说的话是假的。一个人常能认识道理，而且他也经常有权利改变他的意见；但是这个自由并不适用于事实。

现在我要谈到最后一幕，就是升天的一幕。这里对犹太人的恐惧，和对其他一切的恐惧必然是不成问题的。这桩事情，假使是真的，也把整个情况封闭起来；而且在这件事情上，门徒未来的真实使命留待证明。言语，无论是宣言或诺言，无论在加利利山上隐藏处或是在耶路撒冷关闭的房屋内秘密说的，甚至假定它们是有人说过的，都不能作为公开的证据；所以这最后一幕需要消除否认和争论的可能；应当像我在《理性时代》第一部分中所说那样，公开出来，像中午的太阳那样人人可见，至少应该公开得像钉十字架一事被广为传说一样。但是要说到要点。

第一，《马太福音》的作者只字未提，《约翰福音》中也是这样。情况既然如此，是否可能推断那些作者在其他事情上假装不遗细节，如果这件事情是真的，他们会保持缄默吗？《马可福音》的作者以轻率和潦草的方式，大笔一挥便把故事结束，好像他对于传奇写作感到厌倦，或者对此故事自觉惭愧。《路迦福音》的作者也是如此。甚至这两个作家之间，对这次最后话别的地点，也没有明显的一致意见。

《马可福音》中说，后来十一个门徒坐席的时候，耶稣向他们显现，据称会见的地点是在耶路撒冷。后来他说，谈话是在会见时进行的；他紧接着说（像一个学生结束一桩乏味的故事一样），“主耶稣和他们说完话以后，就被接到天上去，坐在神的右边”。但是《路迦福音》的作者说，升天是从伯大尼去的，说他（基督）领他们出去直到伯大尼，就在那里离开他们，被带到天上去了。穆罕默德也是这样。至于摩西，据使徒犹大说（第九节），米迦勒为摩西的尸首与魔鬼争辩。当我们相信这些寓言或其中的任何一个时，我们就不相信上帝。

我现在已经检验了据说是出于马太、马可、路加和约翰等人之手的四本书；而且当我考虑到从钉十字架到所谓升天的整个一段时间，只有几天工夫，显然不过三四天，而且据说这一切情况都发生在同一地点耶路撒冷；我相信不可能在有记载的任何故事中找到如此之多的耀眼的谬论、矛盾和谎言，这些书就是这样。它们比我开始这次检验时期望发现的东西更多，而且更为惊人。若把我当初写《理性时代》第一部分时的想法来比，远远不止于此。那时，我既没有《圣经》，也没有《新约》作参考，也无法得到。我本身的处境，甚至我的生命，日益危险；由于我愿在这个问题上能在身后留下一些东西，我不得不加快写作速度并且写得简要一些。那时我所用的引语，只是出于记忆，不过还是正确的；在那一部分著作中，我提出的见解的效果最清楚而且长久令人信服，就是说：《圣经》和《新约》是强加于人世间的，一个人的降生，耶稣基督是上帝的儿子的传述，他的死亡平息了上帝的愤怒，以及用那种奇异的方法进行救赎描述，这一切都是谎言，而且是对上帝的智慧和权力的不敬——只有“自然神论”是真正的宗教，我过去是这样的意

见，现在还是这样的意见；一个上帝的信仰，效法他的道德品质，或实践他的道德行为——只有根据这一点（就宗教而论）我们今后幸福的希望才有所寄托。我现在这样说——愿上帝这样助我。

但是还是回到本题——虽然在相隔这样长的时间里，不可能作为一个事实来确定谁是这四本书的作者（单凭这一点已经足以把它作为疑问，有疑问之处，我们就不相信），但是不难从反面来肯定那些书不是被称为作者的人写的。那些书中的矛盾说明两件事情：

第一，作者不会是他们所说的事件的耳闻目睹的证人，否则他们在叙述这些事件时不会有那些矛盾；因此，这些书不是那些被称为使徒的人写的，他们被揣想为这种证人。

第二，这些作者不论是谁，不会采取一致行动进行欺骗，只是各自写作，不知别人情况。

适用于证明一种情况的同一证据，同样适用于证明两种情况；这就是说，这些书不是被称为使徒的人们写的，也就是说他们不是经过协商进行欺骗。至于灵感，那是完全不成问题的；我们也同样可以把真实和虚伪连在一起，作为灵感和矛盾。

如果四个人对于一种情景都是耳闻目睹的证人，他们对于这种情景发生的时间和地点应该是一致的。他们各自知道这件事情，各人只为自己了解，使协商完全没有必要；这一个人不会说那是在乡下一座山上；另一个人也不会说那是在城里的一所房屋内；这一个人不会说是在日升的时候；另一个人也不会说是在天黑的时候。因为不论是在什么地点、什么时间，他们都是同样知道的。

另一方面，如果四个人是协作一件故事，他们会把这桩故事的各种说法一致起来,彼此合作支持整体。那样的协作可以补充一种情况所缺的事实,像在另一种情况下,事实的知识可以替代协作的需要。所以,同样的矛盾证明那里没有一致,也证明报道的人没有关于事实的知识(或者可以说,对于他们作为事实来说的那些事实),也可以查明他们的报道是一片谎言。所以,那些书既非被称为使徒的人写的,也不是骗子们经过协商写出的。那么它们是怎样写出来的呢?

我不是一个乐于相信所谓蓄意说谎,或者本来就是谎言的人,除了在《旧约》中有些被标榜为先知的人,因为提出预言就是以说谎为职业的。在其他许多的事例中不难发现,即使简单的假定,由于轻信,会因时间的进展而变成谎言,最后却作为事实讲出来。每当我们为这一类事情找到一个慈善的理由时,我们不应随便信以为真。

耶稣死后显现的故事,是幽灵出现的故事,这就像胆怯的想象往往产生幻觉而加以轻信。没有多少年以前,这类故事在恺撒被刺的故事中也曾讲到,它们一般是起源于暴亡事件,或者对无辜的人的处死。这类事例中,由于同情的支持,而把故事仁慈地展开了。它一点一点地前进,直到变成一件“最为确实”的事实。一谈到鬼,轻信就充满了它的生活的历史,并且说出了它显现的原因!一个人这样说,另一个那样说,直到后来关于那个鬼和鬼的主人的故事,就像这四本书中讲到耶稣基督那样。

耶稣基督显身的故事,是把自然的和不可能的事离奇地混为一谈,把传奇式的故事和事实加以区别。当门关着时,他被描写成为突然进出,消失和重现,就像一个人想到一个不实在的幻梦;后来又说他觉得饥饿,坐下吃肉,并且吃了晚餐。但是像讲这类故事的人们一样,从未提供全部情况,这里也是如此。他们曾告诉我们说,当他复活时,把坟墓里的衣服留下了;但是他们忘记给他预备后来供他显现用的其他衣服,也没有告诉我们他升天时和他们一起干了什么;是全部光身,还是穿着一切而去。在以利亚的事例中,他们很小心地说他扔下他的外衣;然而他们也没有告诉我们,他在着火的马车中怎样会不被燃烧。但是由于想象补充了这种不足,我们如果喜欢的话,可以推定他的外衣是由火蛇的皮绒织成的。

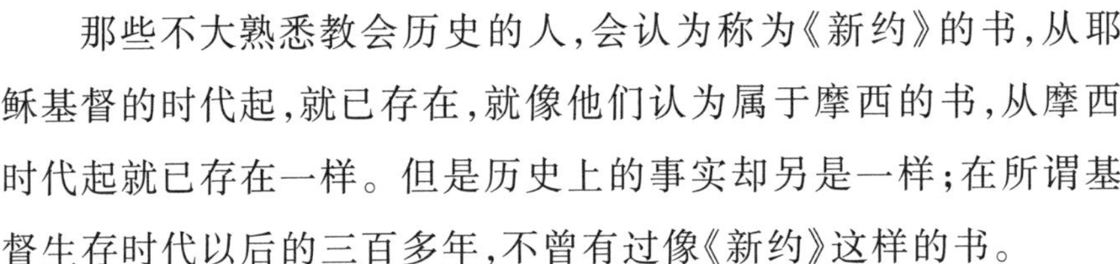

那些不大熟悉教会历史的人,会认为称为《新约》的书,从耶稣基督的时代起,就已存在,就像他们认为属于摩西的书,从摩西时代起就已存在一样。但是历史上的事实却另是一样;在所谓基督生存时代以后的三百多年,不曾有过像《新约》这样的书。

什么时候才开始有所谓属于马太、马可、路加和约翰的书,是个完全难以肯定的问题。这些书是谁写的,在什么时候写的,一点证据的影子也没有;也很可以用任何其他所谓使徒的名字来称呼这些书名,就像用现在的名字来称呼一样。书的原本不在现存基督教会的掌握之中,正像他们冒称由上帝亲手在西乃山上的满块石头上写给摩西的十诫表不在犹太人的手中一样。即使这样,也没有可能证明在任何一种情况下的笔迹。写那些书的时候,还没有印刷,因此除手抄本外无所谓出版。抄本是任何人能够照抄或随意修改而称之为原本的。我们能否认为上帝把自己和自己的意旨用这些不妥的方法传授给人,是合乎上帝的智慧,或者把我们的信仰寄托在这样的不确定上面是适当的?我们不能造出、不能改变，甚至也不能模仿上帝所造的一片草，然而却能制造或改变上帝的言语，就像我们改变人们的言语那样容易①。

大约在所谓基督生存时代三百五十年以后，有好几种我现在所讲到的著作散存于各种人的手中；当教会已经开始形成一种圣秩制度或教会政府，而且具有政治权力时，它就着手收集那些著作成为一种法典，就像我们现在看到的一样，叫做《新约》。像我在《理性时代》第一部分里所说的那样，这些著作是通过公议来决定的，决定在他们所收集的作品中，哪些应该作为上帝之道，哪些不是。犹太人的法师们从前通过表决来决定《圣经》中的著作。

至于教会的目的，在一切教会的全国性机构中都是这样：是权力和收入，而它所用的手段是恐怖，所以在他们所收集的作品中，最有奇迹性和最为神奇的，就最有机会被选入，这是在意料之中的。至于这些书的可靠性，因表决所占的地位，就不能作更高的要求了。

然而在当时自称为基督徒的人中，争辩是非常激烈的；不仅在教义方面，而且也在这些书的可靠性方面。在称为圣奥古斯丁和浮士德人之间的争议，大约四百年，后者说，“称为福音书作者的书是在使徒时代很久以后才写成的，出于某些无名人物的手笔，他

① 《理性时代》的第一部分出版不满二年，已经有一句用语不是我的。这句用语是：

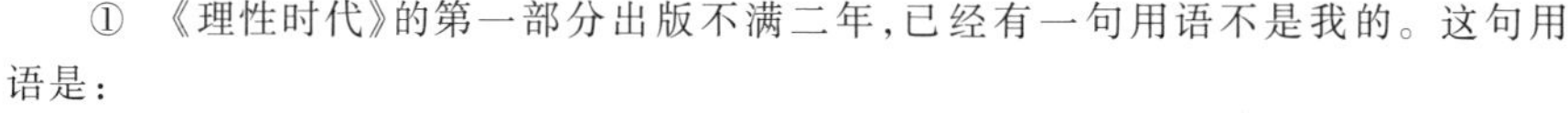

《路迦福音》是唯一得到多数人异口同声的支持的。或许确然如此，但是我没有这样说过。有人可能知道这种情况，把这句话加在英国或美国印刷的版本中的一页末尾的注释中；印刷工后来把这句话插入书的正文，而把我称为它的作者。如果这样的事情发生在这样短的时期内，尽管借助于印刷术可以防止个别版本的修改，而在当时还没有印刷术，任何会写的人都能写出一本书来，并且把它称为马太、马可、路加和约翰的原作。在这样长的时间内，有什么事不会发生？——作者

们恐怕世人不相信他们记载的事件,这些事件是世人无从得知的,所以用使徒的名义来发表。在那些书中充满了愚蠢和不一致的叙述,它们之间既不一致,又无联系”。

在另一处,他亲自对赞成那些书就是上帝之道的人说,“你们前辈就这样在上帝的经文中插入了许多东西,这些东西虽然用了他的名义,但是和他的教义是不符的。这也不足为奇,由于我们经常证明这些东西既不是他自己写的,也不是他的使徒写的;绝大部分是根据传说,根据含糊的报道,并把我不知为何物的半犹太人放在一起,然而他们之间也很少一致。他们还是用上帝使徒的名义发表,就这样把他们自己的错误和谎言归之于使徒”。①

从这些摘录中,读者可以知道《新约》各书的真实性是被否定的,当这些书通过公议决定就是上帝之道的时候,它们却被作为传奇、伪书和谎言对待。但是教会的利益,由于火刑的帮助压服了反对派,终于镇压了一切调查研究。奇迹接着奇迹,如果我们愿意相信它们,并且人们也被教育说他们是相信的,不管他们是否相信。但是(通过灌输思想法)法国革命排除了教会制造奇迹的权力;自从革命开始以后,它不能通过一切圣徒的帮助制造出一个奇迹;由于它从来没有比现在处于更大的需要,我们可以不用占卜得出结论说,从前一切的奇迹都是诈术和谎言。②

---

① 上面两段节录是我从布朗热的法文本《保罗传》中得到的;布朗热是从奥古斯丁反对浮士德的文章中摘引的,他曾参考过那些文章。——作者

② 布朗热在他的《保罗传》中曾从教会史和被称为神父的著作中收集几桩事件,这些事件说明在基督徒的不同派别中流行的意见。当时,《新约》像我们现在看到的,是通过公议成为上帝之道的。下面的节录摘自那作品的第二章:

“马西安派(一个基督教的派别)断然说,宣传福音者满口是谎话。曼伊克恩派在

当我们考虑到在介乎据称耶稣生存时代到《新约》成书时的三百多年间,我们一定看到,即使不借助于历史的证据,其确实性也是极为可疑的。荷马著作的可靠性,就其原作者而论,比《新约》更可靠,虽然荷马最古,要早一千年。一个非常杰出的诗人,才能写出荷马的著作,因此很少有人能够作此尝试;能够写出这种著作的人,不会放弃自己的名誉而让给别人。同样,很少人能够写出欧几里得的《几何原理》,因为只有一个杰出的几何学家才能写出那样的著作。

但是关于《新约》中的著作,特别是告诉我们关于基督复活和升天的部分,任何能够讲述一个幽灵的显现,或一个人行走的故事的人,都能写出这样的书来;因为这个故事讲得太拙劣了。所以伪造《新约》的可能同伪造荷马和欧几里得著作的可能相比,是几百万比一。在今天无数的传教士或牧师中包括主教和一切人在内,每人都能讲道,或翻译一点拉丁文,特别是以前已经译过一千遍的;但是其中有谁能够写出像荷马的诗,或欧几里得的科学著作;牧师的学识总和,除极少例外,不过是 a,b,ab 和 bic,hœc,hoc;他

基督教开始的时候,创立了一个人数众多的教派,把全部《新约》作为伪书而抛弃,指出他们认为真实的其他一些完全不同的著作。哥林多派和马西安派一样,不承认《使徒行传》。恩克勒蒂派和塞维尼安派则既不采取《使徒行传》也不承认《保罗的书信》。克里索斯顿在他对于《使徒行传》的评论中说,在他那时代,大约在四百年时,许多人不知道作者是谁,也不知道此书。圣艾琳生活在那个时代以前,报道说瓦伦丁派像其他几个教派的基督徒一样,指斥经文中充满着不完全、错误和矛盾。埃比安伊特派或纳泽伦派是最初摈弃《保罗的书信》的基督徒,并且认为他是一个骗子。其中,他们报道说,他原始是个异教徒,又说他来到了耶路撒冷,住了一些时候,他有意要和一个高级祭司的女儿结婚,他使自己受了割礼;但是毕竟没有得到她,他和犹太人吵架,写东西反对割礼,也反对守安息日,还反对一切教仪。”——作者

们的科学知识是三乘一等于三,假使他们生活在那个时代,这点滴的知识,已绰绰有余地使他们能够写出《新约全书》来。

由于伪造的机会比较大,所以诱惑也比较大。一个人用荷马或欧几里得的名义来写作,得不到什么好处;如果他能写得同他们一样,那不如他用自己的名义来写;如果写得差,他就不会成功。因有自尊心,他不会做前者,做后者又不可能。但是写《新约》那样的书,一切诱因在于伪造。在那个时代以后的两三百年,即使能够编造出最富于想象的历史,也不能因此认为这是一本用真正作者名义写的原著;唯一成功的机会在于伪造,因为教会需要伪造的东西作为它的新教义,于是真理和才能就不成问题了。

但是人死以后能够走路,以及人因剧烈和非常手段致死化为鬼怪的故事,并非不寻常(如前所述)。由于那时的人习惯于相信这类事情,习惯于天使和魔鬼的显现以及它们进入人体之内,使人受到摇撼而战栗如疟疾发作一般,他们再从人体中被抛出来,好像人们服了呕吐剂一样——(《马可福音》告诉我们,抹大拉的玛利亚,耶稣从她身上赶出七个鬼;)。人们一点也不觉得奇怪的是,这种故事会由耶稣基督传扬出去,后来又变成马太、马可、路加和约翰四种福音书的基础。每个作者写出他所听到的故事,或其大概情形,并且用传统上作为目击者的圣徒或使徒的名义命名他的书名。只有以此作根据才能说明那些书中的矛盾,如果情况不是这样,那么它们就是彻头彻尾的欺骗,说谎和伪造,甚至无需为轻信作辩解。

像前面引文中提到的那样,说它们是由一种半犹太人写的,是完全可以辨别清楚的。经常提到的那个主要的暗杀者摩西和两个称为先知的人，确认了这一论点；在另一方面教会称赞了这种欺诈，承认《圣经》和《新约》互相呼应。在基督教的犹太人和基督教的非犹太人之间称为预言的东西和预言中提到的东西、类型和所代表的东西、预兆和所预示的东西，都已经被辛勤地搜集出来，像旧锁配旧的撬锁钥匙一样搭配在一起了。故事非常愚笨地讲出夏娃和蛇，而且非常自然地说到人、蛇之间的仇恨（蛇经常咬人的脚跟，因为它达不到更高的部分；而人经常打蛇的头，因为这是防止蛇咬的最有效方法[①]）；我说这个愚笨的故事曾被列入预言之中，是一种类型和一种诺言的开端；而且以赛亚对亚哈斯撒谎欺骗说，“必有童女，怀孕生子”，作为表明亚哈斯必将得胜的一种预兆，当时的事实是，他打败仗（在评论《以赛亚书》时，已经指出过），所以是一种歪曲的缠绕之词。

约拿和鲸鱼也几乎变成一种预兆或一种典型。约拿是耶稣，鲸鱼是坟墓；因为据说（他们曾使基督自己说出来），《马太福音》第十七章第四十节说，“因为像约拿在鲸鱼腹中待三日三夜，人的儿子也将在地心里待三日三夜”。但是事情发生得很尴尬，据他们自己叙述，基督在坟墓中只有一天和两夜，大约三十六小时而非七十二小时；就是星期五一夜，星期六一日一夜；因为他们说，星期日早晨日出时或日出以前，他已经起来了。但是这件事就像《创世记》中蛇咬人踢，或《以赛亚书》中的童女生子一样，由于配合得十分适当，它将纳入整个正统事物之中。《新约》中的历史部分及其证据就是这样。

---

① “他要伤你的头，你要伤他的脚跟。”见《创世记》第三章第十五节。——作者

《保罗的书信》——这些书信据称是属于保罗的，为数十四，几乎充满了《新约》的其余部分。那些书信是否由他们所说的那个人写的，是个无关紧要的事情，因为不管作者是谁，要靠辩论来证明他的教义。他并不冒充是复活与升天时种种情景的目击者；并且他声称，他不相信那些事情。

他去大马士革的路上被打倒在地上的故事，其中并无奇妙和非凡的事情；他逃命，那是比其他许多被闪电击中的人所做的还要多，他将失明三天，在那个时间内不能吃喝，在这般情况下，都是普通的事情。和他在一起的同伴们似乎没有受到同样的苦难，因为他们都很好，并且带他走了其余的路程；他们也都没有冒称看到什么异象。称为保罗的这个人的品性，依照对他的记载，其中有许多粗暴和狂热之处；他对人的迫害和后来的传教一样，都是狂热；他受到的打击，使他改变了思想，但没有改变他的本质；他不论是一个犹太人或者是一个基督徒，都是同样的狂热者。这样的人永远不会是他们宣传的优良品德的证据。他们的行动和信仰一向是极端的。

他开始用辩论来证明的教义，就是同一尸体的复活；他进而把这件事作为永生的证据。但是人的思想方法会有很大不同，他们从同样的前提中得出的结论亦然如此。这种关于尸体复活的教义与作为永生的证据相去太远，在我看来，却为反对此说提供一种证据；因为如果我的身体已经死了，又从已死的尸体复活，这个可以推断的证据是，我将再死。那种复活不能保证我们不再死去，好比疟疾发过以后，不能保证不再复发。所以相信永生，除了复活含有的模糊教义外，我认为必须有一种更高尚的观念。

此外，从选择和希望来说，我宁愿有一个比现在更好的身体和更合宜的形象。各种动物在创造中，在某些事情上胜过我们。姑且不谈鸽子或鹰，就拿有翅的昆虫来说，在几分钟内就能比人在一小时内更轻松地越过更大的空间。按身躯的比例来说，最小的鱼的滑游胜过我们的运动，几乎不可比拟，而且毫不疲倦。甚至行动迟缓的蜗牛，也能从地穴底部爬到上面去，人在那里因缺乏那种能力，将会死亡；一个蜘蛛能够在顶端纵身一跃，像做好玩的娱乐。人的体能十分有限，笨重的骨骼结构不怎么适合于范围广阔的消遣娱乐，因此没有什么东西可以引诱我们期望保罗的意见是正确的。对于宏大的场面来说，人体太渺小——对于这崇高的问题来说，又太卑贱。

但是撇开一切其他论据不谈，生存的意识是我们对于另一种生命唯一可以想象得到的观念，而那种意识的连续就是永生。生存的意识，或我们关于生存的认识，不必局限于一种形式，即使在这一生之中，也不必限于同一事物。

我们在各种情况下，也没有同样的形式，在任何情况下，也没有构成我们二三十年前的身躯的同样物质；然而我们意识到都是同样的人。甚至两腿和双臂，几乎组成人体的一半，对生存的意识来说，也不是必要的。这些东西可以失去或被去掉，而生存的意识仍然存在；假如在它们的地位装上翅膀或其他附属物，我们不能想象它能改变我们存在的意识。总之，我们不知道我们的组成是多大或多小，小又是何等精细美妙，能在我们中间创造这种存在的意识；超过了那种意识，就像桃子的果肉和桃核中有生长力的微粒是不同的而且是不相连的。

谁能说通过什么美好物质的极其美妙的活动，能在我们称之为头脑里面产生一种思想？然而当那种思想产生时，像我现在产生我在写作的这种思想一样，是能够流芳百世的，而且是具有那种能力的人的唯一产物。

铜像和大理石像是会毁灭的；模仿它们做出来的雕塑像就不是完全相同的雕像了，也不是同样的手艺了，这和复制的画图不是原来的画图，是同样的道理。但是印刷和重印一种思想达到一千遍以上，并且可以用任何一种原料——刻在木头上，或雕在石头上，在一切情况下，思想是永恒的和完全相同的那种思想。它有一种永不损坏而存在的能力，不受物质变化的影响，它同我们所知道的或能想象得到的任何东西，性质不同，而且有本质上的区别。如果所产生的东西在本质上有一种不朽的能力，那么，它不仅是产生它的那种力量的象征，而是和存在的意识相同的，所以也能永存不变；它和最初同它有联系的物质无关就像思想最初显现于印刷或书写中一样。一种思想不会比另一种更难相信，但我们能够看出哪一种是真实的。

存在的意识并不依赖于同一形式或同一物质，这种意识在创造出来的东西显示在我们的感觉器官时，可以得到证明，只要我们的器官能够接受那种显示。动物的大量创造，在来生的信仰上所给我们的教导，远胜于保罗。它们的小生命像一个地球和一个天——一个现在的和一个将来的国家：这种小生命组成一种雏形的永生，如果能这样说的话。

我们眼见的创造的最美部分是带翅的昆虫，但它们原来不是这样。通过不断变化，它们有了那种形态和那种无与伦比的色彩。

今天缓慢和爬行的毛虫在几天后变成一种蛰伏的形态,而且像是死亡的状态;在下一次的变化后,出现一种完全是生命的壮丽雏形——一只美丽的蝴蝶。以前的生物没有留下相似的东西;一切东西都发生了变化。它的一切能力都是新的,对他说来,生命是另一种东西。我们不能设想这种状态之下的动物,其存在意识和以前的动物是不同的;我为什么一定要相信同一躯体的复活对我说来必然使存在意识在今后继续下去。

在《理性时代》的第一部分中,我已经把创造称为唯一真实的上帝之道;而且在这本创造之书中,不仅指出这样的事情或许如此,而且的确如此。未来状态的信仰是合理的信仰,是以创造中可以看得到的事实为根据的,因为我们今后将生存在一个比现在更好的状况和方式之中,这比一条毛虫会变成一只蝴蝶离开粪堆飞入天空,并不更难相信,如果我们以前不知这是事实的话。

至于在《哥林多前书》第十五章被称为属于保罗的可疑的粗俗语言,成为某派基督徒葬仪的一部分,这像安葬时的钟声一样毫无意义。对于理解没有任何说明——对于想象也没有举例说明,而是让读者自己去找出什么意义来,如果他能做到的话。“凡肉体,(他说)各有不同。人是一样,兽是一样;鱼又是一样;鸟又是一样。”那么,还有什么呢?——什么也没有了,一个厨师也可能说出这些话来。“有(他说)天上的形体,也有地上的形体;但天上形体的光荣是一样,地上形体的光荣又是一样。”那么,还有什么呢?——什么也没有了。有什么不同呢?他什么也没有说。“日有(他说)日的荣光,月有月的荣光,星有星的荣光。”那么还有什么？——什么也没有了；除了他说，这星和那星的荣光也有区别，不是指它们的距离，他也许可以同样告诉我们，月光不如日光那样明亮。这一切不比魔术师的胡言乱语好一些，他捡取一些他不懂的言辞来迷惑一些求问幸运的轻信之人。传教士和魔术师的行业是相同的。

有时保罗假装为一个博物学家，他从植物生长的原理来证明他的复活的体系。“你们这些蠢人，（他说）你们种的东西除非死掉，不会生长。”对于这种说法，一个人可能用他自己的言语来回答说；保罗，你这蠢人，你所种的东西不会生长，除非它不死；因为死在地里的谷类，从来不，也不能生长发育。只有活的谷类才能生产第二代的谷物。但是这个隐喻，无论从什么观点来看，不是明喻。这是接连发生而不是复活。

动物从一种存在的状态发展到另一种，像从毛虫发展到蝴蝶，是适用这种情况的；但是在谷类的情况中就不适用，这说明保罗是他说别人的那种人，是个蠢人。

这十四种使徒书信是否属于保罗，无关紧要；它们不是辩论性的就是教条式的；辩论有缺点，教条部分只是假定罢了，而且没有标明是谁写的。《新约》中其余部分也可以这样说。自称为基督教会的教会理论，不是以使徒书为根据，而是以包括所谓属于马太、马可、路加和约翰的四本福音为根据，也就是以假造的预言为根据的。使徒书是从属于那些书的，所以必然与它们相依为命的；因为如果耶稣基督的故事是荒谬的，那么以此为根据的一切理论都是一种假定的真理，必然要随之破产。

我们从历史上得知，教会的主要领导人之一阿塔内细阿生活在《新约》形成时代[1]；我们也从荒谬的胡说中得知，他以一种信条为名给我们留下了那些编成《新约》的人们的品性；我们还从同一历史中得知，构成《新约》的那些书的真实性在当时是被否定的。根据阿塔内细阿之流的议定，就以命令颁布《新约》为上帝之道；除了用命令颁布议定的上帝之道外，没有别的东西能给我们一种更奇怪的想法。那些把信仰寄托在这种权力上面的人，把人置于上帝的地位，他们没有将来幸福的基础；虽然轻信不是罪恶，但是拒绝相信却是犯罪。这是把寻求真理的努力在良心的孕育期间就加以扼杀。我们永远不应把对于任何事物的信仰强加在自己身上。

我在这里把《旧约》和《新约》的问题作一结束。我提出它们是伪造的证据，是从这些书的本身中摘引出来的，而且它的运用像一把两边有锋口的刀，任何一边都可用。如果这种证据被否定，那么经文的真实性也就随着被否定了；由于这是经文的证据，如果这种证据被承认，那么这些书的真实性就不能得到证明。《旧约》和《新约》中包含的矛盾的不可能的事，使它们处于一个宣誓赞成又反对的人的地位。任何一种证据都可以判他犯有伪证罪，他的名誉同样遭到毁坏。

如果《圣经》今后破产，其原因不在我。我只不过从一大堆混乱的东西中摘取证据，而证据与混乱的东西又是混在一起的。我把证据安排在明确之处，使人看得清楚而且易于了解。我这样做是让读者自己去判断，像我为自己作出判断一样。

---

① 阿塔内细阿，按教会编年记，死于871年。——作者

结　　论

在《理性时代》的第一部分，我曾讲到三种欺骗手段，即：神秘、奇迹和预言。由于对这部分著作的一切答复中，我没有看到任何东西，所以至少对于我在那里谈到的问题没有影响。因此，我在本书第二部分中就不再赘述不必要的话了。

我在第一部分中也曾谈到所谓“启示”，并且指出把这个术语用于《旧约》和《新约》是荒谬的误用；因为在显示以人为行动者或证人的事情上，肯定不成问题。人已做过的或见到的事情，不需要启示来告诉他怎样做，因为他已经知道了；也不需要启示来教他怎样说或怎样写。在这种情况下，运用“启示”这个术语，非愚昧即欺骗；然而在这种欺骗性的描写下面，《圣经》和《新约》都被列入于一切都是启示的作品。

由于启示一次含有上帝和人之间的关系，它只适用于上帝在某些事情上把他的旨意启示于人，但是，虽然上帝作出这种传谕的权力必须予以承认，因为对那种权力来说，一切事情都是可能的，然而受到这样启示的事情，（如果有这样被启示的事情，而这种启示，顺便说来，是无法证明的）就是对受启示的人的启示。他对别人的叙述，不是启示；而且任何相信那种叙述的人，就是相信进行叙述的人，此人可能被骗，或者是在梦想；他也许是个骗子，也可能是谎话。没有可能的标准来判断他所说的事实：因为即使是一种道德，也不能作为启示的证明。在所有这样的情况下，适当的答复是：“当这件事启示给我时，我就相信它是启示；如果不是这样，我就没有义务相信它以前是启示；要我相信一个人的话作为上帝之道，把人置于上帝的地位，都是不适当的。”这是我在《理性时代》的第一部分中说过的话；这种说法一方面是恭敬地承认启示是一种可能的事，因为如前所述，对于全能的上帝来说，一切事情都是可能的，但是要防止一个人对于另一个人的欺骗，而且要排除冒充启示的恶劣应用。

虽然就我自己来讲，我是这样承认启示的可能性的，但我完全不信上帝除了他在创造的事物中普遍显示自己以外曾以任何说话的方式，通过任何语言，或任何显圣或显现，或者用我们感觉到的任何方法，把事情传达给人。由于这种不一致，我们本身有厌恶趣善的倾向。

最令人厌恶的罪恶，最可怕的残酷行为和最大的不幸，使人类感到痛苦，均起源于所谓启示或启示宗教这种事物。那是反对神的品性的最不光彩的信仰，是对人类道德、和平和幸福的最大的破坏。自有人类以来，就常有这种宣传。我们承认，假使可能，宁可有一千个魔鬼（假如真有魔鬼）听任他们到处游荡，并且公开宣传魔鬼的教义，也远远胜过容许一个骗子和恶人像摩西、约书亚、撒母耳和《圣经》中的先知之流，来到我们中间，满口冒充的上帝之道，并得到信任。

《圣经》中充满了把各国男、女、幼儿尽行杀戮的可怕事件，为何出现这些情况？流血的迫害和致死的折磨，以及宗教战争，从那时起曾使欧洲成为血泊变为灰烬，这些事情为何出现呢，只是由于叫做启示的宗教这种不虔诚的东西吗，只是由于上帝对人说过的这种荒谬的信仰吗？《圣经》中的谎言是其起源之一，而另一起源就是《新约》中的谎言。

有些基督徒伪称基督教不是靠刀剑创立起来的;但是他们说的是哪个时期呢? 十二个人是不可能用刀剑开始的,他们没有那种力量;但是基督教的宣传者一旦有了足够的力量来用刀剑,他们就用起来了,他们用火刑柱,也用柴烧;穆罕默德不可能比他们做得更早。根据同样精神,彼得割掉了高级牧师的仆人的耳朵(如果这故事是真的);如果他办得到他也会砍掉他的头和他主人的头。除此以外,基督教本来是以《圣经》为基础上的,而《圣经》是完全依靠刀剑来制定的,而且把刀剑做最坏的使用,不仅用于恐吓,而且用于毁灭。犹太人不是使人改宗,他们屠杀一切人。《圣经》是产生《新约》的创始者;两者都被称为上帝之道。这两本书基督徒全都读,牧师根据这两本书来传教,所谓基督教这种东西是由两者组成的。所以,说基督教不是依靠刀剑来建立的,那是谎话。

唯一不用迫害手段的教派是教友派;唯一的理由是,与其说他们是基督徒不如说他们是信自然神论者。他们不大相信耶稣基督,他们把经文称为一种"死的文字"。如果他们用一种更坏的名称来称呼经文,他们就更近于真理。

凡是尊敬上帝品格的人,凡是愿意减轻人为痛苦并且愿意消除在人类中种下迫害原因的人,都有责任把启示宗教的一切观念作为一种危险的异端,作为一种邪恶的欺骗而加以摒弃。我们能从那种冒充为"启示宗教"中学到些什么东西呢? 没有一点对人有用的东西,所有东西对于造物主都是不光彩的。《圣经》教我们的是些什么东西呢? ——劫掠,残暴和杀人。《新约》教我们些什么呢? ——教人相信上帝奸污了一个已经订婚的女人? 相信这种奸污行为称为信仰。

至于散见于那些书中的有关道德的少量片段，不能构成冒称启示宗教的一个部分。它们是良心的自然支配，是把社会结合起来的纽带，没有它们社会就不能存在，这在各种宗教和各种社会中几乎是相同的。在这个问题上，《新约》没有教给人们什么新的东西，凡是它想突出的地方，就变得卑鄙可笑。对伤害行为不加报复的教义，《箴言》中讲的比在《新约》中讲的好得多。《箴言》是从异教徒和犹太人那里收集而成的。在《箴言》第二十五章第二十一节中说，“你的仇敌，若饿了就给他饭吃。若渴了就给水喝[①]”。但是在《新约》中说，“有人打你的右脸，连左脸也转过来由他打；”这是毁灭人类的尊严而使人沦为走狗。

爱仇敌又是一种伪造的道德教条，而且也没有什么意义。人作为一个有道德的人来说，受了损害，不加报复，是他的职责，而且在政治意义上也是好的，因为报复没有终了；彼此互相报复，称为公道；但是爱与损害成比例，即使能够做到，也将是对犯罪的奖励。除此以外，仇敌这个名词也太含糊，一般化，不能用于道德的准则，它应当像一种格言那样，一向明确而且有规定的解释。如果一个

---

① 《马太福音》中称为基督的山上训话，其中除一些好事外，引用许多伪造的道德；那里明白地说，容忍或对伤害行为不报复的教义，一点也不是犹太人的教义；但这个教义是在《箴言》中发现的；依照这种说法，一定是从异教徒那里抄来的，基督是从他们那里学来的。那些人曾被犹太人和基督教的偶像崇拜者辱骂为异教徒，对于正义和道德，比在《旧约》和《新约》中所能找到的，有更好和更清楚的观念。梭伦对于这个问题作过答复说，问题是“哪一个是最完善和最得民心的政府”。在他以后，没有人作出过比他更好的答复，因为它包含一种关于政治道德的格言。他说，“对于最低微的个人有最小的损害，就可以认为是对整个人身的侮辱”。梭伦生活在基督以前大约五百年。——作者

人因误会和成见成为另一个的敌人，像对宗教意见和有时在政治上出现的情况那样，此人和存心犯罪的敌人不同；对将要出现的事情作最适当的解释是我们义不容辞的责任，也有利于我们自己的安定。但是即使他有此错误的动机，也不能成为对于其他部分的爱的动机。说我们能自觉自愿地爱而没有动机，这在道德上和自然法则上都是不可能的。

道德因规定它的义务而受到损害，这种义务首先是不可能履行的；假使能够履行，将会产生恶果；或者如前所述，是对犯罪的鼓励。己所欲，施于人，这一格言并不包括爱仇敌这一奇怪的教条；因为没有人指望他的犯罪和与人为敌能够得到别人的爱。

那些宣传爱自己仇敌的人，一般是最大的迫害者，他们这样做倒是始终一贯的，因为这种教条是伪善的，伪善的行为与它的宣传背道而驰，是自然的事情。以我来说，我不承认这种教条，我认为这是一种虚伪的或荒谬的道德；然而能说我曾经迫害过他的人是不存在的。无论在美国革命中，或在法国革命中也从没有人或某一批人曾经这样说过，或者说我在任何情况下曾以恶报恶。但是人也没有义务以德报怨，或以善报恶。如果有这样的事情，那是出于自愿，而不是一种义务。如果认为这样的教条构成了启示宗教的一部分，那也是荒谬的。我们通过互相容忍仿效上帝的道德品质，因为他容忍一切；但是这种信条的含义是他爱人，不是与他的善相称，而是与他的恶相称。

如果我们考虑到这种情况的实质，我们一定可以看到启示宗教这种东西是没有必要的。我们要知道的是什么？是不是我们看到的宇宙的创造向我们说教，一种上帝的权力在统治和管理全局？

这种使我们感觉到的创造的证据不是比我们在书中所能读到的和骗子编造出来称为上帝之道的东西,无限牢靠么?至于道德知识,它存在于每个人的良心之中。

有了。上帝权力的存在足以向我们指明,我们不能设想,也不可能设想出它的存在性质和方式。我们不能想出我们自己是怎样到这里来的,但是我们知道事实是我们来了。我们也必须知道教我们存在的权力,如果它高兴和他高兴时,能教我们说明我们生活在这里的方式。所以,不用探讨这种信仰的其他动机就相信他将这样做,因为我们事先知道他能这样做的,这是合乎情理的。这件事情的或然性,甚至可能性,就是我们应该知道的一切;因为假使我们作为一个事实来认识,我们只能成为恐怖的奴隶,信仰将变得没有价值,我们最好的行为也不是美德了。

自然神教没有骗人的可能,而是教导我们一切必要的和理应知道的东西。创造就是自然神教徒的圣经。他在造物主所写的手迹中读到了上帝存在的必然性及其权力的不变性,而其他一切的圣经和圣约书,对他来说都是伪造的。今后有人要我们叙述一些东西的可能性,对于一个能思考的人来说,会有信仰方面的影响;因为事实不是我们的信与不信所能造成或毁灭的。我们既然处于这种状态,而且作为自由的代理人,我们应该处于这种状态是适当的。只有愚人而不是哲学家,或谨慎的人,会生活在好像没有上帝的世界上。

但是一个上帝的信仰由于掺杂了基督教信条中的奇怪寓言、《圣经》中所说的野蛮的冒险行为,以及《新约》中晦涩的和猥亵的无稽之谈而大为削弱,使人的思想感到迷惑,如堕入五里雾中。从一大堆混乱的东西中看这一切事情,他把事实和寓言混在一起;由于他不能全都相信,他就感到有一种否定一切的倾向。但是一个上帝的信仰应该同其他一切事情加以区分,而不应与任何事物混为一谈。上帝三位一体的观念削弱了对一位上帝的信仰。信仰的多样化造成了信仰的分歧。像任何东西的分裂一样,信仰也就相应地受到削弱。

宗教由于这样的手段变成形式,代替了事实,变成观念代替了原则;道德被消除,留出地位给想象的东西,称它为信仰,而这种信仰却起源于臆造的一种放荡行为;被宣扬的是一个人而不是上帝;一桩死刑就是报恩的对象;传教士用血来涂抹自己,像一队杀人的凶手,并且伪装羡慕这件事给予他们的光彩;他们在处刑的功绩上作乏味的讲道;然后赞扬耶稣基督的被处死刑,谴责犹太人做出这样的事情。

一个人由于听了这一切和讲道混为一谈的胡说,把造物主上帝和基督徒想象的上帝混淆不分,于是活着就像没有上帝一样。

在一切编造出来的宗教体系中,再没有比称为基督教的东西对上帝更富于毁损性,对人类更缺乏教育作用,对于理性更加违反,而且更加自相矛盾的了。对于信仰来说,过于荒谬,太不能使人相信,同实践也太不一致,所以它使人心无情,或者只能产生无神论者或宗教狂热分子。像一台动力机一样,它服务于专制主义的目的,并且作为发财的手段,以满足教士的贪婪。但是就一般人今生或身后的幸福而论,它不起什么引导作用。

并非出于编造的唯一宗教,其中具有一切证据证明神的起源,这就是纯洁和朴素的自然神论。它一定会成为人类最初的而且可能是最后的信仰。但是纯洁和朴素的自然神论并不符合专制政府的目的。那些政府不能把宗教作为一台发动机来掌握，只能把它和人类虚构的事物混在一起，并把他们自己的权力作为其中的一个部分；自然神论也不能满足教士的贪婪，只能把他们本身和他们的机能和它结合在一起，使它像政府一样，变成这个体系的一个组成部分。就是这种东西形成了教会与国家在其他方面的不可思议的勾结；教会是仁慈的，国家是专制的。

假使人对于上帝的信仰具有应有的充分和强烈的印象，他的道德生活应当受到那种信仰力量的约束；他应畏惧上帝和他自己，而不会做出对上帝或自己隐瞒的事情。要使这种信仰能有充分的力量，必须使它有独立的行动。这就是自然神论。

但是依据基督教三位一体的计划，上帝的一部分是由一个将死的人为代表，另一部分称为圣灵则以飞行的鸽子为代表，信仰不可能依附于这种原始的观念[①]。

这是基督教和其他虚构的宗教体系的诡计，它使人对于上帝全然无知，正像政府使人民对自己的权利全然无知一样。这一种体系与另一种体系一样都是虚构的，并且是准备互相支持的。像基督教会中那种神学研究，是什么也不研究；它建立在虚无的基础上，不依赖什么原则，也不是根据什么权威来进行的；它没有资料；

① 《马太福音》的第三章第十六节中说，圣灵以鸽子的形状下降；同样也可以说它像一只鹅；这些家畜同样与人无害，这个说法与那个说法同样都是谎言。《使徒行传》第二章第二节、第三节中说，忽然从天上有响声下来，好像一阵大风吹过，好像有十一个舌头显现出来：也许是十一只脚。这样荒谬的东西只适用于女巫和男巫的故事。——作者

它什么东西也证明不了,而且也得不出什么结论。并非任何事物都可以作为科学来研究的,除非我们掌握着它作为根据的原理;但是基督教神学的情形就不是这样,因此它的研究是空中楼阁。

代替现在所做的以《旧约》和《新约》为材料的神学研究,——这两本书的意义一直是有争论的,它们的真实性是被否定的——我们有必要提到创世的《圣经》。我们在那里发现的原则是永恒的,来源于神。它们是世界上现存一切科学的基础,也必须是神学的基础。

我们只能从上帝所做的工作中认识他,我们不能从一种属性中得到一个概念,而是遵循导致那个概念的原则。我们如果不具有了解某些事物的广泛性的手段,我们对上帝的权力只有一个混乱的观念。除了认识它行动时的次序和方式,我们对他的智慧是不能得到什么概念的。科学的原则导致这种知识;因为人的创造者就是科学的创造者;只有通过这种媒介,人才能见到上帝,就像面对面一样。

假使能把人放在一种情况下,赋予想象能力,来观察一种见解,仔细思索宇宙的结构,注意几个行星的运动,它们表面变化的原因,它们转动时的准确次序(甚至到最遥远的彗星),它们之间的互相联系和依存并且认识上帝所建立的驾驭和支配全局的规律体系,这样,他就能想出远远胜过任何教会神学所教导他的东西,也就是上帝的力量、智慧、广大和宽宏大量。于是他看到:人类的一切科学知识和一切机械的技术,均出自这个源泉;利用这些,他能使他这里的处境变得舒适一些。他的思想由于这种情形得到提高,并且为事实所说服;他的知识增加了,他的感恩之情也随之加深;他的宗教或崇拜会同他作为人的改进结合在一起;他从事的职业与创造的原则发生了联系,像农业、科学和机械技术上的一切事物一样,对他关于上帝和他对上帝的感恩的教导,会超过他现在听到的任何基督教神学的说教。伟大的目的鼓舞伟大的思想;伟大的气度激发深厚的感激;但是《圣经》和《新约》中卑躬屈节的故事只适合于激起轻蔑。

虽然人至少在今世不能达到我所描绘的真实情况,但是他能指明这种情况,因为他有关于创造所依据的原则的知识。我们知道,最大的工程能用模型来表示,宇宙也能用同样的方法表现出来。我们量一英寸或一英亩土地所根据的原则,也同样适用于丈量千百万英亩的地区。直径为一英寸的圆,其几何学的性质和包围宇宙的圆是相同的。在纸面上表明一条船的航线的三角形的性质,同样表明在海洋上的一条船的航线;适用于称为天体的东西,也可以用来探测食(指日食、月食等)的一分钟时间,虽然这些天体离我们有千百万里之远。这种知识是起源于神,人是从造物主的《圣经》中学到的,不是从教人一无所得的愚蠢的教会《圣经》中得来的①。

① 《圣经》的制造者在《创世记》第一章中着手给我们一种创造的记载;他们这种做法,除表明他们的愚昧以外,没有说明什么东西。他们说,经过三天三夜,晚上和早晨,才有一个太阳;太阳何时出没,就是出现昼夜的原因——即日出与日落是什么呢,早晨与晚上又是什么呢?除此以外,设想上帝会说,"要有光亮",是一种儿童游戏和可鄙的想法。这像一个变戏法的人在他对杯子和球说,"赶快"去吧的时候所用的一种祈使式说法——很可能来自这一方面,因为摩西和他的后代就像一个魔术师和他的指挥棒,龙基纳称这种说法是崇高的。根据同样原则,魔术师也是崇高的,因为这样的说法同样明确,语法上也相同。当作家和评论家谈论崇高时,他们没有看到它同谬论多么接近。评论家的崇高,像爱德曼·柏克的某些部分的崇高和优美,就像在雾中看得到的风车,在想象中或许会被歪曲成为一座飞山,一个天使首领,或一群野鹅。——作者

人所有的科学与机器的知识,借助于这些知识,就能使他在地球上的生活变得舒适;没有这些,他的外表和生活条件与普通动物简直没有什么区别,而这些知识都来自宇宙的伟大机器和结构。我们的祖先在想象的世界早期,对天体的运动和旋转做了不断的和不倦的观察,把这种知识带到地面上来。这不是摩西之流和先知们,也不是耶稣基督及其使徒做出来的。上帝就是创造的伟大工匠;是一切科学的第一个哲人和最早的教师;——那么,让我学习尊敬我们的主人,我们不要忘记我们祖先的辛劳。

假如我们今天没有机器的知识,假如人对于宇宙的机器与结构像我以前所述那样,可能有一种见解,那么他很快会设想出来至少是制造我们现有机器的某种主张,这样设想的主张,将在实践中不断前进。假如能有一种宇宙的模型,像称为太阳系仪的东西摆在他的面前并且使它运动,他的思想也会达到同样的见解。这样一个目的和这样一个课题,对他作为一个人和社会的一员来说,在增进对他自己有用和有趣的知识的同时,给他一种比《圣经》和《新约全书》的无聊的原文远为有益的东西,使他铭记关于上帝的知识和信仰,以及人对上帝应有的尊敬和感恩。根据上述无聊的经文,无论牧师们有多大本领,也只能作出愚蠢的说教。如果人一定要传教,就让他宣讲一些具有启发作用的东西并且根据被认为真实的经文。

造物主的《圣经》,其内容是无穷的。科学的每个部分无论同宇宙的几何学、同动植物生命的体系或无生物质的性质有无联系,既是一种哲学教科书,又是一种信仰的经文;既是人类进步的教科书,又是感恩的经文。也许要这样说,如果宗教的体系发生这样一种革命，每个牧师都应该是个哲学家。这是极其肯定的；每一虔诚之家都是一所科学的学校。

由于离开了科学的不可改变的规律，离开了理性的正确运用，而建立一种虚构的称为启示宗教的东西，许多野蛮的、渎神的奇想怪说都成了上帝的创造。犹太人把它当作灭绝人种的凶手，以便为犹太人的宗教留出地位。基督徒使他成为杀害自己的凶犯和一种新宗教的创始者，以便替代和排除犹太人的宗教。为了这些事情寻找借口和承认；他们必须假定他的权力和智慧是不完全的，他的意志是多变的；而且他的意志的变化无常，是由于判断上的缺陷。哲学家知道，造物主的规律无论关于科学的原理或物质的性质，从来没有改变过。那么关于人的规律，为什么认为是已经改变过呢？

我在这里把这个题目的讨论作一结束。我在这本著作的以前各部分中已经说明《旧约》和《新约》是骗局和伪造；我把提出的证据留给别人反驳，如果有人能够这样做的话；我还把这本书的结论中提出的观点留在读者的头脑中；我肯定，在可以自由发表意见时，无论在政府或宗教问题上，真理终将获得很大的胜利。

托马斯·潘恩生平年表
(1737—1809)

陈尘若　编

1737 年 1 月

29 日　诞生于英国诺福克郡塞特福德一个基督教教友会信徒的家庭。

1750 年　十三岁,辍学,随其父学裁缝手艺。

1757 年　到伦敦当裁缝;下年转到多佛市;又下年,去肯特郡桑威奇自行开业做裁缝。

1759 年　和玛丽·兰伯特结婚,次年妻死。

1761 年　在伦敦做税务官。

1766 年　本年和以后,在伦敦、肯辛顿做教师;

1768 年　在苏塞克斯郡刘易斯再度任税务官。

1771 年　同伊丽莎白·奥里弗结婚,1774 年离婚。

1772 年　代表低层税务官要求改善待遇向议会提出的申诉,印发所著《税务官事件》。

1774 年 4 月　被撤掉税务官。秋季,携带北美殖民地驻英代表本杰明·富兰克林的介绍信件前往北美。

年底在费城写出《美洲的非洲奴隶》一文。

1775 年 1 月　同罗伯特·艾特肯合作创办《宾夕法尼亚杂志》。第二期起,杂志即反映北美广大群众反抗英国殖民政策的呼声并讨论社会最关心的独立战争问题。

4 月　参加约翰·彭伯顿等人筹办的反对奴隶制度的社会团体。独立战争发生后,结识华盛顿、杰斐逊等人。

8 月 《信札:论女性》发表于《宾夕法尼亚杂志》。

12 月 写出《常识》,批判英国君主制度,强调美国独立的必要性,阐明独立运动的伟大意义。

1776 年 1 月 《常识》在费城出版。

2 月 接受约翰·亚当斯和富兰克林等人建议到民军中去宣传鼓动。

3 月至 5 月 先后以"林中居民"为笔名写出《林中居民的信札》四篇,驳斥威廉·史密斯以"克图"为笔名所写的攻击《常识》的文章。

5 月 《常识》法文译本在巴黎《英美事务》杂志发表。1791 年,又同时出现两种法文译本。

12 月 开始撰写以《危机》为题的一系列论文,起了稳定军心、鼓舞士气的作用。

1777 年 4 月 由亚当斯推荐,担任大陆会议外交委员会秘书。

同科学家戴维·里顿豪斯、威廉·亨利等人经常来往,进行有关煤气、蒸汽的实验研究。

12 月 到华盛顿所部,为随军观察员。

1778 年 在兰卡斯特同亨利一起进行汽船试验。

1779 年 1 月 辞去外交委员会秘书职务,并为此发表《为迪安事件告大众书》于《宾夕法尼亚邮报》。

12 月 任宾夕法尼亚议会秘书。

1780 年 2 月 被接纳为美国哲学会会员。

7 月 宾夕法尼亚大学授予潘恩等九人文学硕士学位。

12 月 发表小册子《公共利益》,提出各州多考虑联邦利益,将土地归于美国联邦,而不是分属各州。

1781 年 2 月 随约翰·劳伦斯赴法国商谈借款事,谈判成功;8 月回美国。

1782 年 2 月 经华盛顿建议,议会给他八百元年金,以支持他平时全力撰写文章。

8 月 写成小册子《就北美事件致法国的雷纳尔神父函:纠正并澄清

	该神父对美国革命所作说明中的错误》，出版后出现四种法文译本。
	为税制、经费问题以“罗得岛和联邦友人”笔名发表《致罗得岛人士函》，共六封。
1783 年夏季	在新泽西州波顿市购置家产。后来在新罗歇尔也有座他自己买下的农庄。实际上他仍然漂泊无定，奔走于欧美各地。
6 月	纽约市议会在新罗歇尔拨出面积三百英亩的地面和五百元赠款给潘恩。
1785 年 10 月	议会给他赠款三千元。
年底	和富兰克林一起做无烟蜡烛试验。
1786 年	发表《论政府、银行和纸币问题》，强调银行建设的重要性。
5 月	和霍尔共同设计在斯凯基勒河上设置单孔铁桥，以改进桥梁构架，使桥桩更能顶住解冻冰块的冲击。
1787 年 2 月	费城一些关心独立运动形势的人士每周在富兰克林家中聚餐，探讨时事政治，潘恩经常参加，被推举为“政治研究社”章程起草人。
4 月	去法国，宣传铁桥建筑计划，展览铁桥模型。
8 月	法国科学院组织审查委员会，对潘恩设计的铁桥提出肯定性报告，但指出需进一步改进。恩格斯在《英国工人阶级状况》中曾提到潘恩在约克郡建成了第一座铁柱桥。
1788 年	到法国后，经常来往于英法两国。
1789 年	《常识》再版，在西班牙特别受到欢迎。
	拉法叶特把巴士底狱钥匙一把交给潘恩，委托他转赠华盛顿。
4 月	从巴黎去伦敦。
11 月	开始撰写《人权论》，驳斥柏克对法国大革命的攻击。
1791 年 3 月	《人权论》第一部分在伦敦出版。不久即出美国版，由杰斐逊的书信代序。
1792 年 2 月	《人权论》第二部分在伦敦出版，不出三个月就遭英国政府禁止。但是，到年底本书两部分的合订本销售达二十万册。
3 月	《人权论》由兰特纳斯译为法文。4 月又有一种法文译本

出版。

4 月　离伦敦,三周后得知,政府正准备对作者、出版者提出公诉。

8 月　法国国民议会通过法令,把公民权授予潘恩等外籍人士。

9 月　法国国民议会通知潘恩当选为议员。

10 月　当选为由九人组成的宪法委员会委员。

12 月　伦敦法院缺席审判潘恩。

1793 年　在法国国民议会中,站在吉伦特派一边,投票反对处死路易十六,并为他争取去美国的政治避难权,未成。

2 月　孔多塞提出宪法草案,潘恩提供四十五页英文书面材料。

12 月　雅各宾派取缔外籍国民议会议员,将潘恩投入巴黎卢森堡监狱。美驻法大使联邦党人莫里斯拒不承认潘恩为美籍公民。

1794 年　入狱前写成的《理性时代》第一部分由兰纳斯译成法文,最先出版;英文版由巴罗交伊顿在英国出版。

11 月　由美新任驻法大使门罗营救出狱。

1795 年　法国民议会通过提案,邀请潘恩重返议会。

6 月　《评杰伊条约》一文在费城《曙光》杂志发表,对约翰·杰伊同英国妥协签订此项条约表示异议。

《理性时代》第一部分在美国出版。10 月,此书第二部分在巴黎出版,同时出版法文译本。

冬季　写出《论土地的正义》。

1796 年　《理性时代》受到勒兰托大主教理查德·沃森的抨击。

4 月　写出《英国财政制度的崩溃》,批判英国保守政治对于经济的影响。

7 月　写《致华盛顿的公开信》,潘恩对自己在法国被捕入狱不予积极营救和美国的外交政策提出尖锐批评,发表于《曙光》杂志。

1797 年　发表《致厄斯金先生的一封信》,阐明自己认为《圣经》并非上帝之道。

1798 年　两年来潘恩经常设想进攻英国,写出《论海军建设和作战及入侵英国最后推翻英政府的计划》,由布瓦西·丹格拉斯转交法国政府官员卡诺。

1800 年	美国领事通知巴黎警察当局,将送潘恩回美国。
1801 年	联邦党人得知潘恩将回国,借口他是“无神论者”对他回国表示坚决反对。
1802 年	会见拿破仑,并参加军事会议,表示对进攻英国的意见。 在杰斐逊的坚决邀请下,搭美国轮船从巴尔的摩上岸,返回阔别十五年的美国(9 月)。稍事安顿,即往华盛顿会见杰斐逊。联邦党人再次借口潘恩是“无神论者”,对他大肆攻击。杰斐逊劝告潘恩放弃出版《理性时代》第二部分的想法。
11 月	在《国内通讯员》杂志上发表《致美国公民》的公开信。
1803 年冬季	在纽约的新罗歇尔定居。
1804 年	在纽约支持帕尔默等人组织自然神论者协会,筹建自然殿堂,做礼拜之用。
3 月	在《曙光》杂志发表《就进攻英国事致英国人民》。
8 月	以“常识”为笔名在《曙光》杂志发表《评莫里斯在汉密尔顿将军葬礼上所致悼词》。
1805 年	《理性时代》的美国版由友人费洛斯经营的出版社出版。
1806 年 7 月	突患中风,前后三个月。
1807 年	《论梦》和《考察预言》出版。
1809 年 6 月	
8 日	去世,葬于新罗歇尔。
1819 年	政治记者威廉·科贝特将潘恩遗骨运往英国,准备为他补行葬礼,不幸计划未实现,遗骨终于丢失。

图书在版编目(CIP)数据

潘恩选集/(美)托马斯·潘恩著;马清槐等译.—北京:商务印书馆,2017
(汉译世界学术名著丛书:120年纪念版:珍藏本)
ISBN 978-7-100-14544-2

Ⅰ.①潘… Ⅱ.①托… ②马… Ⅲ.政治思想史—英国 Ⅳ.①D095.61

中国版本图书馆CIP数据核字(2017)第153938号

汉译世界学术名著丛书
(120年纪念版·珍藏本)
潘恩选集
马清槐 等译

商务印书馆出版
(北京王府井大街36号 邮政编码100710)
商务印书馆发行
北京市十月印刷有限公司印刷
ISBN 978-7-100-14544-2

2017年12月第1版 开本710×1000 1/16
2017年12月北京第1次印刷 印张33
定价:165.00元